lelivrescolaire.fr

Éditeur de manuels scolaires collaboratifs et innovants

W0313773

Certifié PEFC

Ce livre est issu de forêts gérées durablement et de sources contrôlées.

PEFC

10-32-2813

pefc-france.org

IMPRIM'VERT

Votre imprimeur agit pour l'environnement

La communauté d'auteurs lelivrescolaire.fr

Sous la coordination de Perrine Godebin
Professeure certifiée au Lycée Charlotte Delbo (77)

11 Auteurs

7 Auteurs harmonisateurs

44 Coauteurs

... ont participé à l'écriture de ce manuel de Mathématiques !

Acad

Nathalie
certifiée

Acadé

Yendouko
au Lycée L

Acadén

Gérard Ré
l'Institutio

Académ

Rachid Bek
agrégé au L
Clemenceau
Marie Darif,
Collège Pier
Amadou Diallo, professeur certifié au Collège Gustave Courbet (93)
Jérôme Dieudonné, professeur agrégé au Lycée Les Pannevelles (77)
Dominique Foucriat, professeure certifiée (94)
Valentin Guibert, professeur certifié au Collège Gustave Courbet (93)

Saint-Charles (38)
Aurélie Vaccaro, professeure certifiée à l'Institution Saint-Charles (38)

Académie de Guadeloupe

Anne Breuzin, professeure certifiée au Collège Soualiga (971)

Clément Jarnier, professeur agrégé au Lycée Giraux Sannier (62)
Bénédicte Lannoy, professeure agrégée au Collège Anatole France (59)
Marc Vangheluwe, professeur certifié au Collège Sainte-Marie Valenciennes (59)

› Académie de Lyon

Christelle Brunet, professeure certifiée au Collège Louis Leprince Ringuet (69)

Cécile Frackowiak, professeure certifiée au Collège Boris Vian (69)

Sandrine Larôme, professeure certifiée au Collège et Lycée Pierre Termier (69)

› Académie de Nancy-Metz

Cynthia Mathis, professeure certifiée au Collège Pierre et Marie Curie (88)

Camille Thiolllier, professeure certifiée à l'Ensemble scolaire Jean XXIII (57)

Édouard Zidah, professeur certifié à l'Ensemble scolaire privé des Recollets (54)

› Académie de Nice

Isabelle Catelain, professeur au Campus Vert d'Azur (06)

Aurélie Vitu, professeure agrégée au Collège César (06)

› Académie de Normandie

Claire Lommé, professeure agrégée au Collège Jean de la Varende (76)

› Académie d'Orléans-Tours

Raphaël Liguori, professeur certifié au Collège André Chêne (45)

› Académie de Reims

Valérie Boudinot, professeure certifiée au Collège Blanc Marais (08)

› Académie de Rennes

Emmanuel Braud, professeur certifié au Lycée Saint-Joseph - La Salle (56)

Janick Daniel, professeure certifiée au Collège Sacré-Cœur (35)

Christophe Herkelmann, professeur certifié au Lycée Saint-Joseph - La Salle (56)

Irène Morice, professeure certifiée au Collège La Fontaine Margot (29)

Catherine Pennarun, professeure certifiée (56)

Soizic Pondard, professeur certifié au Collège Saint-André (35)

› Académie de Strasbourg

Jean-Paul Quelen, professeur agrégé (67)

Philippe Rackette, professeur au Collège Saint-Étienne (67)

Anne Schaub, professeure certifiée au Lycée Don Bosco (68)

Isabelle Schmitt, professeure certifiée au Lycée de Zillisheim (68)

Samuel Unterberger, professeur certifié au Collège Don Bosco (68)

› Académie de Toulouse

Basile Thellier, professeur certifié au Collège Desaix (65)

› Académie de Versailles

Pascale Duquesnel-Salon, professeure certifiée au Collège Charles Péguy (78)

Élisabeth Etot, professeure certifiée (92)

Bahia Hidouche, professeure certifiée à La Salle Saint Rosaire (95)

Florence Lomprez, professeure certifiée au Lycée La Source (92)

Virgine Poirier, professeure certifiée au Collège de La Paix (92)

› Reste du monde

Hakim Akkioui, professeur certifié au Lycée Liberté de Bamako (Mali)

Patricia Douillet, professeure agrégée à l'Institut international de Lancy (Suisse)

Antoine Gresset, professeur certifié au Lycée Charles de Gaulle de Concepción (Chili)

Mathilde Mothay, professeure au Lycée français de Berlin (Allemagne)

Natacha Pailloncy, professeure certifiée à l'Austin International School (États-Unis)

Daniel Rabbany, professeur à l'École française de Téhéran (Iran)

Mehdi Troudi, professeur certifié au Collège et Lycée René Descartes (Tunisie)

Vous souhaitez rejoindre notre communauté ?
Contactez-nous :
auteur@lelivrescolaire.fr

Présentation

Bienvenue dans votre manuel de Mathématiques !

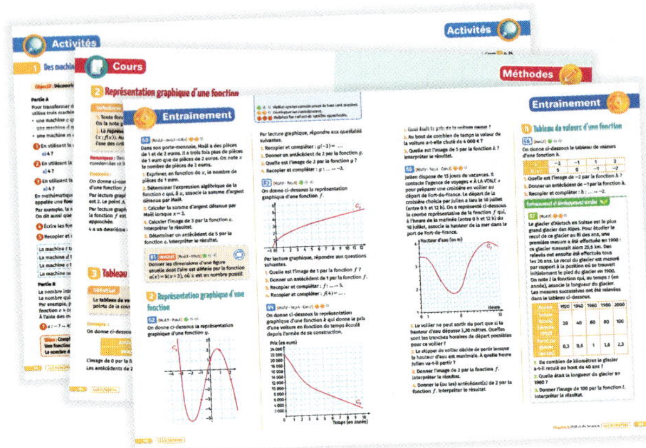

Les incontournables du manuel

- Des activités claires et concises pour introduire les notions de chaque chapitre.
- Un cours détaillé avec de nombreux exemples et des méthodes pour apprendre pas à pas.
- De nombreux exercices de niveaux de difficulté variés pour convenir à tous les élèves.

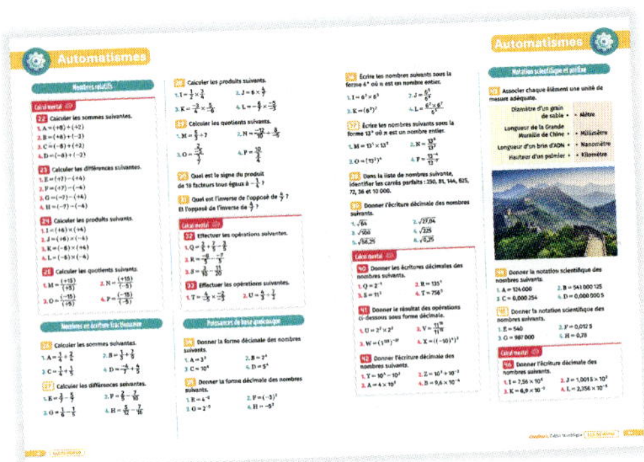

Développer les automatismes

- De nombreux exercices simples permettent à vos élèves de travailler les automatismes et le calcul mental.
- Des exercices ciblent spécialement le calcul mental pour développer cette compétence.

S'entraîner à l'algorithmique avec un cahier Scratch

- Un dossier Scratch à la fin du manuel contient les notions théoriques ainsi que de nombreux exercices pour s'entraîner à l'algorithmique.
- Un cahier Scratch gratuitement accessible en ligne vous permet de réaliser facilement tous les exercices Scratch du manuel.
- Tous les fichiers Scratch peuvent être directement modifiés et téléchargés pour gagner du temps.
- Des dizaines d'exercices supplémentaires sont disponibles sur LLS.fr/M3Scratch.

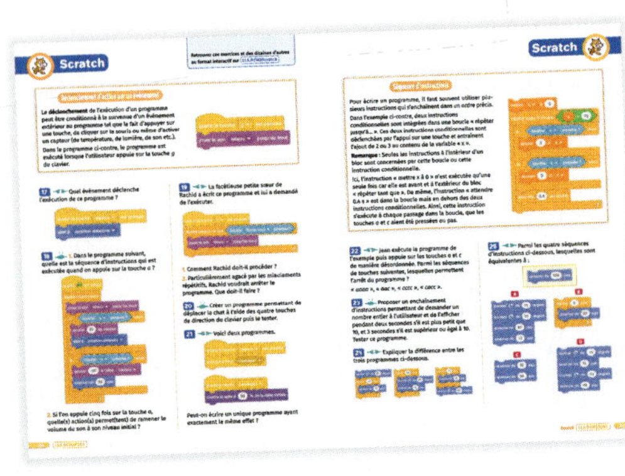

Ce que vous ne trouverez pas ailleurs

Activités interactives Genially

→ Des activités numériques Genially pour réviser les notions importantes de manière ludique.

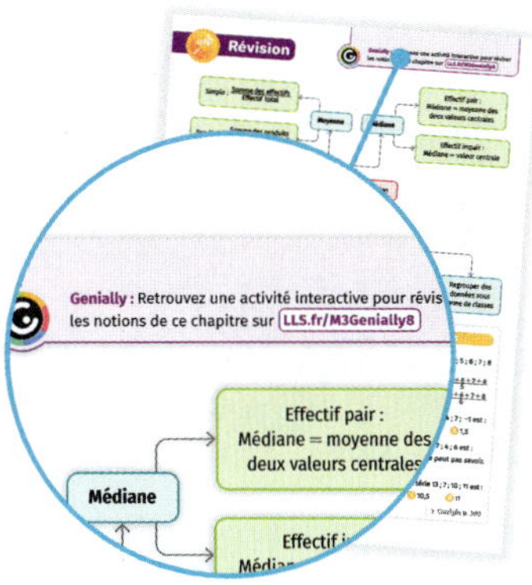

Travailler autrement

→ Des activités originales sont disponibles à la fin de chaque chapitre pour travailler en groupe ou de façon différenciée.

Des quiz pour tester les prérequis

→ Au début de chaque chapitre, des questions flash sont disponibles pour tester les prérequis de vos élèves LLS.fr/M3Quiz8.

→ Ces rituels, faciles à mettre en place, dynamiseront vos séances et permettront aux élèves de partir du bon pied.

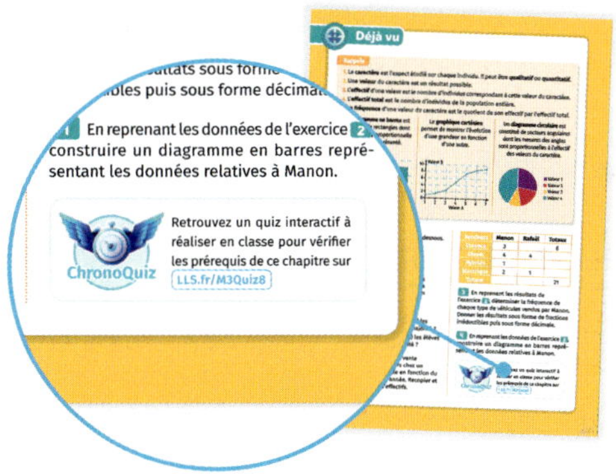

Réviser et s'entraîner pour le brevet

→ Des exercices issus de sujets de brevet sont disponibles et adaptés à chaque chapitre.

→ Des indications de durée pour chaque exercice vous permettent de vous tester pour être prêt.e le jour J !

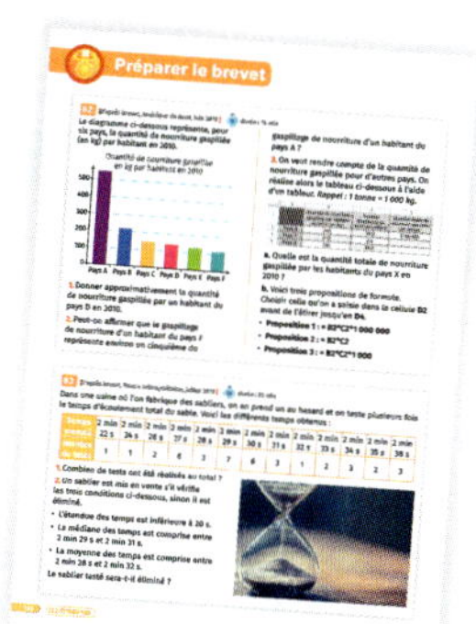

→ Un dossier spécial brevet à la fin du manuel vous offre un support complet pour réviser cette épreuve avec des sujets mélangeant les notions de plusieurs chapitres.

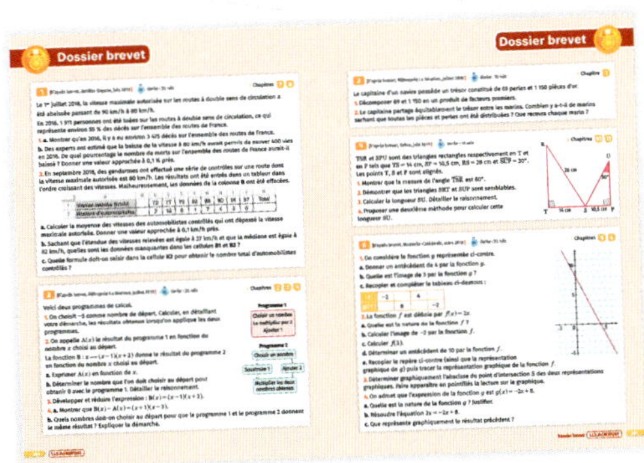

Sommaire

Partie 3 : Espace et géométrie

Partie 4 : Mesures et grandeurs

Pages annexes

Les pictos utilisés dans le manuel

- 2 8 : Exercice dont le corrigé se trouve à la fin du manuel.
- ●○○ : Exercice permettant de vérifier que les connaissances de base sont acquises.
- ●●○ : Exercice permettant de développer les connaissances.
- ●●● : Exercice permettant de maîtriser les notions de manière approfondie.
- Exercice nécessitant l'utilisation d'outils numériques.
- Exercice en lien avec des outils numériques mais dont l'utilisation n'est pas nécessaire.
- Exercice dont il faut retrouver l'énoncé à partir des réponses.
- DÉMO : Exercice mettant en œuvre une démonstration au travers de raisonnements logiques.

Repères annuels de progression de 3e

Nombres et calculs

Nombres décimaux relatifs

Le travail est consolidé notamment lors des résolutions de problèmes.

Fractions, nombres rationnels

La notion de fraction irréductible est abordée, en lien avec celles de multiple et de diviseur qui sont travaillées tout au long du cycle.

Racine carrée

La racine carrée est utilisée dans le cadre de la résolution de problèmes.

Aucune connaissance n'est attendue sur les propriétés algébriques des racines carrées.

Puissances

Les puissances de base quelconque d'exposants négatifs sont introduites et utilisées pour simplifier des quotients.

La connaissance des formules générales sur les produits ou quotients de puissances n'est pas un attendu du programme : la mise en œuvre des calculs sur les puissances découle de leur définition.

Divisibilité, nombres premiers

Tout au long du cycle, les élèves sont amenés à modéliser et résoudre des problèmes mettant en jeu la divisibilité et les nombres premiers.

La notion de fraction irréductible est introduite.

L'utilisation d'un tableur, d'un logiciel de programmation ou d'une calculatrice permet d'étendre la procédure de décomposition en facteurs premiers.

Calcul littéral

- **Expressions littérales :**
  Le travail sur les expressions littérales est consolidé avec des transformations d'expressions, des programmes de calcul, des mises en équations, des fonctions, etc.
- **Distributivité :**
  La double distributivité est abordée.

  Le lien est fait avec la simple distributivité. Il est possible de démontrer l'identité $(a+b)(c+d)=ac+ad+bc+bd$ en posant $k=a+b$ et en utilisant la simple distributivité.
- **Équations :**
  La factorisation d'une expression du type a^2-b^2 permet de résoudre des équations produits se ramenant au premier degré (notamment des équations du type $x^2=a$ en lien avec la racine carrée).

  Aucune virtuosité calculatoire n'est attendue dans les développements et les factorisations.

Organisation et gestion de données, fonctions

Statistiques

Un indicateur de dispersion est introduit : l'étendue.

Le travail sur les représentations graphiques, le calcul, en particulier celui des effectifs et des fréquences, et l'interprétation des indicateurs de position est consolidé.

Un nouveau type de diagramme est introduit : les histogrammes pour des classes de même amplitude.

Probabilités

Le constat de la stabilisation des fréquences s'appuie sur la simulation d'expériences aléatoires à une épreuve à l'aide d'un tableur ou d'un logiciel de programmation. Les calculs de probabilités, à partir de dénombrements, s'appliquent à des contextes simples faisant prioritairement intervenir une seule épreuve. Dans des cas très simples, il est cependant possible d'introduire des expériences à deux épreuves. Les dénombrements s'appuient alors uniquement sur des tableaux à double entrée, la notion d'arbre ne figurant pas au programme.

Les élèves simulent une expérience aléatoire à l'aide d'un tableur ou d'un logiciel de programmation.

Proportionnalité

Le lien est fait entre taux d'évolution et coefficient multiplicateur, ainsi qu'entre la proportionnalité et les fonctions linéaires. Le champ des problèmes de géométrie relevant de la proportionnalité est élargi (homothéties, triangles semblables, configurations de Thalès).

Fonctions

Les notions de variable, de fonction, d'antécédent, d'image sont formalisées et les notations fonctionnelles sont utilisées. Un travail est mené sur le passage d'un mode de représentation d'une fonction (graphique, symbolique, tableau de valeurs) à un autre. Les fonctions affines et linéaires sont présentées par leurs expressions algébriques et leurs représentations graphiques. Les fonctions sont utilisées pour modéliser des phénomènes continus et résoudre des problèmes.

Espace et géométrie

Représenter l'espace

Le repérage s'étend à la sphère (latitude, longitude). Un logiciel de géométrie est utilisé pour visualiser des solides et leurs sections planes. Les élèves produisent et mettent en relation différentes représentations des solides étudiés (patrons, représentation en perspective cavalière, vues de face, de dessus, en coupe).

Géométrie plane

- **Figures et configurations :**
  Une définition et une caractérisation des triangles semblables sont données. Le théorème de Thalès et sa réciproque dans la configuration du papillon sont énoncés et utilisés (démonstration possible, utilisant une symétrie centrale pour se ramener à la configuration étudiée en quatrième). Les lignes trigonométriques (cosinus, sinus, tangente) dans le triangle rectangle sont utilisées pour calculer des longueurs ou des angles.

  Deux triangles semblables peuvent être définis par la proportionnalité des mesures de leurs côtés. Une caractérisation angulaire de cette définition peut être donnée et démontrée à partir d'un cas d'égalité des triangles et d'une caractérisation angulaire du parallélisme.
- **Transformations :**
  Les élèves transforment (à la main ou à l'aide d'un logiciel) une figure par rotation et par homothétie (de rapport positif ou négatif). Le lien est fait entre angle et rotation, entre le théorème de Thalès et les homothéties.

  Les élèves identifient des transformations dans des frises, des pavages, des rosaces.

  Les définitions ponctuelles d'une translation, d'une rotation et d'une homothétie ne figurent pas au programme.

  Pour faire le lien entre les transformations et les configurations du programme, il est possible d'identifier (à la main ou à l'aide d'un logiciel de géométrie) l'effet, sur un triangle donné, de l'enchaînement d'une translation, d'une rotation et d'une homothétie, voire d'une symétrie axiale et réciproquement, pour deux triangles semblables donnés, chercher des transformations transformant l'un en l'autre.

Grandeurs et mesures

Calculs sur des grandeurs mesurables

La formule donnant le volume d'une boule est utilisée.

Le travail sur les grandeurs mesurables et les unités est poursuivi.

Il est possible de réinvestir le calcul avec les puissances de 10 pour les conversions d'unités.

Par exemple, à partir de : $1\ \text{m} = 10^2\ \text{cm}$, il vient $1\ \text{m}^3 = (1\ \text{m})^3 = (10^2\ \text{cm})^3 = 10^6\ \text{cm}^3$ ou, à partir de : $1\ \text{dm} = 10^{-1}\ \text{m}$, il vient $1\ \text{dm}^3 = (10^{-1}\ \text{m})^3 = 10^{-3}\ \text{m}^3$.

Effet des transformations sur des grandeurs géométriques

Les élèves connaissent et utilisent l'effet des transformations au programme (symétries, translations, rotations, homothéties) sur les longueurs, les angles, les aires et les volumes.

Le lien est fait entre la proportionnalité et certaines configurations ou transformations géométriques (triangles semblables, homothéties).

Algorithmique et programmation :

Écrire, mettre au point, exécuter un programme

Les repères qui suivent indiquent une progressivité dans le niveau de complexité des activités relevant de ce thème. Certains élèves sont capables de réaliser des activités de troisième niveau dès le début du cycle.

1er niveau

À un premier niveau, les élèves mettent en ordre et/ou complètent des blocs Scratch fournis par le professeur pour construire un programme simple. L'utilisation progressive des instructions conditionnelles et/ou de la boucle « répéter ... fois ») permet d'écrire des scripts de déplacement, de construction géométrique ou de programme de calcul.

2e niveau

À un deuxième niveau, les connaissances et les compétences en algorithmique et en programmation s'élargissent par :
- l'écriture d'une séquence d'instructions (condition « si ... alors » et boucle « répéter ... fois ») ;
- l'écriture de programmes déclenchés par des événements extérieurs ;
- l'intégration d'une variable dans un programme de déplacement, de construction géométrique, de calcul ou de simulation d'une expérience aléatoire.

3e niveau

À un troisième niveau, l'utilisation simultanée de boucles « répéter ... fois », et « répéter jusqu'à ... » et d'instructions conditionnelles permet de réaliser des figures, des calculs et des déplacements plus complexes. L'écriture de plusieurs scripts fonctionnant en parallèle permet de gérer les interactions et de créer des jeux.

La décomposition d'un problème en sous-problèmes et la traduction d'un sous-problème par la création d'un bloc-utilisateur contribuent au développement des compétences visées.

Déjà vu

Rappels

1. Soient a, b et c trois **entiers naturels** non nuls. Si $a = b \times c$ alors on peut dire que :
- a est un **multiple** de b et de c ;
- a **est divisible par** b et par c, on peut aussi dire que b **divise** a ou que b est un **diviseur** de a. De plus, l'entier c est aussi un diviseur de a.

2. 0 a une infinité de diviseurs. Tous les entiers naturels divisent 0 mais **on ne peut pas diviser par 0.**

Ainsi, 3 divise 12, 3 est un diviseur de 12 (les diviseurs de 12 sont : 1 ; 2 ; 3 ; 4 ; 6 ; 12), 12 est divisible par 3 et 12 est un multiple de 3.

3. **Calculer avec des fractions :**
- Si deux fractions ont le même dénominateur, pour les ajouter (ou les soustraire), il suffit de garder le dénominateur commun et ajouter (ou soustraire) les numérateurs. Ainsi $\frac{a}{b} + \frac{c}{b} = \frac{a+c}{b}$ avec b non nul.
- Si deux fractions n'ont pas le même dénominateur, il faut modifier leur écriture afin d'obtenir des dénominateurs égaux puis appliquer la règle énoncée précédemment.

1 Pour chaque question, choisir la bonne proposition.

1. « 14 est un diviseur de 2. » ou « 14 est divisible par 2. ».
2. « 2 est un multiple de 14. » ou « 14 est un multiple de 2. ».
3. « 5 divise 10. » ou « 10 est divisible par 3. ».

2 Donner tous les diviseurs positifs des nombres 1, 2, 10 et 15.

3 Parmi les fractions suivantes, laquelle est égale à $\frac{3}{5}$? Justifier la réponse.

1. $\frac{6}{10}$ 2. $\frac{10}{6}$ 3. $\frac{5}{7}$ 4. $\frac{1}{2}$

4 Effectuer les calculs suivants. On simplifiera le plus possible les résultats.

1. $A = \frac{3}{5} + \frac{12}{5}$
2. $B = \frac{5}{4} + \frac{1}{2}$
3. $C = 1 - \frac{1}{3}$
4. $D = \frac{1}{2} - \frac{10}{7}$

5 Les égalités suivantes écrites par des élèves sont-elles vraies ? Justifier la réponse.

1. $\frac{3}{7} = \frac{3 \times 2}{7 \times 2}$
2. $\frac{5}{2} = \frac{5+3}{2+3}$
3. $\frac{7}{4} = \frac{28}{16}$

6 Déterminer un nombre n qui vérifie les conditions suivantes :
- n est supérieur à 300 et inférieur à 360 ;
- n est impair ;
- n est un multiple de 3 ;
- le chiffre des dizaines de n est un diviseur de 15.

Il y a plusieurs possibilités.

ChronoQuiz

Retrouvez un quiz interactif à réaliser en classe pour vérifier les prérequis de ce chapitre sur LLS.fr/M3Quiz1

1 Nombres entiers

Objectifs du chapitre

- Connaître le vocabulaire : multiple, diviseur et nombre premier.
- Utiliser les critères de divisibilité.
- Effectuer une division euclidienne.
- Décomposer un entier en un produit de facteurs premiers.
- Rendre une fraction irréductible.

Retrouvez un tableau récapitulatif des compétences utilisées dans les exercices de ce chapitre sur LLS.fr/M3Comp1

Dès le IIIe millénaire av. J.-C., les Babyloniens utilisaient une numération en base 60 car ce nombre a de nombreux diviseurs (1, 2, 3, 4, 5, 6, 10, 12, 15, 20, 30 et 60). Le système horaire en minutes et secondes encore utilisé de nos jours est une trace de l'histoire de cette base.

Activités

1 Un partage équitable

› Cours 1 B p. 14

Objectif : Retrouver les critères de divisibilité à l'aide de partages équitables.

La grand-mère d'Anissa veut partager de manière équitable un sachet de bonbons entre ses petits-enfants. Il y a 153 bonbons dans le paquet.

1 Le lundi, elle accueille ses 10 petits-enfants.

a) À l'ouverture du sachet, combien de bonbons peut prendre au maximum chaque petit-enfant pour que le partage soit équitable ?

b) Va-t-il rester des bonbons non attribués ?

c) Combien de bonbons auront été distribués ?

2 Le mardi, elle ne garde que neuf petits-enfants. À nouveau, pour leur faire plaisir, elle ouvre un paquet de bonbons neuf.

a) Poser la division euclidienne de 153 par 9. Reste-t-il des bonbons non attribués ?

b) Effectuer la somme des chiffres de 153. Pouvez-vous conjecturer un critère de divisibilité par 9 ? Vérifier votre conjecture avec les nombres 273 et 9 270.

3 Le mercredi, Anissa est seule avec sa grand-mère. Aussi gourmande l'une que l'autre, elles préparent des muffins.
Elles ont préparé de la pâte pour confectionner au maximum 37 muffins.

a) Si elles sont deux pour les manger, combien de muffins doivent-elles faire au maximum pour qu'il n'en reste pas ?

b) Et si elles sont trois ? Ou cinq ?

c) Conjecturer des critères de divisibilité par 2, 3 et 5.

Coup de pouce : Conjecturer signifie émettre une hypothèse que l'on croit fortement vraie.

Bilan : Énoncer des critères de divisibilité par 2, 3, 5, 9 et 10.

2 Nombres premiers ou non

› Cours 2 A p. 16

Objectif : Redécouvrir les nombres premiers.

1 On considère les nombres 17, 29, 37, 53, 83 et 97. Déterminer l'ensemble des diviseurs de chacun de ces six nombres.

2 Faire de même avec la liste suivante : 24, 60, 75 et 128.

3 Les nombres de la première question sont appelés des **nombres premiers**. Que remarque-t-on ?

Bilan : Un nombre est premier s'il a exactement deux diviseurs distincts. Lesquels ?

3 Décomposer pour réduire

› Cours 2 B et C p. 16

Objectif : Énoncer les différentes étapes pour rendre une fraction irréductible.

Adel a compté ses jeux vidéo, il en a 126. Parmi eux, il en a 84 avec lesquels il joue souvent.
Sa grande sœur Yasmine lui dit alors qu'il pourrait vendre $\frac{1}{3}$ de ses jeux, étant donné qu'il ne joue plus avec.
Devant son regard interrogatif, elle décide de lui expliquer son calcul.

1 Combien de jeux vidéo n'intéressent plus Adel ?

2 **a)** 42 est-il divisible par 2 ? Compléter l'égalité : $42 = 2 \times \ldots.$
b) Écrire 21 comme le produit de deux nombres premiers.
c) Compléter l'égalité : $42 = 2 \times \ldots \times \ldots.$

3 On fait de même avec 126. Compléter les différentes égalités :
a) $126 = 2 \times \ldots$;
b) $63 = \ldots \times 21$;
c) $21 = \ldots \times \ldots$;
d) Compléter alors $126 = 2 \times \ldots \times \ldots \times 7 = 2 \times \ldots^2 \times 7$.

4 Utiliser les questions précédentes pour écrire une fraction égale à $\frac{42}{126}$ qui n'est plus simplifiable. Yasmine a-t-elle raison ?

Coup de pouce : Remplacer 126 et 42 par les égalités trouvées.

Bilan : Écrire les différentes étapes qui permettent de rendre une fraction irréductible.

Cours

1 Divisibilité

A Division euclidienne

Définitions

Effectuer la **division euclidienne** de a par b, avec a et b deux entiers naturels et b non nul, c'est trouver deux nombres entiers naturels q et r tels que $a = b \times q + r$ avec $r < b$.

On appelle a le **dividende**, b le **diviseur**, q le **quotient** et r le **reste**.

Remarque : Si $r = 0$ alors on peut dire que a est un **multiple** de b, que b est un **diviseur** de a et que a est **divisible** par b.

Exemple :

La division euclidienne de 32 par 5 s'écrit $32 = 5 \times 6 + 2$.

32 est le dividende, 5 est le diviseur, 6 est le quotient, 2 est le reste et comme le reste est non nul alors 32 n'est pas un multiple de 5.

B Critères de divisibilité

Propriétés

Un entier naturel est **divisible** par :

- 2 si son chiffre des unités est 0, 2, 4, 6 ou 8 ;
- 3 si la somme des chiffres qui le composent est un multiple de 3 ;
- 5 si son chiffre des unités est 0 ou 5 ;
- 9 si la somme des chiffres qui le composent est un multiple de 9 ;
- 10 si son chiffre des unités est 0.

Exemple :

360 est divisible par 2 car il est pair. Il est aussi divisible par 5 et 10 car son chiffre des unités est 0. Enfin, la somme de ses chiffres vaut 9 donc il est aussi divisible par 3 et 9.

Remarques :

- Un nombre peut être divisible par 3 mais pas par 9. En revanche, s'il est divisible par 9 alors il est aussi divisible par 3. Par exemple, 15 est divisible par 3 mais il n'est pas divisible par 9.
- Si un nombre est divisible par a et b, alors il n'est pas forcément divisible par le produit $a \times b$. Dans le cas où a et b ont un seul diviseur commun qui est 1, alors ce nombre est divisible par $a \times b$. Par exemple, 12 est divisible par 2 et par 4 mais pas par 8. En revanche, 360 qui est divisible par 2 et 3 (et 1 est leur seul diviseur commun) est aussi divisible par 6.

Poser une division euclidienne

Énoncé Effectuer la division euclidienne de 133 par 11 et donner le résultat sous la forme $133 = 11 \times q + r$.

Solution

On effectue la division euclidienne.

Ainsi $a = 133$, $b = 11$,
$q = 12$ et $r = 1$,
d'où $133 = 11 \times 12 + 1$.

$$\begin{array}{r|l} 133 & 11 \\ \underline{-11} & 12 \\ 23 & \\ \underline{-22} & \\ 1 & \end{array}$$

Méthode

- On pose la division euclidienne de 133 par 11.
- On repère ensuite les valeurs de a, b, q et r.
- On remplace dans l'égalité $a = b \times q + r$.

Pour s'entraîner : exercices **20, 21** et **22** p. 20

Démontrer qu'un nombre est un multiple (ou non) d'un autre

Énoncé Après avoir écrit la division euclidienne de 80 par 12 et celle de 135 par 15, répondre aux questions suivantes : 80 est-il un multiple de 12 ? 135 est-il un multiple de 15 ?

Solution

On a $80 = 12 \times 6 + 8$ et $135 = 15 \times 9 + 0$.

Donc 80 n'est pas un multiple de 12 et 135 est un multiple de 15.

Méthode

- On effectue les divisions euclidiennes demandées et on les écrit sous la forme $a = b \times q + r$.
- Si $r = 0$ alors a est un multiple de b.
- Si $r \neq 0$ alors a n'est pas un multiple de b.

Pour s'entraîner : exercices **23** et **24** p. 20

Utiliser les critères de divisibilité

Énoncé Le nombre 1 638 est-il divisible par 2 ? Par 3 ? Par 5 ? Par 9 ? Par 10 ?

Solution

1 638 est un nombre pair, il est donc divisible par 2.

La somme des chiffres du nombre vaut 18 qui est un multiple de 3 et de 9 donc 1 638 est divisible par 3 et 9.

Son chiffre des unités est 8 donc 1 638 n'est divisible ni par 5 ni par 10.

Méthode

- On utilise les critères de divisibilité.
- On conclut.

Pour s'entraîner : exercices **27, 28, 29** et **33** p. 20

Cours

2 Nombres premiers

A Définition

Définition

Un nombre entier naturel est **premier** s'il possède exactement deux diviseurs entiers naturels distincts : 1 et lui-même.

Remarques :

- Le nombre 1 n'est pas premier car il n'a qu'un seul diviseur.
- Le nombre 2 est le plus petit des nombres premiers et c'est aussi le seul qui soit pair.
- Il y a une infinité de nombres premiers.

Exemples :

Le nombre 23 est premier car il n'a que deux diviseurs entiers distincts qui sont 1 et 23.

Le nombre 27 n'est pas premier car il est divisible par 1, 3, 9 et 27.

B Décomposition en un produit de facteurs premiers

Théorème

Tout nombre entier supérieur ou égal à 2 peut se décomposer en un **produit de facteurs premiers.**

Remarque : Cette décomposition est unique, seul l'ordre des facteurs peut varier.

Exemple :

La décomposition en un produit de facteurs premiers de 132 est $132 = 2^2 \times 3 \times 11$.
On remarque que 2, 3 et 11 sont bien des nombres premiers.

C Fractions irréductibles

Définition

Une fraction est dite **irréductible** lorsque l'on ne peut plus la simplifier.

Exemples :

La fraction $\frac{3}{7}$ est irréductible car 3 et 7 n'ont pas de diviseur commun à part 1.

La fraction $\frac{6}{8}$ n'est pas irréductible (on dit aussi qu'elle est simplifiable) car 6 et 8 sont des multiples de 2.

Remarque : Pour rendre une fraction irréductible, on peut décomposer le numérateur et le dénominateur en produit de facteurs premiers et ensuite simplifier.

› Reconnaître des nombres premiers

Énoncé Trouver le seul nombre premier parmi 42, 21, 133, 101 et 111 111.

Solution

Le nombre 42 est pair, il est donc divisible par 2.
21 est un multiple de 3, il n'est donc pas premier.
133 est un multiple de 7 car $133 = 7 \times 19$ donc il n'est pas premier.
111 111 est divisible par 3 car la somme des chiffres qui le composent est un multiple de 3.
C'est donc 101 qui est un nombre premier.

Méthode

- On utilise les critères de divisibilité pour déterminer un diviseur du nombre.
- On peut aussi diviser le nombre par les différents nombres premiers : 2, 3, 5, 7, 11, etc.

Pour s'entraîner : exercices **38** et **39** p. 21

› Décomposer un entier en un produit de facteurs premiers

Énoncé Décomposer 2 100 en un produit de facteurs premiers.

Solution

$2\,100 = 2 \times 1050$
$2\,100 = 2 \times 2 \times 525$
$2\,100 = 2^2 \times 5 \times 105$
$2\,100 = 2^2 \times 5 \times 5 \times 21$
$2\,100 = 2^2 \times 5^2 \times 3 \times 7$
7 est un nombre premier.
Ainsi $2\,100 = 2^2 \times 3 \times 5^2 \times 7$.

Méthode

- On cherche un diviseur premier du nombre (en s'aidant éventuellement des critères de divisibilité).
- On effectue la division du nombre par le facteur premier trouvé.
- On recommence le raisonnement avec le quotient obtenu.
- On s'arrête lorsque le quotient obtenu est premier.

Pour s'entraîner : exercices **44, 45** et **47** p. 21

› Rendre une fraction irréductible

Énoncé Rendre irréductible la fraction $\frac{360}{396}$ en utilisant deux méthodes.

Solution

Méthode 1 : Comme $360 = 2^3 \times 3^2 \times 5$ et $396 = 2^2 \times 3^2 \times 11$, on peut simplifier par 2^2 et par 3^2.
Ainsi $\frac{360}{396} = \frac{2 \times 5}{11} = \frac{10}{11}$.

Méthode 2 : Par simplifications successives, on a :
$\frac{360}{396} = \frac{\cancel{2} \times 180}{\cancel{2} \times 198} = \frac{180}{198} = \frac{\cancel{2} \times 90}{\cancel{2} \times 99} = \frac{90}{99} = \frac{\cancel{9} \times 10}{\cancel{9} \times 11} = \frac{10}{11}$.

Méthode

- On écrit le numérateur et le dénominateur en un produit de facteurs premiers, puis on simplifie.
- On peut aussi effectuer la simplification en utilisant les critères de divisibilité.

Pour s'entraîner : exercices **49, 50** et **52** p. 21

Révision

Genially : Retrouvez une activité interactive pour réviser les notions de ce chapitre sur LLS.fr/M3Genially1

NOMBRES ENTIERS

- **Division euclidienne** d'un nombre entier par un nombre entier
  - $a = b \times q + r$
    a **dividende**, b **diviseur**
    q **quotient** et r **reste** tel que $r < b$
- **Nombre premier**
  - Possède exactement deux diviseurs distincts : 1 et lui-même
  - Décomposition en un produit de facteurs premiers
    - Rendre une fraction irréductible
- **Critères de divisibilité** d'un nombre entier
  - **Par 2 :** son chiffre des unités est 0, 2, 4, 6 ou 8
  - **Par 3 :** la somme des chiffres qui le composent est un multiple de 3
  - **Par 5 :** son chiffre des unités est 0 ou 5
  - **Par 9 :** la somme des chiffres qui le composent est un multiple de 9

QCU : réponse unique

7 L'égalité $114 = 15 \times 7 + 9$ correspond à la division euclidienne de :

a) 114 par 15. b) 114 par 9.
c) 114 par 7. d) 15 par 7.

8 Le nombre 31 est :

a) premier. b) pair.
c) non premier. d) divisible par 3.

9 Les six premiers nombres premiers sont :

a) 1, 2, 3, 5, 7 et 11. b) 1, 2, 3, 4, 5 et 6.
c) 2, 3, 5, 7, 11 et 13. d) 1, 4, 6, 8, 9 et 10.

10 La décomposition en un produit de facteurs premiers de 132 est :

a) $2 \times 6 \times 11$ b) $2 \times 3 \times 22$
c) $4 \times 3 \times 11$ d) $2^2 \times 3 \times 11$

QCM : réponses multiples

11 3 021 est un nombre :

a) impair. b) premier.
c) divisible par 3. d) non premier.

12 $\frac{540}{288}$ est égal à :

a) $\frac{270}{144}$ b) $\frac{54}{28}$ c) $\frac{15}{8}$ d) $\frac{60}{32}$

13 903 est :

a) divisible par 21 mais pas par 42.
b) divisible par 9 et par 3.
c) divisible par 3 mais pas par 9.
d) divisible ni par 3 ni par 9.

14 La décomposition en un produit de facteurs premiers de 660 est :

a) $2^2 \times 3 \times 5 \times 11$ b) $2^2 \times 15 \times 11$
c) $2^2 \times 5 \times 11 \times 3$ d) $2^2 \times 5 \times 33$

› Corrigés p. 296

15 [Cal.5]

Pour obtenir la décomposition d'un nombre entier positif en un produit de facteurs premiers à l'aide de la calculatrice, on utilise les touches « Seconde » puis « Décomp ».

Utiliser la calculatrice pour décomposer les nombres suivants en un produit de facteurs premiers.

1. 587 300 **2.** 277 134 **3.** 789 880

16 [Ch.1 - Rep.1]

Observer la capture d'écran suivante.

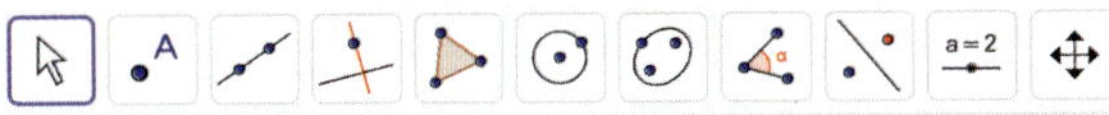

liste1 = {1, 2, 4, 8, 16, 32, 64, 128, 256, 512, 1024}

liste2 = {1, 2, 4, 8, 11, 16, 22, 44, 88, 176}

1. À quoi correspondent les nombres des listes 1 et 2 ?

2. Simplifier la fraction $\frac{176}{1\,024}$.

17 [Rais.6]

Ordonner les blocs suivants pour que le programme donne la liste des nombres de la décomposition en produit de facteurs premiers d'un nombre entier quelconque.

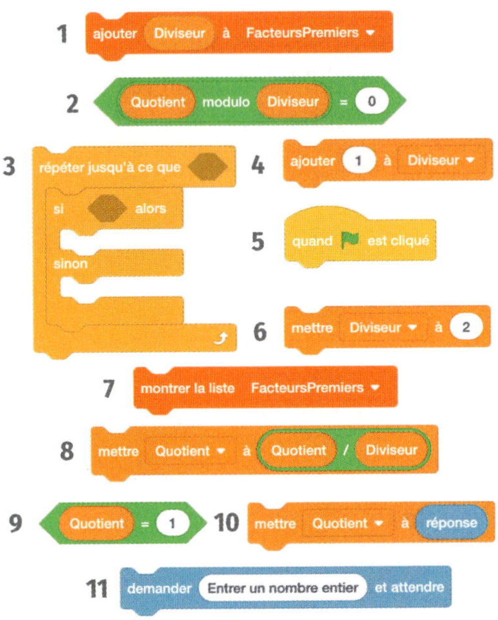

18 [Ch.1]

En utilisant la commande **ListeDiviseurs** de GeoGebra comme sur l'exemple ci-dessous, déterminer la liste des diviseurs des nombres suivants.

1 ListeDiviseurs(309)

→ $\{1, 3, 103, 309\}$

1. 515 **2.** 176 **3.** 252

19 [Rais.6]

1. Quel est le but du programme Scratch suivant ?

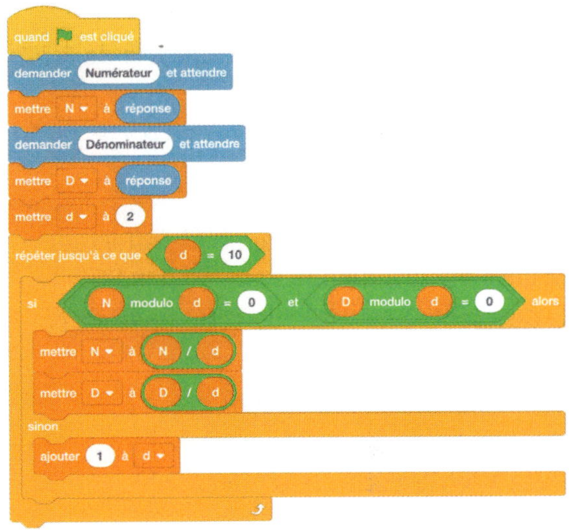

Télécharger le fichier sur LLS.fr/M3Scratch1.

2. Tester le programme avec la fraction $\frac{9}{27}$.

3. a. Tester le programme avec la fraction $\frac{66}{110}$.

b. Déterminer par le calcul la forme irréductible de la fraction $\frac{66}{110}$.

c. Quelle contradiction observe-t-on ?

d. Où doit-on insérer les trois blocs suivants permettant de remédier au problème ?

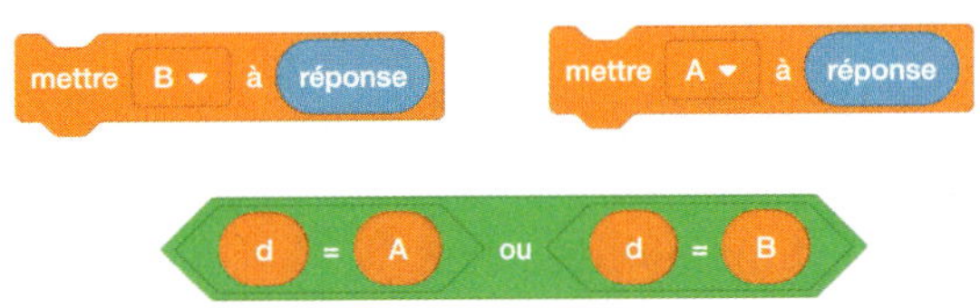

Automatismes

Division euclidienne

20 1. Poser la division euclidienne de 135 par 7.

2. Donner la valeur du quotient et du reste de cette division.

3. Vérifier ces résultats avec la calculatrice.

21 1. Poser la division euclidienne de 1 283 par 9.

2. Que vaut le quotient de cette division ? Et le reste ?

3. Vérifier ces résultats avec la calculatrice.

22 1. Poser la division euclidienne de 8 741 par 13.

2. Écrire le résultat sous la forme $a = b \times q + r$.

3. Vérifier ce résultat avec la calculatrice.

23 1. À l'aide de la calculatrice, effectuer la division euclidienne de 3 250 par 125.

2. Que vaut le quotient de cette division ? Et le reste ?

3. Que peut-on en conclure ?

24 Dans la division euclidienne de 212 par 18 :

1. Que vaut le quotient ? Et le reste ?

2. Peut-on en conclure que 18 est un diviseur de 212 ?

25 En utilisant les mots : *divise*, *diviseur*, *multiple* et *divisible par*, rédiger des phrases reliant les couples de nombres suivants :

1. 3 et 111. 2. 2 et 202. 3. 15 et 3 015.

Calcul mental

26 Ces affirmations sont-elles vraies ou fausses ? Justifier.

1. 4 est un diviseur de 48.
2. 48 est un multiple de 3.
3. 48 est un multiple de 6.
4. 48 divise 2.

Critères de divisibilité

27 Parmi les nombres suivants, lesquels sont divisibles par 5 ?

1. 16 2. 25 3. 50
4. 76 5. 121 6. 14 265

28 Parmi les nombres suivants, lesquels sont divisibles par 3 ?

1. 13 2. 108 3. 92 4. 861

29 Parmi les nombres suivants, lesquels sont divisibles par 3 mais pas par 9 ?

1. 801 2. 861 3. 231

30 Proposer un critère permettant de savoir si un nombre est divisible par 6.

31 Parmi les nombres suivants, lesquels sont divisibles par 6 ?

1. 18 2. 22 3. 312
4. 50 5. 21 6. 612

32 Trouver un nombre entier respectant les conditions suivantes :

- strictement supérieur à 3 000 et strictement inférieur à 3 100 ;
- à la fois un multiple de 3 mais pas de 9 ;
- divisible par 2 mais pas par 4.

Peut-on trouver plusieurs nombres entiers qui vérifient ces conditions ?

Calcul mental

33 Dans la liste de nombres suivante, trouver l'intrus. Justifier.

150 ; 215 ; 105 ; 180 et 195.

Nombres premiers

34 Expliquer pourquoi le nombre 412 n'est pas un nombre premier.

35 Expliquer pourquoi le nombre 1 521 n'est pas un nombre premier.

36 Omar affirme qu'il existe des nombres premiers qui sont pairs. Lison lui dit qu'il se trompe. Qui a raison ? Justifier.

37 Mia pense que 121 est un nombre premier. Est-ce vrai ? Justifier.

Calcul mental

38 En utilisant uniquement les critères de divisibilité, dire si les nombres suivants sont premiers ou non : 625 ; 144 ; 39 et 222.

39 Dans la liste suivante, il y a exactement quatre nombres premiers. Lesquels ?

23 ; 1 ; 71 ; 625 ; 29 ; 2 et 51.

Décomposition en un produit de facteurs premiers

40 L'écriture suivante correspond-elle à une décomposition en un produit de facteurs premiers ? Si non, proposer une correction.

$$60 = 4 \times 3 \times 5$$

41 Corriger la décomposition suivante pour qu'elle soit sous la forme d'un produit de facteurs premiers : $6 \times 9 \times 5$.

42 Pour décomposer 270, Emma propose $2 \times 5 \times 3^3$ et Youssef propose $2 \times 7 \times 3^3$.

Sans calculatrice, dire lequel des deux a raison.

43 Pour décomposer 24 en un produit de facteurs premiers, trois élèves proposent les produits suivants : 3×8 ; $3 \times 4 \times 2$ et 3×2^3.

Quelle décomposition est la bonne ?

44 Décomposer 195 en un produit de facteurs premiers.

45 À l'aide de la calculatrice, décomposer 1 124 en un produit de facteurs premiers.

46 En utilisant la calculatrice ou le logiciel GeoGebra, indiquer les nombres premiers figurant dans cette liste :

3 753 ; 709 ; 1 192 ; 2 111 et 3 921.

Calcul mental

47 Décomposer 100 en un produit de facteurs premiers.

48 À quel nombre correspond la décomposition en un produit de facteurs premiers suivante : $2^4 \times 3 \times 11$?

Fractions irréductibles

Pour les exercices 49 à 51

Compléter les pointillés pour rendre les fractions irréductibles.

49 1. $\dfrac{21}{49} = \dfrac{3 \times \ldots}{7 \times \ldots} = \dfrac{3}{\ldots}$

2. $\dfrac{42}{50} = \dfrac{2 \times \ldots}{2 \times \ldots} = \dfrac{\ldots}{25}$

50 1. $\dfrac{20}{80} = \dfrac{\ldots \times \ldots}{\ldots \times \ldots} = \dfrac{1}{4}$

2. $\dfrac{45}{55} = \dfrac{\ldots \times \ldots}{\ldots \times \ldots} = \dfrac{9}{11}$

51 1. $\dfrac{99}{72} = \dfrac{\ldots \times \ldots}{\ldots \times \ldots} = \dfrac{\ldots}{\ldots}$

2. $\dfrac{63}{54} = \dfrac{\ldots \times \ldots}{\ldots \times \ldots} = \dfrac{\ldots}{\ldots}$

52 En utilisant la calculatrice, écrire les fractions suivantes sous forme irréductible.

1. $\dfrac{920}{240}$ 2. $\dfrac{60}{260}$ 3. $\dfrac{1611}{1074}$

Calcul mental

53 Dans la liste suivante, déterminer, sans utiliser la calculatrice, les fractions égales à un quart : $\dfrac{5}{20}$, $\dfrac{3}{15}$, $\dfrac{8}{2}$ et $\dfrac{2}{8}$.

54 Ella dit que la fraction $\dfrac{1767}{39}$ est irréductible. A-t-elle raison ? Justifier sans utiliser la calculatrice.

Entraînement

Vérifier que les connaissances de base sont acquises.
Développer les connaissances.
Maîtriser les notions de manière approfondie.

1 Divisibilité

55 [Ch.2 - Mod.1]

Dans *Le Tour du monde en quatre-vingts jours* de Jules Verne, Phileas Fogg décide, comme le nom du livre l'indique, d'effectuer un tour du monde en 80 jours.

1. 80 est-il divisible par 7 ?
2. Si on pose la division euclidienne de 80 par 7, combien vaut le reste ? Combien vaut le quotient ?
3. Combien de semaines et de jours a duré le voyage de Phileas Fogg ?

56 [Ch.2 - Mod.1]

Un confiseur vient de fabriquer des chocolats et des bonbons. Il y a 135 chocolats et 210 bonbons. Il prépare des sachets qu'il va donner aux enfants lors de la kermesse de l'école.
Il veut faire des sachets tous identiques et utiliser la totalité de sa production pour éviter les pertes.

1. Diviser 135 et 210 par 5. S'il fait cinq paquets, combien y aura-t-il de confiseries de chaque sorte dans chacun des sachets ?
2. S'il fait deux paquets, utilisera-t-il tous ses chocolats ?
3. En utilisant les critères de divisibilité, expliquer pourquoi 135 et 210 sont divisibles par 15.
4. S'il décide de faire 15 paquets, quelle sera la composition de chacun des sachets ? Toute la production sera-t-elle utilisée ?

57 COPIE D'ÉLÈVE [Rais.2 - Cal.1]

Après avoir effectué une division euclidienne, Samir a renversé du correcteur sur sa feuille.
Il se retrouve alors dans la situation suivante.

……… $= 18 \times 14 + 3$. Le dividende vaut ……… et le reste vaut ……… .

1. Quelles sont les valeurs qui ont été effacées ?
2. Quelles sont les différentes divisions euclidiennes qu'il a pu poser ?

58 INVERSÉ [Cal.1]

Proposer un exercice dont la réponse serait : « Le quotient est 22, le diviseur est 13 et le reste 2. Donc, il restera deux livres qui ne seront pas rangés dans la bibliothèque. »

59 [Rais.1 - Rais.3] DÉMO

Soit a un nombre entier.
On sait que 7 est un diviseur de a.

1. Démontrer que 7 divise aussi a^2.
2. Trouver au moins deux autres diviseurs de a^2.

60 [Rais.5 - Ch.4]

On veut montrer que l'affirmation suivante est fausse : « Le nombre 72 a exactement cinq diviseurs. »

1. **a.** 72 est-il divisible par 2 ?
b. 72 est-il divisible par 3 ?
c. En déduire que 72 est divisible par 6.
2. **a.** 72 est-il divisible par 9 ?
b. Si 72 est divisible par 9 et par 2, par quel autre nombre 72 est-il divisible ?
3. En déduire l'ensemble des 12 diviseurs de 72. On pourra utiliser un logiciel pour vérifier.
4. Conclure sur l'affirmation.

61 [Rais.3 - Com.1] DÉMO

Démontrer, à l'aide d'un contre-exemple, que l'affirmation suivante est fausse : « La somme de deux multiples de 5 est un multiple de 10. »

62 [Rais.3 - Com.1] DÉMO

1. Démontrer, à l'aide d'un contre-exemple, que l'affirmation suivante est fausse : « Si un nombre entier est divisible par 2, alors il est divisible par 4. »
2. Énoncer l'affirmation réciproque. Cette affirmation est-elle vraie ?

63 [Mod.2 - Rais.2]

1. Reproduire et compléter le tableau ci-dessous.

	206	21 625	666	43 290
Divisible par 2				
Divisible par 5				
Divisible par 9				
Divisible par 10				

2. a. En vous aidant du tableau et sans faire d'autres calculs, dire si la fraction $\frac{666}{43\,290}$ est irréductible ou non.

b. Parmi les nombres suivants, lequel divise 666 et 43 290 : 19, 29, 37 ou 43 ?

c. À l'aide des résultats précédents, simplifier au maximum la fraction $\frac{666}{43\,290}$.

64 [Ch.2 - Mod.1]

Un chocolatier vient de fabriquer 2 622 œufs de Pâques et 2 530 poissons en chocolat.

Il souhaite vendre des assortiments d'œufs et de poissons de telle sorte que :

- tous les paquets aient la même composition ;
- après la mise en paquet, il ne reste ni œufs ni poissons.

Déterminer toutes les possibilités de composition des paquets.

65 [Ch.2 - Mod.1]

Dans une salle de bain, on veut recouvrir un mur avec des carreaux de faïence de forme carrée, les plus grands possibles et dont la mesure du côté est un nombre entier de centimètres.

La hauteur du mur est de 240 centimètres et sa largeur est de 165 centimètres.

On fait appel à un carreleur pour calculer la dimension des carreaux et le nombre de carreaux nécessaires.

1. À l'aide de la calculatrice ou du logiciel GeoGebra, déterminer tous les diviseurs de 240 et 165.
2. Quel est le plus grand diviseur commun de ces deux nombres ?
3. Écrire alors deux égalités, l'une avec 240 et l'autre avec 165, utilisant la valeur obtenue à la question précédente.
4. Conclure sur le problème posé.

66 [Ch.2 - Mod.1 - Rais.2]

Renée a construit une maquette de la tour Eiffel dans son jardin. À 20 h 00, le scintillement commence en même temps que celui de la vraie tour Eiffel et dure 5 minutes. Sachant que la tour Eiffel scintille toutes les heures et que celle de Renée s'allume toutes les 45 minutes, à quelle heure les deux tours s'éclaireront-elles à nouveau simultanément ?

Entraînement

Vérifier que les connaissances de base sont acquises.
Développer les connaissances.
Maîtriser les notions de manière approfondie.

2 Nombres premiers

67 [Mod.1 - Rais.2]

Voici les résultats du Loto du samedi 22 août 2020.

Parmi les nombres tirés ce jour-là, y a-t-il eu des nombres premiers ?

Tirage du samedi 22 août 2020

68 [Rais.3 - Rais.4]

Dire si les affirmations suivantes sont vraies ou fausses. Justifier.

1. Il n'existe aucun nombre premier dont le chiffre des unités est 5.
2. Si un nombre a 1 pour chiffre des unités alors ce nombre est premier.
3. Il est possible de trouver deux nombres consécutifs qui soient tous les deux premiers.
4. Il existe des nombres impairs qui ne sont pas premiers.

69 [Rais.3 - Com.1]

Émilie propose un jeu à sa camarade Lilou.

Elle pense à un nombre premier et donne trois indications le caractérisant.

Lilou doit alors trouver le nombre auquel pense Émilie.

Indication n°1 : Le nombre est compris entre 20 et 40.

Indication n°2 : Si on divise le nombre par 3, il reste 1.

Indication n°3 : La somme des chiffres vaut 10.

Quel est le nombre cherché ?

70 [Ch.1]

Remplir la grille de « nombres premiers croisés » suivante.

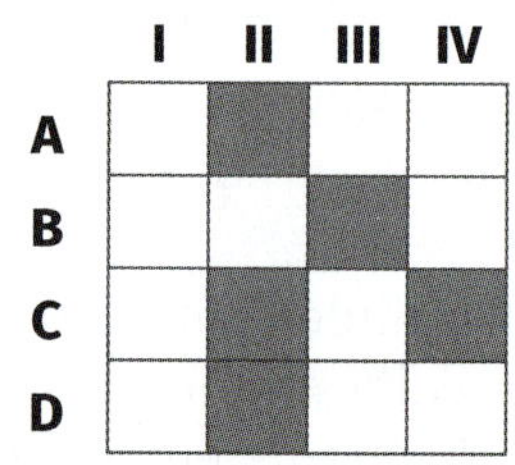

Indications :

- A-1 : Le plus petit des nombres premiers.
- A-2 : Nombre premier compris entre 21 et 25.
- B-1 : La somme de ses chiffres vaut 10.
- C-1 : Le plus petit nombre premier impair.
- II : Dans la division euclidienne de ce nombre par 3, le quotient est 2 et le reste est 1.
- Il y a quatre fois le chiffre 3 dans le tableau.
- B-1 et IV-1 sont identiques.
- Il y a quatre fois le chiffre 7 dans le tableau.
- Le 1 apparaît une seule fois dans le tableau.

NB : Les cases grises ne sont pas à remplir.

71 [Cal.4]

Décomposer le numérateur et le dénominateur de chacune des fractions suivantes en un produit de facteurs premiers puis en déduire leur écriture sous forme irréductible.

1. $\frac{21}{45}$ 2. $\frac{30}{124}$ 3. $\frac{99}{44}$ 4. $\frac{50}{66}$

72 [Cal.4 - Cal.5]

1. Décomposer 1 024 en un produit de facteurs premiers.
2. Décomposer 728 en un produit de facteurs premiers.
3. En déduire l'écriture sous forme irréductible de la fraction $\frac{728}{1024}$.
4. En utilisant la touche « Simplification de fraction » de la calculatrice, vérifier le résultat.

73 [Cal.4 - Cal.5]

1. Décomposer 1 767 en un produit de facteurs premiers.
2. Décomposer 1 302 en un produit de facteurs premiers.
3. En déduire l'écriture sous forme irréductible de la fraction $\frac{1302}{1767}$.
4. En utilisant la touche « Simplification de fraction » de la calculatrice, vérifier le résultat.

74 [Cal.4 - Cal.5]

1. Expliquer, sans faire de calcul, pourquoi la fraction $\frac{288}{224}$ n'est pas irréductible.
2. Déterminer la décomposition en un produit de facteurs premiers de 288 et de 224.
3. En déduire l'écriture sous forme irréductible de la fraction $\frac{288}{224}$.
4. À l'aide de la calculatrice, vérifier le résultat obtenu.

75 [Cal.4]

Relier chacune des opérations à son résultat sous forme de fraction irréductible.

$A = \frac{7}{10} - \frac{2}{35}$ •	• $-\frac{167}{30}$
$B = \frac{4}{15} - \frac{1}{6} - \frac{51}{9}$ •	• $\frac{23}{18}$
$C = \frac{2}{3} + \frac{3}{4} + \frac{4}{5} + \frac{5}{6}$ •	• $\frac{61}{20}$
$D = \frac{9}{4} - \frac{28}{18} + \frac{7}{12}$ •	• $\frac{9}{14}$

76 [Cal.4]

Calculer A, B et C. Donner le résultat sous forme irréductible.

1. $A = \frac{7}{9} - \frac{5}{6}$
2. $B = \frac{13}{7} \times 14 \times \frac{5}{26}$
3. $C = \dfrac{\frac{3}{7} \times 2}{\frac{5}{3} - 1}$

77 [Ch.4]

Le but de cet exercice est de trouver la fraction égale à $\frac{360}{504}$ dont le dénominateur est égal à 1 001.

1. Décomposer 360 en un produit de facteurs premiers.
2. Décomposer 504 en un produit de facteurs premiers.
3. En déduire la fraction irréductible égale à $\frac{360}{504}$.
4. Effectuer la division euclidienne de 1 001 par 7.
5. En déduire alors la fraction égale à $\frac{360}{504}$ et dont le dénominateur est 1 001.

78 [Ch.4]

Le but de cet exercice est de donner le résultat de la somme $D = \frac{756}{441} + \frac{19}{21}$ sous la forme la plus simplifiée possible.

1. Décomposer 756 et 441 en un produit de facteurs premiers.
2. En déduire la forme irréductible de $\frac{756}{441}$.
3. Expliquer pourquoi $\frac{19}{21}$ est une fraction irréductible.
4. Calculer D. On donnera le résultat sous forme irréductible.

79 [Ch.1 - Mod.1 - Rais.2]

À l'intérieur d'une horloge, le mécanisme est composé d'engrenages. Ils ont, de gauche à droite, 10, 5 et 30 dents.

À midi, afin de tester le mécanisme, l'horloger fait faire un tour complet, comme indiqué sur l'image, à l'engrenage composé de 10 dents. Quel nombre indiquera la grande aiguille ?

Approfondissement

80 [Ch.3 - Rais.3 - Cal.1]

On pose $F = \dfrac{n+9}{n-6}$, où n est un entier strictement supérieur à 6.

1. Dans chacun des trois cas suivants, écrire F sous forme irréductible.

a. $n = 9$ **b.** $n = 25$ **c.** $n = 46$

2. Démontrer que $F = 1 + \dfrac{15}{n-6}$.

3. En déduire toutes les valeurs de n pour lesquelles F est un nombre entier.

Environnement et développement durable

81 [Ch.1 - Rais.5 - Rais.2]

1. À l'aide de la calculatrice ou de GeoGebra, déterminer l'ensemble des diviseurs de 1 309 et de 1 001.

2. En déduire leurs diviseurs communs.

3. Une organisation environnementale souhaite restaurer une aire de forêt dans les Highlands, en Écosse.
Cette restauration permettra à terme de réintroduire des espèces animales caractéristiques de ce milieu.

Le terrain choisi est rectangulaire, de dimensions 1 309 mètres par 1 001 mètres.
L'association va planter des pins sylvestres en respectant des conditions particulières.

- Les arbres doivent être régulièrement espacés.
- La distance entre deux arbres consécutifs doit être un nombre entier compris entre 3 et 8 mètres.
- Il doit y avoir un pin sylvestre à chaque sommet du rectangle.

Calculer le nombre de pins que doit prévoir l'association.

82 [Cal.1 - Mod.2]

On donne $a = \dfrac{1}{2}$, $b = -\dfrac{1}{3}$ et $c = \dfrac{1}{4}$.

Calculer A, B, C et D. On donnera les résultats sous forme irréductible.

1. $A = a + b + c$

2. $B = a \times b + c$

3. $C = a \times (b + c)$

4. $D = \dfrac{a+b}{c}$

5. Montrer que $(A + B + C + D) \times 1000$ est un entier naturel divisible par 15.

83 [Mod.2 - Cal.1]

Effectuer les calculs suivants et donner les résultats sous forme irréductible.

$A = \dfrac{222}{667} + \dfrac{2}{3}$ $B = \dfrac{2}{5} + \dfrac{3}{5} \div \left(1 - \dfrac{1}{10}\right)$

$C = \dfrac{1 - \dfrac{1}{3}}{3} \times \dfrac{3}{4} - \dfrac{1}{5}$ $D = \dfrac{5 \times 10^{2000}}{20 \times 10^{2001}}$

$E = \dfrac{5{,}1 \times 10^2 - 270 \times 0{,}1}{4{,}83 \times 10^2}$ $F = \dfrac{4}{3} - 3 \times \dfrac{13+1}{13-1}$

84 [Mod.2 - Rep.1]

Sans calculatrice, calculer la valeur de A et montrer que A est un multiple de 3.

$$A = -4^2 + 10^3 \times 0{,}1 + (-3)^2$$

85 [Ch.3 - Rais.2]

Lors d'un escape game, Euphélie doit actionner la roue rouge dans le sens de la flèche qui entraîne les quatre autres. De combien de tours complets, au minimum, Euphélie doit-elle faire tourner la roue rouge pour que l'ensemble reprenne sa position initiale et que le mot GAGNÉ soit à nouveau placé correctement ?

86 [Cal.1 - Rais.3 - Ch.4]

Éline propose une énigme à ses camarades.
On considère deux nombres entiers N et M composés de quatre chiffres chacun.
Le nombre N s'écrit $115x$, où x représente un chiffre à déterminer. On sait de plus que N est divisible à la fois par 5 et par 3.
Le nombre M s'écrit $14y5$ où y représente un chiffre à déterminer. On sait de plus que M est divisible par 9.

1. Déterminer les valeurs de x et y.
2. Écrire la fraction $\frac{N}{M}$ sous forme irréductible.

87 [Mod.1 - Mod.8 - Mod.5]

Le 19 juin 1997, le taux de conversion de l'euro a été fixé ainsi : 1 euro = 6,559 57 francs.

1. Déterminer le prix, en euro, d'un sèche-cheveux à 128 francs et d'un manteau à 1 200 francs (arrondir au centime).
2. Quel était le prix, en franc, d'un réfrigérateur à 372,50 euros et d'une jupe à 29,73 euros (arrondir au centime).
3. On veut trouver une méthode permettant de calculer rapidement le prix y, en euro, d'un article coûtant x francs.

a. On propose le calcul suivant : $y = \left(x + \frac{1}{2} \times x\right) \div 10$. Vérifier à la calculatrice que l'on retrouve approximativement les prix de la question 1. en remplaçant x par 128 puis par 1 200.

b. Réduire l'écriture de y pour l'obtenir sous la forme d'une fraction.

4. On veut maintenant pouvoir convertir de manière similaire un prix de l'euro vers le franc.

a. Écrire x en fonction de y à l'aide de l'expression obtenue en 3. **b.**

b. Vérifier que l'on retrouve approximativement les résultats de la question 2. en remplaçant y par 372,50 puis par 29,73.

CLUB DE MATHS

88 DÉFI

Je suis un nombre composé de quatre chiffres.
Mon chiffre des unités est égal à mon chiffre des centaines.
Mon chiffre des dizaines est égal à mon chiffre des unités de mille.
La somme du chiffre des unités avec celui des dizaines est un nombre premier.
Le chiffre des unités et le chiffre des dizaines sont des carrés parfaits.
Le nombre formé par les deux derniers chiffres, ceux des dizaines et des unités (dans l'ordre de lecture), est aussi un carré parfait.
Qui suis-je ?

89 ÉNIGME

Pour le carnaval, un fleuriste dispose de 283 roses et de 397 tulipes. Il décide de décorer de façon identique le plus grand nombre de chars pour accompagner les carnavaliers. Après avoir décoré les chars, il lui reste 3 roses et 2 tulipes. Combien a-t-il décoré de chars et quelle est la composition de chaque décor ?

Préparer le brevet

90 [D'après brevet, Métropole, septembre 2017] durée : 10 min

Dire si l'affirmation suivante est vraie ou fausse. Justifier.

« Pour tous les nombres entiers n compris entre 2 et 9, le nombre $2^n - 1$ est un nombre premier. »

91 [D'après brevet, Wallis et Futuna, décembre 2017] durée : 25 min

Dans un laboratoire A, pour tester le vaccin contre la grippe de la saison hivernale prochaine, on a injecté la même souche de virus à cinq groupes comportant 29 souris chacun.

Quelques jours plus tard, on remarque que :

- dans les trois groupes de souris vaccinées, aucune souris n'est malade ;
- dans chacun des groupes de souris non vaccinées, 23 souris ont développé la maladie.

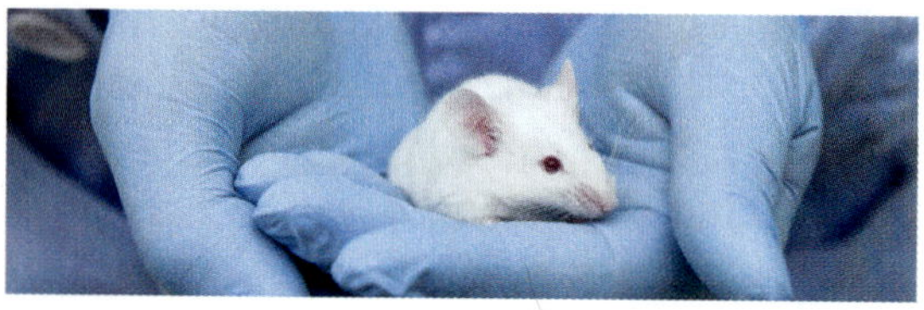

1. On admet que la proportion de souris malades lors de ce test est $\frac{46}{145}$. Justifier sans utiliser la calculatrice pourquoi on ne peut pas simplifier cette fraction.

(On pourra utiliser le début de la liste ordonnée des nombres premiers : 2 ; 3 ; 5 ; 7 ; 11 ; 13 ; 17 ; 19 ; 23 ; 29).

2. Dans un laboratoire B, on sait que $\frac{140}{870}$ des souris ont été malades.

a. Décomposer 140 puis 870 en un produit de nombres premiers.

b. En déduire la forme irréductible de la proportion de souris malades dans le laboratoire B.

92 [D'après brevet, Amérique du sud, décembre 2016] durée : 20 min

Carole souhaite réaliser une mosaïque sur un mur de sa maison. La surface à paver est un rectangle de dimensions 108 cm et 225 cm qui doit être entièrement recouverte par des carreaux de faïence carrés de mêmes dimensions sans découpe.

1. Carole peut-elle utiliser des carreaux de 3 cm de côté ? De 6 cm de côté ?

2. Quelle est la dimension maximale des carreaux que Carole peut poser ? Combien de carreaux utilisera-t-elle ?

93 [D'après brevet, Nouvelle-Calédonie, mars 2009] durée : 15 min

1. Justifier sans calcul que 2 divise 850 et 714.

2. Décomposer en un produit de facteurs premiers les nombres 850 puis 714.

3. En déduire la fraction irréductible égale à $\frac{850}{714}$.

94 [D'après brevet, Groupement Nord, juin 2006] durée : 10 min

Pierre a gagné 84 sucettes et 147 bonbons à un jeu. Ayant très peur du dentiste, il décide de les partager équitablement avec ses amis.

1. Combien de personnes au maximum pourront bénéficier de ces friandises ?

2. Quelle sera la composition de chaque part ?

Travailler ensemble

On a représenté ci-contre certains des entiers naturels par des graphiques colorés, que l'on appelle représentations chromatiques.

L'objectif de cette activité est de comprendre comment cette représentation a été obtenue, et de compléter cette liste.

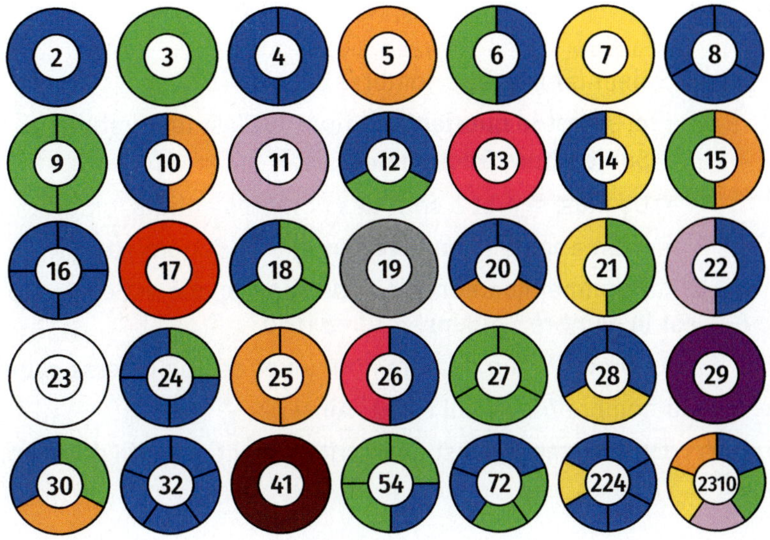

★ PARTIE 1

1. Donner la liste des six premiers nombres premiers.
2. Que remarque-t-on sur leur représentation chromatique ?
3. Quel est le point commun entre les nombres dont la représentation contient du vert ?
4. Que dire des nombres dont la représentation contient à la fois du bleu et du vert ?
5. Donner la décomposition de 42 en un produit de facteurs premiers. En déduire sa décomposition chromatique.

★★ PARTIE 2

1. Quel est le point commun entre tous les nombres dont la représentation contient du bleu ? Ceux dont les représentations contiennent du orange ?
2. Quels sont les nombres qui ne contiennent que du bleu ? Que représente alors le nombre de secteurs ?
3. Comment sera représenté le nombre 64 ? Le nombre 512 ?
4. Comment sera représenté le nombre 125 ?

★★★ PARTIE 3

1. Donner la décomposition de 6, 9 et 54 en un produit de facteurs premiers.
2. Comparer leurs représentations chromatiques. Quelles sont les couleurs présentes ? Combien y a-t-il de secteurs de chaque couleur ?
3. Expliquer comment on obtient la représentation chromatique du produit de deux nombres à partir de leurs représentations respectives.
4. Écrire 51 et 60 comme produit de nombres dont on connaît la représentation. En déduire leur représentation.

MISE EN COMMUN

1. Quels sont les nombres représentés par une couronne complète d'une seule couleur ?
2. Quels sont ceux représentés par plusieurs secteurs tous de la même couleur ?
3. Donner les représentations chromatiques de tous les nombres entre 40 et 60.
4. À partir de leur représentation chromatique, donner la décomposition de 72, 224 et 2 310 en un produit de facteurs premiers.

Déjà vu

Rappels

1. Soient a et b deux nombres avec $b \neq 0$.
   - $a \div b$ est le **quotient** de a par b. C'est le nombre qui, multiplié par b est égal à a. Son **écriture fractionnaire** est $\frac{a}{b}$.
   - De plus, si a et b sont des nombres entiers, on dit que $\frac{a}{b}$ est une **fraction**.
   - a est appelé le **numérateur** et b le **dénominateur**.
2. La somme d'un nombre et de son opposé est égale à 0 donc l'**opposé** du nombre a est le nombre $-a$. Ainsi $a+(-a)=0$.
3. Le produit d'un nombre non nul et de son inverse est égal à 1 donc l'**inverse** du nombre b non nul est $\frac{1}{b}$. Ainsi $b \times \frac{1}{b} = 1$.
4. Un **pourcentage** est une écriture fractionnaire de dénominateur égal à 100.

1 Déterminer, si possible, l'opposé et l'inverse des nombres suivants :
4 ; 2,3 ; −6 ; −17,5 et 0.

2 Effectuer les calculs suivants.
1. $A = (7+3) \times 9 - 5$
2. $B = 100 - 2 \times 5$
3. $C = 100 - (10 - 4 \times 5)$
4. $D = 2 \times 10 - (4 - 14)$

3 Exprimer le nombre $2{,}5 + \frac{23}{100} + \frac{7}{1000}$ sous forme décimale puis sous forme fractionnaire.

4 Ranger dans l'ordre croissant les nombres suivants : $\frac{1}{3}$, $\frac{25}{6}$, 2 et $\frac{5}{3}$.

5 Un sachet de fruits de 650 g contient 162,5 g de framboises. Donner la proportion des framboises dans ce sachet sous forme décimale et sous forme de pourcentage.

6 Donner les écritures décimales des nombres suivants : 10^3, 10^8, 10^{-4} et 10^0.

7 Effectuer les conversions suivantes en utilisant les puissances de 10.
1. $1 \text{ cm} = 10^{\cdots} \text{ m} = 10^{\cdots} \text{ km}$.
2. $1 \text{ km} = 10^{\cdots} \text{ m} = 10^{\cdots} \text{ cm}$.

8 Compléter les égalités suivantes.
1. $2 \times 2 \times 2 \times 2 = 2^{\cdots}$
2. $4 \times 4 \times 4 \times 4 = \ldots^4$
3. $5 \times \ldots = 5^5$
4. $(-10) \times \ldots = (-10)^7$

9 Vrai ou faux ?
1. Le nombre 3^4 peut s'écrire $4 \times 4 \times 4$.
2. Le nombre 10^{-4} est égal à $-0{,}000\,1$.
3. L'opposé de $-3{,}1$ est $3{,}1$.
4. L'inverse de $\frac{7}{9}$ est $\frac{9}{7}$.
5. L'opposé de l'inverse de 7 est $-\frac{1}{7}$.

10 Compléter les phrases suivantes.
1. La fraction $\frac{1}{4}$ correspond à ... %.
2. La fraction $\frac{2}{5}$ correspond à ... %.
3. La fraction $\frac{\cdots}{2}$ correspond à 50 %.
4. La fraction $\frac{\cdots}{\cdots}$ correspond à 70 %.

ChronoQuiz

Retrouvez un quiz interactif à réaliser en classe pour vérifier les prérequis de ce chapitre sur LLS.fr/M3Quiz2

Partie 1 : Nombres et calculs

2 Calcul numérique

Objectifs du chapitre

- Calculer avec des nombres décimaux, des nombres relatifs, des fractions et des puissances.
- Utiliser la notation scientifique.
- Utiliser diverses représentations d'un même nombre (écriture décimale, fractionnaire, notation scientifique) et savoir passer d'une représentation d'un nombre à une autre.

Retrouvez un tableau récapitulatif des compétences utilisées dans les exercices de ce chapitre sur LLS.fr/M3Comp2

Des papyrus datant de 3 000 av. J.-C. montrent que les scribes utilisaient des hiéroglyphes spécifiques pour noter des nombres lors de situations de partages équitables. La question de partage étant toujours d'actualité, les fractions ont traversé toutes les époques jusqu'à nous parvenir avec la notation actuelle de la barre de fraction.

Activités

1 Petit voyage en Égypte

› Cours 1 B p. 34

Objectif : Effectuer des sommes et des décompositions de fractions.

Partie A : L'œil d'Horus

Dans la mythologie égyptienne, on raconte qu'Horus eut son œil arraché par son oncle Seth. Ce dernier coupa alors son œil en six parties comme représenté ci-contre.

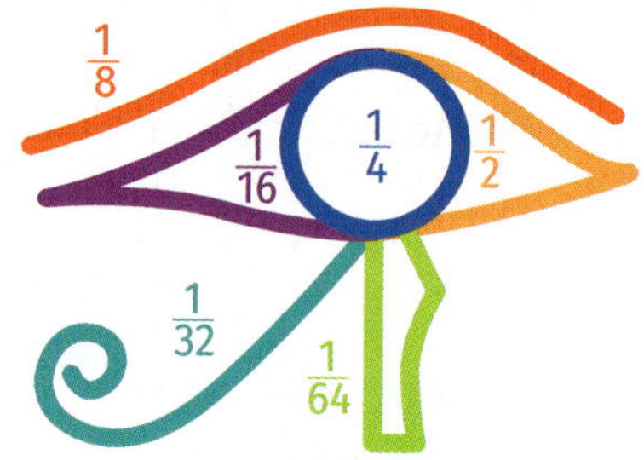

Horus est une divinité égyptienne. Il était représenté par un homme à tête de faucon.

1 Donner deux points communs entre toutes les fractions représentées.

2 Donner l'écriture fractionnaire de leur somme.

3 Quelle fraction faut-il ajouter à cette somme pour obtenir 1 ?

Partie B : Fractions égyptiennes

Une fraction égyptienne est une fraction dont le numérateur est 1. On admet que toutes les fractions peuvent s'écrire comme la somme de fractions égyptiennes de valeurs différentes.

1 Calculer les sommes $\frac{1}{4}+\frac{1}{10}$ et $\frac{1}{2}+\frac{1}{22}$.

2 On souhaite maintenant décomposer des fractions en somme de fractions égyptiennes distinctes. Pour cela, on peut multiplier le numérateur et le dénominateur par 2. Par exemple $\frac{5}{9}=\frac{5\times 2}{9\times 2}=\frac{10}{18}=\frac{9+1}{18}=\frac{9}{18}+\frac{1}{18}=\frac{1}{2}+\frac{1}{18}$. En raisonnant de la même manière, décomposer $\frac{3}{5}$ et $\frac{2}{3}$.

Bilan : Peut-on appliquer la méthode de la partie B à toutes les fractions ?

2 Distance entre les planètes

› Cours 2 B p. 36

Objectif : Comprendre l'utilité de la notation scientifique.

Ce tableau donne les distances, en kilomètre, entre les différentes planètes et le Soleil.

Jupiter	Mars	Mercure	Neptune	Saturne	Terre	Uranus	Vénus
778,5 millions	227 900 000	$57{,}91\times 10^{6}$	4,495 milliards	1 434 000 000	149 600 milliers	$2{,}871\times 10^{9}$	108,2 millions

1 Écrire chacune des distances sous forme décimale.

2 Écrire chacune des distances sous la forme $a\times 10^{n}$, avec $1\leqslant a<10$ et n un nombre entier.

Bilan : Toutes ces distances ont été exprimées de deux manières différentes. Quel est l'avantage de la seconde écriture par rapport à la première ?

3 Le triangle de Sierpiński

› Cours 2 A p. 36

Objectif : Découvrir les puissances de base quelconque dans un contexte géométrique.

Une fractale est un objet qui se répète à l'infini. En zoomant sur une partie, le tout réapparaît à l'identique.

Nous allons nous intéresser à la construction d'une fractale particulière : le triangle de Sierpiński.

Voici les différentes étapes à suivre pour construire le triangle de Sierpiński.

Étape 0 : On trace un triangle équilatéral.

Étape 1 : On trace le triangle blanc ayant pour sommets les milieux de chacun des côtés du triangle précédent.

Étapes 2 et 3 : On réitère ce procédé avec chacun des triangles roses obtenus, comme ci-dessous.

Histoire des maths

Wacław Sierpiński est un mathématicien polonais (1882-1969) qui a notamment travaillé sur la théorie des ensembles, la théorie des nombres, la théorie des fonctions et la topologie. Une autre fractale célèbre porte son nom : le tapis de Sierpiński.

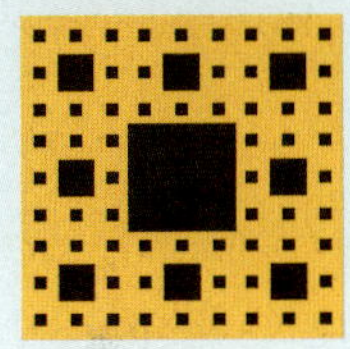

Étape 0 | Étape 1 | Étape 2 | Étape 3

1 Construire le triangle de Sierpiński de l'étape 2 en prenant pour triangle de départ un triangle équilatéral de côté 8 cm.

2 Recopier et compléter le tableau suivant.

Étape n°	0	1	2	3
Nombre de triangles roses				

3 Si on poursuit la construction jusqu'à l'étape 5, déterminer le nombre de triangles roses obtenus.

4 Déborah affirme qu'à l'étape 10, il y a 3^{10} triangles roses. A-t-elle raison ?

Bilan : Conjecturer le nombre de triangles roses à l'étape n.

Cours

1 Règles de calcul

A Nombres relatifs

Propriétés

1. Pour **additionner** deux nombres relatifs :
   - s'ils sont de même signe, on garde le signe commun et on ajoute leur distance à 0 ;
   - sinon, le signe du résultat est celui du nombre qui a la plus grande distance à 0 et on calcule la différence des deux distances à 0.
2. **Soustraire** un nombre b revient à ajouter son opposé : $a-b=a+(-b)$.

Exemples : $(-7)+(+5)=-(7-5)=-2$ et $(+4)-(-7)=(+4)+(+7)=+(4+7)=+11$.

Propriété

Pour **multiplier** (ou **diviser**) deux nombres relatifs, on multiplie (ou divise) leur distance à 0 et on applique la règle des signes suivante :
- si le nombre de facteurs négatifs est **pair**, le résultat est **positif** ;
- si le nombre de facteurs négatifs est **impair**, le résultat est **négatif**.

Exemples : $(+2)\times(-5)\times(+3)=-(2\times5\times3)=-30$ et $(-4)\times(+7)\times(-2)=+(4\times7\times2)=+56$.

B Nombres en écriture fractionnaire

Propriété

Pour **additionner** (respectivement **soustraire**) des nombres en écriture fractionnaire, on les ramène au même dénominateur puis on ajoute (respectivement soustrait) les numérateurs et on garde le dénominateur commun.

Exemples : $\frac{1}{7}-\frac{3}{7}=\frac{1-3}{7}=\frac{-2}{7}$ et $\frac{2}{5}+\frac{2}{15}=\frac{2\times3}{5\times3}+\frac{2}{15}=\frac{6}{15}+\frac{2}{15}=\frac{6+2}{15}=\frac{8}{15}$.

Propriétés

1. Pour **multiplier** deux nombres en écriture fractionnaire, on multiplie les numérateurs entre eux et les dénominateurs entre eux : $\frac{a}{b}\times\frac{c}{d}=\frac{a\times c}{b\times d}$.
2. **Diviser** par un nombre en écriture fractionnaire revient à multiplier par l'inverse de cette écriture fractionnaire : $\frac{a}{b}\div\frac{c}{d}=\frac{a}{b}\times\frac{d}{c}$.

Exemples : $\frac{1}{5}\times\frac{3}{4}=\frac{1\times3}{5\times4}=\frac{3}{20}$ et $\frac{1}{5}\div\frac{3}{4}=\frac{1}{5}\times\frac{4}{3}=\frac{1\times4}{5\times3}=\frac{4}{15}$.

Calculer avec des nombres relatifs

Énoncé Calculer le nombre suivant : $A = \dfrac{-5 - 3 \times 5}{4}$.

Solution

$A = \dfrac{-5 - 3 \times 5}{4}$

$A = \dfrac{-5 - 15}{4}$

$A = \dfrac{-20}{4}$

$A = -5$

Pour s'entraîner : exercices **52** et **53** p. 42

Méthode

Lors d'un enchaînement de plusieurs opérations, on respecte la règle des priorités dans les calculs à effectuer :
- parenthèses ;
- puissances ;
- multiplications et divisions ;
- additions et soustractions.

Lorsqu'il y a plusieurs opérations avec le même niveau de priorité, on effectue les calculs dans le sens de lecture (de gauche à droite). Le trait de fraction tient lieu de parenthèses.

Additionner et soustraire des fractions

Énoncé Calculer la différence et la somme ci-dessous.

1. $\dfrac{5}{7} - \dfrac{3}{7}$ **2.** $\dfrac{1}{3} + \dfrac{1}{2}$

Solution

1. $\dfrac{5}{7} - \dfrac{3}{7} = \dfrac{5-3}{7} = \dfrac{2}{7}$

2. $\dfrac{1}{3} + \dfrac{1}{2} = \dfrac{1 \times 2}{3 \times 2} + \dfrac{1 \times 3}{2 \times 3} = \dfrac{2+3}{6} = \dfrac{5}{6}$

Pour s'entraîner : exercices **26** et **27** p. 40

Méthode

- On identifie les dénominateurs. S'ils sont égaux, on passe directement à l'étape suivante, sinon on ramène les fractions au même dénominateur en cherchant un multiple commun.
- On ajoute (ou soustrait) les numérateurs.
- On garde le dénominateur commun.

Multiplier et diviser des fractions

Énoncé Calculer le produit et le quotient ci-dessous.

1. $\dfrac{2}{70} \times \dfrac{40}{5}$ **2.** $\dfrac{14}{25} \div \dfrac{21}{40}$

Solution

1. $\dfrac{2}{70} \times \dfrac{40}{5} = \dfrac{2 \times 40}{70 \times 5} = \dfrac{2 \times 4 \times \cancel{10}}{7 \times \cancel{10} \times 5} = \dfrac{8}{35}$

2. $\dfrac{14}{25} \div \dfrac{21}{40} = \dfrac{14 \times 40}{25 \times 21} = \dfrac{2 \times \cancel{7} \times \cancel{5} \times 8}{5 \times \cancel{5} \times \cancel{7} \times 3} = \dfrac{2 \times 8}{5 \times 3} = \dfrac{16}{15}$

Pour s'entraîner : exercices **28** et **29** p. 40

Méthode

- On cherche si les nombres des numérateurs et ceux des dénominateurs ont des diviseurs communs.
- On fait apparaître les décompositions des nombres pour simplifier au maximum.
- On multiplie les numérateurs entre eux et les dénominateurs entre eux.

Cours

2 Puissances

A Généralités

Définitions

Soient a un nombre et n un entier positif. Le produit $\underbrace{a \times a \times \ldots \times a}_{n \text{ fois}}$ est la **puissance** n-ième de a.

On le note a^n. n est alors appelé l'**exposant** et cette écriture se lit « a exposant n ».

Par convention, si $a \neq 0$, $a^0 = 1$.

Si $a \neq 0$, on note a^{-n} l'inverse de a^n : $a^{-n} = \frac{1}{a^n}$. Ainsi, $a^{-1} = \frac{1}{a}$.

Exemples : $2^3 = 2 \times 2 \times 2 = 8$ et $2^{-3} = \frac{1}{2^3} = \frac{1}{8}$.

Définition

Un **carré parfait** est un nombre qui est le carré d'un entier.

Remarque : Les carrés parfaits à connaître sont : 0, 1, 4, 9, 16, 25, 36, 49, 64, 81, 100, 121 et 144.

Définition

Soit a un nombre positif. La **racine carrée** de a est le nombre positif dont le carré est égal à a.

On le note $\sqrt{a}$. On a donc $(\sqrt{a})^2 = a$.

B Notation scientifique et préfixes

Définition

La **notation scientifique** d'un nombre est l'unique écriture de ce nombre sous la forme $a \times 10^n$ où $1 \leqslant a < 10$ et n est un nombre entier.

Exemples : $123\,456 = 1{,}234\,56 \times 10^5$ et $0{,}009\,87 = 9{,}87 \times 10^{-3}$.

Définitions

Préfixe	giga	méga	kilo	hecto	déca	unité	déci	centi	milli	micro	nano
Symbole	G	M	k	h	da		d	c	m	μ	n
Puissance	10^9	10^6	10^3	10^2	10^1	10^0	10^{-1}	10^{-2}	10^{-3}	10^{-6}	10^{-9}

Calculer avec les puissances

Énoncé Écrire chacune des expressions ci-dessous sous la forme 3^n où n est un nombre entier.

1. $3^6 \times 3^4$ **2.** $\frac{3^5}{3^3}$ **3.** $(3^2)^4$

Solution

1. $3^6 \times 3^4 = \underbrace{3 \times 3 \times 3 \times 3 \times 3 \times 3}_{6 \text{ fois}} \times \underbrace{3 \times 3 \times 3 \times 3}_{4 \text{ fois}} = 3^{10}$

2. $\frac{3^5}{3^3} = \frac{3 \times 3 \times \cancel{3} \times \cancel{3} \times \cancel{3}}{\cancel{3} \times \cancel{3} \times \cancel{3}} = \underbrace{3 \times 3}_{2 \text{ fois}} = 3^2$

3. $(3^2)^4 = \underbrace{3^2 \times 3^2 \times 3^2 \times 3^2}_{4 \text{ fois}} = \underbrace{3 \times 3 \times 3 \times 3 \times 3 \times 3 \times 3 \times 3}_{8 \text{ fois}} = 3^8$

Méthode

On décompose chaque écriture de puissance en faisant apparaître les produits et on simplifie ou on regroupe les facteurs.

Pour s'entraîner : exercices **36** et **37** p. 41

Déterminer si un nombre est un carré parfait ou non

Énoncé Déterminer si les nombres 1 000 et 625 sont des carrés parfaits.

Solution

À l'aide de la calculatrice, on obtient $\sqrt{1000} \approx 31{,}6$.
Donc 1 000 n'est pas un carré parfait.

À l'aide de la calculatrice, on obtient $\sqrt{625} = 25$.
Donc 625 est un carré parfait.

Méthode

On calcule, à l'aide de la calculatrice, la racine carrée du nombre donné. Si on obtient un nombre entier, alors c'est un carré parfait ; sinon, ce n'est pas un carré parfait.

Pour s'entraîner : exercices **38** et **39** p. 41

Déterminer la notation scientifique d'un nombre décimal

Énoncé Déterminer la notation scientifique des nombres 124,91 et 0,000 136.

Solution

$124{,}91 = 1{,}249\,1 \times 100 = 1{,}249\,1 \times 10^2$

$0{,}000\,136 = 1{,}36 \times 0{,}000\,1 = 1{,}36 \times 10^{-4}$

Méthode

On écrit le nombre comme un produit d'un nombre décimal ne comportant qu'un chiffre non nul dans la partie entière par une puissance de dix.

Pour s'entraîner : exercices **44, 45** et **46** p. 41

Révision

Genially : Retrouvez une activité interactive pour réviser les notions de ce chapitre sur LLS.fr/M3Genially2

CALCUL NUMÉRIQUE

- L'**opposé** d'un nombre a est $-a$
  - Soustraire revient à ajouter l'opposé
- L'**inverse** d'un nombre $a \neq 0$ est $\frac{1}{a}$
  - Diviser revient à multiplier par l'inverse
- Addition : $\frac{a}{c} + \frac{b}{c} = \frac{a+b}{c}$ $(c \neq 0)$
  Multiplication : $\frac{a}{b} \times \frac{c}{d} = \frac{a \times c}{b \times d}$ $(b \times d \neq 0)$
  Division : $\frac{a}{b} \div \frac{c}{d} = \frac{a}{b} \times \frac{d}{c}$ $(b \times c \neq 0)$
- Le produit de n facteurs tous égaux à un nombre a s'appelle « a exposant n » et se note a^n
  - L'**inverse** de a^n est $a^{-n} = \frac{1}{a^n}$ avec $a \neq 0$
  - $a^1 = a$
  - Convention $a^0 = 1$ pour $a \neq 0$
  - **Notation scientifique :** $a \times 10^n$ avec $1 \leqslant a < 10$ et n un nombre entier

QCU : réponse unique

11 $(-5) - (-13) =$

a) 8 b) -18 c) -8 d) 18

12 $\frac{7}{3} + \frac{7}{10} =$

a) $\frac{7}{13}$ b) $\frac{91}{30}$ c) $\frac{14}{13}$ d) $\frac{14}{30}$

13 $4^{-6} =$

a) -4^6 b) $\frac{1}{4\,096}$ c) $(-4)^6$ d) $-\frac{1}{4^6}$

14 La distance Terre-Lune est d'environ 384 400 km. La notation scientifique de cette distance est :

a) $3{,}844 \times 10^5$ km. b) $3\,844 \times 10^2$ km. c) 384 giga km. d) 384 400 000 km.

QCM : réponses multiples

15 Le produit de trois nombres est négatif si :

a) tous les nombres sont positifs.
b) un seul des nombres est positif.
c) deux des nombres sont positifs.
d) aucun des nombres n'est positif.

16 Quels calculs ont pour résultat 0 ?

a) La somme d'un nombre et de son opposé.
b) $\frac{1}{3} - \frac{1}{3} \times 2$
c) La somme d'un nombre et de son inverse.
d) $4^0 - \frac{3}{4} \times \frac{16}{12}$

17 Quels préfixes sont correctement associés à la puissance de 10 à laquelle ils correspondent ?

a) Méga et 10^6. b) Milli et 10^3. c) Micro et 10^{-6}. d) Nano et 10^{-9}.

› Corrigés p. 296

Outils numériques

18 [Rais.6]

On considère le programme de calcul ci-dessous.

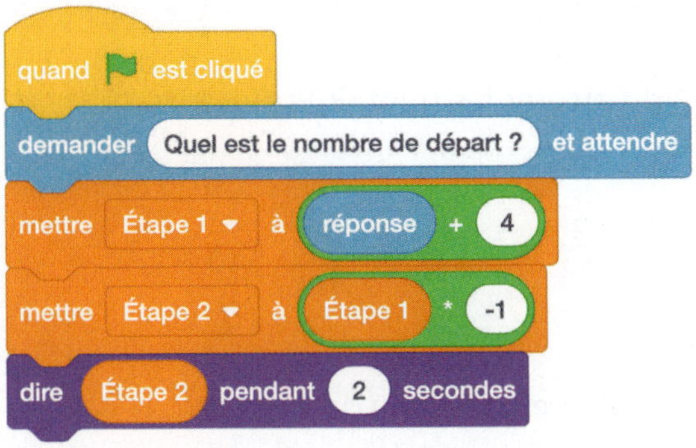

Quel est le résultat affiché lorsque le nombre de départ est 6 ? Et −10 ?

19 [Rais.6]

À quoi sert l'algorithme ci-dessous ?

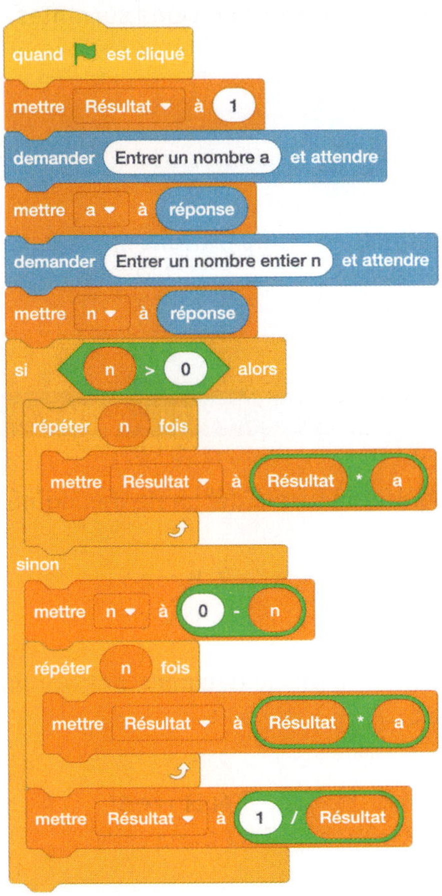

20 [Mod.10 - Rais.6]

On souhaite utiliser un programme qui permet de tester l'égalité de deux fractions en calculant leur produit en croix.
Télécharger le fichier sur LLS.fr/M3Scratch2.

1. À l'aide des blocs situés à droite, compléter la condition du bloc « Si ... alors ... » pour que le programme ci-dessous renvoie le bon résultat.

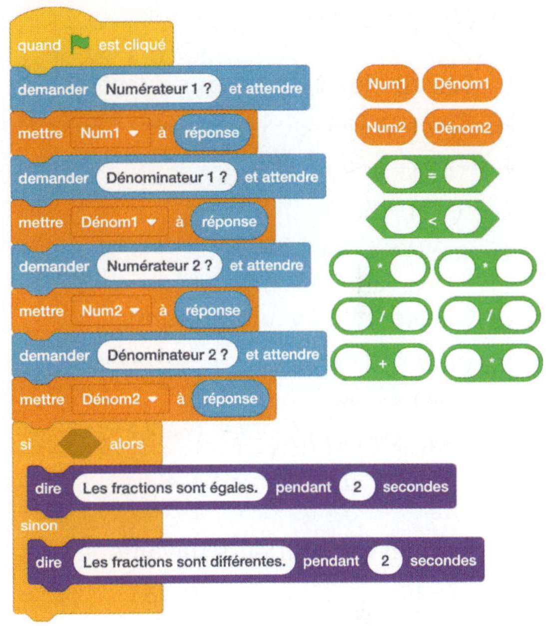

2. Vérifier que les fractions $\frac{11\,214}{65\,536}$ et $\frac{5\,607}{32\,768}$ sont bien égales.

21 [Mod.10 - Rais.6]

On souhaite créer un programme qui permet de mettre deux fractions au même dénominateur. Pour cela, on veut qu'il multiplie le numérateur de chaque fraction par le dénominateur de l'autre.
Télécharger le fichier sur LLS.fr/M3Scratch3.

1. Compléter les trous avec les bonnes variables pour que le programme exécute ce qui est attendu.

2. Utiliser le programme pour calculer les sommes suivantes.
$A = \frac{13}{5} + \frac{7}{9}$, $B = \frac{3}{4} + \frac{7}{8}$ et $C = \frac{27}{12} + \frac{25}{4}$.

3. Le résultat obtenu est-il optimal ? Comment pourrait-on améliorer le programme ?

Automatismes

Nombres relatifs

Calcul mental

22 Calculer les sommes suivantes.

1. $A = (+8) + (+2)$
2. $B = (+8) + (-2)$
3. $C = (-8) + (+2)$
4. $D = (-8) + (-2)$

23 Calculer les différences suivantes.

1. $E = (+7) - (+4)$
2. $F = (+7) - (-4)$
3. $G = (-7) - (+4)$
4. $H = (-7) - (-4)$

24 Calculer les produits suivants.

1. $I = (+6) \times (+4)$
2. $J = (+6) \times (-4)$
3. $K = (-6) \times (+4)$
4. $L = (-6) \times (-4)$

25 Calculer les quotients suivants.

1. $M = \frac{(+15)}{(+5)}$
2. $N = \frac{(+15)}{(-5)}$
3. $O = \frac{(-15)}{(+5)}$
4. $P = \frac{(-15)}{(-5)}$

Nombres en écriture fractionnaire

26 Calculer les sommes suivantes.

1. $A = \frac{1}{4} + \frac{2}{4}$
2. $B = \frac{1}{3} + \frac{7}{9}$
3. $C = \frac{1}{4} + \frac{1}{5}$
4. $D = \frac{-4}{7} + \frac{4}{5}$

27 Calculer les différences suivantes.

1. $E = \frac{3}{7} - \frac{5}{7}$
2. $F = \frac{2}{5} - \frac{7}{10}$
3. $G = \frac{1}{6} - \frac{1}{5}$
4. $H = \frac{5}{12} - \frac{7}{16}$

28 Calculer les produits suivants.

1. $I = \frac{1}{2} \times \frac{3}{4}$
2. $J = 6 \times \frac{4}{7}$
3. $K = \frac{-3}{4} \times \frac{5}{-6}$
4. $L = -\frac{6}{7} \times \frac{-5}{-3}$

29 Calculer les quotients suivants.

1. $M = \frac{5}{3} \div 7$
2. $N = \frac{-12}{10} \div \frac{8}{-5}$
3. $O = \frac{\frac{2}{-5}}{\frac{1}{7}}$
4. $P = \frac{10}{\frac{3}{4}}$

30 Quel est le signe du produit de 18 facteurs tous égaux à $-\frac{1}{4}$?

31 Quel est l'inverse de l'opposé de $\frac{4}{7}$? Et l'opposé de l'inverse de $\frac{4}{7}$?

Calcul mental

32 Effectuer les opérations suivantes.

1. $Q = \frac{2}{5} + \frac{7}{5} - \frac{3}{5}$
2. $R = \frac{-8}{5} - \frac{-7}{5}$
3. $S = \frac{3}{10} - \frac{11}{20}$

33 Effectuer les opérations suivantes.

1. $T = \frac{4}{-5} \times \frac{-2}{-3}$
2. $U = \frac{4}{3} \div \frac{7}{2}$

Puissances de base quelconque

34 Donner la forme décimale des nombres suivants.

1. $A = 3^3$
2. $B = 2^4$
3. $C = 10^6$
4. $D = 5^4$

35 Donner la forme décimale des nombres suivants.

1. $E = 4^{-2}$
2. $F = (-3)^2$
3. $G = 2^{-2}$
4. $H = -5^2$

36 Écrire les nombres suivants sous la forme 6^n où n est un nombre entier.

1. $I = 6^2 \times 6^5$
2. $J = \dfrac{6^5}{6^9}$
3. $K = (6^3)^2$
4. $L = \dfrac{6^2 \times 6^7}{6^3}$

37 Écrire les nombres suivants sous la forme 13^n où n est un nombre entier.

1. $M = 13^1 \times 13^5$
2. $N = \dfrac{13^6}{13^2}$
3. $O = (13^2)^4$
4. $P = \dfrac{13^{-4}}{13^{-7}}$

38 Dans la liste de nombres suivante, identifier les carrés parfaits : 250, 81, 144, 625, 72, 36 et 10 000.

39 Donner l'écriture décimale des nombres suivants.

1. $\sqrt{64}$
2. $\sqrt{27{,}04}$
3. $\sqrt{100}$
4. $\sqrt{225}$
5. $\sqrt{56{,}25}$
6. $\sqrt{0{,}25}$

Calcul mental

40 Donner les écritures décimales des nombres suivants.

1. $Q = 2^{-1}$
2. $R = 135^1$
3. $S = 11^2$
4. $T = 756^0$

41 Donner le résultat des opérations ci-dessous sous forme décimale.

1. $U = 2^2 \times 2^3$
2. $V = \dfrac{11^{15}}{11^{13}}$
3. $W = (1^{123})^{-37}$
4. $X = ((-10)^4)^2$

42 Donner l'écriture décimale des nombres suivants.

1. $Y = 10^4 - 10^3$
2. $Z = 10^3 + 10^{-2}$
3. $A = 4 \times 10^5$
4. $B = 9{,}6 \times 10^{-4}$

Notation scientifique et préfixe

43 Associer à chaque élément une unité de mesure adéquate.

Diamètre d'un grain de sable •	• Mètre
Longueur de la Grande Muraille de Chine •	• Millimètre
Longueur d'un brin d'ADN •	• Nanomètre
Hauteur d'un palmier •	• Kilomètre

44 Donner la notation scientifique des nombres suivants.

1. $A = 124\,000$
2. $B = 541\,000\,125$
3. $C = 0{,}000\,254$
4. $D = 0{,}000\,000\,5$

45 Donner la notation scientifique des nombres suivants.

1. $E = 540$
2. $F = 0{,}012\,5$
3. $G = 987\,000$
4. $H = 0{,}78$

Calcul mental

46 Donner l'écriture décimale des nombres suivants.

1. $I = 7{,}56 \times 10^6$
2. $J = 1{,}0015 \times 10^2$
3. $K = 6{,}9 \times 10^{-3}$
4. $L = 2{,}356 \times 10^{-5}$

Entraînement

- Vérifier que les connaissances de base sont acquises.
- Développer les connaissances.
- Maîtriser les notions de manière approfondie.

1 Règles de calculs

47 [Ch.2 - Cal.4]

Amélie a reçu son relevé bancaire. Elle souhaite savoir quel est son solde, c'est-à-dire l'argent qu'il lui reste une fois que les crédits ont été ajoutés et les débits retirés. Calculer son solde sachant que le solde du mois précédent était de 314,50 €.

Mouvement	Débit	Crédit
Loyer	−650 €	
Location box Internet	−32 €	
Virement CPAM		+14,50 €
Abonnement salle de sport	−49 €	
Remise de chèque		+65 €
Restaurant « Le Délice »	−52 €	
Salaire		+1200 €

48 [Cal.4]

Effectuer les calculs suivants.

1. $A = -5 + (-4) - (-14)$
2. $B = 12{,}3 - (+4{,}2) - 10$
3. $C = -23 + (+8{,}25) - (-27) - (+14)$
4. $D = -3 + 24 - 17 + 6$

49 [Cal.4]

Compléter le tableau ci-dessous pour que la somme des cinq colonnes, la somme des cinq lignes et la somme des deux diagonales soient toutes égales au même nombre.

0,5	4		−4	−0,5
0	1		5,5	
		1,5		
		−1,5		3
3,5	7	−4,5	−1	2,5

50 [Cal.4]

Effectuer les calculs suivants.

1. $E = -5 \times 4 \times (-2)$
2. $F = 7 \times (-2) \times 0{,}1$
3. $G = (-6) \times (-2) \times (-1)$
4. $H = (-2) \times 3 \times (-4) \times (-6)$

51 [Cal.4]

Effectuer les calculs suivants.

1. $I = -50 \div 10$
2. $J = 600 \div (-2)$
3. $K = -14{,}2 \div (-7{,}1)$
4. $L = (-144) \div 12$

52 [Cal.4]

Effectuer les calculs suivants.

1. $M = (-3) \times (-2) + 5 \times (-2)$
2. $N = 4 + (-8) \times 2$
3. $O = 3 + 5 \times (-7) - 8$
4. $P = (3 + 5) \times ((-7) - 8)$

53 [Cal.4]

Effectuer les calculs suivants.

1. $Q = 8 \times 4 - 5 \times (-6)$
2. $R = 11 - (10 - (9 - (8 - 7)))$
3. $S = 1\,000 \times (-0{,}1) \times 0{,}001 \times (-10)$
4. $T = 12 - 3 \div 4$

54 [Cal.4 - Com.1]

Traduire en langage mathématique les propositions suivantes, puis donner le résultat de ces calculs.

1. La différence entre le nombre −12,3 et le nombre 4.
2. Le produit du nombre π par le nombre 0.
3. La somme de −87,23 et du produit de −1 par −1.
4. Le quotient du produit de 3 par 7 par le nombre 3.

55 INVERSÉ [Cal.4 - Com.1]

Pour chaque proposition, donner un exemple de calcul répondant aux critères.

1. Une somme de trois termes égale à −5,4.
2. Une différence de deux termes égale à −5,4.
3. Un produit de quatre facteurs égal à −5,4.
4. Un quotient de deux termes égal à −5,4.

56 COPIE D'ÉLÈVE [Cal.4]

Un professeur donne le calcul suivant à effectuer : $5 \times 10 \div 10 \times 2$.

Voici la copie d'un élève.

> *Comme $5 \times 10 = 50$ et $10 \times 2 = 20$,*
> *$5 \times 10 \div 10 \times 2 = 50 \div 20 = 2{,}5$.*

Indiquer l'erreur commise et proposer une correction.

57 [Ch.2 - Cal.4 - Ch.3]

Jihanne joue au jeu de dames avec Julien. Comme Jihanne est plus expérimentée que lui, ils suivent la règle suivante : lorsque Julien remporte une partie, Jihanne doit lui donner 3 €, sinon c'est lui qui doit lui donner 2 €. Ils jouent un total de 16 parties et Jihanne repart avec un gain de 17 €.

Combien de parties Jihanne a-t-elle gagnées ?

58 [Cal.1]

Pour chacun des nombres suivants, donner, si possible, son opposé et son inverse.

1. 1 **2.** 25

3. 0 **4.** $\frac{-7}{4}$

5. $\frac{1}{5}$ **6.** $-\frac{1}{4}$

59 [Cal.4]

Effectuer les calculs suivants.

1. $A = -\frac{8}{13} + \frac{7}{26}$ **2.** $B = \frac{25}{11} + \frac{25}{26}$

3. $C = \frac{2}{5} - \frac{7}{4} + \frac{10}{3}$ **4.** $D = \frac{3}{4} + 2 - \frac{2}{3}$

60 [Cal.4]

Effectuer les calculs suivants.

1. $E = -\frac{1}{2} \times \frac{7}{26}$ **2.** $F = \frac{26}{175} \times \frac{63}{65}$

3. $G = \frac{-36}{5} \times \frac{15}{48}$ **4.** $H = \frac{104}{-5} \times \frac{-95}{78}$

61 [Cal.4]

Effectuer les calculs suivants et donner le résultat sous la forme d'une fraction irréductible.

1. $I = -\frac{5}{3} \div \frac{7}{2}$ **2.** $J = \frac{-2}{15} \div \frac{63}{5}$

3. $K = \frac{\frac{25}{8}}{-6}$ **4.** $L = \frac{\frac{1}{8}}{\frac{7}{12}}$

62 [Cal.4]

Effectuer les calculs suivants et donner le résultat sous la forme d'une fraction irréductible.

1. $M = \left(\frac{8}{21} + \frac{9}{14}\right)\left(\frac{1}{8} - \frac{-5}{24}\right)$

2. $N = \frac{1}{3} - \frac{1}{3} \times \frac{6}{7}$

3. $O = \frac{1}{2} - \frac{6}{7} \times \frac{42}{30} + \frac{11}{9}$

4. $P = \frac{\frac{4}{5} - \frac{7}{4}}{\frac{4}{5} + \frac{12}{10}}$

Environnement et développement durable

63 [Cal.4 - Rais.1]

Sous ce graphique édité dans un rapport, on trouve la légende : « Plus d'un quart des espèces protégées en France sont présentes en Occitanie. »

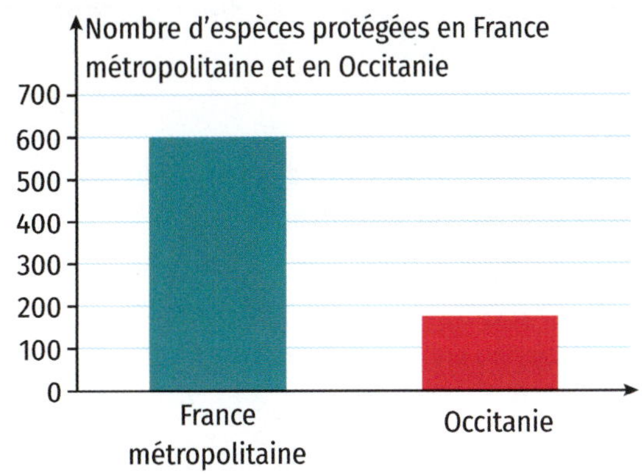

Vérifier cette information.

Source : Tableau de bord du développement durable - édition 2020. Objectif 15 - Vie terrestre.

Entraînement

Vérifier que les connaissances de base sont acquises.
Développer les connaissances.
Maîtriser les notions de manière approfondie.

64 INVERSÉ [Cal.4 - Com.1]

Exprimer $-\frac{5}{3}$ comme :

1. une somme de deux fractions ;
2. une différence de deux fractions ;
3. un produit de deux fractions ;
4. un quotient de deux fractions.

65 [Cal.4]

Soient $a=\frac{2}{3}$, $b=-\frac{1}{4}$, $c=\frac{2}{5}$ et $d=-\frac{1}{2}$.

1. Calculer $ab+cd$.
2. Calculer $\frac{a+d}{b+c}$.

66 [Mod.2 - Rais.4] DÉMO

1. On souhaite démontrer que $\frac{1}{5}+\frac{2}{5}=\frac{3}{5}$.

a. Compléter les égalités ci-dessous.

$\frac{\dots}{\dots}\times 5=1$ et $\frac{\dots}{\dots}\times 5=2$.

b. En utilisant la règle de la distributivité, développer l'expression $\left(\frac{1}{5}+\frac{2}{5}\right)\times 5$.

c. En déduire le résultat souhaité.

2. En utilisant le même raisonnement qu'à la question 1. montrer que, quels que soient les trois nombres relatifs a, b et c avec c non nul, on a : $\frac{a}{c}+\frac{b}{c}=\frac{a+b}{c}$.

2 Puissances

67 [Cal.1 - Com.2 - Cal.4]

Donner les résultats suivants sous la forme 7^n où n est un nombre entier.

1. $\mathrm{A}=7^4\times 7^2\times 7^{-3}$
2. $\mathrm{B}=\frac{7^5}{7^1\times 7^4}$
3. $\mathrm{C}=(7^3)^{-2}$
4. $\mathrm{D}=\frac{7^2\times 7^3}{7^{-2}}$

68 [Cal.4 - Rais.4]

Parmi les nombres suivants, déterminer, en justifiant, lesquels sont des carrés parfaits : 1 225, 9 800, −121, 146, 12 321 et 299,29.

69 [Cal.4]

Donner une valeur approchée au centième de chacun des nombres suivants.

1. $\sqrt{5}$
2. $\sqrt{13}$
3. $\sqrt{596}$
4. $\sqrt{7\,567}$

70 [Cal.4]

Encadrer chacun des nombres suivants entre deux entiers consécutifs sans utiliser la calculatrice.

1. $\sqrt{2}$
2. $\sqrt{13}$
3. $\sqrt{20}$
4. $\sqrt{120}$

71 [Cal.2 - Cal.4]

Le code d'une carte bancaire est composé de quatre chiffres compris entre 0 et 9.

1. Combien de combinaisons existe-t-il au total ?
2. Marie sait que son code de carte bancaire est composé des chiffres 0, 1, 2 et 9 mais elle ne se souvient plus de l'ordre. Combien de possibilités y a-t-il ?

72 [Cal.4 - Mod.1 - Ch.3]

Léa observe à midi, au microscope, une cellule de bambou.

Au bout d'une heure, la cellule s'est divisée en deux. On a alors deux cellules.

Au bout de deux heures, ces deux cellules se sont divisées en deux. On a donc quatre cellules.

Léa note toutes les heures les résultats de son observation.

À quelle heure notera-t-elle, pour la première fois, plus de 200 cellules ?

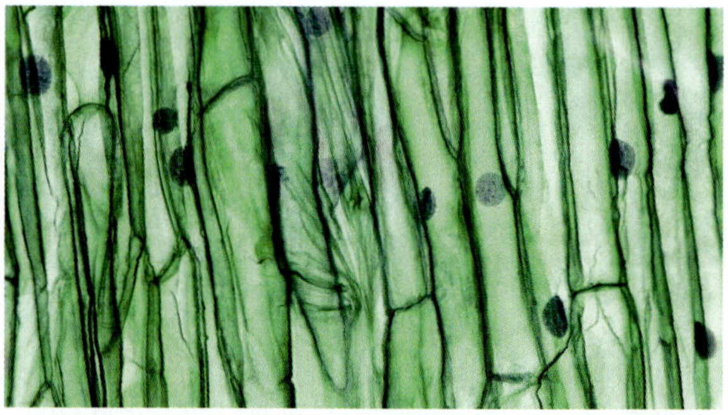

73 [Cal.4]

On donne le programme de calcul ci-dessous.

```
Choisir un nombre
Multiplier ce nombre par 3
Ajouter au résultat le carré
du nombre choisi
Multiplier par 2
Écrire le résultat
```

1. Montrer que, si on choisit le nombre 10, le résultat obtenu est 260.

2. Calculer la valeur exacte du résultat obtenu lorsque le nombre choisi est :

a. -5 **b.** $\frac{2}{3}$

74 [Cal.4 - Mod.1]

Laora a 20 amis sur Facebook. Chacun de ses amis connaît 20 amis que Laora ne connaît pas, et ainsi de suite.

1. Combien « d'amis d'amis d'amis » a Laora ?

2. « Laora a à peu près autant d'amis au sixième degré qu'il y a de personnes qui vivent en France. » Expliquer le sens de cette phrase. Est-ce vrai ?

75 [Cal.4 - Rais.4 - Rep.1]

Exprimer chacun des nombres suivants à l'aide d'une puissance de 10 en prenant le mètre comme unité de base.

1. 1 nm **2.** 12,4 μm

3. 59 Mm **4.** 54,8 km

76 [Cal.4 - Rais.4 - Rep.1]

Exprimer chacune des mesures suivantes en donnant son écriture décimale en mètre.

1. Diamètre d'un globule rouge : 8 μm.

2. Rayon de la Terre : 6,4 Mm.

3. Diamètre du coronavirus : entre 60 nm et 140 nm.

4. Distance Terre-Soleil : environ 150 Gm.

77 [Cal.4 - Rais.4 - Rep.1]

Donner la notation scientifique des nombres suivants.

1. $A = 178000$ **2.** $B = 0{,}00569$

3. $C = 132{,}59$ **4.** $D = 1{,}256$

78 [Cal.4 - Rais.4 - Rep.1]

Donner la notation scientifique des nombres suivants.

1. $E = 356 \times 10^{4}$ **2.** $F = 0{,}045 \times 10^{-3}$

3. $G = 78 \times 10^{-5}$ **4.** $H = 0{,}000\,125 \times 10^{7}$

79 [Cal.4 - Mod.1]

La masse d'un atome de carbone est égale à $1{,}99 \times 10^{-23}$ g. Les chimistes considèrent des paquets contenant $6{,}022 \times 10^{23}$ atomes.

Calculer la masse, en gramme, d'un tel paquet d'atomes de carbone.

80 [Cal.4 - Mod.1]

La masse d'une population de bactéries est de 1 mg. Elle peut doubler en 30 minutes si les conditions sont favorables.

1. Dans des conditions favorables, quelle est la masse de la population après :

a. 30 minutes ?

b. une heure ?

c. une demi-journée ?

2. Exprimer tous les résultats en écriture scientifique en utilisant le kilogramme comme unité.

Approfondissement

81 [Cal.4 - Rep.1]

On donne $A = \frac{6}{14} - \frac{17}{14} \div \frac{5}{7}$

et $B = \frac{8 \times 10^8 \times 1{,}6}{0{,}4 \times 10^{-2}}$.

1. Écrire A sous la forme d'une fraction irréductible.

2. a. Donner l'écriture décimale de B.

b. Donner l'écriture scientifique de B.

82 [Cal.1 - Cal.4 - Rep.1]

1. a. Écrire $A = \frac{\frac{5}{2} \times \frac{3}{4} + 1}{\frac{1}{10} + \frac{7}{5}}$ sous la forme d'une fraction irréductible.

b. En donner une valeur approchée au millième près.

2. a. Calculer $B = (2^2 + 7\,035^0)^3 - (2^4 + 7{,}5)^2$.

b. Donner l'écriture scientifique de B.

83 [Cal.1 - Cal.4 - Mod.1 - Rep.1]

1. On pose $A = \frac{2}{5} + \frac{1}{4}$, $B = \frac{2}{5} - \frac{1}{4}$ et $C = \frac{A}{B}$.
Écrire le nombre C sous la forme d'une fraction irréductible.

2. On pose $D = (2^3)^2$, $E = 4^5 \times 3^5$ et $F = \frac{5^{26}}{5^{17}}$.
Écrire sous la forme d'une puissance d'un nombre entier chacun des nombres D, E et F.

84 [Cal.4 - Mod.1]

Pour chaque affirmation, dire si elle est vraie ou fausse en justifiant.

1. Affirmation : $\frac{3}{5} + \frac{1}{2} = \frac{3+1}{5+2}$

2. Un peintre souhaite repeindre les volets d'une maison.
Il constate qu'il utilise $\frac{1}{6}$ du pot pour mettre une couche de peinture sur l'intérieur et l'extérieur d'un volet. Il doit peindre ses quatre paires de volets et mettre trois couches de peinture sur chaque volet.
Affirmation : Il lui faut deux pots de peinture.

85 [Cal.4 - Mod.1 - Mod.2]

Pour chaque match, les 72 000 places d'un stade sont mises en vente dans les proportions suivantes :

- $\frac{1}{3}$ des places pour les Brésiliens (pays organisateur) ;
- $\frac{1}{6}$ des places pour les supporters de chaque équipe en jeu sur le terrain ;
- $\frac{1}{24}$ des places pour les sponsors et officiels ;
- le reste des places est en vente libre.

1. Lorsque la France jouera un match, quel est le nombre de places réservées aux supporters français ?

2. Quand le Brésil va jouer, quelle fraction représente le nombre de places réservées aux supporters brésiliens ?

3. Montrer que le nombre de places en vente libre est de 21 000. Justifier par un calcul.

86 [Cal.4 - Mod.1 - Mod.2]

Un producteur de pommes a vendu les trois cinquièmes de sa production à un supermarché. Un fabricant de jus de pomme lui a ensuite acheté les trois quarts de ce qu'il restait.

1. a. Quelle fraction de la production initiale a été achetée par le fabricant de jus de pomme ?

b. Quelle fraction de la production initiale reste-t-il au producteur ?

c. Il lui reste au final deux tonnes de pommes. Quelle était la production initiale en tonne ?

2. Les prix de vente de ce producteur sont les suivants :

- pour les supermarchés, 1,30 € le kilogramme ;
- pour le jus de pomme, 0,90 € le kilogramme ;
- pour les particuliers, 2,30 € le sachet de deux kilogrammes.

En supposant qu'il réussisse à vendre ce qui lui reste directement à des particuliers, déterminer la recette engendrée par sa production totale.

Approfondissement

87 [Cal.4 - Rais.4]

1. Calculer $A = 12 \times \left(\frac{3}{4} - 1\right)^2$.

2. Pour calculer A, un élève a tapé sur sa calculatrice la succession de touches ci-dessous.

[1] [2] [×] [3] [÷] [4] [−] [1] [^] [2]

Expliquer pourquoi il n'obtient pas le bon résultat.

88 [Cal.4 - Mod.1 - Mod.2]

Sur une droite graduée en centimètre, on partage l'intervalle entre les nombres $\frac{1}{8}$ et $\frac{3}{4}$ en quatre segments de même longueur.

Donner la longueur de chacun de ces segments.

CLUB DE MATHS

89 DÉFI

Pour compter, nous utilisons de nos jours dix caractères, de 0 à 9. Cependant, les ordinateurs utilisent un codage binaire avec deux caractères seulement : le 0 et le 1. Pour coder un nombre, on effectue une division euclidienne par 2 et on note le reste. On réitère ce procédé tant que le quotient obtenu n'est pas égal à 0. Le codage binaire du nombre est la succession des nombres 0 et 1 en partant du dernier reste non nul jusqu'au premier.

Par exemple pour 77 : $77 = 2 \times 38 + 1 \rightarrow 38 = 2 \times 19 + 0 \rightarrow 19 = 2 \times 9 + 1 \rightarrow 9 = 2 \times 4 + 1 \rightarrow 4 = 2 \times 2 + 0 \rightarrow 2 = 2 \times 1 + 0 \rightarrow 1 = 2 \times 0 + 1$

Le codage binaire de 77 est donc 1 001 101.

1. En utilisant cette méthode, coder les nombres : 58 et 755 ainsi que votre année de naissance.

2. Peu pratique et source d'erreurs, le codage binaire est souvent délaissé au profit du codage hexadécimal.

Décimal (base 10)	Binaire (base 2)	Hexadécimal (base 16)
0	0000	0
1	0001	1
2	0010	2
3	0011	3
4	0100	4
5	0101	5
6	0110	6
7	0111	7
8	1000	8
9	1001	9
10	1010	A
11	1011	B
12	1100	C
13	1101	D
14	1110	E
15	1111	F

À l'aide de cette table de codage, coder les nombres 58, 755 et votre année de naissance.

90 CASSE-TÊTE

Maintenant que nous avons codé, essayons de décoder !

1. Donner la valeur décimale des nombres 1 010 et 10 111 codés en binaire.

2. Donner la valeur décimale des nombres 10 et AB2D codés en hexadécimal.

91 CASSE-TÊTE

Les parents d'Annette préparent des macarons à la vanille, au café et au chocolat. Un cinquième des macarons est à la vanille. Il y a 10 macarons au café de plus qu'à la vanille et il y a 32 macarons au chocolat. Combien de macarons y a-t-il en tout ?

Préparer le brevet

92 [D'après brevet, Centres Étrangers, juin 2018] durée : 20 min

Pour chaque affirmation, dire si elle est vraie ou fausse en justifiant.

1. La récolte de la lavande débute lorsqu'au moins les trois quarts des fleurs sont fanées. Le producteur a cueilli un échantillon de lavande représenté par le dessin ci-dessous.

Affirmation : La récolte peut commencer.

2. On suppose qu'une éolienne produit 5 GWh d'électricité par an et qu'une personne a besoin de 7 000 kWh d'électricité par an (Wh : Watt-heure).

Affirmation : Une éolienne ne couvre pas les besoins en électricité de 1 000 personnes pour un an.

3. Voici quatre nombres : 45 %, $\frac{305}{612}$, 0,5 et 730×10^{-3}.

Affirmation : Ces quatre nombres sont rangés dans l'ordre croissant.

4. Contenu d'un disque dur externe :

- 1 000 photos de 900 ko chacune ;
- 65 vidéos de 700 Mo chacune.

Capacité de l'ordinateur : 250 Go

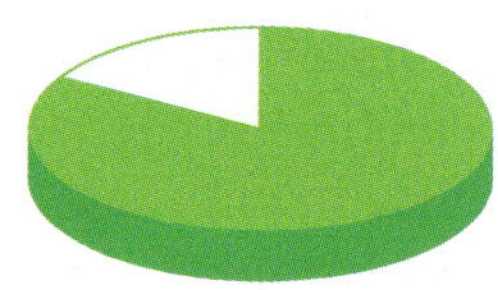

□ Espace libre ■ Espace utilisé : 200 Go

Affirmation : Le transfert de la totalité du contenu du disque dur externe vers l'ordinateur n'est pas possible.

93 [D'après brevet, Liban, 2009] durée : 20 min

On donne l'expression numérique $A = 2 \times 10^2 + 10^1 + 10^{-1} + 2 \times 10^{-2}$.

1. Donner l'écriture décimale de A.

2. Donner l'écriture scientifique de A.

3. Écrire A sous la forme d'un produit d'un nombre entier par une puissance de 10.

4. Écrire A sous la forme d'une somme d'un entier et d'une fraction irréductible inférieure à 1.

94 [D'après brevet, Asie, juin 2019] durée : 15 min

Le tableau ci-dessous donne les émissions de gaz à effet de serre pour la France et l'Union européenne, en million de tonnes équivalent CO_2, en 1990 et 2013.

	1990	2013
France	549,4	490,2
Union européenne	5 680,9	

1. Entre 1990 et 2013, les émissions de gaz à effet de serre dans l'Union européenne ont diminué de 21 %. Quelle est la quantité de gaz à effet de serre émise en 2013 par l'Union européenne ? Donner une réponse à 0,1 million de tonnes équivalent CO_2 près.

2. La France s'est engagée d'ici 2030 à diminuer de $\frac{2}{5}$ ses émissions de gaz à effet de serre par rapport à 1990. Justifier que cela correspond pour la France à diminuer d'environ $\frac{1}{3}$ ses émissions de gaz à effet de serre par rapport à 2013.

Travail à se partager

TRAVAIL 1

On souhaite créer un jeu mathématique de huit familles. Pour cela, chaque famille aura pour nom l'un des nombres suivants : 5 ; 0,01 ; $\frac{2}{5}$; 400 ; −6 ; 12,56 ; 11 ; 80 %.

Chaque famille doit être composée de six cartes élaborées de telle sorte que chaque élément soit égal au nombre correspondant au nom de sa famille.

Chaque famille doit être constituée d'une carte présentant :

- un calcul avec des nombres relatifs ;
- un calcul avec des puissances ;
- un calcul de nombres en écriture fractionnaire ;
- la notation scientifique ;
- une racine carrée ;
- une phrase en français du type « le quotient de ... par ... » ou une phrase utilisant les mots *dixième*, *centième*, etc.

En se répartissant le travail, créer les six cartes des huit familles et jouer !

Télécharger et imprimer un exemple de jeu de cartes sur LLS.fr/M3JeuCartes.

TRAVAIL 2

Télécharger et imprimer la grille disponible sur LLS.fr/M3PixelArt.
La grille donnée est un **pixel art** pour lequel chaque lettre correspond à une couleur.
Déterminer la couleur associée à chacune des lettres en calculant les expressions ci-dessous sans calculatrice puis colorier la grille avec les bonnes couleurs.

- $\mathrm{A} = 1{,}55 \times 21{,}2$
- $\mathrm{B} = \frac{1}{4} - \frac{1}{4} \times \frac{2}{3}$
- C est égal au produit du quotient de 1 par 4 et du carré de 6.
- $\mathrm{D} = 15 + 60 \div 5 \times 6 - 3$
- E est égal au nombre $0{,}045 \times 10^7$.
- $\mathrm{F} = \frac{(-3)^6}{(-3)^2}$
- $\mathrm{G} = \sqrt{100} - \sqrt{81} + \sqrt{144}$
- $\mathrm{H} = \frac{1}{14} + \frac{2}{14} + \frac{4}{14}$
- $\mathrm{I} = \frac{\frac{2}{5} + \frac{1}{4}}{\frac{2}{5} - \frac{1}{4}}$

Blanc	9
Beige	$4{,}5 \times 10^5$
Jaune	$\frac{13}{3}$
Orange	84
Rouge	$\frac{1}{12}$
Rose	0
Violet	$4{,}5 \times 10^9$
Bleu clair	0,5
Bleu foncé	13
Vert	45
Gris	345
Marron	81
Noir	32,86

Déjà vu

Rappels

1. Une **expression littérale** est une expression mathématique qui comporte une ou plusieurs lettres. Ces lettres, appelées **variables**, désignent des nombres dont on ne connaît pas la valeur.

2. Par convention, pour **simplifier** et **réduire** une expression littérale, on peut :

- omettre le signe $\times$ et le facteur 1 devant une lettre ou une parenthèse ;
- multiplier les lettres identiques entre elles en utilisant la notation de puissance ;
- ajouter ou soustraire les termes de même nature. En revanche, on ne peut pas ajouter ou soustraire des termes de natures différentes.

3. Soient k, a et b des nombres quelconques.

Pour **développer** ou **factoriser**, on peut utiliser la **simple distributivité**, comme indiqué ci-contre.

Développer →

$$k(a+b)=k\times a+k\times b$$

← Factoriser

1 Réduire et simplifier les expressions suivantes autant que possible.

1. $\mathrm{A}=2\times x\times(-3)\times x$
2. $\mathrm{B}=3x-5x$
3. $\mathrm{C}=2x-7+5x$
4. $\mathrm{D}=3x^2-5x+2x^2+8x$
5. $\mathrm{E}=9-4x^2+8-3x-2x^2$
6. $\mathrm{F}=4\times x\times(-2)+x\times 8\times x+7x$

2 Traduire chaque expression suivante à l'aide d'une expression littérale.

1. Le carré de x.
2. Le double de x.
3. La somme de x et de 3.
4. Le produit de -5 par x.
5. Le produit de la différence de 2 et de x par 9.

3 Développer et réduire les expressions suivantes.

1. $\mathrm{A}=4\times(x+5)$
2. $\mathrm{B}=3\times(2x-4)$
3. $\mathrm{C}=(2x-2)\times(-4)$
4. $\mathrm{D}=x\times(-3x+9)$

4 Factoriser les expressions suivantes.

1. $\mathrm{A}=5a+15b$
2. $\mathrm{B}=3x^2-4x$
3. $\mathrm{C}=7x-7$
4. $\mathrm{D}=3x^2-21x$

5 Dans chaque cas, les points A, B et C sont alignés. Exprimer la longueur du segment [AB] en fonction de x.

1. 

2. 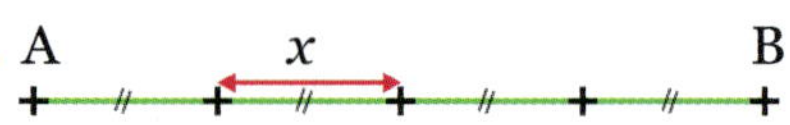

3. 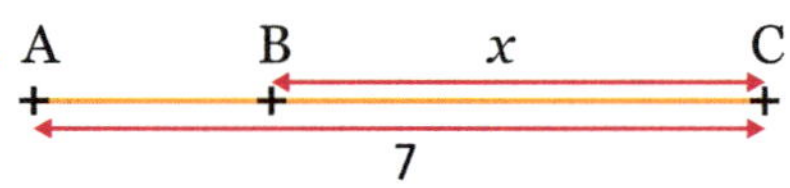

6 Voici un programme de calcul.

```
Choisir un nombre
Ajouter 9
Multiplier par −5
```

1. Quel nombre obtient-on si on choisit -2 au départ ? Justifier.
2. Soit x le nombre de départ. Exprimer, en fonction de x, le résultat final.

ChronoQuiz

Retrouvez un quiz interactif à réaliser en classe pour vérifier les prérequis de ce chapitre sur LLS.fr/M3Quiz3

Partie 1 : Nombres et calculs

Calcul littéral

3

Objectifs du chapitre

- Développer et réduire des expressions littérales.
- Factoriser des expressions littérales.
- Résoudre des problèmes en utilisant le calcul littéral.

En introduisant le mot chose (« chay » en arabe) dans les calculs, le mathématicien perse du IXe siècle ap. J.-C. Al-Khwârizmî posa les bases du calcul littéral. C'est notamment de son nom qu'est tiré le mot « algèbre ».

Retrouvez un tableau récapitulatif des compétences utilisées dans les exercices de ce chapitre sur LLS.fr/M3Comp3

Activités

1 Un facteur invisible

› Cours 1 A p. 54

Objectif : Déterminer l'opposé d'une expression littérale.

1 Développer et réduire les expressions suivantes, en précisant à chaque fois quel facteur est distribué aux termes contenus dans les parenthèses.

$A = x \times (x - 2)$ $B = (-3x + 5) \times (-2)$ $C = 4 + 5x(-2x - 4)$

2 Le professeur de mathématiques de Téa lui demande de développer l'expression $D = -(3x - 7)$.
Pour l'aider à développer cette expression, il lui propose de compléter les égalités suivantes.

$$-3 = \ldots \times 3$$
$$-x = \ldots \times x$$
$$-(x + 5) = \ldots \times (x + 5)$$

Quel nombre peut-on mettre à la place des pointillés pour que les égalités soient vraies ?

3 En faisant apparaître ce nombre dans l'expression $D = -(3x - 7)$, la développer et la réduire.

4 Développer et réduire les expressions suivantes.

$E = -(x + 4)$ $F = -(-6x + 3)$ $G = 4 - (3x - 2)$

5 Le professeur demande ensuite à Jack de développer l'expression $H = -(-5x + 4)$.
Voici ce que Jack propose comme solution.

	$H = -(-5x + 4)$
Étape 1	$H = -1 \times (-5x + 4)$
Étape 2	$H = -1 \times (-5x) + (-1) \times 4$
Étape 3	$H = 5x - 4$

À l'aide des développements effectués aux questions **3** et **4** et de celui de Jack ci-dessus, proposer une astuce permettant de passer de l'étape 1 à l'étape 3 plus rapidement.

Bilan : Comment peut-on déterminer l'opposé d'une expression littérale ?

2 Une nouvelle formule

› Cours 1 B p. 54

Objectif : Découvrir la double distributivité.

On considère la figure ci-dessous où ABCD, AEOH, EBFO, OFCG et HOGD sont des rectangles.
Soient x, y, z et t des nombres strictement positifs tels que $AE = x$, $EB = y$, $BF = z$ et $FC = t$.

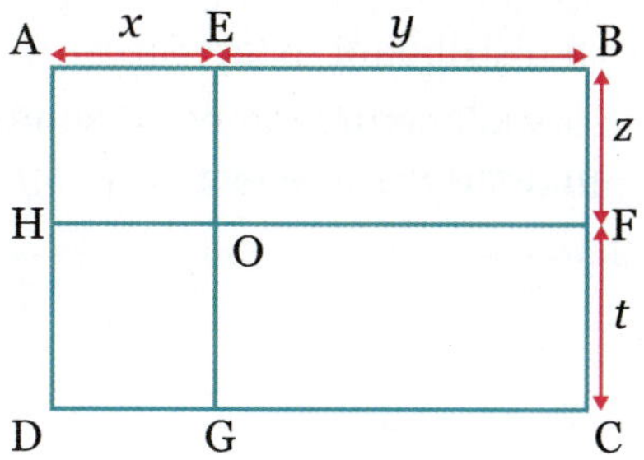

1 a) Exprimer, en fonction de x et y, la longueur AB.
b) Exprimer, en fonction de z et t, la longueur BC.
c) En déduire, en fonction de x, y, z et t, une expression de l'aire du rectangle ABCD.

2 a) Exprimer, en fonction de x et z, l'aire du rectangle AEOH.
b) Exprimer, en fonction de y et z, l'aire du rectangle EBFO.
c) Exprimer, en fonction de y et t, l'aire du rectangle OFCG.
d) Exprimer, en fonction de x et t, l'aire du rectangle HOGD.
e) En déduire, en fonction de x, y, z et t, une autre expression de l'aire du rectangle ABCD.

Bilan : Compléter l'égalité suivante : $(x+y)\times(z+t) = ... + ... + ... + ...$.
Cette propriété mathématique de la distributivité de la multiplication sur l'addition, valable aussi pour des nombres négatifs, est appelée la double distributivité.

3 Des termes qui n'ont rien de commun

› Cours 2 p. 54

Objectif : Découvrir une identité remarquable.

1 Factoriser les expressions suivantes en précisant à chaque fois le facteur commun :
$A = 4x + 16$, $B = x^2 - 3x$ et $C = 3x + 3$.

2 Le professeur de mathématiques de Yacine lui demande de factoriser l'expression suivante :
$D = x^2 - 16$. Quelle est la différence entre cette expression et celles de la question **1** ?

3 Pour aider Yacine à factoriser cette expression, son professeur lui propose d'abord de développer et réduire les expressions suivantes : $E = (x+2)(x-2)$, $F = (x-6)(x+6)$ et $G = (2x+4)(2x-4)$.
a) Développer et réduire chaque expression.
b) À partir de ces développements, compléter la formule suivante : $(a+b)(a-b) = ... - ....$

4 Cette égalité est appelée « **identité remarquable** ». Utiliser cette formule afin de factoriser l'expression donnée à Yacine par son professeur : $D = x^2 - 16$.

5 Factoriser les expressions suivantes : $H = x^2 - 25$, $J = 9x^2 - 1$ et $K = x^2 - 2$.

Bilan : Comment peut-on factoriser une expression littérale de la forme $a^2 - b^2$?

Cours

1 Distributivité

A Supprimer des parenthèses précédées d'un signe + ou −

Propriétés

Lorsqu'une parenthèse est précédée d'un signe +, on utilise la simple distributivité en distribuant le facteur +1.

Lorsqu'une parenthèse est précédée d'un signe −, on utilise la simple distributivité en distribuant le facteur (−1).

Exemples :

$A = 2x + 5 + (3x - 7)$
$A = 2x + 5 + 3x - 7$
$A = 5x - 2$

$B = 5x^2 - (3x^2 + 7x - 4) - 10$
$B = 5x^2 - 3x^2 - 7x + 4 - 10$
$B = 2x^2 - 7x - 6$

B Double distributivité

Propriété : double distributivité

Soient a, b, c et d des nombres quelconques.

Développement →

$(a+b)(c+d) = a \times c + a \times d + b \times c + b \times d$

Démonstration :

$(a+b)(c+d) = (a+b) \times c + (a+b) \times d = a \times c + b \times c + a \times d + b \times d = ac + ad + bc + bd$

Remarque : La double distributivité s'applique uniquement dans le cas d'un produit, c'est-à-dire lorsque l'on a deux parenthèses juxtaposées ou séparées par un signe ×.

Dans l'exemple suivant, on retrouve la propriété du paragraphe précédent et non la double distributivité.
$(x+1) + (x+4) = x + 1 + x + 4 = 2x + 5$.

2 Identité remarquable

Propriété : identité remarquable

Soient a et b deux nombres quelconques.

Développement →

$(a+b)(a-b) = a^2 - b^2$

← Factorisation

Démonstration :

$(a+b)(a-b) = a \times a - a \times b + a \times b - b \times b = a^2 - b^2$

Déterminer l'opposé d'une expression littérale

Énoncé Développer et réduire l'expression $A = -(-9x + 7)$.

Solution

$A = -(-9x + 7) = -1 \times (-9x + 7)$

$A = -1 \times (-9x) + (-1) \times 7$

$A = 9x - 7$

Méthode

- On met en évidence le facteur que l'on distribue à chaque terme dans les parenthèses.
- On applique la simple distributivité en faisant bien attention au signe de chaque terme.

Pour s'entraîner : exercices **22, 23** et **24** p. 58

Développer en utilisant la double distributivité

Énoncé Développer et réduire l'expression $B = (4x - 2)(-3x + 9)$.

Solution

$B = (4x - 2)(-3x + 9)$

$B = 4x \times (-3x) + 4x \times 9 + (-2) \times (-3x) + (-2) \times 9$

$B = -12x^2 + 36x + 6x - 18$

$B = -12x^2 + 42x - 18$

Méthode

- On s'assure qu'il s'agit d'un cas où la double distributivité s'applique.
- On utilise la formule en faisant bien attention au signe de chaque terme.
- On réduit l'expression obtenue.

Pour s'entraîner : exercices **26** p. 58, **27** et **28** p. 59

Développer avec l'identité remarquable $(a + b)(a - b) = a^2 - b^2$

Énoncé Développer l'expression $C = (3x - 2)(3x + 2)$.

Solution

Ici, $a = 3x$ et $b = 2$. On a donc $C = (3x)^2 - 2^2 = 9x^2 - 4$.

Méthode

- On identifie les nombres a et b.
- On applique la formule dans le sens du développement.

Pour s'entraîner : exercices **33, 34** et **35** p. 59

Factoriser avec l'identité remarquable $a^2 - b^2 = (a + b)(a - b)$

Énoncé Factoriser l'expression $D = 4x^2 - 49$.

Solution

Ici, $a = 2x$ et $b = 7$. Donc $D = (2x)^2 - 7^2 = (2x + 7)(2x - 7)$.

Méthode

- On identifie les nombres a et b.
- On applique la formule dans le sens de la factorisation.

Pour s'entraîner : exercices **36** et **37** p. 59

Révision

Genially : Retrouvez une activité interactive pour réviser les notions de ce chapitre sur LLS.fr/M3Genially3

CALCUL LITTÉRAL

Développer

- **Double distributivité :** $(a+b)(c+d)=ac+ad+bc+bd$
- **Simple distributivité :** $k(a+b)=ka+kb$ ou $k(a-b)=ka-kb$
  - **Cas particuliers :** $-(a+b)=-a-b$ et $-(a-b)=-a+b$

Identité remarquable :

Développement →

$(a+b)(a-b)=a^2-b^2$

← Factorisation

Factoriser

- **Facteur commun** (simple distributivité) : $ka+kb=k(a+b)$ ou $ka-kb=k(a-b)$

QCU : réponse unique

7 $-(-5x+1)$ est égal à :

ⓐ $-5x-1$ ⓑ $5x-1$
ⓒ $5x+1$ ⓓ $-5x+1$

8 $(2x-3)(-x+5)$ est égal à :

ⓐ $2x^2+13x+15$ ⓑ $-2x^2+7x-15$
ⓒ $-2x^2+13x-15$ ⓓ $2x^2+7x-15$

9 $(x-3)(x+3)$ est égal à :

ⓐ x^2-9 ⓑ x^2-6x+9
ⓒ x^2+9 ⓓ x^2+6x+9

10 La forme factorisée de $9x^2-16$ est :

ⓐ $(9x-4)(9x+4)$ ⓑ $(3x+16)(3x-16)$
ⓒ $(3x+4)(3x+4)$ ⓓ $(3x+4)(3x-4)$

QCM : réponses multiples

11 Dans quel(s) cas peut-on utiliser la double distributivité ?

ⓐ $(x-5)\times(2x+4)$ ⓑ $(x-5)+(2x+4)$
ⓒ $x-5\times(2x+4)$ ⓓ $(x-5)(2x+4)$

12 $(2x-6)(x+8)$ est égal à :

ⓐ $2x^2+10x-48$ ⓑ $2x^2+10x+48$
ⓒ $2x^2+22x-48$ ⓓ $2x^2+16x-6x+48$

13 Dans quel(s) cas peut-on utiliser l'identité remarquable a^2-b^2 pour factoriser ?

ⓐ x^2-36 ⓑ $x^2-\frac{9}{25}$
ⓒ $4x^2-9$ ⓓ x^2+4

14 La forme factorisée de x^2-1 est :

ⓐ $(x+1)(x+1)$ ⓑ $(x+1)(x-1)$
ⓒ $(x-1)(x+1)$ ⓓ $(x-1)(x-1)$

› Corrigés p. 296

15 [Ch.3 - Rais.6]

On considère le programme de calcul suivant.

```
Choisir un nombre
Ajouter 5 à ce nombre
Multiplier le résultat par 2
Soustraire au résultat le
double du nombre de départ
```

1. Écrire sous Scratch le programme de calcul.

2. Avec Scratch, tester le programme pour plusieurs nombres. Que peut-on constater ?

3. Soit x le nombre de départ. Exprimer, en fonction de x, le résultat du programme.

4. Démontrer la conjecture de la question **2.**

16 [Mod.10]

D'après brevet, Polynésie, juillet 2019

On donne le programme Scratch suivant qui traduit un programme de calcul.

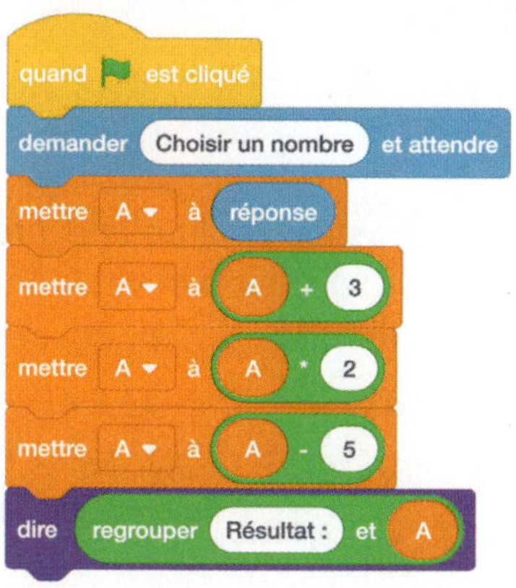

1. À l'aide de celui-ci, recopier et compléter les deux dernières étapes du programme qui suit.

```
Choisir un nombre
Ajouter 3
..............................
..............................
```

2. On choisit 8 au départ, quel sera le résultat ?

3. Si on choisit x comme nombre de départ, montrer que le résultat obtenu avec ce programme de calcul sera $2x + 1$.

4. Quel nombre doit-on choisir au départ pour obtenir 6 ?

17 [Mod.10 - Rais.1]

D'après brevet, Amérique du Sud, novembre 2018

Voici deux programmes de calcul.

→ **PROGRAMME 1**

```
Choisir un nombre
Soustraire 5
Multiplier par 4
```

→ **PROGRAMME 2**

```
Choisir un nombre
Multiplier par 6
Soustraire 20
Soustraire le double du
nombre de départ
```

1. a. Quel résultat obtient-on quand on applique le programme de calcul n°1 au nombre 3 ?

b. Quel résultat obtient-on quand on applique le programme de calcul n°2 au nombre 3 ?

2. Démontrer qu'en choisissant le nombre -2, les deux programmes donnent le même résultat.

3. On décide de réaliser davantage d'essais. Pour cela, on utilise un tableur et on obtient le résultat suivant.

	A	B	C
1	**Nombre choisi**	**Programme 1**	**Programme 2**
2	0	-20	-20
3	1	-16	-16
4	2	-12	-12
5	3	-8	-8
6	4		
7	5		
8	6		

Quelle formule a-t-on pu saisir dans la cellule **B2** avant de l'étirer vers le bas jusqu'à la cellule **B5** ?

4. Les résultats affichés dans les colonnes **B** et **C** sont égaux. Lucie pense alors que, pour n'importe quel nombre choisi au départ, les deux programmes donnent toujours le même résultat. Démontrer que Lucie a raison.

Automatismes

Simplifier, réduire et modéliser

18 Traduire chaque expression suivante à l'aide d'une expression littérale.

1. Le cube de x.
2. La moitié de x.
3. L'opposé de x.
4. La somme de -2 et du double de x.
5. Le produit de -10 par la somme de 5 et de x.

19 Exprimer, en fonction de x, le périmètre et l'aire de chacune des figures suivantes, puis réduire les expressions obtenues.

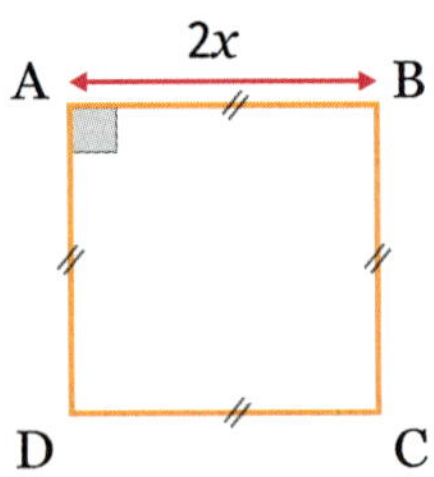

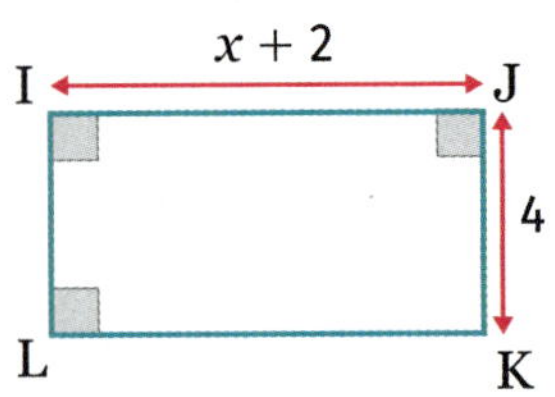

20 On donne les trois programmes de calcul suivants.

→ PROGRAMME 1

```
Choisir un nombre
Multiplier par -2
Soustraire 10
```

→ PROGRAMME 2

```
Choisir un nombre
Ajouter 9
Multiplier par -6
```

→ PROGRAMME 3

```
Choisir un nombre
Ajouter 1
Mettre au carré
```

On choisit x comme nombre de départ.
Exprimer, en fonction de x, le résultat des trois programmes de calcul.

Calcul mental

21 Simplifier et réduire autant que possible les expressions suivantes.

1. $A = 7x - 8x^2 - 3x + 4x^2$
2. $B = -6 + 9x^2 - 5x - 11x + 24$
3. $C = x \times (-5) \times x \times 3$
4. $D = (-8) \times x \times (-7) \times x$
5. $E = x \times 4 \times x + 9x - 6x^2$
6. $F = -12x + x \times 9 \times x + 6 \times x \times 2$

Développer et réduire

22 Recopier et compléter.

1. $-(x+5) = -x \ldots$
2. $-(-2x+9) = \ldots - 9$
3. $-(4-x) = \ldots$
4. $-(\ldots - 6) = 3x \ldots$
5. $-(4x \ldots) = \ldots - 8$
6. $-(\ldots) = x - 7$

23 Recopier et associer chaque expression de gauche à son expression développée et réduite située à droite.

$-(-4x+8)$ •	• $-4x+8$
$-(4x-8)$ •	• $4x-8$
$-(-4x-8)$ •	• $-4x-8$
$-(4x+8)$ •	• $4x+8$

24 Développer et réduire chaque expression.

1. $A = -(-5x+4)$
2. $B = -(3x+8)$
3. $C = -(10x-14)$
4. $D = -(-7x-11)$

25 Développer et réduire chaque expression.

1. $E = -(-2x+13)$
2. $F = -(4x-20)$
3. $G = 4 - (6x+12)$
4. $H = -(8x-15) - 6$

26 Développer et réduire chaque expression.

1. $A = (3x+3)(4x+8)$
2. $B = (x-5)(2x+4)$
3. $C = (4x-6)(3x-7)$
4. $D = (-2x+4)(x-6)$

27 Recopier et compléter.

1. $(x+3)(x-5) = \ldots\ldots - 5x + 3x \ldots\ldots$
2. $(2x-5)(3x-7) = 6x^2 \ldots\ldots - 15x \ldots\ldots$
3. $(3x+1)(7x-6) = \ldots\ldots - 18x \ldots\ldots - 6$
4. $(\ldots\ldots - 4)(x+3) = x^2 + 3x - 4x \ldots\ldots$
5. $(2x-1)(x+\ldots\ldots) = \ldots\ldots + 6x - x \ldots\ldots$

28 Recopier et associer chaque expression de gauche à son expression développée et réduite située à droite.

$(3x-5)(2x-1)$ •	• $-6x^2-7x+5$
$(3x+5)(2x-1)$ •	• $6x^2-13x+5$
$(-3x-5)(2x-1)$ •	• $6x^2+13x+5$
$(3x-5)(-2x-1)$ •	• $6x^2+7x-5$
$(3x-5)(2x+1)$ •	• $-6x^2+7x+5$
$(-3x-5)(-2x-1)$ •	• $6x^2-7x-5$

29 Développer et réduire chaque expression.

1. $A = (7x+2)(8x+1)$
2. $B = (-8x+9)(6x-2)$
3. $C = (-6x-2)(-5x-1)$
4. $D = (-5x-7)(9x-5)$

Calcul mental

30 Développer et réduire chaque expression.

1. $A = -(6x-4)$ 2. $B = -2(5x-50)$
3. $C = (25x+0{,}1) \times (-4)$

Factoriser une expression

31 Factoriser chaque expression.

1. $A = 3x+9$ 2. $B = 24-6x$
3. $C = -7x^2+5x$ 4. $D = 4x-4$

Calcul mental

32 Factoriser chaque expression.

1. $A = 0{,}25x+0{,}75$ 2. $B = 150x^2-300x$
3. $C = -49x^2-63$ 4. $D = -121x+77$

Utiliser une identité remarquable

33 Recopier et compléter.

1. $(x+4)(x-4) = x^2 \ldots\ldots$
2. $(2x-5)(2x+5) = \ldots\ldots - 25$
3. $(3x+6)(3x-6) = \ldots\ldots - \ldots\ldots$
4. $(\ldots\ldots + 1)(\ldots\ldots - 1) = 16x^2 - 1$
5. $(\ldots\ldots - \ldots\ldots)(\ldots\ldots + \ldots\ldots) = 36x^2 - 4$

34 Recopier et associer chaque expression de gauche à son expression développée et réduite située à droite.

$(2x-9)(2x+9)$ •	• $9x^2-64$
$(x+10)(x-10)$ •	• $16x^2-81$
$(4x-9)(4x+9)$ •	• $4x^2-81$
$(3x+8)(3x-8)$ •	• x^2-100

35 Développer et réduire chaque expression.

1. $A = (x-6)(x+6)$ 2. $B = (5+x)(5-x)$
3. $C = (7x-5)(7x+5)$ 4. $D = (9x+8)(9x-8)$

36 Factoriser chaque expression.

1. $A = x^2-49$ 2. $B = 81x^2-1$
3. $C = 25x^2-36$ 4. $D = 144-x^2$

37 Factoriser chaque expression.

1. $E = x^2-4$ 2. $F = 36x^2-100$
3. $G = 0{,}25x^2-9$ 4. $H = 49-25x^2$

Calcul mental

38 Développer et réduire chaque expression.

1. $A = (x-2)(x+2)$ 2. $B = (x-8)(x+8)$
3. $C = (3x+4)(3x-4)$ 4. $D = (2+x)(2-x)$

39 Factoriser chaque expression.

1. $A = x^2-64$ 2. $B = 49x^2-16$
3. $C = 36x^2-1$ 4. $D = 100-9x^2$

Entraînement

- Vérifier que les connaissances de base sont acquises.
- Développer les connaissances.
- Maîtriser les notions de manière approfondie.

1 Distributivité

40 [Mod.8 - Cal.4]

Développer et réduire chaque expression.

1. $A = -(x+2)$
2. $B = -(-3x+7)$
3. $C = -(2x-4)$
4. $D = -(-4x-9)$

41 [Mod.8 - Cal.4]

Développer et réduire chaque expression.

1. $A = -6(2x-8)$
2. $B = (2x+7) \times (-3)$
3. $C = (4x-1) - (6x+9)$
4. $D = 4 - (-3x+5)$
5. $E = (-5x-6) - 9$

42 COPIE D'ÉLÈVE [Mod.8 - Rais.5 - Cal.4]

Voici des extraits de copie de deux élèves.

La copie de Gabriel.

> *J'applique la simple distributivité avec comme facteur 5.*
> $5 + (-2x + 12)$
> $= 5 \times (-2x) + 5 \times 12$
> $= -10x + 60.$

La copie de Jade.

> *Je supprime les parenthèses et je change les signes de tous les termes.*
> $-(3x-6) + 10$
> $= -3x + 6 - 10$
> $= -3x - 4.$

Indiquer les erreurs commises par Jade et Gabriel, et proposer une correction.

43 [Mod.8 - Cal.4]

Développer et réduire chaque expression.

1. $A = (2x+2)(8x+16)$
2. $B = (x-10)(3x+7)$
3. $C = (5x-8)(4x-11)$
4. $D = (-3x+6)(x-13)$

44 [Mod.2 - Mod.8 - Cal.4]

Pour chaque expression, indiquer si on utilise ou non la double distributivité, puis la développer et la réduire.

1. $A = (5x-13) - (9x+12)$
2. $B = (4x-11) \times (-7x+1)$
3. $C = (-3x+9)(5x-10)$
4. $D = (-2x-7) + (x+7)$

45 [Mod.2 - Mod.8 - Cal.4]

Développer et réduire chaque expression.

1. $E = (9x-8) \times (-6x+5)$
2. $F = (8x-6) - (-11x-9)$
3. $G = (-6x-14) + (4x-10)$
4. $H = \left(-\frac{7}{4}x + 4\right)\left(2x - \frac{1}{5}\right)$

46 [Mod.2 - Mod.8 - Cal.4]

Développer et réduire chaque expression.

1. $J = (3x+2)^2$
2. $K = (9x-1)^2$
3. $L = (-4x+12)^2$
4. $M = (-5x-7)^2$
5. $N = \left(\frac{2}{3}x - 2\right)^2$
6. $P = \left(\frac{3}{7}x + \frac{7}{6}\right)^2$

47 [Mod.2 - Mod.8 - Cal.4]

Compléter les cases de cette pyramide sachant que le contenu de chaque case correspond à la forme développée réduite du produit des deux cases situées en dessous.

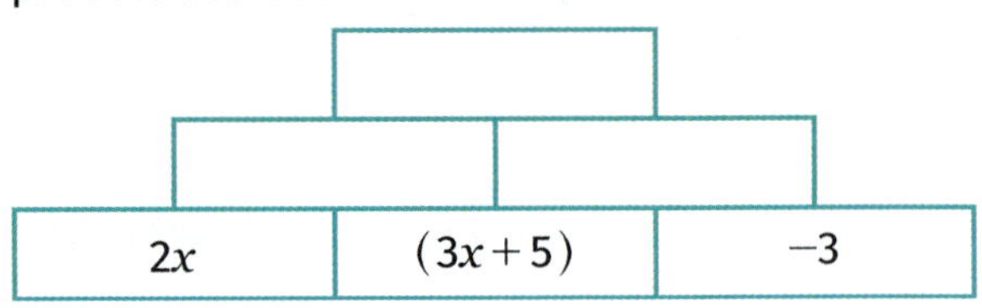

48 [Mod.2 - Com.1]

Un professeur demande à sa classe « Quel est le carré de $3x$? ». Voici les réponses de plusieurs élèves.

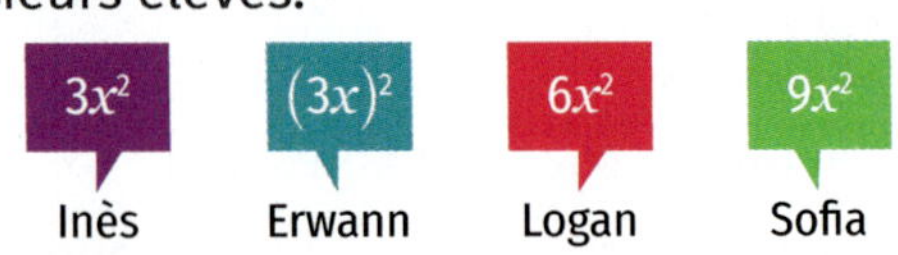

Qui a raison ?

49 [Rais.3 - Cal.1 - Cal.3]

1. On cherche une technique astucieuse pour calculer mentalement l'expression 97×12.

a. Compléter l'égalité suivante :
$97 \times 12 = (100 - \ldots\ldots) \times (\ldots\ldots + 2)$.

b. Développer l'expression obtenue et terminer le calcul.

2. Calculer sans utiliser la calculatrice.

a. $A = 103 \times 14$ **b.** $B = 48 \times 96$

c. $C = 105 \times 1\,100$ **d.** $D = 498 \times 1\,001$

50 [Mod.8 - Rais.4 - Cal.4]

On considère le rectangle ABCD et le triangle IJK ci-dessous. x désigne un nombre plus grand que 2. Les longueurs sont exprimées en cm.

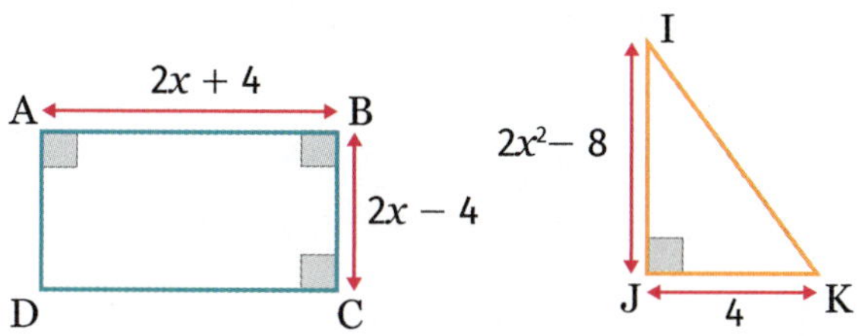

1. Dans cette question, $x = 10$. Calculer :

a. l'aire du rectangle ABCD ;

b. l'aire du triangle IJK.

2. Exprimer, en fonction de x :

a. l'aire du rectangle ABCD ;

b. l'aire du triangle IJK.

3. Démontrer que l'aire du rectangle ABCD est toujours égale à celle du triangle IJK.

51 [Mod.8 - Rais.4 - Cal.4]

On considère les rectangles DONS et PRET ci-dessous.

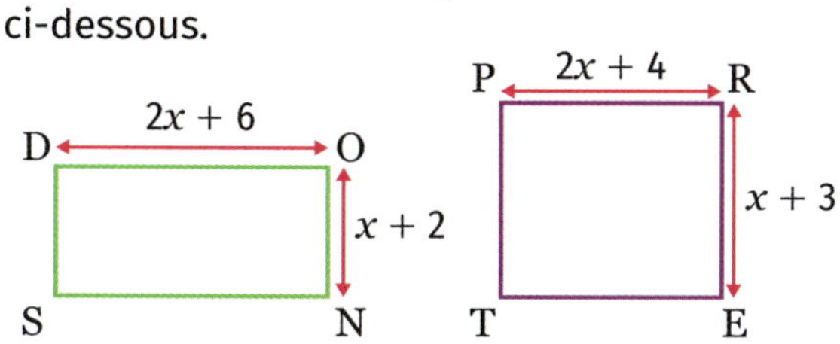

1. Les périmètres des deux rectangles sont-ils toujours égaux ? Justifier.

2. Les aires des deux rectangles sont-elles toujours égales ? Justifier.

52 [Mod.8 - Rais.4 - Cal.4]

On considère le triangle ABC ci-dessous.

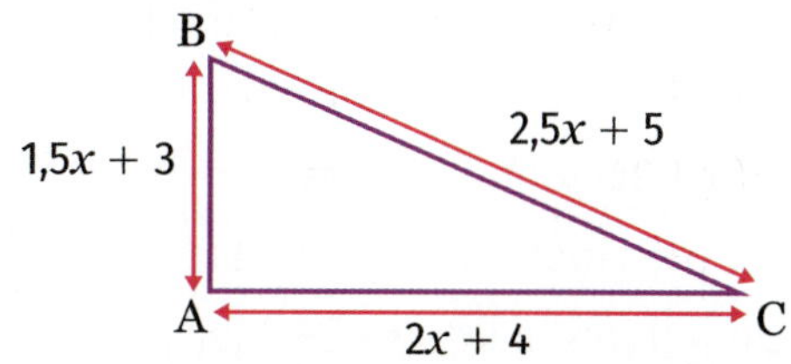

1. a. Construire le triangle pour $x = 0$.

b. Le triangle obtenu est-il rectangle ? Justifier.

2. Démontrer que le triangle ABC est rectangle quelle que soit la valeur de x positive.

53 [Mod.8 - Rais.4 - Cal.4]

Soit x un nombre strictement positif.

On considère la figure ci-dessous, où $AB = 2x + 4$, $AC = 2x$ et les points A, D et B d'une part, et les points A, E et C d'autre part, sont alignés.

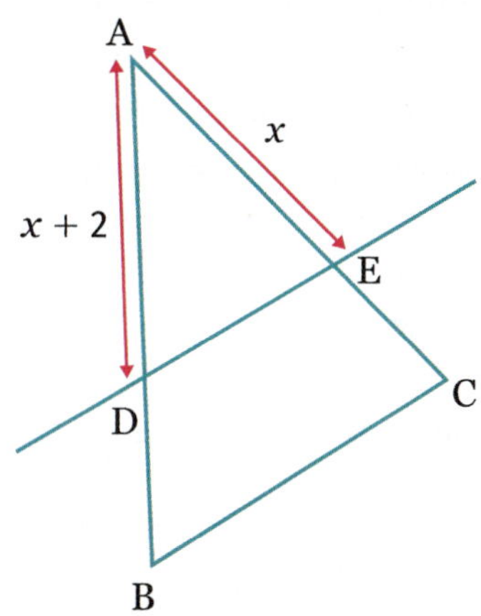

1. Dans cette question seulement, on pose $x = 1$.

a. Démontrer que les droites (DE) et (BC) sont alors parallèles.

b. Que peut-on dire des points D et E ? Justifier.

2. Démontrer que les droites (DE) et (BC) sont parallèles quelle que soit la valeur de x strictement positive.

Entraînement

- Vérifier que les connaissances de base sont acquises.
- Développer les connaissances.
- Maîtriser les notions de manière approfondie.

54 [Mod.8]

Soit n un nombre entier positif. Associer à chaque phrase l'expression littérale qui correspond.

L'entier suivant n •	• $n+1$
L'entier précédant n •	• $5n$
Un nombre pair •	• $2n$
Un nombre impair •	• $n-1$
Un multiple de 5 •	• $2n+1$

55 [Mod.8 - Rais.4 - Ch.3] DÉMO

1. Calculer les expressions suivantes.

a. $\mathrm{A} = 1+2+3$

b. $\mathrm{B} = 28+29+30$

c. $\mathrm{C} = 105+106+107$

2. **a.** Proposer deux autres expressions du même type et les calculer.

b. Quelle conjecture peut-on faire ?

3. Soit n un nombre entier positif. Démontrer la conjecture de la question 2. **b.**.

4. Démontrer que la somme de cinq entiers positifs consécutifs est toujours un multiple de 5.

56 COPIE D'ÉLÈVE [Rais.1 - Rais.5 - Cal.4]

On considère le programme de calcul suivant.

```
Choisir un nombre
L'élever au cube
Soustraire le nombre de départ
```

Obtient-on toujours 0 avec ce programme ? Voici la copie de Aboubekar.

> *J'ai calculé avec plusieurs nombres de départ : 0, 1 et −1. J'ai trouvé 0 pour les trois résultats. Donc on obtient toujours 0 avec ce programme.*

Que penser du raisonnement d'Aboubekar ?

57 INVERSÉ [Ch.2 - Rais.5 - Com.2]

Écrire un programme de calcul contenant au moins cinq étapes et permettant d'obtenir toujours 1 comme résultat.

58 [Mod.8 - Cal.4]

Factoriser chaque expression.

1. $\mathrm{A} = 2x+8$
2. $\mathrm{B} = 12-3x$
3. $\mathrm{C} = -9x+18$
4. $\mathrm{D} = 6x^2-6x$

59 [Mod.8 - Cal.4]

Relier chaque expression à sa forme factorisée.

$\mathrm{E} = 7x-14$ •	• $6x(2x-3)$
$\mathrm{F} = 11x^2-4x$ •	• $x(11x-4)$
$\mathrm{G} = 9x-x^2$ •	• $x(9-x)$
$\mathrm{H} = 12x^2-18x$ •	• $7(x-2)$

60 [Mod.8 - Rais.4 - Cal.4] DÉMO

Vrai ou faux ? Justifier.

1. Le produit de deux nombres pairs est toujours un nombre pair.
2. La somme de deux nombres impairs est toujours un nombre pair.
3. Le produit de deux nombres impairs est toujours un nombre pair.

61 [Mod.8 - Cal.4 - Com.1]

On donne l'expression suivante :

$\mathrm{A} = (x+2)(3x+4)+(x+2)(6x+7)$.

1. Cette expression est-elle une somme ou un produit ?

2. Lina souhaite factoriser A en utilisant la formule de la simple distributivité : $k \times a + k \times b = k \times (a+b)$.

a. Dans l'expression A, quel est le facteur commun k ?

b. Quels facteurs joueraient le rôle de a et de b ?

3. En déduire une factorisation de A.

62 [Mod.8 - Cal.4]

Factoriser les expressions suivantes.

$A=(x-1)(4x+5)+(x-1)(x+3)$

$B=(2x-2)(4x+8)+(x-3)(2x-2)$

$C=(x+1)(2x+3)-(x+1)(5x-9)$

2 Identité remarquable

63 [Mod.8 - Rais.4 - Cal.4] DÉMO

Soient les programmes de calcul suivants.

→ **PROGRAMME 1**

```
Choisir un nombre
Soustraire 1
Élever au carré le résultat
```

→ **PROGRAMME 2**

```
Choisir un nombre
L'élever au carré
Soustraire le double du
nombre de départ
Ajouter 1
```

1. Calculer le résultat final des deux programmes en choisissant :

a. 4 comme nombre de départ ;

b. −6 comme nombre de départ.

2. Soit x le nombre de départ. Exprimer, en fonction de x :

a. le résultat du programme n°1 ;

b. le résultat du programme n°2.

3. Démontrer que les deux programmes donnent toujours le même résultat pour un même nombre de départ.

64 [Mod.8 - Cal.4]

Recopier et compléter.

1. $x^2 - ... = (x-9)(... + ...)$
2. $... x^2 - 4 = (7x - ...)(... + 2)$
3. $... - 1 = (... + 1)(8x - ...)$
4. $9 - 16x^2 = (... - ...)(... + ...)$

65 [Mod.8 - Cal.4]

Factoriser chaque expression.

1. $A = x^2 - 9$
2. $B = -9x^2 + 4x$
3. $C = 4 - 25x^2$
4. $D = 12x^2 - 27$

66 [Mod.8 - Cal.4]

Factoriser chaque expression.

1. $E = 4x^2 - 121$
2. $F = 25 - 100x^2$
3. $G = x^2 - 3$
4. $H = 49x^2 - 9$

67 COPIE D'ÉLÈVE [Mod.8 - Rais.5 - Cal.4]

Factoriser l'expression : $81 - 16x^2$.

Voici les copies de deux élèves.

La copie de Sacha.

> *J'applique l'identité remarquable en posant $a = 9$ et $b = 16x$.*
> *J'obtiens alors $(9 - 16x)(9 + 16x)$.*

La copie de Yasmine.

> *J'applique l'identité remarquable en posant $a = 4x$ et $b = 9$.*
> *J'obtiens alors $(4x + 9)(4x - 9)$.*

Indiquer les erreurs commises par Sacha et Yasmine et proposer une correction.

68 [Mod.8 - Cal.4 - Com.1]

On donne l'expression suivante : $E=(x+3)^2-4$.

1. Cette expression est-elle une somme ou un produit ?

2. Mariama souhaite factoriser E en utilisant l'identité remarquable : $a^2-b^2=(a+b)(a-b)$.

a. Quel facteur jouerait le rôle de a ?

b. Quel facteur jouerait le rôle de b ?

3. Factoriser alors l'expression E.

69 [Mod.8 - Cal.4]

Factoriser les expressions suivantes.

1. $F=(2x-5)^2-25$
2. $G=9-(4x+1)^2$
3. $H=(2x+2)^2-(x+1)^2$

Approfondissement

Environnement et développement durable

70 [Ch.1 - Mod.1 - Mod.8 - Cal.4]

La géothermie, énergie renouvelable et non polluante, permet la production d'énergie électrique grâce à la chaleur des nappes d'eau souterraines. La centrale géothermique de Rittershoffen (Bas-Rhin) a été inaugurée le 7 juin 2016. On y a creusé un puits qui a la forme du tronc de cône représenté ci-dessous.

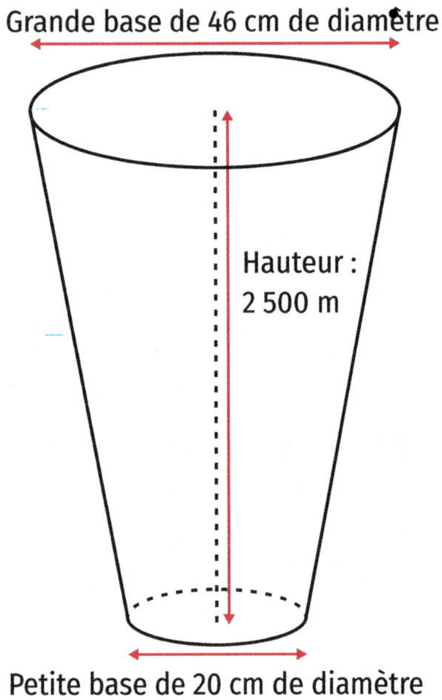

On calcule le volume d'un tronc de cône grâce à la formule suivante : $V = \frac{\pi}{3} \times h \times (R^2 + R \times r + r^2)$, où h désigne la hauteur du tronc de cône, R le rayon de la grande base et r le rayon de la petite base. Calculer le volume du puits en m³.

71 [Ch.1 - Mod.1 - Mod.8 - Cal.4]

Ryan souhaite comparer la masse d'alcool de deux boissons. Il dispose des informations suivantes.

Document n°1

Formule permettant de calculer la masse d'alcool en g dans une boisson alcoolisée : $m = V \times d \times 7{,}9$, où V est le volume de la boisson alcoolisée en cL et d est le degré d'alcool dans la boisson.

Document n°2

Boisson n°1	
Degré d'alcool	0,05
Contenance	33 cL

Boisson n°2	
Degré d'alcool	0,12
Contenance	125 mL

Quelle boisson a la masse d'alcool la plus élevée ? Justifier.

72 [Mod.8 - Rais.4 - Cal.4]

On considère le programme de calcul suivant.

```
Choisir un nombre entier négatif
Le multiplier par 2
Ajouter 3
Multiplier le résultat par −4
Ajouter 4
```

1. Qu'obtient-on en choisissant −3 au départ ?

2. Soit x, le nombre de départ. Exprimer, en fonction de x, le résultat du programme.

3. Eva souhaite montrer que, quel que soit le nombre de départ, on obtient toujours un multiple de 8.

a. Développer et réduire l'expression obtenue à la question **2.**.

b. À l'aide d'une factorisation, démontrer que l'on obtient toujours un multiple de 8.

73 [Ch.2 - Mod.8 - Rais.5 - Cal.4]

Paul construit une suite de maisons avec des allumettes comme représenté ci-après.

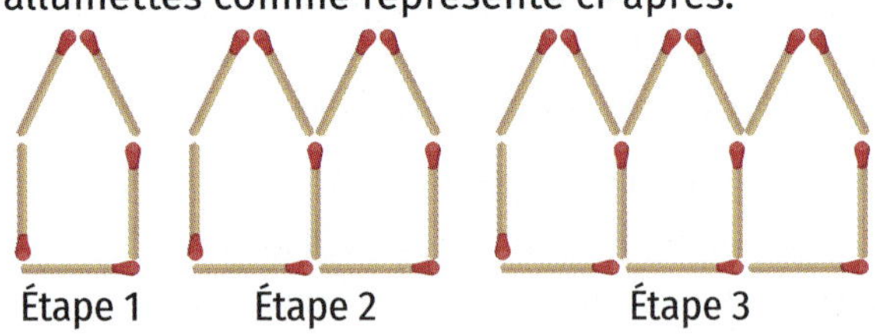

1. Combien d'allumettes faut-il pour construire quatre maisons (étape 4) ?

2. Soit n, le numéro de l'étape. Proposer une expression qui donne le nombre d'allumettes, en fonction de n, nécessaires à la construction de l'étape n.

3. Combien faut-il d'allumettes pour construire cette suite de maisons à l'étape 2020 ?

Approfondissement

74 [Mod.8 - Rais.4 - Cal.4]

On considère le programme de calcul suivant.

```
Choisir un nombre entier
Le multiplier par 3
Soustraire 6
Élever le résultat au carré
```

1. Qu'obtient-on en choisissant -2 au départ ?

2. Soit x, le nombre de départ. Exprimer, en fonction de x, le résultat du programme.

3. Démontrer que, quel que soit le nombre de départ, on obtient toujours un multiple de 9.

75 [Mod.8 - Cal.4]

On considère l'expression $C = (2x-3)(-x+1)+3$.

1. Développer et réduire C.

2. Factoriser C à partir du résultat de la question **1.**.

3. En utilisant la forme la plus adaptée, calculer C pour :

a. $x = 0$ **b.** $x = \frac{3}{2}$ **c.** $x = \frac{5}{2}$

CLUB DE MATHS

76 ÉNIGME

Un magicien affirme qu'il peut deviner l'âge des spectateurs. Pour cela, il fait monter une personne sur la scène puis il lui demande de réaliser en silence les calculs suivants : « Ajoutez 3 à votre âge, multipliez par 10, divisez ensuite par 5 puis retranchez 5.» Enfin, le magicien demande d'annoncer le nombre ainsi obtenu. Emma, la première volontaire à se prêter à ce tour de magie, annonce : « 47 ». Le magicien lui annonce immédiatement : « Tu as 23 ans ! ». Emma approuve. Expliquer comment le magicien peut trouver l'âge du spectateur très rapidement une fois le résultat du calcul connu.

77 CASSE-TÊTE

Sarah choisit un nombre entier. À la somme des carrés des deux entiers qui lui succèdent, elle retranche la somme des carrés des deux entiers qui le précèdent. Sarah prétend pouvoir trouver rapidement le résultat. Expliquer son raisonnement.

78 DÉFI

Pour calculer rapidement le carré d'un nombre compris entre 26 et 100, on suit les étapes suivantes :

- Étape 1 : soustraire 25 au nombre, puis le multiplier par 100 ;
- Étape 2 : reprendre le nombre de départ, le soustraire à 50, puis élever le résultat au carré ;
- Étape 3 : ajouter les résultats des étapes 1 et 2.

1. Démontrer que ce programme de calcul permet bien de calculer le carré d'un nombre.

2. Calculer mentalement 38^2.

79 CASSE-TÊTE

Mia a un certain nombre de bonbons, plus grand que 6, que l'on note n, Sofia en a 15 de plus que Mia et Élise en a 3 de plus que Sofia. Dans la journée, Mia mange 5 bonbons, Sofia en mange 6 et Élise en mange 7. À la fin de la journée, elles mettent ce qui leur reste en commun et se les partagent équitablement. Exprimer, en fonction de n, le nombre de bonbons que reçoit chacune des filles à la fin de la journée.

Préparer le brevet

80 [D'après brevet, Métropole, juin 2018] 15 durée : 15 min

Voici un programme de calcul.

```
Choisir un nombre
Multiplier ce nombre par 4
Ajouter 8
Multiplier le résultat par 2
```

1. Vérifier que si l'on choisit le nombre -1, ce programme donne 8 comme résultat final.

2. Le programme donne 30 comme résultat final, quel est le nombre choisi au départ ?

3. On nomme x le nombre choisi au départ.

L'expression $A = 2(4x + 8)$ donne le résultat du programme de calcul précédent pour un nombre x donné. On pose $B = (4 + x)^2 - x^2$.
Prouver que les expressions A et B sont égales pour toutes les valeurs de x.

81 [D'après brevet, Asie, juin 2017] 20 durée : 20 min

Gaspard réalise des motifs avec des carreaux de mosaïque blancs et bleus. Il forme un carré avec des carreaux bleus puis le borde avec des carreaux blancs de la manière suivante :

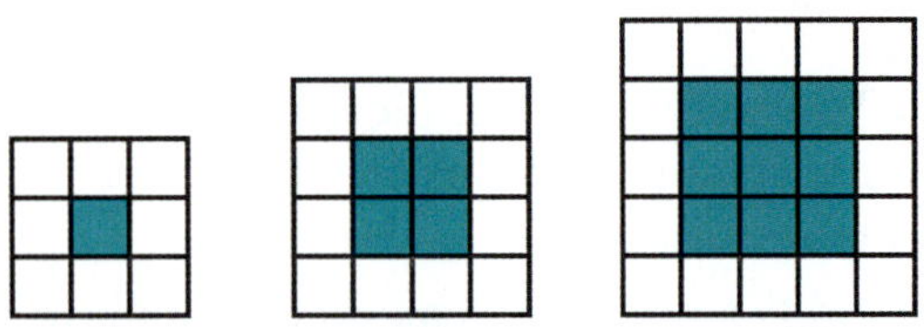

Motif 1 Motif 2 Motif 3

1. Combien de carreaux blancs Gaspard va-t-il utiliser pour border la partie bleue du motif 4 (un carré ayant 4 carreaux bleus de côté) ?

2. a. Justifier que Gaspard peut réaliser un motif de ce type en utilisant exactement 144 carreaux bleus.

b. Combien de carreaux blancs utilisera-t-il alors pour border le carré bleu obtenu ?

3. On appelle « motif n », le motif pour lequel on borde un carré de côté n carreaux bleus. Trois élèves ont proposé chacun une expression pour calculer le nombre de carreaux blancs nécessaires pour réaliser le « motif n ».

- **Expression n°1 :** $2 \times n + 2 \times (n + 2)$
- **Expression n°2 :** $4 \times (n + 2)$
- **Expression n°3 :** $4 \times (n + 2) - 4$

Une seule de ces trois expressions ne convient pas. Laquelle ?

82 [D'après brevet, Asie, juin 2019] 20 durée : 20 min

Nina et Claire ont chacune un programme de calcul.

→ PROGRAMME DE NINA

```
Choisir un nombre
Soustraire 1
Multiplier le résultat par −2
Ajouter 2
```

→ PROGRAMME DE CLAIRE

```
Choisir un nombre
Multiplier ce nombre par −1/2
Ajouter 1 au résultat
```

1. Montrer que si les deux filles choisissent 1 comme nombre de départ, Nina obtiendra un résultat final quatre fois plus grand que celui de Claire.

2. Quel nombre de départ Nina doit-elle choisir pour obtenir 0 à la fin ?

3. Nina dit à Claire : « Si on choisit le même nombre de départ, mon résultat sera toujours quatre fois plus grand que le tien. ». A-t-elle raison ?

Travail à se partager

Derrière ces 25 expressions se cache une phrase.

Afin de la décoder, développer et réduire ces expressions puis associer chaque coefficient devant le terme en x à la lettre de l'alphabet lui correspondant ($1 = \text{A}$, $2 = \text{B}$, $3 = \text{C}$,... , $26 = \text{Z}$), que ce coefficient soit négatif ou positif.

1. $(x+1)^2$	**2.** $(x+5)(3x+3)$	**3.** $(2x+3)(x-1)$	**4.** $(4x+2)(x+5)$	**5.** $(7x+1)(x+2)$
6. $(6x-2)(x+4)$	**7.** $5(-3x+2)$	**8.** $-7(3x-6)$	**9.** $(-x+5)(4x+1)$	**10.** $(x-5)\times 5$
11. $4(5x-8)$	**12.** $8x-(3x+6)$	**13.** $(6x+1)(x+3)$	**14.** $-6(-2x+4)$	**15.** $-(-x+9)+4x$
16. $6(3x+4)+x$	**17.** $3(x+1)$	**18.** $(2x+2)^2$	**19.** $-(6x-1)+7x$	**20.** $(4x+1)(x+3)$
21. $(x-8)^2$	**22.** $(5x-1)(x+2)$	**23.** $-x+(4x+4)\times 4$	**24.** $2(7x-2)$	**25.** $5(5x-1)-6x$

Activité différenciée

Voici cinq expressions littérales.

$\text{A} = (x+4)^2$ $\quad$ $\text{B} = x^2+8x+16$ $\quad$ $\text{C} = (a+b)^2$ $\quad$ $\text{D} = a^2+2ab+b^2$ $\quad$ $\text{E} = (a+b)^3$

★ PARCOURS 1

1. a. Calculer A et B pour $x = 2$ puis pour $x = 5$.

b. Peut-on alors dire que, pour tout nombre x, les expressions A et B sont égales ?

2. Développer et réduire A. Les expressions A et B sont-elles égales pour tout nombre x ?

★★ PARCOURS 2

1. Démontrer que, pour tous nombres a et b, les expressions C et D sont égales.

2. En utilisant l'identité démontrée dans la question **1.**, développer et réduire les expressions suivantes.

a. $\text{F} = (4x+6)^2$ $\quad$ **b.** $\text{G} = (2x-5)^2$ $\quad$ **c.** $\text{H} = (-8x+4)^2$

3. En utilisant l'identité démontrée dans la question **1.**, factoriser l'expression $\text{J} = 4x^2+8x+4$.

★★★ PARCOURS 3

1. Développer et réduire E.

2. En utilisant l'identité démontrée dans la question **1.**, développer et réduire les expressions suivantes.

a. $\text{L} = (x+2)^3$ $\quad$ **b.** $\text{M} = (3x+5)^3$ $\quad$ **c.** $\text{N} = (4x-1)^3$

3. En utilisant l'identité démontrée dans la question **1.**, factoriser l'expression $\text{P} = x^3+9x^2+27x+27$.

Déjà vu

Rappels

1. Le **degré** d'un terme dépend de l'exposant de l'inconnue.

Exemples : 8, −4 et 13 sont des termes de degré 0.

$2x$, $-3y$ et t sont des termes de degré 1.

x^2, $4y^2$ et $-3t^2$ sont des termes de degré 2.

2. Pour **simplifier** un produit de facteurs en x, on calcule le produit des facteurs numériques et on utilise la notation puissance pour écrire le facteur contenant l'inconnue.

Exemple : $3 \times 5 \times x \times 2 \times x^2 = 30x^3$

3. Pour **réduire** une somme de termes en x, on les regroupe par degré.

Exemple : $2x^2 - 20 + 9x + 3x^2 + 8 = 2x^2 + 3x^2 + 9x - 20 + 8 = 5x^2 + 9x - 12$

4. Pour **tester une égalité**, on remplace l'inconnue par la valeur indiquée.

Exemple : L'égalité $2x + 1 = 7x + 5$ est-elle vraie lorsque $x = -1$? Lorsque $x = -0{,}8$?

D'une part $2 \times (-1) + 1 = -1$ et d'autre part $7 \times (-1) + 5 = -2$.

D'une part $2 \times (-0{,}8) + 1 = -0{,}6$ et d'autre part $7 \times (-0{,}8) + 5 = -0{,}6$.

Donc l'égalité est fausse lorsque $x = -1$ et vraie lorsque $x = -0{,}8$.

5. Pour **distribuer** et **factoriser**, on peut utiliser la simple ou la double distributivité.

- $k(a+b) = ka + kb$, valable pour tous nombres k, a et b.
- $(a+b)(c+d) = ac + ad + bc + bd$, valable pour tous nombres a, b, c et d.

1 La figure ci-dessous est composée d'un triangle rectangle et d'un rectangle.

x désigne un nombre tel que $x > 0{,}5$. Exprimer l'aire de cette figure en fonction de x.

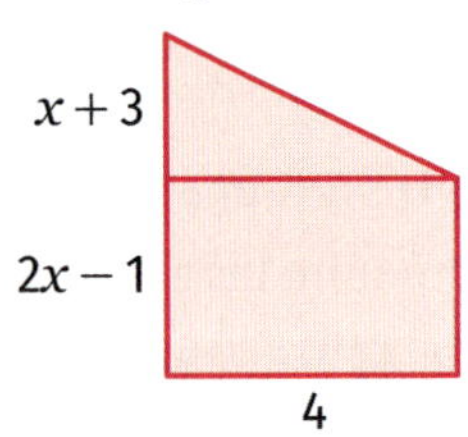

2 Simplifier et réduire les expressions suivantes.

1. $A = 3x^2 + 5x - x^2 + 8 - 7x - 19 + 4x^2$
2. $B = 3 \times x \times y \times x^2 \times 5 \times y \times 2$

3 L'égalité $3a^2 - 2b + 5a - 9 = 11a - 2b$ est-elle vraie lorsque $a = 3$ et $b = -2$?

4 Développer les expressions suivantes.

1. $C = 2x(x+5)$
2. $D = (3x+1)(x-2)$

5 Factoriser les expressions suivantes.

1. $E = 14 + 7x$
2. $F = 4x^2 + 7x$

6 n désigne un nombre entier. Exprimer :

1. le triple de n ;
2. la moitié de n ;
3. l'entier suivant n ;
4. la somme du quart de n et du tiers de l'entier qui précède n.

ChronoQuiz

Retrouvez un quiz interactif à réaliser en classe pour vérifier les prérequis de ce chapitre sur LLS.fr/M3Quiz4

Partie 1 : Nombres et calculs

Équations

4

Objectifs du chapitre

- Résoudre une équation du premier degré à une inconnue.
- Résoudre une équation produit.
- Résoudre une équation de type $x^2 = a$.

Bien qu'il soit encore difficile de prévenir les séismes, les équations mathématiques permettent de modéliser la propagation des ondes sismiques. Cela permet d'établir des règles de construction parasismiques afin de réduire les risques comme ici à Tokyo.

Retrouvez un tableau récapitulatif des compétences utilisées dans les exercices de ce chapitre sur LLS.fr/M3Comp4

Activités

1 Le magicien

› Cours 1 p. 72

Objectif : Réinvestir les équations du premier degré pour résoudre un problème.

1 Un magicien demande à Lucas de choisir un nombre, de lui soustraire 5, de multiplier par 3 le résultat obtenu puis d'ajouter le nombre choisi au départ et enfin d'annoncer le résultat.
Lucas annonce 12. En une fraction de seconde, le magicien retrouve le nombre choisi par Lucas.
Quel nombre avait-il choisi ? Décrire la méthode utilisée.

Coup de pouce : On peut désigner par la lettre x le nombre choisi par Lucas.

2 Deux spectateurs se mettent d'accord pour choisir le même nombre de départ. L'un d'entre eux le multiplie par 2 puis ajoute 7, tandis que l'autre le multiplie par 5 puis soustrait 11 au résultat obtenu. Extraordinairement, ils obtiennent tous les deux le même résultat ! Sans dire ce résultat au magicien, celui-ci retrouve en quelques instants le nombre qu'ils avaient choisi au départ.
Quel est ce nombre ? Détailler la méthode utilisée.

3 Le magicien propose une dernière expérience. Chaque spectateur de la salle choisit un nombre en secret, lui ajoute 4, multiplie le résultat obtenu par 0 et enfin ajoute 10. Le magicien demande à toute la salle de crier simultanément le résultat obtenu. Tout le monde a le même !
Expliquer pourquoi tous les spectateurs obtiennent le même résultat.

Bilan : Quelles sont les étapes à effectuer pour résoudre une équation du premier degré ?

2 Une multiplication pas si nulle

› Cours 2 p. 72

Objectif : Résoudre une équation produit.

1 Caroline choisit trois nombres dont le produit est égal à zéro. Parmi les sept propositions ci-dessous, lesquelles peuvent correspondre aux nombres qu'elle a choisis ?

$(-7\ ;14\ ;3{,}28)$, $\left(\pi\ ;-\frac{3}{4}\ ;0\right)$, $(0\ ;18\ ;0)$, $(31\ ;-2\ ;1)$, $(2\ ;0\ ;4)$, $(\sqrt{2}\ ;0\ ;71{,}473)$, $\left(\frac{7}{2}\ ;\frac{15}{7}\ ;\frac{2}{15}\right)$

Que remarque-t-on ?

2 Ilyès souhaite résoudre l'équation $x(2x-4)(x-7)=0$.

a) Les nombres suivants : -7, 0, 10 et 2 sont-ils solutions ?

b) Que représentent les solutions trouvées à la question **2 a)** pour les trois facteurs du membre de gauche de l'équation ci-dessus ?

c) Y a-t-il d'autres solutions à l'équation d'Ilyès que celles trouvées à la question **2 a)** ?

Bilan : Que peut-on dire des facteurs d'un produit nul ?
Compléter la phrase : Si un produit de facteurs est nul, alors ... .

3 Plusieurs solutions pour un même problème

› Cours 3 p. 74

Objectif : Résoudre une équation de la forme $x^2 = a$.

Un professeur demande à ses élèves de résoudre l'équation $x^2 = 25$. Il interroge Jérémy qui répond : « C'est facile, c'est 5 car 5 au carré est égal à 5 fois 5, c'est-à-dire 25. ». Noémie déclare : « J'ai trouvé une autre possibilité ! ».

1 **a)** Quel est l'autre nombre trouvé par Noémie ?

Coup de pouce : Quel est le signe du carré d'un nombre négatif ?

b) Le professeur suggère de soustraire 25 à chaque membre de l'équation puis de factoriser. Existe-t-il une troisième solution ?

Coup de pouce : $a^2 - b^2 = (a+b)(a-b)$

2 Résoudre les équations suivantes : $x^2 = 100$, $x^2 = 30$, $x^2 = 0$ et $x^2 = -36$.

Bilan : Compléter les phrases suivantes.
Pour résoudre une équation de la forme $x^2 = a$, il y a trois cas possibles.
- **Si $a > 0$ alors les solutions sont ... .**
- **Si $a = 0$ alors ... .**
- **Si $a < 0$ alors ... .**

4 Le triangle vert

› Cours 4 p. 74

Objectif : Modéliser un problème pour le résoudre.

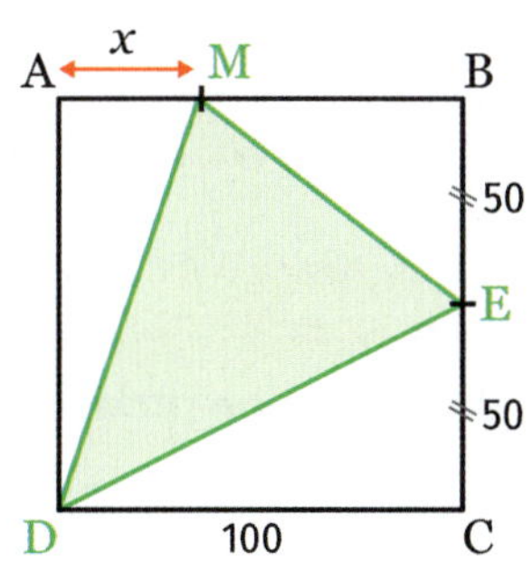

Un terrain a la forme d'un carré ABCD de 100 mètres de côté. On souhaite créer une pelouse de forme triangulaire. Deux points sont fixés (E et D) mais l'emplacement du troisième, le point M, n'est pas encore défini. Il appartient au côté [AB] comme le montre la figure ci-contre. On souhaite que la partie gazonnée représente 42 % de l'aire totale du terrain. L'objectif du problème est de déterminer l'emplacement précis du point M. On désigne par x la longueur AM.

1 Exprimer en fonction de x l'aire de la partie blanche puis l'aire de la pelouse.

2 Exprimer le fait que cette aire représente 42 % de l'aire du terrain.

3 Résoudre l'équation ainsi obtenue.

4 Conclure sur l'emplacement précis du point M.

5 Vérifier que le résultat répond bien au problème.

Bilan : Quelles sont les étapes à réaliser pour modéliser un problème afin de le résoudre ?

Cours

1 Résoudre une équation du premier degré

Définitions

a, b, c et d désignent quatre nombres connus et x désigne l'inconnue.

Une **équation du premier degré à une inconnue** est une égalité pouvant s'écrire sous la forme $ax+b=cx+d$.

$ax+b$ est appelé le **membre de gauche** et $cx+d$ est appelé le **membre de droite**.

Résoudre une équation c'est trouver, si elles existent, toutes les valeurs de l'inconnue pour lesquelles l'égalité est vérifiée.

Propriétés

1. Une égalité reste vraie lorsqu'on ajoute (ou soustrait) un même nombre à ses deux membres.
Autrement dit, pour tous nombres a, b et k, si $a=b$ alors $a+k=b+k$ et $a-k=b-k$.
2. Une égalité reste vraie lorsqu'on multiplie (ou divise) ses deux membres par un même nombre.
Autrement dit, pour tous nombres a, b et k, si $a=b$ alors $a\times k=b\times k$ et $a\div k=b\div k$ (avec $k\neq 0$).

Exemple : On souhaite résoudre l'équation $5x+23=-3x+7$.

On soustrait 23 à chaque membre afin d'isoler le terme en x à gauche : $5x=-3x-16$.

On ajoute $3x$ à chaque membre afin d'isoler le terme sans x à droite : $8x=-16$.

On divise chaque membre par 8 afin d'isoler x à gauche : $x=-2$.

La solution de l'équation $5x+23=-3x+7$ est -2.

2 Résoudre une équation produit

Définition

Une **équation produit** est une équation du type $\mathrm{A}\times\mathrm{B}=0$ où A et B sont des expressions.

Propriété

Si un produit de facteurs est nul, alors au moins l'un de ses facteurs est nul.

Exemple :

$(3x-12)(-2x+4)=0$ est une équation de type produit.

On a donc $3x-12=0$ ou $-2x+4=0$.

Remarque : Il est parfois nécessaire de factoriser pour obtenir une équation produit.

Résoudre des équations simples

Énoncé Résoudre les équations suivantes.

1. $x - 13 = 22$ **2.** $\frac{x}{-100} = 3{,}1416$

Solution

1. On ajoute 13 aux deux membres afin d'isoler x :
$x - 13 + 13 = 22 + 13$ donc $x = 35$.

2. On multiplie chaque membre par −100 afin d'isoler x :
$\frac{x}{-100} \times (-100) = 3{,}1416 \times (-100)$ donc $x = -314{,}16$.

Méthode
On utilise les propriétés en choisissant la bonne opération à effectuer sur les deux membres afin d'isoler x.

Pour s'entraîner : exercices **18** p. 78 et **39** p. 80

Résoudre une équation du premier degré

Énoncé Résoudre l'équation $7x - 5 = 4x + 13$.

Solution

$$7x - 5 = 4x + 13$$
$$7x - 5 - 4x = 4x + 13 - 4x$$
$$3x - 5 = 13$$
$$3x - 5 + 5 = 13 + 5$$
$$3x = 18$$
$$3x \div 3 = 18 \div 3$$
$$x = 6$$

Méthode
- On utilise d'abord des additions et soustractions dans l'intention d'obtenir un membre ne contenant que des termes en x et un membre ne contenant aucun x.
- Enfin on utilise une multiplication ou une division pour résoudre l'équation.

Pour s'entraîner : exercices **19, 20** et **21** p. 78

Résoudre une équation produit

Énoncé Résoudre l'équation $3x^2 + 2x = 0$.

Solution

En factorisant par x on obtient $x(3x + 2) = 0$.
Si un produit de facteurs est nul, alors au moins l'un de ses facteurs est nul. Donc $x = 0$ ou $3x + 2 = 0$, c'est-à-dire $x = \frac{-2}{3}$.
Les solutions de cette équation sont donc 0 et $\frac{-2}{3}$.

Méthode
C'est une équation du second degré. On factorise le membre de gauche par x puis on résout en utilisant la propriété de la leçon.

Pour s'entraîner : exercices **24** et **25** p. 78

Cours

3 Résoudre une équation de la forme $x^2 = a$

Propriété

- Si $a > 0$ alors les solutions de l'équation $x^2 = a$ sont $-\sqrt{a}$ et $\sqrt{a}$.
- Si $a = 0$ alors la solution de l'équation $x^2 = a$ est 0.
- Si $a < 0$ alors l'équation $x^2 = a$ n'a pas de solution.

Exemples :

1. Les solutions de l'équation $x^2 = 81$ sont -9 et 9 et celles de $x^2 = 31$ sont $-\sqrt{31}$ et $\sqrt{31}$.
2. La solution de l'équation $x^2 = 0$ est 0.
3. L'équation $x^2 = -20$ n'a pas de solution car le carré d'un nombre est toujours positif.

Remarque : Résoudre $x^2 = a$ (avec $a \geqslant 0$) revient à résoudre l'équation produit $(x - \sqrt{a})(x + \sqrt{a}) = 0$.

4 Modéliser un problème par une équation

Marche à suivre

Pour modéliser un problème par une équation afin de le résoudre, on doit suivre les étapes suivantes.

1. **Choisir l'inconnue :** on désigne par une lettre une valeur inconnue dans le problème.
2. **Mettre en équation :** on traduit l'énoncé du problème par une équation.
3. **Résoudre l'équation :** on résout l'équation en utilisant les propriétés.
4. **Vérifier les solutions :** on remplace l'inconnue par chacune des solutions trouvées dans chaque membre de l'équation pour vérifier que l'égalité est vraie. On vérifie la cohérence des solutions trouvées avec le problème à résoudre.
5. **Répondre au problème.**

Exemple :

Juliette, Pierre et Sacha possèdent 225 € à eux trois. Pierre a 15 € de moins que Juliette et Sacha a le double de la somme détenue par Juliette. Déterminer la somme d'argent de chacun.

1. On désigne par x la somme d'argent possédée par Pierre.
2. Puisqu'à eux trois ils possèdent 225 € alors $x + (x + 15) + 2(x + 15) = 225$.
3. $2x + 15 + 2x + 30 = 225$

$$4x + 45 = 225$$
$$4x = 180$$
$$x = 45$$

4. $45 + (45 + 15) + 2(45 + 15) = 45 + 60 + 120 = 225$
5. Pierre possède 45 €, Juliette 60 € et Sacha 120 €.

Résoudre une équation de la forme $x^2 = a$

Énoncé Résoudre les équations suivantes.

1. $x^2 = 144$
2. $x^2 = 217$
3. $x^2 = -14$

Solution

1. $144 > 0$ donc l'équation possède deux solutions qui sont $-\sqrt{144} = -12$ et $\sqrt{144} = 12$.
2. $217 > 0$ donc l'équation possède deux solutions qui sont $-\sqrt{217}$ et $\sqrt{217}$.
3. $-14 < 0$ donc cette équation n'a aucune solution.

Méthode

Pour chaque équation de la forme $x^2 = a$, il faut s'intéresser au signe de a afin de savoir combien de solutions possède l'équation.

Pour s'entraîner : exercices **29** et **30** p. 79

Modéliser un problème par une équation pour le résoudre

Énoncé Dans la figure ci-contre, ABCD est un rectangle et BCE est un triangle équilatéral.

Déterminer la longueur AD afin que le rectangle ABCD et le triangle BCE aient le même périmètre.

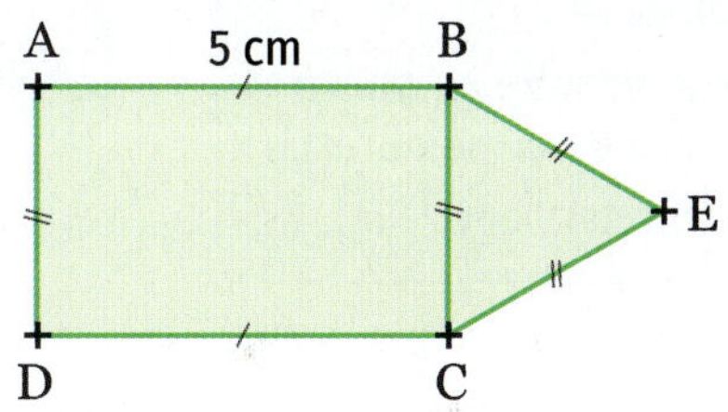

Solution

On désigne par x la longueur AD en centimètre.

Alors le périmètre du rectangle s'exprime par $2 \times 5 + 2x$ et celui du triangle par $3x$.

Comme ces périmètres sont égaux alors on est amené à résoudre l'équation $10 + 2x = 3x$.

On soustrait $2x$ à chaque membre et on obtient $10 = x$.

Vérification :

Périmètre du rectangle ABCD : $2 \times (5 + 10) = 30$ cm.

Périmètre du triangle BCE : $3 \times 10 = 30$ cm.

ABCD et BCE ont donc le même périmètre lorsque la longueur AD est égale à 10 cm.

Méthode

On désigne par x la longueur AD en centimètre puis on exprime les périmètres de chaque figure en fonction de x. On écrit alors cette égalité entre périmètres et on obtient une équation qu'il faut résoudre.

Pour s'entraîner : exercices **33** et **35** p. 79

Révision

Genially : Retrouvez une activité interactive pour réviser les notions de ce chapitre sur LLS.fr/M3Genially4

Modéliser un problème par une équation

1. Choisir l'inconnue

2. Mettre en équation

3. Résoudre l'équation

4. Vérifier les solutions

5. Répondre au problème

ÉQUATIONS

Résoudre une équation

Équation du 1er degré :
$ax + b = cx + d$
On isole x :
- soustraire cx puis b aux deux membres
- diviser par $a - c$

Équation produit :
$\mathrm{A} \times \mathrm{B} = 0$
On résout les deux équations $\mathrm{A} = 0$ et $\mathrm{B} = 0$

Équation de la forme :
$x^2 = a$
- $a > 0$: deux solutions qui sont $x = -\sqrt{a}$ et $x = \sqrt{a}$
- $a = 0$: une seule solution $x = 0$
- $a < 0$: aucune solution

QCU : réponse unique

7 $9x - 4 = 3x + 20$ a pour solution :

a 2 b 4 c $\frac{8}{3}$ d 18

8 $3x(4x + 1) = 0$ a pour solutions :

a −3 et −4. b 0 et −0,25. c 0 et 0,25. d 3 et 4.

9 $\frac{1}{2}x^2 + 8x = 0$ a pour solutions :

a 0 et −16. b $\frac{1}{8}$ et 2. c $\frac{1}{2}$ et 8. d 0 et 16.

10 −4 et 4 sont les solutions de l'équation :

a $x^2 = 4$ b $x^2 = 8$ c $x^2 = 16$ d $x^2 = 2$

QCM : réponses multiples

11 Quelles propositions ci-dessous correspondent à des solutions de l'équation $(x + 7)(x - 4)(5x + 2) = 0$?

a 7 b 4 c $\frac{-2}{5}$ d −4

12 $x^2 - 25 = 0$ a pour solutions :

a −5 et 5. b −12,5 et 12,5. c $-\sqrt{25}$ et $\sqrt{25}$. d cette équation n'a aucune solution.

13 $10x - 5 = 2x + 43$ admet exactement la même solution que les équations :

a $x + 7 = 2x + 1$ b $x^2 = 36$ c $(x - 6)^2 = 0$ d $\frac{x}{3} - 2 = \frac{x}{2} - 3$

› Corrigés p. 297

14 [Mod.10 - Rais.6]

Laëtitia souhaite réaliser un programme qui résout une équation du premier degré de type $ax + b = cx + d$. Voici ce qu'elle a commencé à écrire.

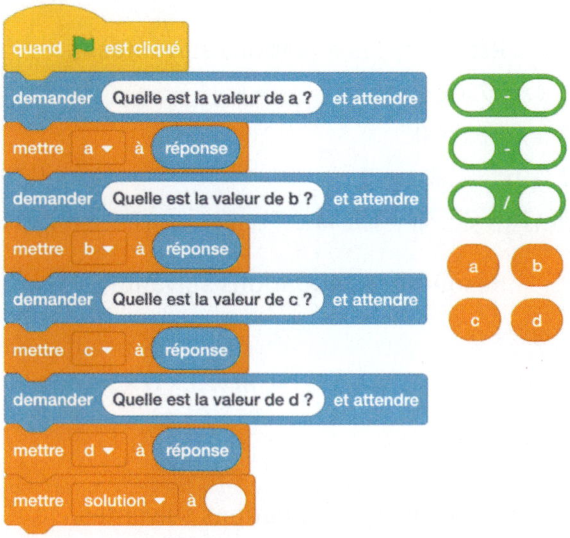

1. Montrer que la solution de l'équation $ax + b = cx + d$ s'écrit sous la forme $x = \dfrac{d-b}{a-c}$.

2. Compléter la fin du programme Scratch en utilisant les blocs proposés à droite.

3. En voulant tester son programme, Laëtitia se rend compte que le programme ne fonctionne pas pour l'équation $3x + 1 = 3x + 5$. Pourquoi ? Justifier.

4. Est-il alors possible que a soit égal à c ?

5. Laëtitia décide alors d'ajouter des blocs qui permettent de gérer les cas particuliers. Télécharger le fichier sur LLS.fr/M3Scratch4 Compléter cette partie du programme à l'aide des blocs proposés.

6. Tester le programme complet avec les équations suivantes en comparant la réponse proposée par Scratch à celle trouvée en résolvant les équations :
$2x + 7 = 5x - 2$, $19x + 4 = 19x + 4$,
$13x + 2 = 13x + 5$ et $8x + 2 = x + 3$.

Pour cette dernière équation, le résultat correspond-il à la solution attendue ? Discuter des limites de ce programme.

15 [Mod.10 - Rais.6]

Grâce à cette capture d'écran d'un tableur, répondre aux questions suivantes.

	A	B	C	D
1	x	$11x + 7$	$16x - 4$	$(11x + 7)(16x - 4)$
2	-2	-15	-36	540
3	-1	-4	-20	80
4	0	7	-4	-28
5	1	18	12	216
6	2	29	28	812
7	3	40	44	1760
8	4	51	60	3060
9	5	62	76	4712
10	6	73	92	6716

1. Quelles formules a-t-on écrites puis étirées vers le bas en **B2**, **C2** et **D2** ?

2. Quelle est la solution de l'équation $11x + 7 = 51$?

3. Donner une solution de l'équation $(11x + 7)(16x - 4) = 812$.

4. Donner un encadrement à l'unité de la solution de l'équation $11x + 7 = 16x - 4$.

5. Donner un encadrement à l'unité de chaque solution de l'équation $(11x + 7)(16x - 4) = 0$.

16 GEOGEBRA [Mod.10 - Ch.3]

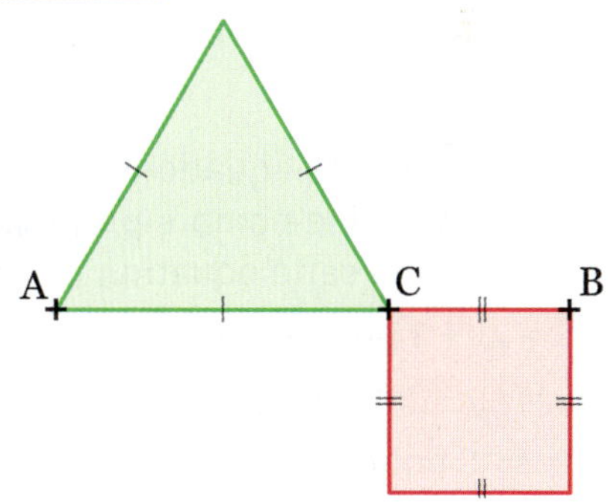

1. Construire avec GeoGebra un point C sur un segment [AB] de longueur 10.

2. Construire un triangle équilatéral de côté [AC] et un carré de côté [CB]. Afficher les aires de ces deux figures.

3. Conjecturer la longueur AC nécessaire afin que l'aire du triangle soit égale à celle du carré.

4. Écrire l'équation qu'il faudrait résoudre pour vérifier cette conjecture.

Automatismes

Équations du 1er degré

17 On considère l'équation $7a+2=-4a+5$.

1. Nommer les deux membres de cette équation.
2. Nommer l'inconnue.
3. Le nombre 0 est-il solution de cette équation ?

18 Résoudre les équations suivantes.

1. $2a=15$
2. $-3y=21$
3. $31+x=0$
4. $g-43=-12$
5. $p+4=-1{,}5$
6. $2x-4=-10$

19 Résoudre les équations suivantes.

1. $5x+7=4x-10$
2. $-10x+5=-11x-4$
3. $3t-2=2t+7{,}5$
4. $4h+11=5h-8$

20 Résoudre les équations suivantes.

1. $2x+1=5x+13$
2. $9x-11=4x+14$
3. $-12x+37=2x-5$
4. $32x+108=23x-18$

21 Résoudre les équations suivantes.

1. $-11x+7=4x-9$
2. $16x+4=23x+15$
3. $-x-1=12x+8$
4. $73x+91=24x-9$

Calcul mental

22 Pour chacune des équations suivantes, justifier si le nombre proposé est une solution de cette équation ou non.

1. $10x-5=2x+3$ pour $x=1$.
2. $7y-13=4y-2$ pour $y=4$.
3. $3t-1=t+5$ pour $t=-2$.

23 Résoudre les équations suivantes.

1. $3x+10=2x-4$
2. $5x+20=6x+23$
3. $7{,}4x+12=2{,}4x-13$
4. $-2x+10=x-5$
5. $-0{,}2x+10=0{,}8x-7$
6. $11x-20=10x+22$

Équations produit

24 Résoudre les équations suivantes.

1. $(2x+5)(x+9)=0$
2. $(11x-13)(4x+8)=0$
3. $(8x-7)(-2x+5)=0$
4. $(-x-9)(-4x-5)=0$

25 Résoudre les équations suivantes.

1. $(x-7)(x+4)=0$
2. $x^2+5x=0$
3. $20x^2-120x=0$
4. $(2x-3)(4x+5)(6x-7)=0$

26 Résoudre les équations suivantes.

1. $3x=0$
2. $-\frac{1}{7}y=0$
3. $a\times b=0$
4. $m\times n\times o\times p\times q=0$

Calcul mental

27 Résoudre les équations suivantes.

1. $(x+9)(x-11)=0$
2. $(-x+4)(x-7)=0$
3. $(2x-8)(2x-10)=0$
4. $(3x-21)(5x-35)=0$
5. $(7x+28)(-7x-14)=0$

28 Relier chaque nombre à la seule équation dont il est solution parmi les équations proposées.

Nombres	Équations
-4 •	• $(8x+2)(8x-1)=0$
4 •	• $(2x+8)(x-2)=0$
$-0{,}25$ •	• $(2x+1)\left(\frac{1}{2}x+4\right)=0$
$0{,}25$ •	• $(2x-8)(x-8)=0$
-8 •	• $(8x-2)\left(\frac{1}{8}x+\frac{1}{4}\right)=0$
8 •	
-2 •	
2 •	
$-0{,}5$ •	
$\frac{1}{8}$ •	

Automatismes

Équations $x^2 = a$

29 Donner le nombre de solutions des équations suivantes.

1. $x^2 = 25$
2. $x^2 = -25$
3. $x^2 = 0$
4. $x^2 = 1$
5. $x^2 = 37$
6. $x^2 + 7 = 10$
7. $x^2 - 3 = 5$
8. $x^2 + \frac{4}{7} = \frac{8}{7}$

30 Résoudre les équations suivantes.

1. $x^2 = 121$
2. $x^2 = 225$
3. $2x^2 = 98$
4. $-3x^2 = -48$

Calcul mental

31 Résoudre les équations suivantes.

1. $x^2 = 49$
2. $y^2 = 121$
3. $z^2 = -64$
4. $t^2 = 0$

32 Pour chaque nombre, dire s'il est solution ou non de l'équation $h^2 = 36$.

1. -6
2. 18
3. $\sqrt{36}$
4. $(-36)^2$
5. $-\sqrt{36}$
6. 6^2
7. $\sqrt{6}$
8. 6
9. 36
10. -18

Modéliser

33 Paul a deux fois l'âge de son cousin Loan. Dans cinq ans, ils auront à eux deux 40 ans. Le but de l'exercice est de trouver l'âge de Loan.

1. On désigne par x l'âge de Loan. Exprimer l'âge de Paul en fonction de x.
2. Exprimer l'âge qu'aura Loan dans cinq ans puis l'âge qu'aura Paul dans cinq ans.
3. Exprimer le fait qu'ils auront 40 ans à eux deux dans cinq ans.
4. Résoudre l'équation obtenue.
5. Conclure sur l'âge de Loan.

34 Refaire l'exercice **33** en désignant par x l'âge de Paul.

35 Tiago est sept fois plus vieux que son fils et deux fois plus jeune que son père. Ils ont ensemble 88 ans.

1. On désigne par x l'âge de Tiago. Quelle est l'équation qui permet de déterminer son âge ?

a. $x + 7x + 2x = 88$ **b.** $\frac{1}{7}x + x + 2x = 88$

c. $3x + \frac{1}{7}x + 88 = 0$

2. Résoudre cette équation et déterminer l'âge de chacun.

36 Tous les angles des figures ci-dessous sont des angles droits.

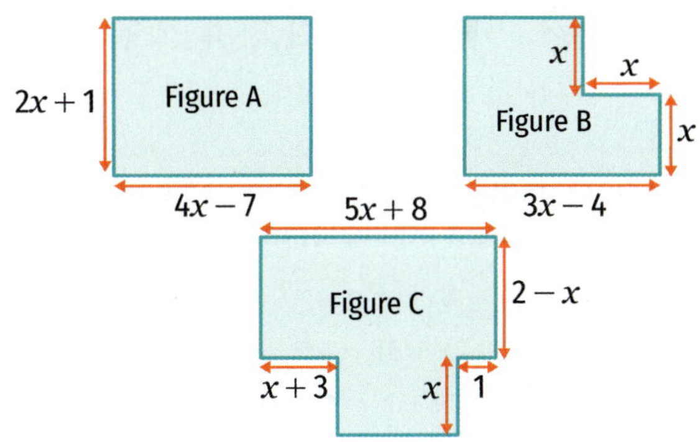

1. Associer chacun des périmètres suivants à la figure correspondante : $P_1 = 12x - 12$, $P_2 = 10x + 20$ et $P_3 = 10x - 8$.
2. Associer chacune des aires suivantes à la figure correspondante : $A_1 = 2x(2x-4) + x^2$, $A_2 = (4x+4)x + (5x+8)(2-x)$ et $A_3 = (2x+1)(4x-7)$.
3. Développer et réduire A_1, A_2 et A_3.
4. Pour quelle valeur de x les figures A et B ont-elles le même périmètre ?
5. Lorsque $x = 1{,}8$ m, laquelle de ces trois figures a la plus grande aire ?

Calcul mental

37 Dans une librairie, Jason achète trois BD avec un billet de 20 €. Le vendeur lui rend 3,50 €. Sachant que toutes les BD ont le même prix, déterminer le prix d'une BD.

Entraînement

- Vérifier que les connaissances de base sont acquises.
- Développer les connaissances.
- Maîtriser les notions de manière approfondie.

1 Équations du premier degré

38 [Rais.5 - Cal.4]

Pour chaque équation, dire si le nombre proposé est une solution.

1. $4x+2=7x-5$ pour $x=2$.
2. $11x-9=3x+7$ pour $x=-2$.
3. $15x+7=10x-8$ pour $x=-3$.
4. $-7x+4=-2x-5$ pour $x=1$.

39 [Ch.2 - Rais.5]

Résoudre les équations suivantes.

1. $x+19=37$
2. $x-14=-32$
3. $5x=65$
4. $\frac{1}{7}x=-21$
5. $-\frac{x}{3}=51$
6. $-3x+21=-3$

40 [Ch.2 - Rais.5]

Associer chaque équation jaune à l'équation orange qui lui est équivalente puis résoudre.

$13x+14=8x-6$ •	• $-40x=-120$
$-8x+7=2x+37$ •	• $5x=-20$
$43x+11=-17x+71$ •	• $60x=60$
$32x+32=-8x+152$ •	• $10x=-30$

41 [Ch.2 - Rais.2]

Résoudre les équations suivantes.

1. $4(x+2)=x+17$
2. $-3(2x+1)=2x+13$
3. $5(4x-7)=-5x+15$
4. $-(2x-10)=11x+49$

42 [Ch.2 - Rais.2]

Résoudre les équations suivantes.

1. $3(x+5)-3=2(x+7)+4x-9$
2. $-4(3x+7)+15=7(2x+3)-21$

43 [Ch.2 - Rais.2 - Rais.5]

Résoudre les équations suivantes.

1. $\frac{11}{x}=\frac{7}{22}$
2. $\frac{x}{8}=\frac{3x+2}{20}$

Environnement et développement durable

44 [Ch.1 - Mod.8]

La France compte 68 000 000 d'habitants et les États-Unis 330 000 000.

Les habitants de ces deux pays ont produit 291 450 000 tonnes de déchets en 2019.

Sachant qu'un Américain a produit en moyenne 250 kg de déchets de plus qu'un Français cette année-là, déterminer, en kilogramme, la quantité de déchets produits en moyenne par chaque Français en 2019.

2 Équations produit

45 VRAI / FAUX [Rais.5]

Vrai ou faux ? Justifier.

1. L'équation $(x+7)(x-4)=0$ a deux solutions.
2. Les solutions de $(x+3)(x-5)$ sont 3 et -5.
3. L'équation $(2x+5)(4x+10)=0$ n'a qu'une solution.
4. 1 et 6 sont les solutions de l'équation $(x-1)(x-6)=4$.
5. L'équation $(5x-2)(3x+4)(2x+1)=0$ a trois solutions.

46 [Rais.2 - Com.4]

Résoudre les équations suivantes.

1. $(3x-12)(2x+8)=0$
2. $(-x-7)(x+15)=0$
3. $(7x-21)(-5x+10)=0$
4. $(11x-88)(13x+52)=0$

47 [Rais.2 - Com.4]

Résoudre les équations suivantes.

1. $(2x+7)(3x-5)=0$
2. $(-4x+9)(17x-8)=0$
3. $(13x-5)(-4x+3)=0$
4. $(-7x+22)(15x+50)=0$

48 [Ch.2 - Com.4]

Associer chaque équation à sa solution.

$(2x+5)^2=0$ •	• $\frac{2}{9}$
$(9x-2)^2=0$ •	• 7
$(-x+7)^2=0$ •	• −2,5

49 [Rais.2 - Com.4]

Résoudre les équations suivantes.

1. $3x(8x-6)=0$
2. $-x(3x+7)=0$
3. $4x(2x-1)(5x+13)=0$

50 INVERSÉ [Ch.2 - Mod.8]

Proposer une équation produit ayant pour inconnue x et pour seules solutions :

1. 1 et 2.
2. −7 et 4.
3. −15 et −9.
4. $-\frac{1}{2}$ et $\frac{3}{4}$.

51 COPIE D'ÉLÈVE [Ch.2 - Com.4]

On donne à Ethan l'équation $7x^2+10x+19=3x^2+10x+83$ à résoudre. Voici sa copie.

> $7x^2+10x+17=3x^2+10x+83$
> $7x^2+3x^2+10x-10x=83+17$
> $10x^2=83+17$
> $10x^2=100$
> *Les solutions sont donc 10 et −10.*

Quelles sont les erreurs effectuées par Ethan ? Proposer une correction.

52 [Mod.8 - Com.4]

Résoudre les équations suivantes.

1. $8x^2+3x=0$
2. $15x^2+5x=0$

53 [Mod.8 - Com.4]

Résoudre les équations suivantes. On pourra factoriser à l'aide de l'identité remarquable $a^2-b^2=(a+b)(a-b)$.

1. $49x^2-121=0$
2. $16-9x^2=0$

3 Équations de la forme $x^2=a$

54 [Rais.5 - Cal.3 - Ch.3]

Des élèves doivent résoudre l'équation $x^2=8$. Qui a donné une solution ?

Noa	Kylian	Jade	Lily	Wissal	Alexandre
-4	$\sqrt{8}$	4	-8	$-\sqrt{8}$	64

55 [Cal.3]

Résoudre les équations suivantes.

1. $x^2=64$
2. $x^2=196$
3. $x^2=400$
4. $x^2=0$
5. $x^2=-100$
6. $x^2=11$

56 [Cal.4]

Résoudre les équations suivantes.

1. $5x^2=200$
2. $3x^2=63$
3. $4x^2=0$
4. $7x^2=-21$

57 [Mod.8 - Cal.4]

Résoudre les équations suivantes.

1. $x(x-3)=-3x+25$
2. $2x^2-31+2x=5x+x^2+5-3x$
3. $2x(x+7)=14x+98$

58 [Mod.8 - Cal.4]

Résoudre les équations suivantes.

1. $2x(x-5)=-10x+7$
2. $-x(x-12)=12x-23$
3. $x^2+17x+20=20x+50-3x$

Entraînement

Vérifier que les connaissances de base sont acquises.
Développer les connaissances.
Maîtriser les notions de manière approfondie.

59 [Mod.8 - Com.2]

On souhaite résoudre l'équation $(3x+8)^2=36$.

1. Résoudre l'équation $y^2=36$.

2. Résoudre $3x+8=y$ avec les valeurs de y trouvées à la question précédente.

3. En utilisant le même procédé, résoudre l'équation $(5x-4)^2=49$.

60 [Ch.2 - Mod.8]

Résoudre les équations suivantes.

1. $x^2=\frac{16}{9}$

2. $2x^2+3x+5=x^2+4x+41-x$

3. $x(x+7)-10=7x+15$

4. $(x+1)^2=0$

5. $(2x+3)^2=9$

61 [Ch.1 - Mod.8 - Rais.5] DÉMO

Al-Kwhārizmī était un mathématicien et astronome persan du IXe siècle.

Pour résoudre l'équation $x^2+10x=39$, il proposa la méthode géométrique suivante.

1. On considère un carré de côté x et deux rectangles de dimensions x et 5. Exprimer l'aire de chacune de ces trois figures.

2. Dans un grand carré de côté $x+5$, on dispose ces figures de la manière suivante.

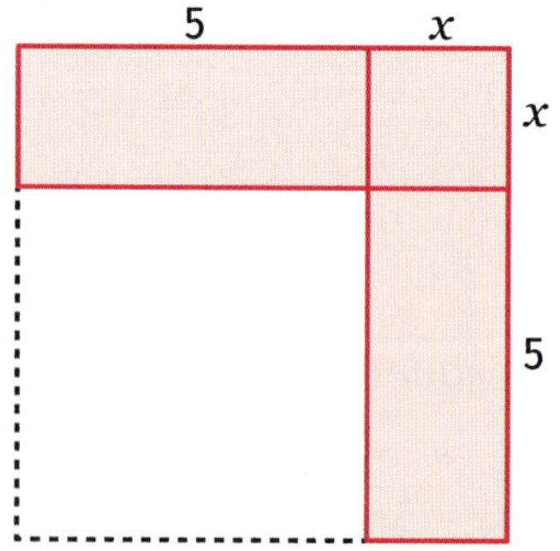

Calculer l'aire de la partie blanche.

3. Expliquer pourquoi, si x est solution de l'équation $x^2+10x=39$, alors l'aire du grand carré de côté $x+5$ est égale à $25+39=64$.

4. Résoudre $x^2+10x=39$ revient alors au même que résoudre $(x+5)^2=64$.
Résoudre cette équation et conclure.

4 Modéliser un problème

62 [Mod.1 - Mod.8]

Sam et Alice ont 200 € à eux deux. Sachant qu'Alice possède 15 € de plus que Sam, quelle somme d'argent chacun possède-t-il ?

63 [Mod.1 - Mod.8]

Anne a eu 14, 15 et 19 lors de ses trois premiers contrôles de mathématiques. Il reste un dernier contrôle ce trimestre. Quelle note doit obtenir Anne si elle veut avoir 17 de moyenne ?

64 [Mod.5 - Mod.8]

Déterminer la longueur de x, en mètre, afin que la clôture du jardin schématisé ci-dessous mesure 202 m.

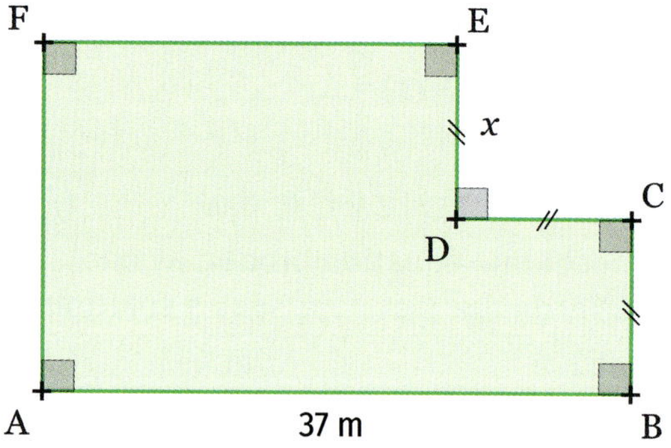

65 [Ch.2 - Mod.8]

On transforme un carré en un rectangle en augmentant de 4 cm sa longueur et en diminuant de 2 cm sa largeur. Le rectangle obtenu a la même aire que le carré d'origine. Combien mesurait le côté de ce carré avant qu'il ne soit transformé ?

66 [Mod.2 - Mod.8 - Cal.4]

On soustrait le même nombre au numérateur et au dénominateur de la fraction $\frac{41}{62}$.

On obtient alors l'inverse de $\frac{41}{62}$.

Quel est ce nombre ?

67 [Mod.2 - Mod.8 - Rais.4]

Quel nombre faut-il inscrire dans la case contenant « ? » afin que les deux chemins mènent au même résultat ?

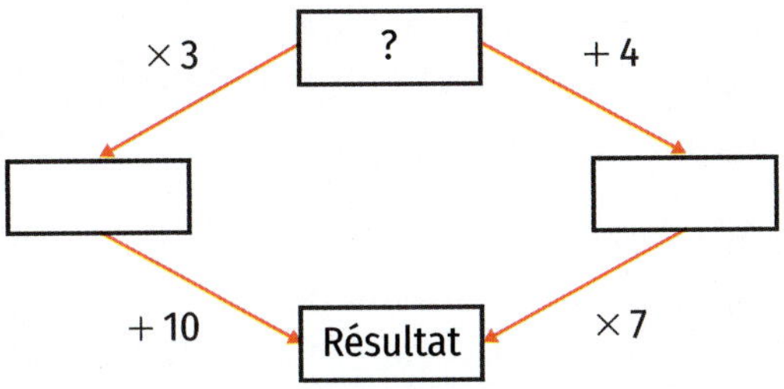

68 [Mod.8 - Rais.4]

On considère le programme de calcul suivant.

```
Choisir un nombre
Soustraire 7
Mettre au carré
```

1. Est-il possible que ce programme donne un résultat négatif ?

2. Quel(s) nombre(s) doit-on choisir afin que le résultat du programme soit 100 ?

69 [Ch.2 - Mod.8]

On considère les deux programmes de calcul ci-dessous.

→ **PROGRAMME A**

```
Choisir un nombre
Multiplier par 5
Soustraire 4
```

→ **PROGRAMME B**

```
Choisir un nombre
Ajouter 7
Multiplier par -2
```

1. Soit x le nombre choisi au départ. Écrire une équation qui traduit le fait que les programmes A et B donnent le même résultat lorsqu'on les applique avec le nombre x.

2. Résoudre cette équation.

70 [Ch.2 - Mod.1 - Mod.8]

La somme de cinq nombres entiers consécutifs est égale à 470. Quels sont ces cinq nombres ?

71 [Mod.5 - Mod.8]

Un jardin rectangulaire mesure 15 m de plus en longueur qu'en largeur. La clôture qui l'entoure mesure 162 m.
Quelle est l'aire de ce jardin ?

72 [Ch.1 - Ch.2 - Mod.8]

Dans sa tirelire, Mathis a 75 pièces pour un montant total de 127 €. Sachant qu'il ne possède que des pièces de 1 € et de 2 €, combien a-t-il de pièces de chaque sorte ?

73 COPIE D'ÉLÈVE [Ch.1 - Mod.8 - Rais.3]

Jeanne doit résoudre le problème suivant :

« Axelle, Bruno et Cathy ont 60 ans à eux trois. Sachant que Bruno a 10 ans de moins qu'Axelle et qu'Axelle a le triple de l'âge de Cathy, déterminer l'âge de chacun. »
Voici ce que Jeanne a écrit :

Je désigne par x l'âge de Bruno.

Alors l'âge d'Axelle s'exprime par $x - 10$ *et celui de Cathy par* $(x - 10) \div 3$.

On doit donc résoudre l'équation
$x + x - 10 + (x - 10) \div 3 = 60$.

1. Quelle erreur Jeanne a-t-elle commise ?

2. Jeanne a des difficultés à résoudre cette équation. Son professeur lui fait remarquer qu'elle aurait pu désigner par x l'âge de quelqu'un d'autre que Bruno, ce qui aurait évité la division. Choisir judicieusement ce que désigne x et aider Jeanne à résoudre ce problème.

Approfondissement

74 [Mod.4 - Mod.8 - Rais.3 - Com.4]

Soit un triangle ABC tel que $AB = 9$ cm, $AC = x$ cm et $BC = x + 4$ cm.

Déterminer x pour que le triangle ABC soit rectangle en A.

75 [Ch.2 - Mod.1 - Mod.8 - Cal.4]

Résoudre les équations suivantes.

1. $7(x-2)+3x+6=0$
2. $(3x-5)(10x+7)=0$
3. $-\frac{1}{8}(4x-16)=-\frac{7}{2}x-3$
4. $12x^2-3x=0$
5. $4x^2-64=0$
6. $(2x+1)(3x-3)=(6x+14)(x-1)$
7. $(x+3)(12x+15)+(x+3)(4x-2)=0$

76 [Mod.4 - Mod.8 - Rais.3 - Com.4]

Déterminer la valeur de x pour que les droites (RA) et (IN) soient parallèles.

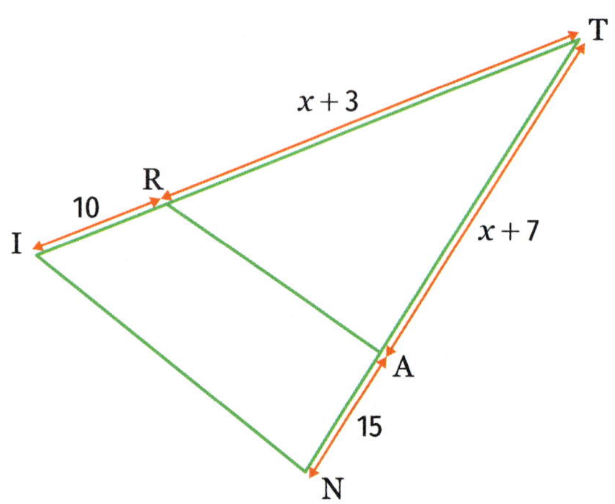

77 [Mod.4 - Mod.8 - Rais.3 - Com.4]

Déterminer la valeur de x afin que les triangles ABH et AHC soient rectangles en H.

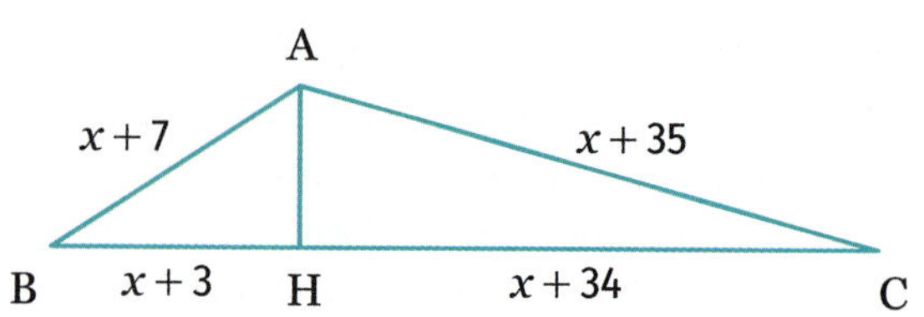

78 [Ch.4 - Mod.8 - Com.3]

À chaque coin d'une feuille rectangulaire de format A4 (21 cm × 29,7 cm), on découpe un carré de côté c cm.

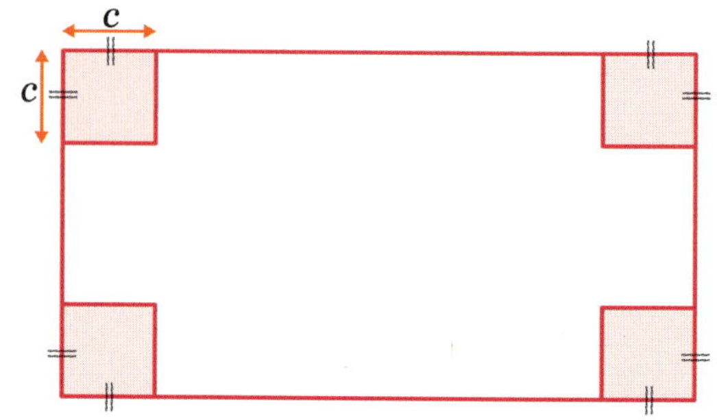

Quelle doit être la valeur de c pour que l'aire restante soit égale à 223,7 cm² ?

79 [Mod.4 - Mod.8 - Rais.4 - Com.4]

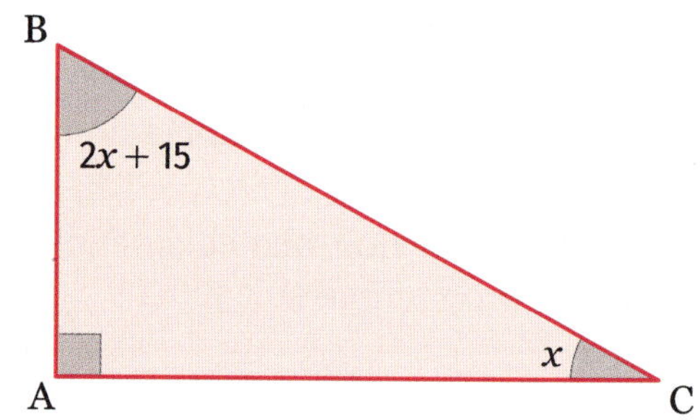

1. Déterminer la valeur de x en degré.
2. Sachant que le segment [AB] mesure 20 cm, combien mesure [AC] ? Arrondir au millimètre.
3. Quelle est alors, en cm², l'aire du triangle ABC ? Arrondir au mm².

80 [Mod.6 - Mod.8 - Rais.3 - Cal.4]

Exprimer, en fonction de r, la hauteur h que doit avoir un cône afin qu'il ait le même volume qu'une boule dont le rayon est égal à celui de la base du cône.

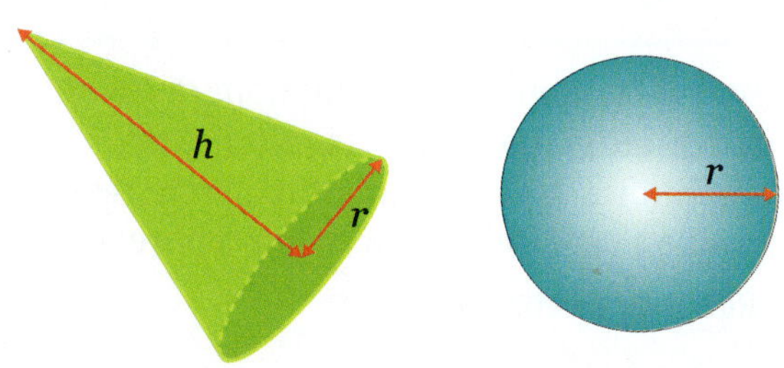

Approfondissement

81 [Ch.1 - Mod.8 - Mod.10 - Cal.5]

Un directeur de salle de spectacle mène une étude pour savoir à quel tarif il doit vendre ses prochains tickets. La salle a une capacité maximale de 12 000 places. Les résultats de l'étude sont les suivants :

- pour un tarif de 19 €, il vendra 2 000 tickets ;
- pour chaque baisse de 0,50 € appliquée au tarif initial, il vendra 500 tickets supplémentaires.

1. Combien de tickets vendra-t-il s'il fixe le tarif à 18,50 € ? À 15 € ?

2. Calculer le montant total des ventes pour un tarif de 19 €, 17 € puis 9 €.

3. Montrer que le total des ventes, en euro (noté T), en fonction du nombre de baisses de prix (noté x), est exprimé par $\mathrm{T}(x)=(2\,000+500x)(19-0{,}50x)$.

4. Est-il possible que le total des ventes soit de 0 € ?

5. Dans un tableur, compléter un tableau de valeurs de $\mathrm{T}(x)$ pour toutes les valeurs entières de x allant de 0 à 20.

6. Lire dans le tableau précédent le nombre de baisses de prix nécessaires pour obtenir un total de ventes maximum.

Quel est alors le tarif à appliquer pour ce spectacle ? Combien de places seront alors vendues ?

CLUB DE MATHS

82 ÉNIGME

1. Lorsqu'on m'augmente de 5, mon carré augmente de 49. Qui suis-je ?

2. Lorsqu'on me diminue de 3, mon carré diminue de 51. Qui suis-je ?

3. Lorsqu'on me triple, mon carré augmente alors de 9 248. Qui puis-je être ?

83 DÉFI

Compléter la grille ci-contre à l'aide des indications suivantes. (Attention, tous les nombres à inscrire sont à placer verticalement !)

A • Produit des solutions de $(x-5)(x-7)=0$.
 • Solution de $4x+97=3x+156$.

B • Nombre de solutions de $3x^2=0$.
 • Produit des solutions de $(2x+8)(x+17)=0$.

C • Somme des solutions de $(2x-90)(x-50)=0$.
 • Nombre de solutions de $2x(x+1)(x-\sqrt{3})=0$.

D • Produit de la solution de $11x+77=0$ par la solution négative de $x^2=36$.
 • Différence entre la solution positive de $2x^2=20\,000$ et celle de $7x=56$.

E • Solution de $9x+17=7x+19$.
 • Solution positive de $x^2=1369$.

Préparer le brevet

84 [D'après brevet, Centres Étrangers, juin 2019] 20 durée : 20 min

Dans cet exercice, toutes les longueurs sont exprimées en centimètre. On considère les deux figures ci-contre : un triangle équilatéral et un rectangle, où x représente un nombre positif quelconque.

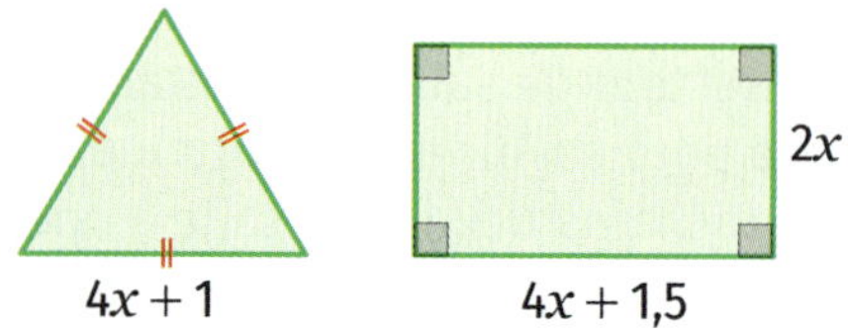

1. Construire le triangle équilatéral pour $x = 2$.

2. a. Démontrer que le périmètre du rectangle en fonction de x peut s'écrire $12x + 3$.

b. Pour quelle valeur de x le périmètre du rectangle est-il égal à 18 cm ?

3. Est-il vrai que les deux figures ont le même périmètre pour toutes les valeurs de x ? Justifier.

85 [D'après brevet, Pondichéry, mai 2018] 25 durée : 25 min

→ PROGRAMME A

```
Choisir un nombre
Soustraire 3
Calculer le carré
du résultat obtenu
```

→ PROGRAMME B

```
Choisir un nombre
Calculer le carré de ce nombre
Ajouter le triple du nombre de départ
Ajouter 7
```

1. On choisit le nombre 1 et applique le programme A. Vérifier que le résultat est 4.

2. On choisit le nombre −5 et applique le programme B. Quel résultat obtient-on ?

3. On souhaite regrouper le résultat de chaque programme à l'aide d'un tableur. On crée la feuille de calcul ci-dessous. Quelle formule étirée à droite dans les cellules **C3** à **H3** a-t-on saisie dans la cellule **B3** ?

fx =(B1-3)^2

	A	B	C	D	E	F	G	H
1	Nombre de départ	-3	-2	-1	0	1	2	3
2	Résultat du programme A	36	25	16	9	4	1	0
3	Résultat du programme B	7	5	5	7	11	17	25

4. On cherche à trouver un nombre de départ pour lequel les deux programmes de calcul donnent le même résultat. Pour cela, on appelle x le nombre choisi au départ et on exprime le résultat de chaque programme de calcul en fonction de x.

a. Montrer que le résultat du programme A en fonction de x peut s'écrire : $x^2 - 6x + 9$.

b. Écrire le résultat du programme B.

c. Existe-t-il un nombre de départ pour lequel les deux programmes donnent le même résultat ? Si oui, lequel ?

86 [D'après brevet, Pondichéry, avril 2015] 10 durée : 10 min

Trois triangles équilatéraux identiques sont découpés dans les coins d'un triangle équilatéral de côté 6 cm. La somme des périmètres des trois petits triangles est égale au périmètre de l'hexagone bleu restant.
Quelle est la mesure des côtés des petits triangles ?

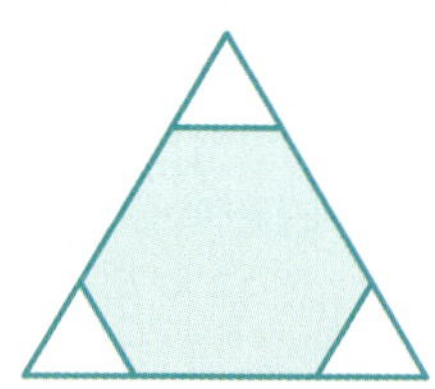

Travail à se partager

La cryptographie est souvent utilisée pour communiquer des messages dans le plus grand des secrets. L'objectif de cette activité est de décoder le message crypté ci-dessous.

1. Résoudre les équations ci-dessous et remplir le tableau avec les solutions positives ou nulles trouvées. Les solutions négatives seront ignorées.

- $(0{,}5A-7)(A+41)=0$
- $3G+5G^2-17=2G^2-5+3G^2$
- $5V^2=20$
- $(3H-99)(2H+4)=0$
- $5B+17=10B-138$
- $(T-4)^2=1600$
- $(0{,}7P-23{,}8)(P+17)=0$
- $-2X+21=-X-45$
- $K^2=2500$
- $(50+D)(2D+5)(0{,}5D-4)=0$
- $3R^2+5R=0$
- $(C+19{,}5)(3{,}5C-248{,}5)=0$
- $(2U+19)(3U-69)=0$
- $(Y-5)(Y-19)-(Y-19)(2Y+3)=0$
- $7M^2=15463$
- $(O+1)(4O+19)(O-26)=0$
- $13F+9=25F-75$
- $(4W-22)^2=900$
- $(3I+17{,}5)(3I-126)=0$
- $10J+47=32J-1295$
- $(0{,}1Z+5)^2=121$
- $(5Q+20)(2Q-18)+(5Q+20)(Q-30)=0$
- $6L+17=8L-5$
- $3(5E-75)^2=0$
- $(3S-1)(2S-166)+(2S-166)(2S+3)=0$
- $8N+24=17N-174$

A	B	C	D	E	F	G	H	I	J	K	L	M

N	O	P	Q	R	S	T	U	V	W	X	Y	Z

2. À l'aide du tableau complété, décoder le message crypté.

3. Le message crypté contient une énigme qui pourra être résolue.

Message crypté :

15 22 42 4 47 15 :

14 11 15 66 14 22 8 0 15 15 44 83 26 22 7 42 11 83 31 15 22 61 14 47 42 22 26 22 44 47 14 22 4 15 14 23 0 15 83 44 14 23 0 14 22 44 71 15 47 42 8 42. 11 15 47 15 22 23 8 ' 14 11 15 66 14 22 8 0 15 83 15 71 26 47 34 26 83 15 14 42 22 83 42 :

11 ' 14 34 15 0 42 44 42 7 0 15 34 0 15 83 15 22 44 15 23 22 8 42 66 42 15 47 15 8 23 47 26 22 44 14 22 44 44 26 44 14 11 14 34 14 19 15 0, 11 15 83 44 26 47 14 44 15 83 14 11 14 47 26 60 60 14 0 15 11 11 14 23 22 33 23 42 44 42 15 47 15 8 23 44 26 44 14 11, 11 15 83 44 15 14 50 - 7 0 42 44 15 83 2 42 22 4 44 - 71 42 22 16 34 26 23 0 71 15 22 44, 15 44 11 14 4 11 14 71 15 14 23 66 50 42 13 42 83 23 22 71 42 22 16 23 42 15 47 15. 16 23 14 22 44 14 23 47 15 22 23 15 22 7 14 22 44 8 15 31 15 22 61 14 47 42 22, 42 11 14 71 26 23 44 15 44 0 15 42 60 15 15 23 0 26 83.

16 23 15 11 47 26 22 44 14 22 44 14 11 15 66 14 22 8 0 15 8 26 42 44 - 42 11 34 14 19 15 0 ?

Déjà vu

Rappels

1. Un **repère** du plan est constitué de deux axes sécants en une origine. Les deux axes sont souvent perpendiculaires et on dit que le repère est **orthogonal**. L'**origine** est notée O.

2. L'axe « horizontal » s'appelle l'**axe des abscisses** et l'axe « vertical » s'appelle l'**axe des ordonnées**.

3. La position d'un point M est représentée par deux nombres relatifs : son **abscisse** et son **ordonnée**. Ce sont les **coordonnées** du point. Elles sont notées entre parenthèses : $\mathrm{M}(x\,;y)$, avec x, l'abscisse du point M et y, son ordonnée.

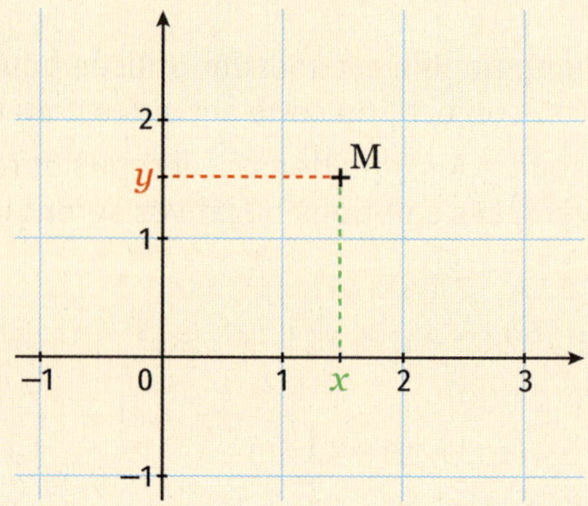

1 Lire les coordonnées des points.

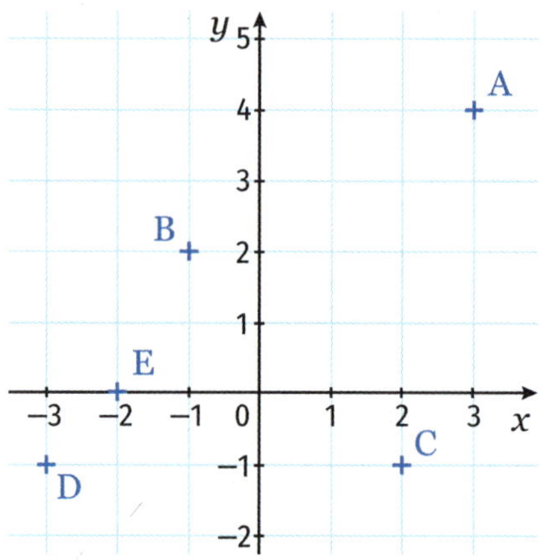

2 Tracer un repère orthogonal puis placer les points suivants.

1. $\mathrm{A}(1\,;2)$ **2.** $\mathrm{B}(-3\,;1)$

3. $\mathrm{C}(4\,;-4)$ **4.** $\mathrm{D}(-2\,;-1)$

5. $\mathrm{E}(3\,;0)$ **6.** $\mathrm{F}(0\,;-2)$

3 Calculer les expressions suivantes quand $x = 2$.

1. $\mathrm{A} = -3x^2 + 5x - 7$ **2.** $\mathrm{B} = x(2x - 5)$

4 Résoudre les équations suivantes.

1. $x + 7 = 5$ **2.** $-2x = 10$

3. $\frac{x}{4} = -2$ **4.** $4x - 7 = 6$

5 Voici le tableau des médailles des dix pays les mieux classés lors des Jeux olympiques de Rio en 2016.

Rang	Pays	Or	Argent	Bronze
1	États-Unis	46	37	38
2	Grande-Bretagne	27	23	17
3	Chine	26	18	26
4	Russie	19	18	19
5	Allemagne	17	10	15
6	Japon	12	8	21
7	France	10	18	14
8	Corée du Sud	9	3	9
9	Italie	8	12	8
10	Australie	8	11	10

1. Combien la France a-t-elle eu de médailles d'or ?

2. a. Combien de médailles la Corée du Sud et l'Italie ont-elles gagnées chacune ?

b. Pourquoi alors la Corée du Sud est-elle mieux classée que l'Italie ?

3. Pourquoi l'Italie est-elle mieux classée que l'Australie ?

ChronoQuiz

Retrouvez un quiz interactif à réaliser en classe pour vérifier les prérequis de ce chapitre sur LLS.fr/M3Quiz5

Notion de fonction

5

Objectifs du chapitre

- Connaître et utiliser le vocabulaire et les notations liés aux fonctions.
- Déterminer, à partir des divers modes de représentation d'une fonction, les antécédents et l'image d'un nombre.
- Résoudre des problèmes modélisés à l'aide d'une fonction.

Les fonctions sont un outil mathématique très utilisé par les scientifiques dans de nombreux domaines. Elles permettent notamment de modéliser le phénomène de la fonte des glaces aux pôles et d'anticiper les actions à mettre en place par l'Homme pour le limiter.

Retrouvez un tableau récapitulatif des compétences utilisées dans les exercices de ce chapitre sur LLS.fr/M3Comp5

Activités

1 Des machines en mathématiques

› Cours 1 p. 92

Objectif : Découvrir la notion de fonction.

Partie A

Pour transformer des nombres, un mathématicien utilise trois machines :

- une machine c qui transforme le nombre introduit en son carré ;
- une machine d qui transforme le nombre introduit en son double ;
- une machine m qui transforme le nombre introduit en sa moitié.

1 En utilisant la machine c, qu'obtient-on si on introduit le nombre :

a) 4 ? **b)** -6 ? **c)** x ?

2 En utilisant la machine d, qu'obtient-on si on introduit le nombre :

a) 4 ? **b)** -6 ? **c)** x ?

3 En utilisant la machine m, qu'obtient-on si on introduit le nombre :

a) 4 ? **b)** -6 ? **c)** x ?

En mathématiques, une « machine » qui transforme un nombre en un unique autre nombre est appelée une **fonction**. Il existe deux manières de noter ces machines.

Par exemple, la machine t qui transforme chaque nombre introduit en son triple s'écrit $\boldsymbol{t : x \mapsto 3x}$.
On dit aussi que le nombre qui sort de la machine t a pour expression $\boldsymbol{t(x) = 3x}$.

4 Écrire les fonctions c, d et m à l'aide de ces deux notations.

5 Recopier et compléter le tableau suivant.

La machine t transforme 3 en 9.	On note $t : 3 \mapsto 9$.	On note aussi $t(3) = 9$.
La machine d transforme ... en -2.	On note $d : -1 \mapsto ...$.	On note aussi $d(-1) = ...$.
La machine c transforme 5 en	On note $c : ... \mapsto 25$.	On note aussi $c(...) = 25$.
La machine m transforme ... en	On note $m : -4 \mapsto -2$.	On note aussi $m(...) = ...$.

Partie B

Le nombre introduit dans la machine est appelé **antécédent**.
Le nombre qui sort de la machine est appelé **image**.
Par exemple, pour la machine c, on a $c : 7 \mapsto 49$ et on dit que « 7 est un antécédent de 49 par la fonction c » ou « 49 est l'image de 7 par fonction c ».
À l'aide des mots « *image* » et « *antécédent* », traduire chacune des écritures suivantes.

1 $c : -7 \mapsto 49$ **2** $c(4) = 16$ **3** $m : 1 \mapsto \frac{1}{2}$ **4** $t\left(\frac{1}{3}\right) = 1$

Bilan : Compléter les phrases suivantes.
Une fonction est un processus qui, à un nombre donné, associe un ... autre nombre.
Le nombre de départ s'appelle ... . Le nombre d'arrivée s'appelle ... .

2 Une entreprise de jus de fruits

› Cours 2 p. 94

Objectif : Exploiter la représentation graphique d'une fonction.

Une usine de Moorea, une île située face à Tahiti, fabrique du jus de fruits.

On note C la fonction qui, à une quantité de jus produit en litre, associe le coût de fabrication en franc pacifique (F).

On a représenté ci-dessous la fonction C pour une quantité de jus comprise entre 0 et 130 litres.

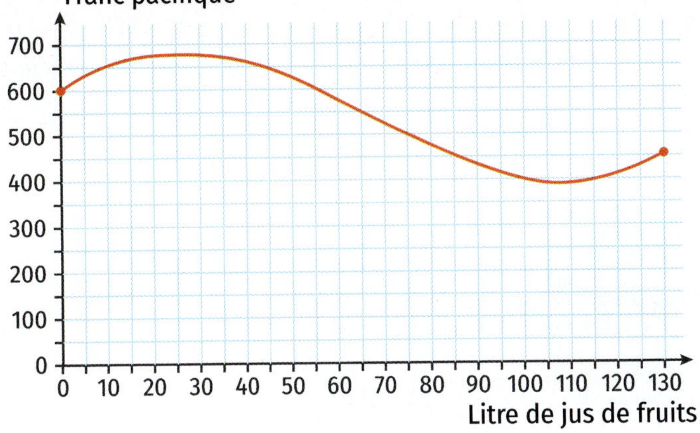

Vue aérienne d'un lagon de Moorea.

1 À l'aide du graphique ci-dessus, répondre aux questions suivantes.

a) Donner le coût de fabrication de 100 litres de jus.

b) Quelle quantité de jus de fruits a-t-on fabriquée avec 550 F ?

La représentation graphique de la fonction C est l'ensemble des points de coordonnées $(x\,;\,C(x))$.
Par exemple, sur ce graphique, le point de coordonnées $(10\,;\,650)$ appartient à la courbe C.
Ainsi, on dit que l'image de 10 par la fonction C est 650 et qu'un antécédent de 650 par cette fonction est 10.

2 **a)** Donner l'image de 85 par la fonction C.

b) Lire $C(75)$. Interpréter le résultat.

c) Donner le(s) antécédent(s) de 600 par la fonction C. Interpréter le résultat.

Bilan : Énoncer une méthode pour lire l'image et le(s) antécédent(s) d'un nombre par une fonction sur un graphique.

Cours

1 Introduction aux fonctions

A Vocabulaire

Définitions

1. Le processus qui, à un nombre donné au départ, associe un unique autre nombre, s'appelle une **fonction**, souvent notée f.
2. Le nombre de départ est noté x et s'appelle un **antécédent**.
3. Le nombre associé à cet antécédent est noté $f(x)$, se lit « f de x » et s'appelle l'**image** de x par la fonction f.

Remarque : Il ne faut pas confondre f et $f(x)$. f désigne une fonction alors que $f(x)$ désigne un nombre (l'image du nombre x par la fonction f).

Exemple :

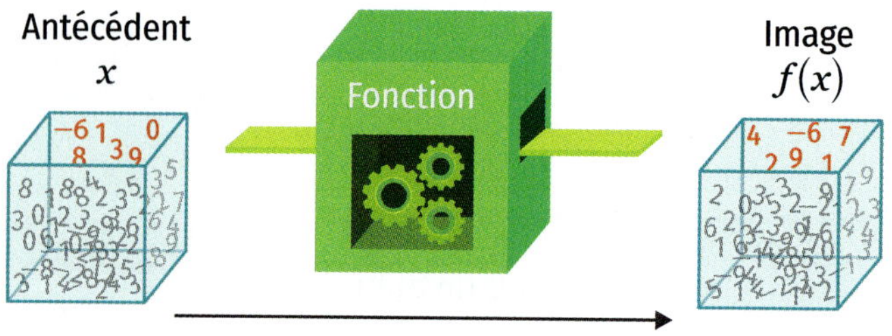

On considère la machine « Élever au carré le nombre introduit » :

- si l'on introduit 2 dans la machine, il sortira le nombre 4 puisque $2^2 = 4$. On dit alors que 2 a pour image 4 ;
- si l'on a obtenu 49, on a pu introduire 7 ou -7. En effet, $7^2 = 49$ et $(-7)^2 = 49$. On dit alors que 49 a deux antécédents : 7 et -7.

B Expression algébrique d'une fonction

Définitions

On peut noter les fonctions de deux manières différentes :

- à l'aide de la notation $\boldsymbol{f : x \mapsto}$ ..., qui se lit « fonction f qui à x associe ... » ;
- à l'aide de l'expression algébrique de l'image $\boldsymbol{f(x)} =$ ... , qui se lit « f de x est égal à ... ».

Exemple :

Si l'on considère la machine c : « Élever au carré le nombre introduit », on peut écrire :

- $c : x \mapsto x^2$;
- $c(x) = x^2$.

› Calculer l'image d'un nombre par une fonction

Énoncé

1. Soit f la fonction définie par $f(x)=x^2+5x$. Calculer l'image de 4 par la fonction f.

2. Soit g la fonction définie par $g: x \mapsto -2x^2$. Calculer l'image de -5 par la fonction g.

Solution

1. $f(4)=4^2+5\times 4$

$f(4)=36$

L'image de 4 par la fonction f est 36.

2. $g(x)=-2x^2$

$g(-5)=-2\times(-5)^2$

$g(-5)=-2\times 25$

$g(-5)=-50$

L'image de -5 par la fonction g est -50.

Méthode

1. On remplace tous les x dans l'expression de $f(x)$ par le nombre pour lequel on demande de calculer l'image, ici 4.
On calcule et on conclut.

2. On écrit l'expression algébrique de l'image $g(x)$. On remplace tous les x par le nombre pour lequel on demande de calculer l'image, ici -5.
On calcule et on conclut.

Pour s'entraîner : exercices **20** p. 98 et **38** p. 100

› Déterminer un antécédent d'un nombre par une fonction

Énoncé

1. Soit f la fonction définie par $f(x)=2x-9$. Déterminer les antécédents de 7 par la fonction f.

2. Soit g la fonction définie par $g: x \mapsto -3x$. Déterminer les antécédents de 12 par la fonction g.

Solution

1. On a $f(x)=7$ soit $2x-9=7$.

On résout cette équation.

$2x-9+9=7+9$

$2x=16$

$\frac{2x}{2}=\frac{16}{2}$

$x=8$

L'antécédent de 7 par la fonction f est 8.

2. On a $g(x)=-3x$ soit $-3x=12$.

On résout cette équation.

$\frac{-3x}{-3}=\frac{12}{-3}$

$x=-4$

L'antécédent de 12 par la fonction g est -4.

Méthode

1. On cherche les valeurs de x pour lesquelles l'image de x par la fonction f est égale à 7. On a donc $f(x)=7$.
On résout l'équation obtenue. On conclut.

2. On cherche les valeurs de x pour lesquelles l'image de x par la fonction g est égale à 12. On a donc $g(x)=12$.
On résout l'équation obtenue. On conclut.

Pour s'entraîner : exercices **21** p. 98 et **40** p. 100

2 Représentation graphique d'une fonction

Définitions

1. Toute fonction f peut être représentée dans un repère à l'aide d'une **courbe représentative**. On la note généralement C_f.
2. La **représentation graphique** d'une fonction est l'ensemble des points de coordonnées $(x\,;f(x))$. Autrement dit, l'antécédent x se lit sur l'axe des abscisses et l'image $f(x)$ se lit sur l'axe des ordonnées.

Remarques : Dans certains cas, les valeurs lues sont exactes (points indiqués par une croix ou points dont les coordonnées se lisent sur le quadrillage du graphique), mais le plus souvent, il s'agit de valeurs approchées.

Exemple :

On donne ci-contre la représentation graphique d'une fonction f.

Par lecture graphique, l'image de 1 par la fonction f est 2. Le point A a pour coordonnées $(1\,;2)$.

Par lecture graphique, un antécédent de 4 par la fonction f est environ 1,7. C'est une valeur approchée.

4 a un deuxième antécédent qui est environ −1,7.

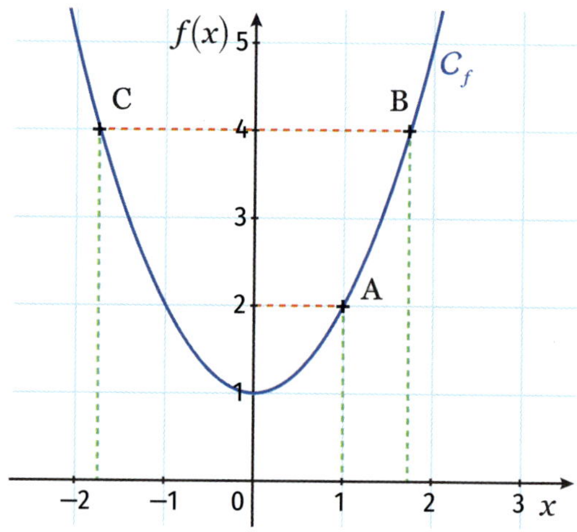

3 Tableau de valeurs d'une fonction

Définition

Un **tableau de valeurs** d'une fonction f regroupe les coordonnées d'un certain nombre de points de la courbe représentative de f.

Exemple :

On donne ci-dessous un tableau de valeurs d'une fonction g.

Antécédent x	−1	0	2	4	6	8
Image $g(x)$	2	3	5	4	2	0

L'image de 0 par la fonction g est 3.

Les antécédents de 2 par la fonction g présents dans le tableau sont −1 et 6.

› Déterminer l'image et les antécédents d'un nombre par lecture graphique

Énoncé On donne ci-contre la représentation graphique d'une fonction h.

Déterminer :

1. l'image de 3 par h ;
2. les antécédents de 2 par h.

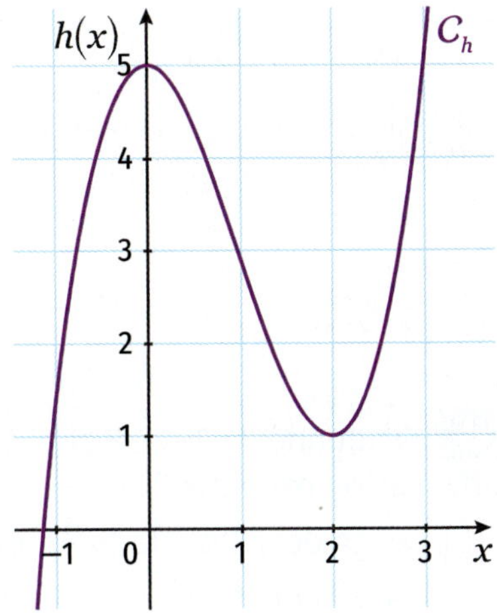

Solution

1. Par lecture graphique, l'image de 3 par la fonction h est 5.
2. Par lecture graphique, les antécédents de 2 par la fonction h sont environ :
$-0{,}9$; 1,3 et 2,5.

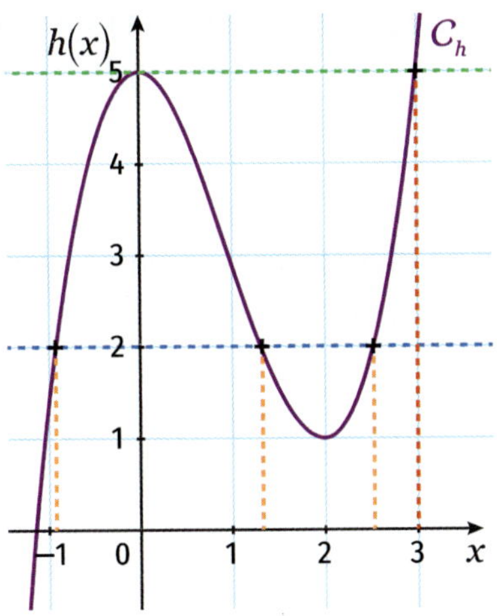

Méthode

1. Sur l'axe des abscisses, on se place sur le nombre dont on souhaite déterminer l'image par h, ici 3.

On trace la droite parallèle à l'axe des ordonnées passant par ce point (tracé rouge).

On lit l'ordonnée du point de la courbe ayant pour abscisse 3 (tracé vert).

On conclut : ce nombre est l'image de 3 par h.

2. Sur l'axe des ordonnées, on se place sur le nombre dont on souhaite déterminer les antécédents par h, ici 2.

On trace la droite parallèle à l'axe des abscisses passant par ce point (tracé bleu).

On lit les abscisses des points de la courbe ayant pour ordonnée 2 (tracés orange).

On conclut : ces nombres sont les antécédents de 2 par h.

Pour s'entraîner : exercices **27** et **28** p. 99

Révision

Genially : Retrouvez une activité interactive pour réviser les notions de ce chapitre sur LLS.fr/M3Genially5

Nombre d'entrée : **Antécédent**
- Notation utilisée : x.
- Pour le trouver par le calcul, il faut résoudre une équation.
- Il se lit sur l'axe des abscisses.

→ **MACHINE Fonction f** →

Nombre en sortie : **Image**
- Notation utilisée : $f(x)$.
- Pour la trouver par le calcul, il faut remplacer tous les x de l'expression par le nombre donné.
- Elle se lit sur l'axe des ordonnées.

QCU : réponse unique

6 On donne $f : 2 \mapsto -8$ et $f(4) = -6$. Quelle affirmation est vraie ?

(a) L'image de -8 par la fonction f est 2.
(b) Un antécédent de 2 par la fonction f est -8.
(c) L'image de 4 par la fonction f est -6.
(d) Un antécédent de 4 par la fonction f est -6.

7 Soit g la fonction définie par $g : x \mapsto x^2 - 9$. L'image de -3 par g est :

(a) -18
(b) 0
(c) 18
(d) 81

8 On donne ci-dessous le tableau de valeurs d'une fonction h.

x	-2	-1	0	1
$h(x)$	3	$-0{,}5$	$-1{,}5$	-2

Quelle affirmation est vraie ?

(a) L'image de -2 par la fonction h est 3.
(b) Un antécédent de -1 par la fonction h est $-0{,}5$.
(c) L'image de -2 par la fonction h est 1.
(d) Un antécédent de 0 par la fonction h est $-1{,}5$.

9 Soit j la fonction définie par $j(x) = 2x - 3$. Un antécédent de 0 par j est :

(a) 3
(b) 1
(c) -3
(d) 1,5

QCM : réponses multiples

10 On donne ci-contre la courbe représentative d'une fonction k.

Quelles affirmations sont vraies ?

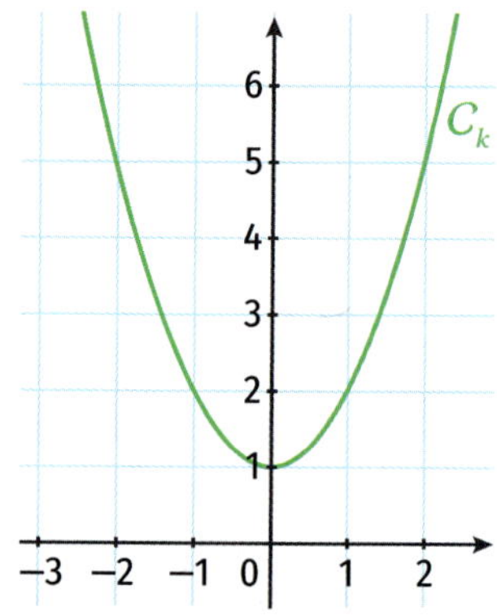

(a) Un antécédent de 1 par la fonction k est 0.
(b) Un antécédent de 2 par la fonction k est 5.
(c) L'image de 0 par la fonction k est 1.
(d) L'image de -1 par la fonction k est 2.

11 On donne ci-contre la courbe représentative d'une fonction ℓ. Quelles affirmations sont vraies ?

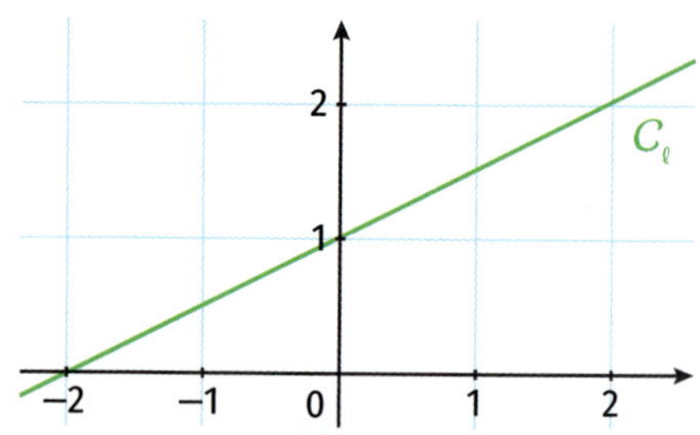

(a) Un antécédent de 1 par la fonction ℓ est 1.
(b) Un antécédent de 0 par la fonction ℓ est -2.
(c) L'image de 2 par la fonction ℓ est 2.
(d) L'image de 0 par la fonction ℓ est 0.

› Corrigés p. 298

12 [Rais.6]

Soit f la fonction définie par $f(x) = -4x + 1{,}5$.

1. a. Écrire sous Scratch un programme qui permet de calculer l'image d'un nombre par la fonction f.

b. Utiliser ce programme pour calculer l'image de 5,8 par f.

2. a. Écrire sous Scratch un programme qui permet de calculer l'antécédent d'un nombre par la fonction f.

b. Utiliser ce programme pour calculer l'antécédent de $-9{,}7$ par f.

13 [Mod.10]

Célian a écrit le programme ci-dessous qui permet de calculer des images y de nombres x par une fonction f.

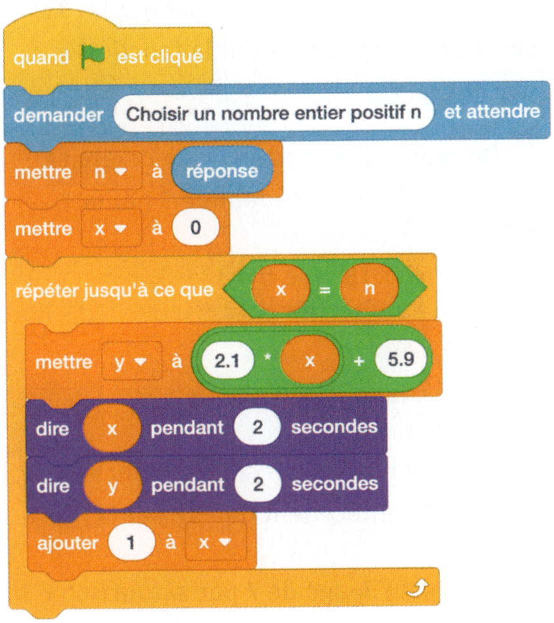

1. Donner l'expression algébrique de la fonction f en fonction de x.

2. Calculer l'image de 10 par la fonction f.

3. Calculer $f\left(\frac{1}{3}\right)$.

4. Déterminer un antécédent de 29 par f.

5. Déterminer x tel que $f(x) = 3{,}8$.

6. Recopier et compléter le tableau suivant pour $n = 3$.

Valeurs de x				
Valeurs de y				

7. Pour compléter son travail, Célian propose le programme ci-dessous. Compléter les pointillés pour expliquer le but de celui-ci.

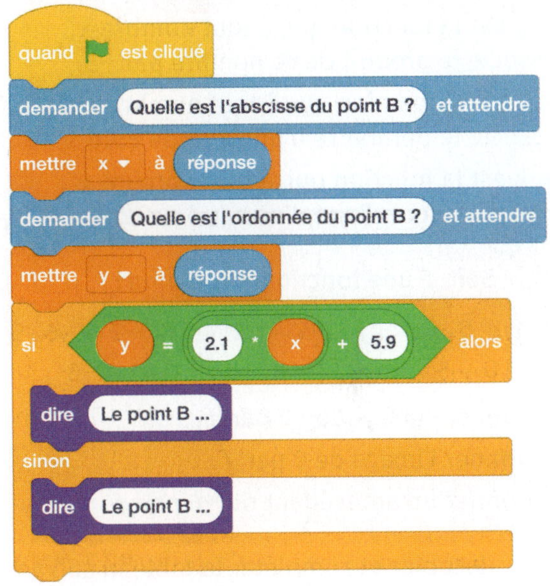

14 [Mod.10]

Lisa a utilisé une feuille de calcul pour obtenir les images de différentes valeurs de x par la fonction g définie par $g(x) = x^2 + 2x + 1$.

	A	B	C	D	E	F
1	x	-3	-2	0	3	5
2	$g(x)$	4	1	1	16	36

1. Quelle formule a-t-on entrée dans la cellule **B2** et étirée vers la droite ?

2. Quelle est l'image de 3 par la fonction g ?

3. Déterminer $g(-3)$.

4. Donner le(s) antécédent(s) de 1 par g présent(s) dans ce tableau.

5. Recopier et compléter : $g(\ldots\ldots) = 36$.

6. Calculer $g(6)$ et $g(7)$.

7. Peut-on trouver rapidement de tête le résultat de $g(8)$ et $g(9)$? Expliquer.

Automatismes

Vocabulaire et notation

15 Dans chaque cas, écrire une expression algébrique de la fonction indiquée.

1. f est la fonction qui, à tout nombre x, associe la somme de ce nombre et de 7.
2. g est la fonction qui, à tout nombre x, associe le produit de ce nombre par -5.
3. h est la fonction qui, à tout nombre x positif, associe le périmètre d'un carré de côté x.
4. k est la fonction qui, à tout nombre x positif, associe l'aire d'un carré de côté x.

16 Soit f une fonction. On donne :

$f(0)=5$ $\quad f:-4 \mapsto -2$ $\quad f:-2 \mapsto -6$

$f:-6 \mapsto 5$ $\quad f(2)=0$ $\quad f(4)=-6$

1. Donner l'image de -2 par f.
2. Donner l'image de 0 par f.
3. Donner un antécédent de -6 par f.

17 Recopier et compléter le tableau suivant.

	$f(2)=3$	
		$g:7 \mapsto -5$
L'image de 4 par la fonction h est 0.		
	$k(0)=6$	

18 Recopier et compléter le tableau suivant.

1 est un antécédent de 2 par la fonction f.		
	$g(2)=4$	
		$h:-4 \mapsto 6$
	$k(0)=7$	

Calcul mental

19 Soit f une fonction telle que $f(-4)=16$ et $f(4)=16$. Proposer une expression algébrique qui peut correspondre à la fonction f.

Expression algébrique d'une fonction

20 Soit h la fonction définie par $h: x \mapsto 3x^2$. Calculer les images par la fonction h de :

1. 2 2. 0 3. -1 4. -2

21 Soit k la fonction définie par $k(x)=4x$. Déterminer un antécédent par la fonction k de :

1. 8 2. 4 3. 2 4. -6

22 Soit f la fonction définie par $f: x \mapsto x^2-9$.

1. Calculer l'image de -2 par la fonction f.
2. Calculer $f(9)$.
3. Montrer qu'un antécédent de 7 par la fonction f est 4.
4. Montrer que $f(-4)=7$.

23 Soit g la fonction définie par $g(x)=3x+6$.

1. Calculer l'image de -4 par la fonction g.
2. Calculer $g(2)$.

24 On reprend la fonction g de l'exercice **23**.

1. Déterminer un antécédent de 9 par la fonction g.
2. Déterminer x tel que $g(x)=-3$.

Calcul mental

25 Soit c la fonction définie par $c(x)=-10x$.

1. Quelle est l'image de -2 par la fonction c ?
2. Quel est l'antécédent de -12 par la fonction c ?
3. Quelle est l'image de 7 par la fonction c ?
4. Quel est l'antécédent de -96 par la fonction c ?

26 Soit m la fonction définie par $m: x \mapsto x^2$.

1. Calculer l'image de -8 par la fonction m.
2. Quels sont les antécédents de 25 par la fonction m ?

Automatismes

Représentation graphique d'une fonction

27 On donne ci-dessous la représentation graphique d'une fonction f.

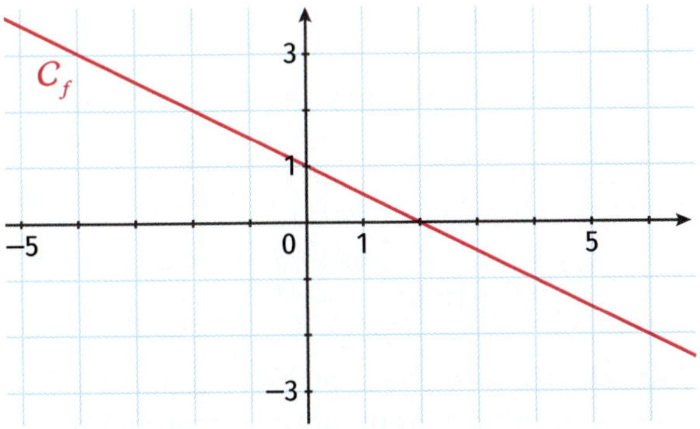

Par lecture graphique, répondre aux questions.

1. Quelle est l'image de -2 par la fonction f ?
2. Donner un antécédent de 3 par la fonction f.
3. Recopier et compléter : $f : ... \mapsto -1$.
4. Recopier et compléter : $f(2) = ...$.

28 On donne ci-dessous la représentation graphique d'une fonction g.

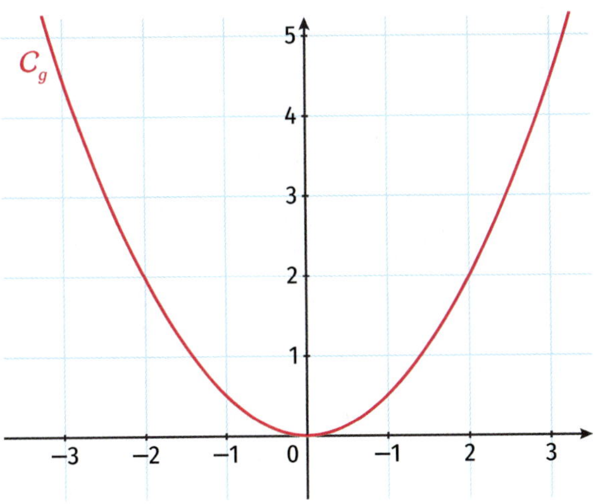

Par lecture graphique, répondre aux questions.

1. Quelle est l'image de -3 par la fonction g ?
2. Donner un antécédent de 2 par la fonction g.
3. Recopier et compléter : $g : 0 \mapsto ...$.
4. -1 admet-il des antécédents par la fonction g ?

Calcul mental

29 La fonction h est définie par $h(x) = 2x^2 - 1$. Parmi les points suivants, lesquels appartiennent à la courbe représentative de la fonction h ?
$A(0\,;-1)$, $B(1\,;0)$, $C(-1\,;-3)$ et $D(-2\,;7)$.

Tableau de valeurs d'une fonction

30 On donne ci-dessous le tableau de valeurs d'une fonction f.

x	–1	0	2	3
$f(x)$	9	7	3	1

1. Quelle est l'image de 2 par la fonction f ?
2. Donner un antécédent de 7 par la fonction f.
3. Recopier et compléter : $f : ... \mapsto 1$.

31 On donne ci-dessous le tableau de valeurs d'une fonction g.

x	–2,5	–1	4	7
$g(x)$	–7,5	4	6,5	–3,5

1. Quelle est l'image de -1 par la fonction g ?
2. Donner un antécédent de 4 par la fonction g.
3. Recopier et compléter : $g(4) = ...$.

32 La fonction f est définie par $f(x) = 3x - 7$. Recopier et compléter le tableau de valeurs suivant.

x	–2	–1	0	1	2	3		
$f(x)$							5	11

Calcul mental

33 La fonction h est définie par $h(x) = -x^2 + 1$.

1. Recopier et compléter le tableau de valeurs suivant.

x	–3	–2	–1	0	1	2	3
$h(x)$							

2. Dans un repère orthogonal, tracer la courbe représentative de la fonction h.

Entraînement

Vérifier que les connaissances de base sont acquises.
Développer les connaissances.
Maîtriser les notions de manière approfondie.

1 Introduction aux fonctions

34 [Mod.8 - Mod.9 - Com.2]

Dans chaque cas, écrire une expression algébrique de la fonction indiquée.

1. f est la fonction qui, à tout nombre x, associe l'opposé de ce nombre.
2. g est la fonction qui, à tout nombre x non nul, associe l'inverse de ce nombre.
3. h est la fonction qui, à tout nombre x, associe la différence entre le triple de ce nombre et 4.
4. k est la fonction qui, à tout nombre x, associe le produit du carré de ce nombre par -2.

35 [Mod.8 - Mod.9 - Com.2]

Voici un processus que l'on souhaite modéliser par une fonction f.

Choisir un nombre → Multiplier par -2 → Ajouter 5

1. Vérifier que si l'on choisit le nombre 5 alors on obtient -5.
2. Que signifie l'écriture $f(-1)=7$? Vérifier que cette égalité est vraie.
3. Si on choisit un nombre x, quelle sera l'expression de $f(x)$?

36 [Mod.9 - Com.1]

Soit f une fonction. On donne :

$f : 5 \mapsto 8$ $\quad f(-2)=4$ $\quad f : 3 \mapsto 4$

$f(4)=-2$ $\quad f(6)=9$ $\quad f(-6)=5$

1. Donner l'image de 6 par f.
2. Donner un antécédent de -2 par f.
3. Donner l'image de 5 par f.
4. Donner des antécédents de 4 par f.

37 [Mod.8 - Mod.9 - Com.1 - Com.2]

Traduire chacune des phrases suivantes par une notation mathématique.

1. L'image de 5 par la fonction h est -7.
2. 4 est un antécédent de 12 par la fonction g.
3. Un antécédent de 9 par la fonction f est 6.

38 [Mod.8 - Mod.9 - Cal.4]

Soit g la fonction définie par $g(x)=\dfrac{x+5}{4}$.

Calculer les images par la fonction g de :

1. -1 2. 3 3. 0 4. 2

39 [Mod.8 - Mod.9 - Cal.4]

On donne le programme de calcul suivant.

```
Choisir un nombre
Mettre au carré
Ajouter le nombre de départ
au résultat
```

Soit x le nombre choisi au départ, on note $h(x)$ le nombre obtenu avec ce programme.

1. Exprimer $h(x)$ en fonction de x.
2. Calculer les images par la fonction h de :

a. 0,5 **b.** -4 **c.** $\dfrac{5}{2}$ **d.** $\dfrac{2}{3}$

40 [Mod.8 - Mod.9 - Cal.4]

Soit la fonction définie par $f : x \mapsto 5x-1$.

Déterminer l'antécédent par la fonction f de :

1. 4 2. -11 3. 6 4. 0

41 [Mod.8 - Mod.9 - Cal.4]

On donne le programme de calcul suivant.

```
Choisir un nombre
Diviser par 3
Ajouter 7 au résultat
```

Soit x le nombre choisi au départ, on note $m(x)$ le nombre obtenu avec ce programme.

1. Exprimer $m(x)$ en fonction de x.
2. Déterminer l'antécédent par la fonction m de :

a. 8 **b.** 5 **c.** 7 **d.** $\dfrac{4}{3}$

42 [Mod.8 - Mod.9 - Cal.4]

Soit d la fonction définie par $d : x \mapsto 5x-8$.

1. Calculer l'image de 1 par la fonction d.
2. Calculer $d(-7)$.
3. Montrer qu'un antécédent de 7 par la fonction d est 3.
4. Déterminer un antécédent de -6 par d.

43 [Ch.3 - Mod.9]

On appelle g la fonction définie par $g(x) = -3x^2 + 3$. Vrai ou faux ?

1. 0 a deux antécédents par la fonction g.
2. L'image de 0 par la fonction g est 0.

44 [Mod.9 - Cal.4 - Com.1]

Soit r la fonction définie par $r(x) = \sqrt{x+1}$.

1. Calculer l'image de 3 par la fonction r.
2. Calculer l'image de 1 par la fonction r.
3. Peut-on calculer l'image de -2 ? Expliquer.

45 COPIE D'ÉLÈVE [Mod.9 - Cal.4 - Com.1]

Soit v la fonction définie par $v(x) = x^2 - 4x$.
Calculer l'image de -3 par la fonction v.

Copie de Ryan.

> *Je remplace tous les x par -3 :*
> $v(x) = -3^2 - 4 \times (-3)$
> $v(x) = -9 + 12$
> $v(x) = 3$
> *Donc l'image de -3 par la fonction v est 3.*

Copie de Déborah.

> *Je remarque que*
> $v(3) = 3^2 - 4 \times 3 = 9 - 12 = -3$.
> *Donc l'image de -3 par la fonction v est 3.*

Indiquer les erreurs commises par Ryan et Déborah et proposer une correction.

46 [Mod.9 - Cal.4 - Com.1]

Soit n la fonction définie par
$n(x) = \dfrac{1}{(x-2)(x+1)}$.

1. Calculer l'image de -2 par la fonction n.
2. Peut-on calculer l'image de 2 par n ? Expliquer.
3. Existe-t-il d'autres nombres pour lesquels on ne peut pas calculer leur image par n ?

47 [Mod.8 - Mod.9 - Cal.4] DÉMO

Démontrer que les fonctions f et g définies par $f(x) = 3(x-5)$ et $g(x) = x + 2(x+4) - 23$ ont les mêmes images quel que soit le nombre x.

48 [Mod.8 - Mod.9 - Cal.4]

On considère le carré ABCD ci-dessous.

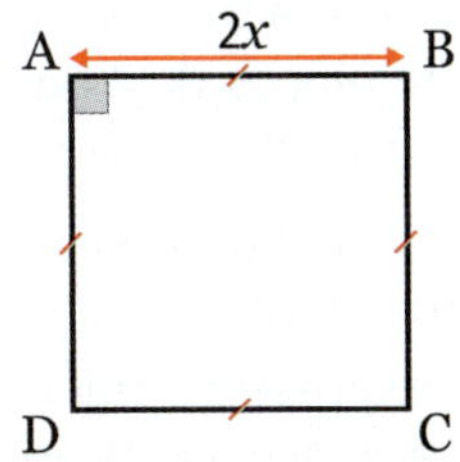

1. Déterminer l'expression algébrique de :
a. la fonction f qui à x associe le périmètre du carré ABCD ;
b. la fonction g qui à x associe l'aire du carré ABCD.
2. Calculer le périmètre puis l'aire du carré ABCD lorsque $x = 2$.
3. Calculer l'image de 4 par les fonctions f et g. Interpréter les résultats.
4. Déterminer un antécédent de 8 par la fonction f. Interpréter le résultat.
5. Montrer qu'un antécédent de 4 par la fonction g est 1. Interpréter le résultat.

49 [Mod.8 - Mod.9 - Cal.4]

On considère le triangle FCT ci-dessous.

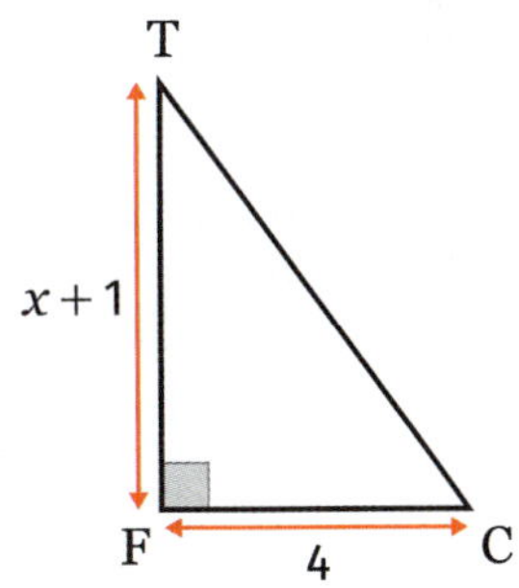

1. Déterminer l'expression algébrique de la fonction A qui, à x, associe l'aire du triangle FCT.
2. Calculer l'aire du triangle FCT lorsque $x = 5$.
3. Calculer l'image de 4 par la fonction A. Interpréter le résultat.
4. Calculer A(2). Interpréter le résultat.
5. Déterminer un antécédent de 32 par la fonction A. Interpréter le résultat.

Entraînement

Vérifier que les connaissances de base sont acquises.
Développer les connaissances.
Maîtriser les notions de manière approfondie.

50 [Mod.8 - Mod.9 - Cal.4]

Dans son porte-monnaie, Maël a des pièces de 1 et de 2 euros. Il a trois fois plus de pièces de 1 euro que de pièces de 2 euros. On note x le nombre de pièces de 2 euros.

1. Exprimer, en fonction de x, le nombre de pièces de 1 euro.

2. Déterminer l'expression algébrique de la fonction c qui, à x, associe la somme d'argent détenue par Maël.

3. Calculer la somme d'argent détenue par Maël lorsque $x = 2$.

4. Calculer l'image de 3 par la fonction c. Interpréter le résultat.

5. Déterminer un antécédent de 5 par la fonction c. Interpréter le résultat.

51 INVERSÉ [Mod.9 - Rep.6]

Donner les dimensions d'une figure usuelle dont l'aire est définie par la fonction $a(x) = 5(x+2)$, où x est un nombre positif.

2 Représentation graphique d'une fonction

52 [Mod.9 - Rep.4]

On donne ci-dessous la représentation graphique d'une fonction g.

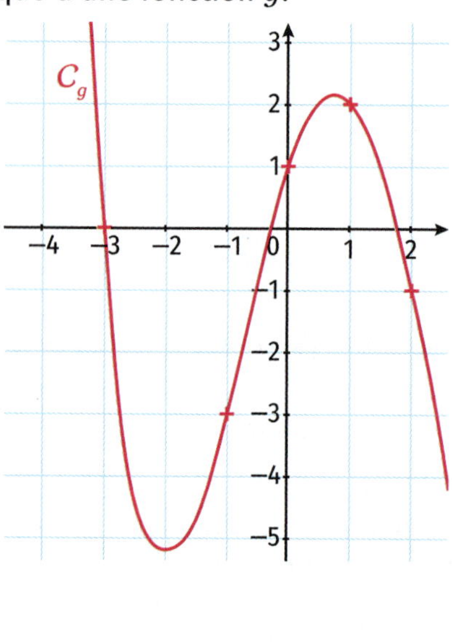

Par lecture graphique, répondre aux questions suivantes.

1. Recopier et compléter : $g(-3) = \dots$.

2. Donner un antécédent de 2 par la fonction g.

3. Quelle est l'image de 2 par la fonction g ?

4. Recopier et compléter : $g : \dots \mapsto -3$.

53 [Mod.9 - Rep.4]

On donne ci-dessous la représentation graphique d'une fonction f.

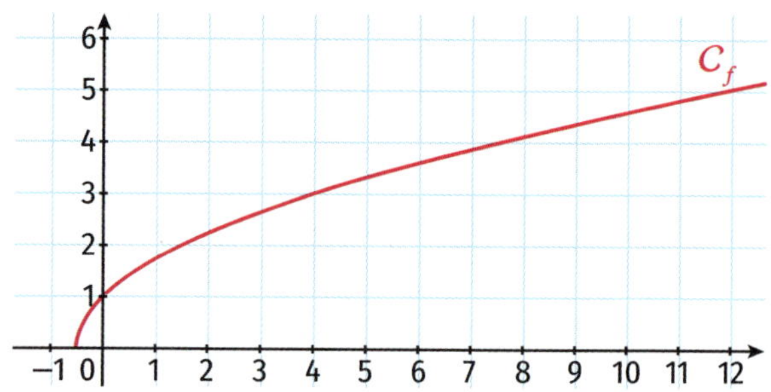

Par lecture graphique, répondre aux questions suivantes.

1. Quelle est l'image de 1 par la fonction f ?

2. Donner un antécédent de 1 par la fonction f.

3. Recopier et compléter : $f : \dots \mapsto 5$.

4. Recopier et compléter : $f(4) = \dots$.

54 [Mod.9 - Rep.4 - Com.1]

On donne ci-dessous la représentation graphique d'une fonction k qui donne le prix d'une voiture en fonction du temps écoulé depuis l'année de sa construction.

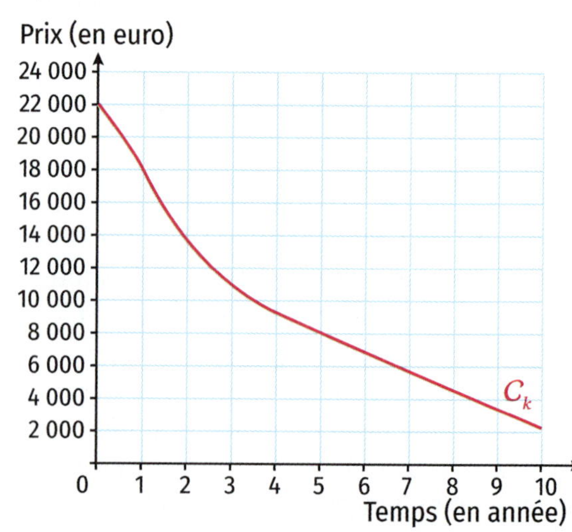

1. Quel était le prix de la voiture neuve ?

2. Au bout de combien de temps la valeur de la voiture a-t-elle chuté de 4 000 € ?

3. Quelle est l'image de 5 par la fonction k ? Interpréter le résultat.

55 [Mod.9 - Rep.4 - Com.1]

Julien dispose de 15 jours de vacances. Il contacte l'agence de voyages « À LA VOILE » pour préparer une croisière en voilier au départ de Fort-de-France. Le départ de la croisière choisie par Julien a lieu le 10 juillet (entre 0 h et 12 h). On a représenté ci-dessous la courbe représentative de la fonction f qui, à l'heure de la matinée (entre 0 h et 12 h) du 10 juillet, associe la hauteur de la mer dans le port de Fort-de-France.

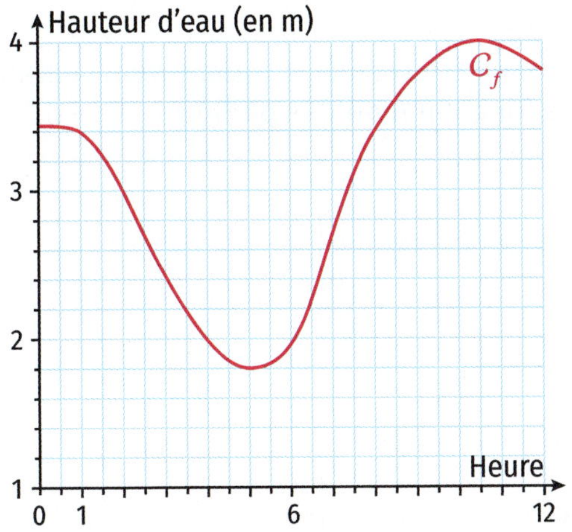

1. Le voilier ne peut sortir du port que si la hauteur d'eau dépasse 3,20 mètres. Quelles sont les tranches horaires de départ possibles pour ce voilier ?

2. Le skipper du voilier décide de partir lorsque la hauteur d'eau est maximale. À quelle heure Julien va-t-il partir ?

3. Donner l'image de 2 par la fonction f. Interpréter le résultat.

4. Donner le (ou les) antécédent(s) de 2 par la fonction f. Interpréter le résultat.

3 Tableau de valeurs d'une fonction

56 [Mod.9]

On donne ci-dessous le tableau de valeurs d'une fonction h.

x	-2	-1	1	3
$h(x)$	5	0	-1	-2

1. Quelle est l'image de -2 par la fonction h ?

2. Donner un antécédent de -1 par la fonction h.

3. Recopier et compléter : $h : \ldots \mapsto -2$.

Environnement et développement durable

57 [Mod.9]

Le glacier d'Aletsch en Suisse est le plus grand glacier des Alpes. Pour étudier le recul de ce glacier au fil des ans, une première mesure a été effectuée en 1900 : ce glacier mesurait alors 25,6 km. Des relevés ont ensuite été effectués tous les 20 ans. Le recul du glacier est mesuré par rapport à la position où se trouvait initialement le pied du glacier en 1900. On note l la fonction qui, au temps t (en année), associe la longueur du glacier. Les mesures successives ont été relevées dans le tableau ci-dessous.

Année	1920	1940	1960	1980	2000
Temps écoulé (depuis 1900)	20	40	60	80	100
Recul du glacier (en km)	0,3	0,6	1	1,6	2,3

1. De combien de kilomètres le glacier a-t-il reculé au bout de 40 ans ?

2. Quelle était la longueur du glacier en 1980 ?

3. Donner l'image de 100 par la fonction l. Interpréter le résultat.

Approfondissement

58 [Mod.9 - Rep.2 - Rep.3 - Cal.4]

On donne ci-dessous la courbe représentative de la fonction n définie par $n(x) = -0{,}4x + 3{,}9$.

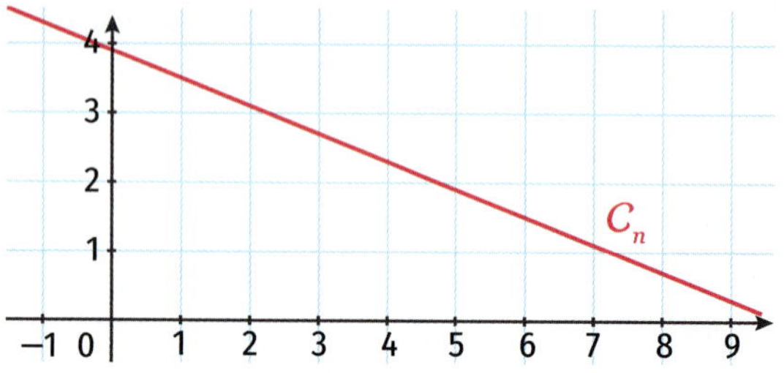

1. a. Par lecture graphique, donner l'image de 4 par la fonction n.

b. Retrouver le résultat par le calcul.

2. a. Par lecture graphique, donner un antécédent de 1 par la fonction n.

b. Retrouver le résultat par le calcul.

59 [Mod.9 - Rep.2 - Rep.3 - Cal.4]

Soit f la fonction définie par $f : x \mapsto x^2 - 3$.

1. Calculer l'image de -2 par f.

2. Recopier et compléter le tableau de valeurs de la fonction f ci-dessous.

x	-3	-2	-1	0	1	2
$f(x)$						

3. Dans un repère, placer les points de coordonnées $(x\,;f(x))$ et tracer la courbe représentative de la fonction f.

4. Par lecture graphique, donner le (ou les) antécédent(s) de -1 par f.

60 [Mod.9 - Rep.2 - Rep.3 - Cal.4]

On donne ci-après la courbe représentative de la fonction k définie par $k(x) = 0{,}6x + 1$.
Les points $G(2\,;2{,}2)$ et $H(3{,}4\,;3)$ appartiennent-ils à la courbe représentative de la fonction k ? Justifier.

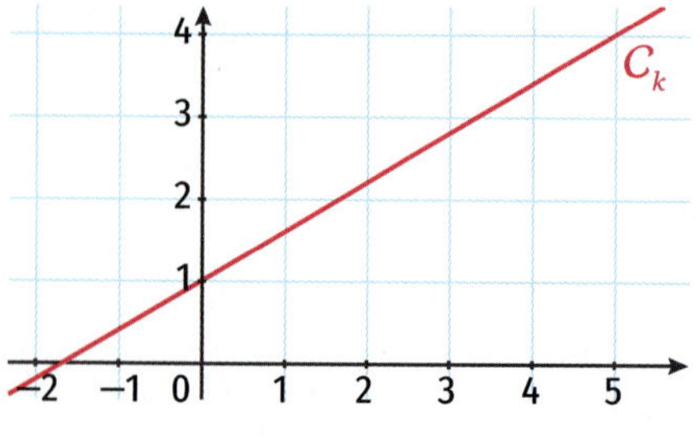

61 [Mod.9 - Rep.2 - Rep.3 - Cal.4]

Soit g la fonction définie par $g(x) = -2x + 3$.

1. Calculer l'image de -1.

2. Recopier et compléter le tableau de valeurs de la fonction ci-dessous :

x	-1	0	1	2	3	4
$g(x)$						

3. Dans un repère, placer les points de coordonnées $(x\,;g(x))$ et tracer la courbe représentative de la fonction g.

4. Par lecture graphique, donner le (ou les) antécédent(s) de 0.

5. Retrouver le résultat de la question **4.** par le calcul.

62 [Mod.9 - Rep.2 - Rep.3 - Cal.4]

On donne ci-dessous la courbe représentative de la fonction h définie par $h(x) = x^2 - 0{,}5$.

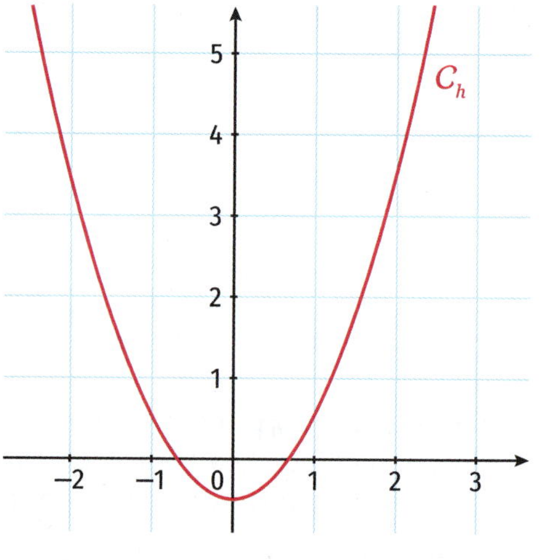

1. Les points $M(-1\,;0{,}5)$ et $N(1{,}5\,;2)$ semblent-ils appartenir à la courbe ?

2. Calculer $h(-1)$ et $h(1{,}5)$.

3. Les points M et N appartiennent-ils à la courbe représentative de la fonction h ?

Approfondissement

63 [Mod.9 - Rep.2 - Rep.3 - Cal.4]

D'après brevet, Amérique du Nord, juin 2011

Le directeur d'un théâtre sait qu'il accueille environ 500 spectateurs quand le prix d'une place est de 20 euros. Il a constaté que chaque réduction de 1 euro du prix d'une place attire 50 spectateurs de plus. Le directeur de la salle souhaite déterminer le prix d'une place lui assurant la meilleure recette. On note R la fonction donnant la recette (en €) en fonction du montant x de la réduction (en €).

1. Recopier et compléter le tableau suivant.

Réduction en €	Prix de la place en €	Nombre de spectateurs	Recette en €
0	20	500	10 000
1	19		
		600	
	16		
x			

2. On donne ci-après la courbe représentative de la fonction R. Par lecture graphique, répondre aux questions suivantes.

a. Quelle est la recette pour une réduction de 5 € ?

b. Quel est le montant de la réduction pour une recette de 4 050 € ? Quel est alors le prix d'une place ?

3. Quelle est l'image de 8 par la fonction R ? Interpréter ce résultat pour le problème.

4. Quelle est la recette maximale ? Quel est alors le prix de la place ?

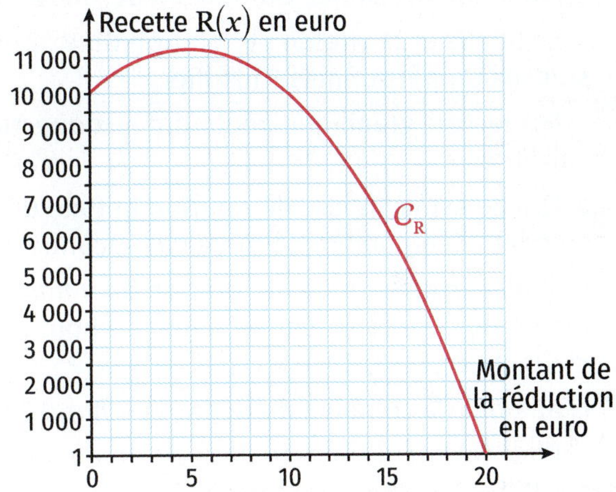

CLUB DE MATHS

64 DÉFI

On donne ci-dessous les courbes représentatives de deux fonctions h et k.

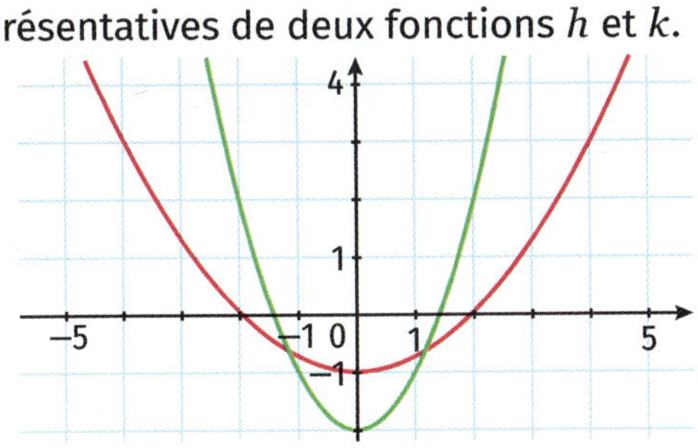

Sachant que $h(x) = x^2 - 2$ et que $k(x) = 0{,}25x^2 - 1$, associer chacune des expressions à sa courbe représentative.

65 ÉNIGME

Soient a, b et c, trois fonctions telles que :

- $a(x) = b(x) + 5x$;
- $b(x) = (c(x))^2 - 4$.

Calculer l'image de 2 par la fonction a sachant que l'image de 2 par la fonction c est égale à 3.

66 [D'après brevet, Métropole, juin 2018] durée : 25 min

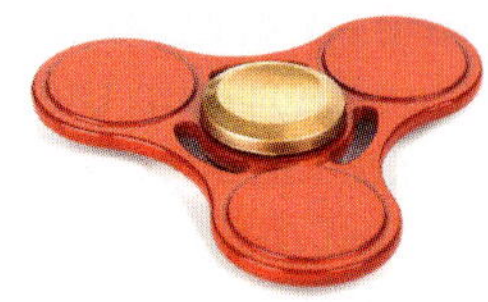

Le « *hand-spinner* » est une sorte de toupie plate qui tourne sur elle-même. On donne au « *hand-spinner* » une vitesse de rotation initiale au temps $t = 0$. Puis, au cours du temps, sa vitesse de rotation diminue jusqu'à l'arrêt complet de celui-ci. Sa vitesse de rotation est alors égale à 0. Grâce à un appareil de mesure, on a relevé la vitesse de rotation exprimée en nombre de tour par seconde.

Sur le graphique ci-contre, on a représenté cette vitesse en fonction du temps, exprimé en seconde.

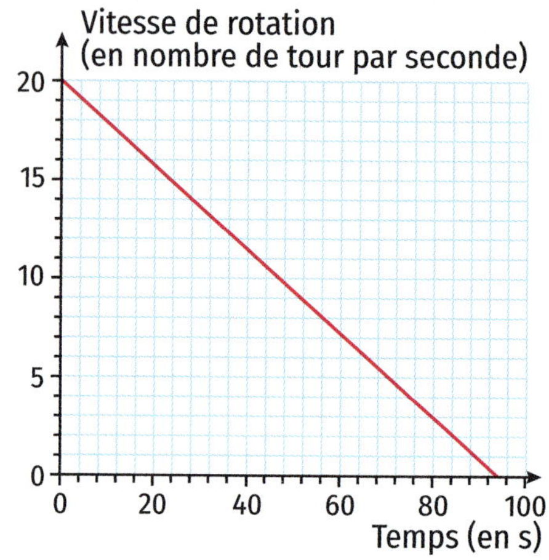

1. Le temps et la vitesse de rotation du « *hand-spinner* » sont-ils proportionnels ? Justifier.

2. Par lecture graphique, répondre aux questions suivantes.

a. Quelle est la vitesse de rotation initiale du « *hand-spinner* » (en nombre de tours par seconde) ?

b. Quelle est la vitesse de rotation du « *hand-spinner* » (en nombre de tours par seconde) au bout d'une minute et vingt secondes ?

c. Au bout de combien de temps le « *hand-spinner* » va-t-il s'arrêter ?

3. Pour calculer la vitesse de rotation du « *hand-spinner* » en fonction du temps t, notée $V(t)$, on utilise la fonction suivante : $V(t) = -0{,}214 \times t + V_{initiale}$.

- t est le temps (en seconde) qui s'est écoulé depuis le début de la rotation ;
- $V_{initiale}$ est la vitesse de rotation (en tours par seconde) à laquelle on a lancé le « *hand-spinner* » au départ.

a. On lance le « *hand-spinner* » à une vitesse initiale de 20 tours par seconde. Sa vitesse de rotation est donc donnée par la formule $V(t) = -0{,}214 \times t + 20$. Calculer sa vitesse de rotation au bout de 30 secondes.

b. Au bout de combien de temps le « *hand-spinner* » va-t-il s'arrêter ? Justifier par un calcul.

c. Est-il vrai que, d'une manière générale, si l'on fait tourner le « *hand-spinner* » deux fois plus vite au départ, il tournera deux fois plus longtemps ? Justifier.

67 [D'après brevet, Polynésie, juillet 2019] durée : 15 min

On a utilisé une feuille de calcul pour obtenir les images de différentes valeurs de x par une fonction f. Voici une copie de l'écran obtenu.

fx =3*B1-4

	A	B	C	D	E	F	G	H
1	x	-2	-1	0	1	2	3	4
2	$f(x)$	-10	-7	-4	-1	2	5	8

1. Quelle est l'image de -1 par la fonction f ?

2. Quel est l'antécédent de 5 par la fonction f présent dans le tableau ?

3. Donner l'expression de $f(x)$ puis calculer $f(10)$.

Activité différenciée

Le 1er septembre 2020, M. Dubois ramasse 20 tonnes de pommes. Ce jour, la tonne de pommes vaut 100 €. Il constate que les jours suivants, sa récolte augmente d'une tonne chaque jour et que le prix de la tonne diminue de 2 € chaque jour.

PARCOURS 1

1. Vérifier que si M. Dubois vend sa récolte du 3 septembre le jour même alors il gagne 2 112 €.

2. Combien gagne-t-il s'il vend sa récolte du 10 septembre le jour même ?

On donne ci-contre la courbe représentative de la fonction f, exprimant la somme d'argent gagnée par M. Dubois en fonction du nombre de jours écoulés depuis le 1er septembre.

3. En utilisant le graphique, indiquer combien gagne M. Dubois s'il vend sa récolte du 20 septembre le jour même.

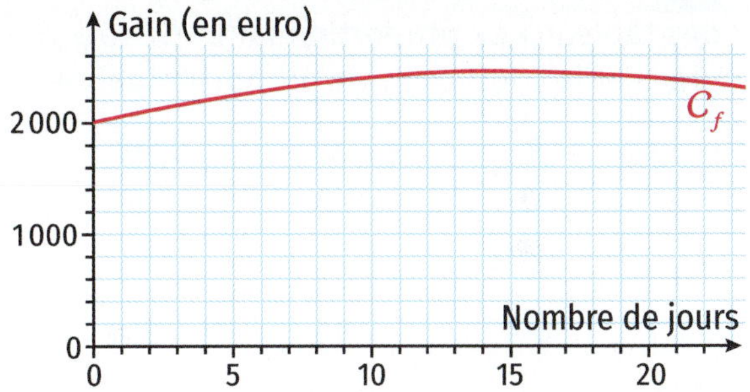

4. Donner un antécédent de 2 200 par la fonction f. Interpréter le résultat.

5. Quel jour M. Dubois gagne-t-il le plus d'argent ?

PARCOURS 2

1. Combien M. Dubois gagne-t-il s'il vend la récolte du 12 septembre le jour même ?

2. Soit x le nombre de jours passés depuis le 1er septembre.

a. Exprimer, en fonction de x, la masse (en tonne) de pommes récoltées par M. Dubois x jours après le 1er septembre.

b. Exprimer, en fonction de x, le prix de vente (en euro) de la tonne de pommes x jours après le 1er septembre.

3. Exprimer, en fonction de x, la somme d'argent gagnée par M. Dubois le jour où il récolte et vend sa production.

4. On note f la fonction donnant la somme d'argent, en euro, gagnée par M. Dubois en fonction du nombre de jours passés depuis le 1er septembre. Recopier et compléter ce tableau de valeurs de la fonction f.

x	0	5	10	14	15	16	20	30
$f(x)$								

5. Grâce au tableau de valeurs, déterminer le jour où M. Dubois gagne le plus d'argent.

Déjà vu

Rappels

1. L'équation $\boldsymbol{a+x=b}$ d'inconnue x a pour solution $\boldsymbol{x=b-a}$.
2. L'équation $\boldsymbol{ax=b}$ d'inconnue x, avec $a \neq 0$, a pour solution $\boldsymbol{x=\frac{b}{a}}$.
3. Un tableau qui donne plusieurs valeurs prises par deux grandeurs proportionnelles est un **tableau de proportionnalité**. Le nombre qui multiplie les valeurs de la première ligne pour obtenir celles de la deuxième est appelé le **coefficient de proportionnalité**. Lorsque l'on représente deux grandeurs proportionnelles dans un repère, on obtient des points alignés avec l'origine de ce repère.

1 Dire si les tableaux suivants sont des tableaux de proportionnalité. Si oui, préciser le coefficient de proportionnalité.

1.

2	6	12
13	39	78

2.

1	1,5	2,5
60	90	140

2 On choisit un nombre x. Donner, en fonction de x, le nombre obtenu par chacun des programmes suivants.

1.
```
Choisir un nombre
Multiplier par 4
Ajouter 15
```

2.
```
Choisir un nombre
Soustraire 5
Multiplier par 4
```

3 Résoudre les équations suivantes.

1. $-3+x=4$
2. $-3-x=4$
3. $-3x=4$
4. $3(x-1)=4$
5. $3x-1=4$
6. $-3x-1=4$

4 On donne le tableau de valeurs suivant.

x	-1	0	1	2	4	5
$f(x)$	10	5	2	1	5	10

Dans un repère, tracer une courbe pouvant représenter la fonction f.

5 f est la fonction $f : x \mapsto 12{,}3x$.
Calculer $f(8)$.

6 g est la fonction $g : x \mapsto 12{,}3-2x$.
Calculer l'image de 8 par la fonction g.

7 On considère la courbe représentative d'une fonction f.

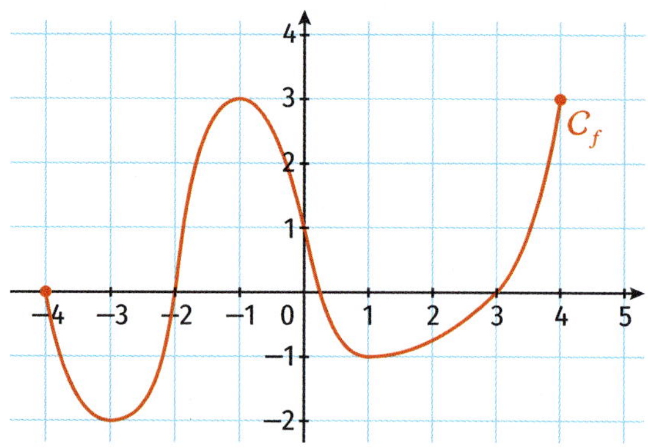

1. Déterminer graphiquement l'image de -1.
2. Lire un antécédent de -2 par f.

8 À partir du graphique de l'exercice **7**, citer :

1. un nombre qui a quatre antécédents par f ;
2. un nombre qui n'a aucun antécédent par f ;
3. un nombre qui a exactement un antécédent par f.

ChronoQuiz

Retrouvez un quiz interactif à réaliser en classe pour vérifier les prérequis de ce chapitre sur LLS.fr/M3Quiz6

6 Fonctions affines

Objectifs du chapitre

- Représenter graphiquement une fonction linéaire et une fonction affine.
- Interpréter les paramètres d'une fonction affine à partir de l'allure de sa courbe représentative.
- Modéliser une situation de proportionnalité à l'aide de fonctions linéaires et résoudre des problèmes.

Retrouvez un tableau récapitulatif des compétences utilisées dans les exercices de ce chapitre sur LLS.fr/M3Comp6

Lors d'une remontée en télésiège, l'altitude augmente en fonction de la distance parcourue.
Les fonctions linéaires et les fonctions affines permettent de décrire des situations comme celle-ci où une grandeur augmente de façon constante par rapport à une autre.

Activités

1 Découvrir les fonctions linéaires

› Cours 1 A p. 112

Objectif : Modéliser une situation de proportionnalité à l'aide d'une fonction linéaire.

1 Dans une ville A, le prix d'un ticket de bus est de 1,80 €.

a) Recopier et compléter le tableau suivant.

Nombre de tickets	1	5	12	20
Prix (en €)				

b) S'agit-il d'un tableau de proportionnalité ? Si oui, quel est son coefficient de proportionnalité ?

c) On note x le nombre de tickets de bus achetés. f est la fonction qui modélise le prix à payer en euro. Donner l'expression de $f(x)$ en fonction de x.

2 Voici les grilles des tarifs des tickets de bus dans les villes B, C et D.

Ville B

Nombre de tickets	5	7	12
Prix (en €)	10,50	14,70	25,20

Ville C

Nombre de tickets	1	3	15
Prix (en €)	2,30	6,90	33,50

Ville D

Nombre de tickets	6	12	30
Prix (en €)	9	18	45

a) S'agit-il de situations de proportionnalité ?

b) Si oui, donner pour chacune l'expression de la fonction associée.

Bilan : Quelle est l'expression de la fonction qui modélise une situation de proportionnalité dont le coefficient est a ? Une telle fonction est appelée fonction linéaire.

2 Représenter graphiquement une fonction linéaire

› Cours 1 B p. 112

Objectif : Représenter graphiquement une fonction linéaire.

1 On considère la fonction linéaire f définie par $f(x) = 2x$.

a) Recopier et compléter le tableau de valeurs suivant.

x	−5	−3	−1	0	2	4	6
$f(x)$							

b) Dans un repère, tracer la courbe représentative de la fonction f. Quelle semble être sa nature ?

Coup de pouce : La courbe représentative de la fonction f est l'ensemble des points de coordonnées $(x\,;f(x))$.

2 On considère les fonctions linéaires $g : x \mapsto 3x$ et $h : x \mapsto -2x$.

a) Dans le même repère, tracer les courbes représentatives des fonctions g et h. Quelle semble être leur nature ?

b) Quelle particularité ont en commun ces trois courbes ?

Bilan : Quelles sont les particularités de la courbe représentative d'une fonction linéaire ?

3 Découvrir les fonctions affines

› Cours 2 A p. 114

Objectif : Modéliser une situation par une fonction affine.

L'atelier « Au petit bois » est ouvert à tous ceux qui veulent pratiquer le travail du bois. Cet atelier met à disposition des machines et vend des planches. Le club propose deux tarifs.

Tarif A : Chaque planche de bois est au prix de 20 €.

Tarif B : La carte de membre coûte 45 € et chaque planche est ensuite au prix de 15 €.

Mathieu désire fabriquer un meuble dans cet atelier.

1 Dans cette question, Mathieu choisit le tarif A. On note x le nombre de planches nécessaires à la réalisation du meuble et f la fonction qui modélise le coût du meuble, en euro, avec le tarif A.

a) Donner l'expression de $f(x)$ en fonction de x.

b) De quel type de fonction s'agit-il ?

2 Dans cette question, Mathieu choisit le tarif B.

a) Vérifier que si Mathieu a besoin de cinq planches de bois, le coût du meuble sera de 120 €.

b) Recopier et compléter le tableau suivant.

Nombre de planches de bois	4	6	10	12	14
Prix à payer (en €)					

c) Ce tableau est-il un tableau de proportionnalité ? Justifier.

d) On note g la fonction qui modélise le coût du meuble, en euro, avec le tarif B. Déterminer l'expression de $g(x)$ en fonction du nombre x de planches de bois.

3 Une **fonction affine** est une fonction qui à un nombre x fait correspondre le nombre $\boldsymbol{ax+b}$, où a et b sont des valeurs données.

a) Expliquer pourquoi la fonction g est une fonction affine.

b) La fonction f est-elle aussi une fonction affine ?

Coup de pouce : Déterminer les valeurs de a et de b dans les expressions de $f(x)$ et de $g(x)$.

Bilan : Rappeler l'expression d'une fonction affine. Une fonction linéaire est-elle une fonction affine ?

Cours

1 Fonctions linéaires

A Définition

Définitions

Pour un nombre a donné, la fonction f qui associe à tout nombre x le nombre ax est une **fonction linéaire**. On écrit $f : x \mapsto ax$.

Le nombre a est le **coefficient** de la fonction linéaire f.

Exemple : La fonction $f : x \mapsto 4x$ est une fonction linéaire de coefficient 4.

Propriété

Un tableau de valeurs d'une fonction linéaire est un **tableau de proportionnalité**.

Exemple : Pour la fonction $f : x \mapsto 4x$, on considère le tableau de valeurs suivant.

x	−3	−1	0	1,5	2
$f(x)$	−12	−4	0	6	8

×4

$a = 4$ est le coefficient de proportionnalité du tableau.

Remarque : Toute situation de proportionnalité peut être modélisée par une fonction linéaire.

B Représentation graphique

Propriétés

1. Dans un repère, la courbe représentative d'une fonction linéaire est une **droite passant par l'origine du repère**.
2. Dans un repère, toute droite non verticale passant par l'origine est la représentation graphique d'une fonction linéaire.

Remarque : Le nombre a est appelé le **coefficient directeur** de la droite.

Exemple : La courbe représentative de la fonction $f : x \mapsto 4x$ est la droite passant par l'origine et de coefficient directeur 4 (voir ci-contre).

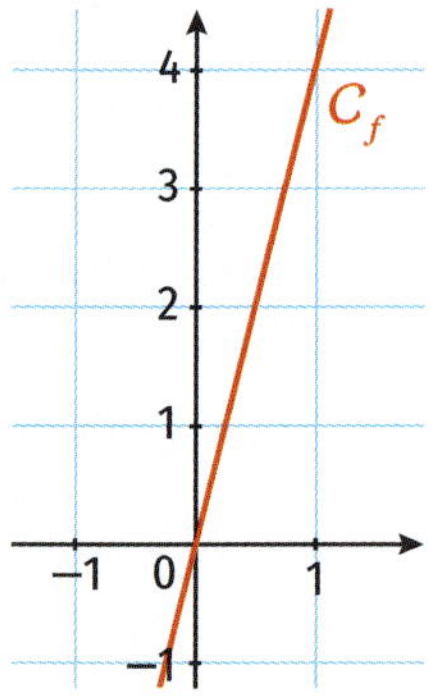

› Déterminer le coefficient d'une fonction linéaire

Énoncé On considère la fonction linéaire f telle que $f(4)=6$. Déterminer son coefficient a.

Solution

La fonction f est linéaire donc $f(x)=ax$.

En particulier, $f(4)=a\times 4$.

Comme $f(4)=6$, alors $a\times 4=6$.

D'où $a=\frac{6}{4}=\frac{3}{2}$.

Le coefficient de la fonction f est $a=\frac{3}{2}$ donc $f(x)=\frac{3}{2}x$.

Méthode

- f est une fonction linéaire donc $f(x)=ax$.
- Grâce à cette expression, on peut exprimer $f(4)$ en fonction de a.
- Comme $f(4)$ est connu, on résout ensuite une équation d'inconnue a.

Pour s'entraîner : exercices **19** p. 118 et **41** p. 120

› Représenter une fonction linéaire

Énoncé Représenter dans un repère la fonction linéaire f telle que $f(x)=-3x$.

Solution

Une fonction linéaire est représentée par une droite passant par l'origine O du repère.

Comme $f(1)=-3\times 1=-3$, la droite passe aussi par le point $A(1\,;-3)$.

La droite (OA) est donc la courbe représentative de la fonction f.

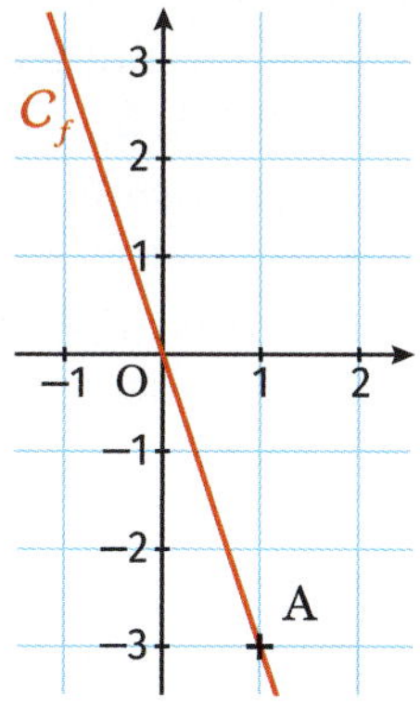

Méthode

- La courbe représentative d'une fonction linéaire est une droite passant par l'origine du repère.
- Il suffit donc de trouver un second point de cette droite pour pouvoir la tracer.
- Pour cela, on calcule l'image d'un nombre. Par exemple, ici, on calcule $f(1)$.

Coups de pouce :
- Choisir des points espacés pour avoir un tracé précis.
- Placer un troisième point pour vérifier l'alignement.

Pour s'entraîner : exercices **36** p. 119 et **48** p. 121

Cours

2 Fonctions affines

A Définition

Définitions

a et b sont deux nombres donnés. La fonction f qui associe à tout nombre x le nombre $ax+b$ est une **fonction affine**. On écrit $f : x \mapsto ax+b$.

Les nombres a et b sont les **paramètres** de la fonction affine f.

Exemple : La fonction $f : x \mapsto 3x-2$ est la fonction affine de paramètres $a=3$ et $b=-2$.

Remarques : Il existe des fonctions affines particulières.

1. Si $b=0$, alors $f(x)=ax$ et f est une fonction **linéaire**.

2. Si $a=0$, alors $f(x)=b$ et f est une fonction **constante**.

B Représentation graphique

Propriété

Dans un repère, la courbe représentative d'une fonction affine est une **droite**.

Vocabulaire : Le nombre a est le **coefficient directeur** de la droite. Le nombre b est l'**ordonnée à l'origine** de la droite.

Exemple 1 :

On considère la fonction f définie par $f(x)=3x-2$.

Comme -2 est l'ordonnée à l'origine, la courbe représentative de f est une droite (d) passant par le point $\mathrm{A}(0\,;-2)$.

De plus, $a=3$ **est positif**. Ainsi, lorsque x augmente de 1, $f(x)$ **augmente de 3**. Donc la droite (d) passe également par le point de coordonnées $(0+1\,;-2+3)$, soit $\mathrm{B}(1\,;1)$.

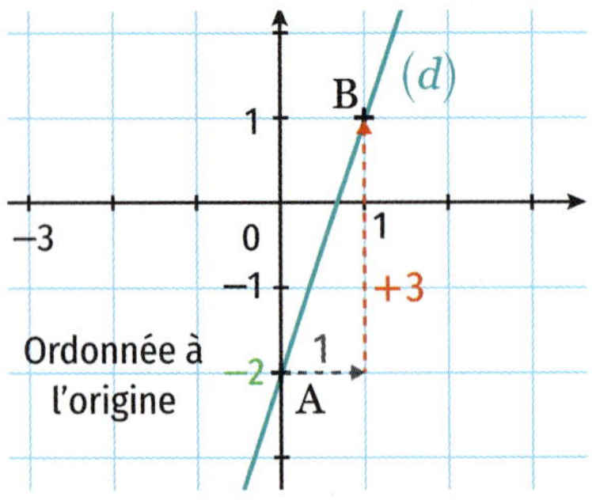

Exemple 2 :

On considère la fonction f définie par $f(x)=-2x+4$.

Comme 4 est l'ordonnée à l'origine, la courbe représentative de f est une droite (d) passant par le point $\mathrm{A}(0\,;4)$.

De plus, $a=-2$ **est négatif**. Ainsi, lorsque x augmente de 1, $f(x)$ **diminue de 2**.
Donc la droite (d) passe également par le point de coordonnées $(0+1\,;4-2)$, soit $\mathrm{B}(1\,;2)$.

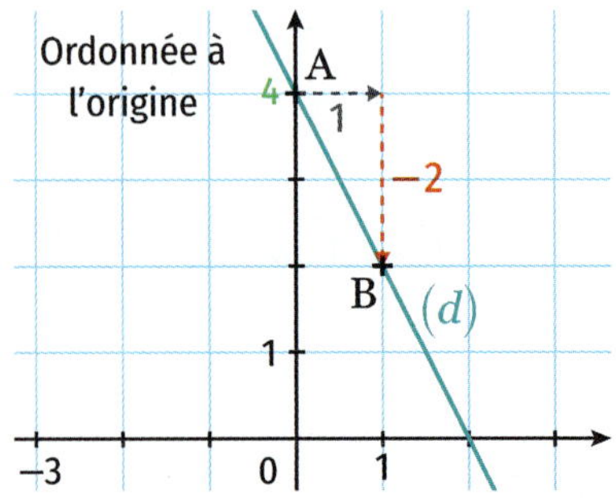

Représenter une fonction affine à l'aide de deux points

Énoncé Dans un repère, tracer la courbe représentative de la fonction affine $f : x \mapsto \frac{1}{3}x - 1$.

Solution

La courbe représentative d'une fonction affine est une droite (d).

Par exemple, ici, on calcule $f(-3)$ et $f(6)$.

$f(-3) = \frac{1}{3} \times (-3) - 1 = -1 - 1 = -2$

Donc le point $A(-3\ ;\ -2)$ appartient à la droite (d).

$f(6) = \frac{1}{3} \times 6 - 1 = 2 - 1 = 1$

Donc le point $B(6\ ;\ 1)$ appartient à la droite (d).

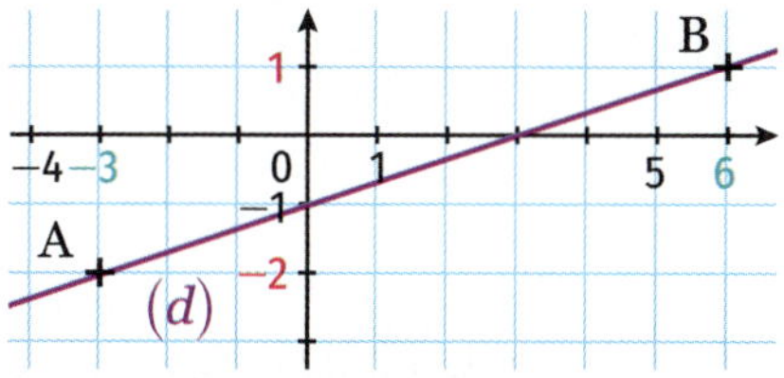

Méthode

- La courbe représentative d'une fonction affine est une droite. Il suffit donc d'en connaître deux points pour pouvoir la tracer.
- On calcule les images de deux nombres pour obtenir ces deux points. Par exemple, ici, on calcule $f(-3)$ et $f(6)$.

Coup de pouce :
Choisir des valeurs de x dont la différence est significative afin d'obtenir des points espacés.

Pour s'entraîner : exercices **37** et **40** p. 119

Représenter une fonction affine à l'aide du coefficient directeur et de l'ordonnée à l'origine

Énoncé Dans un repère, tracer la courbe représentative de la fonction affine f de paramètres $a = -2$ et $b = 5$.

Solution

La courbe représentative de f est une droite (d). a est le coefficient directeur de la droite (d) et b est son ordonnée à l'origine.

Ici, $b = 5$. La droite (d) passe donc par le point $A(0\ ;\ 5)$.

De plus, $a = -2$ donc, à partir du point A, lorsque x augmente de 1, $f(x)$ **diminue de 2**.

On obtient ainsi le point $B(1\ ;\ 3)$.

On trace alors la droite (d) passant par les points A et B.

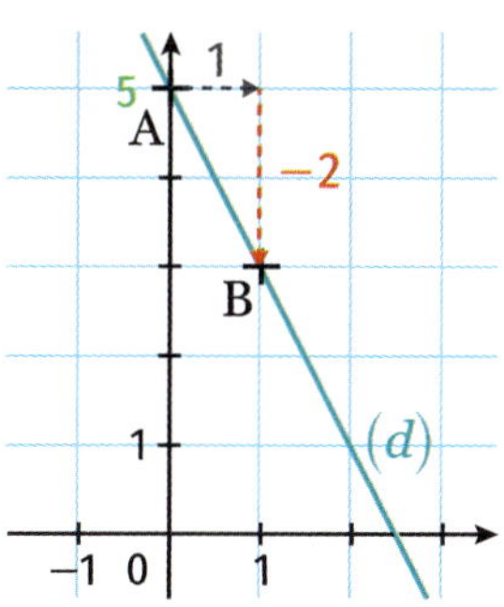

Méthode

- On place le point $A(0\ ;\ b)$.
- À partir du point A, on utilise le coefficient directeur pour trouver un second point. Quand x augmente de 1 unité, alors $f(x)$ augmente ou diminue de a unités (selon le signe de a).

Pour s'entraîner : exercices **38** et **39** p. 119

Révision

Genially : Retrouvez une activité interactive pour réviser les notions de ce chapitre sur LLS.fr/M3Genially6

FONCTION AFFINE
$f : x \mapsto ax + b$

→ Droite non verticale de **coefficient directeur** a et d'**ordonnée à l'origine** b

- Si $b = 0$ → **Fonction linéaire** $f : x \mapsto ax$
  - Droite non verticale passant par l'origine du repère
  - Traduit une situation de **proportionnalité**
- Si $a = 0$ → **Fonction constante** $f : x \mapsto b$
  - Droite horizontale d'ordonnée à l'origine b

QCU : réponse unique

9 f est la fonction linéaire de coefficient -3.

a) L'image de 0 est 3.

b) L'antécédent de 3 est 1.

c) On a $f(6) = -2$.

d) L'antécédent de -6 par f est 2.

10

x	-8	0	4
$f(x)$	$-\frac{5}{3}$	$\frac{1}{3}$	$\frac{4}{3}$

a) f est une fonction linéaire.

b) f peut être une fonction affine avec $b = \frac{1}{3}$.

c) On a $f\left(\frac{4}{3}\right) = 4$.

d) f peut être une fonction affine avec $a = \frac{1}{3}$.

11 On considère la fonction $f : x \mapsto -3x + 5$.

a) On a $f(-1) = 2$.

b) Un antécédent de 19 est 8.

c) Quand x augmente de 1, $f(x)$ diminue de 3.

d) Sa représentation graphique est une droite de coefficient directeur 5.

QCM : réponses multiples

12 On considère la fonction $f : x \mapsto 1{,}5x$.

a) L'origine du repère est un point de la représentation graphique de f.

b) Les grandeurs représentées par $f(x)$ et x sont proportionnelles.

c) L'image par la fonction f de 1,5 est 1.

d) $\mathrm{A}(-8\,;-12)$ appartient à la représentation graphique de f.

13 La droite (d) représente une fonction affine $f : x \mapsto ax + b$. Alors, on a :

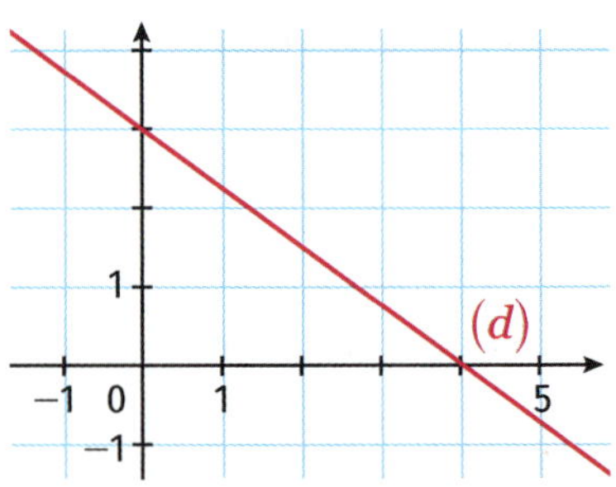

a) $b = 3$ b) $a = \frac{-4}{3}$ c) $a = \frac{3}{4}$ d) $a = \frac{-3}{4}$

› Corrigés p. 298

14 [Mod.10]

On considère le programme suivant permettant de calculer l'image d'un nombre par une fonction f déjà connue.

```
quand [drapeau] est cliqué
demander (Quel est le nombre choisi ?) et attendre
mettre [ma variable] à (réponse)
dire (L'image par f est) pendant (2) secondes
dire ((-5) * (ma variable) + (8)) pendant (2) secondes
```

1. Écrire l'expression de cette fonction f. Préciser ses paramètres.

2. S'agit-il d'une fonction affine ? Justifier.

15 [Mod.10]

On considère le programme suivant.

```
quand [drapeau] est cliqué
mettre [i] à (0)
répéter jusqu'à ce que <(i) = (6)>
    mettre [ma variable] à ((9) * (i))
    dire (ma variable) pendant (2) secondes
    mettre [i] à ((i) + (1))
```

1. Quelle(s) valeur(s) affiche cet algorithme ?

2. Marco affirme à Sophie : « Cet algorithme semble calculer les images d'une fonction f, mais je ne sais pas déterminer son expression. ». Peux-tu aider Marco ?

Pour les exercices 16 et 17

On considère la fonction affine f définie par $f(x) = 8x - 4$.

16 [Mod.10 - Rais.6]

À l'aide du logiciel Scratch, créer un programme permettant de calculer l'image, par la fonction f, d'un nombre donné.

17 [Mod.10 - Rais.6]

À l'aide du logiciel Scratch, créer un programme permettant de calculer l'antécédent, par la fonction f, d'un nombre donné.

18 [Mod.10 - Rais.6]

Lors de son séjour en Corse, Eva veut louer un VTT électrique au magasin Évasion. Sur le panneau, on peut lire les informations suivantes.

Tarif A	Assurance (obligatoire) de 10 €. Location pour 1 heure : 4,30 €.
Tarif B	Location à la journée : 37 € (assurance comprise).

On se propose d'afficher dans une feuille de calcul le tarif A, en euro, en fonction du temps de location, en heure.

1. Quelle formule faut-il saisir dans la cellule **B2** avant de l'étirer vers le bas jusqu'à la cellule **B10** ?

2. Recopier et compléter cette feuille de calcul.

	A	B
1	Temps de location (en heure)	Tarif A (en euro)
2	1	14,30
3	2	18,60
4	3	
5	4	
6	5	
7	6	
8	7	
9	8	
10	9	

3. Lundi, de 9 h à 14 h, Eva veut louer un VTT. Quel tarif est le plus avantageux pour elle ?

4. Pour une location d'une durée de 9 heures, le tarif B est-il le plus avantageux ?

Automatismes

Calculer avec une fonction linéaire

19 On considère la fonction linéaire f telle que $f(-1{,}5) = 4{,}8$.

Déterminer son coefficient a.

20 On considère la fonction linéaire $f : x \mapsto 6x$.

1. Calculer l'image de −7 par f puis déterminer $f(5)$ et $f(1{,}9)$.
2. Déterminer l'antécédent de 72 par f.
3. Déterminer le nombre qui a pour image 9 par f.

21 f est la fonction linéaire de coefficient $\frac{3}{4}$.

1. Calculer l'image de −12 puis déterminer $f\left(\frac{8}{9}\right)$ et $f\left(\frac{6}{7}\right)$.
2. Déterminer l'antécédent de −12 par f.
3. Déterminer le nombre qui a pour image $\frac{15}{2}$ par f.

Calcul mental

22 Compléter le tableau de valeurs de la fonction linéaire $f : x \mapsto -4x$.

x	−8	−2,5		0,25		
$f(x)$			4		−12	−50

23 Relier chaque fonction linéaire à la proposition correspondante.

$f : x \mapsto -5x$ •	• L'image de 5 par f est 1.
$f : x \mapsto 0{,}2x$ •	• 1 a pour antécédent −5 par f.
$f : x \mapsto 5x$ •	• 1 a pour image −5 par f.
$f : x \mapsto -0{,}2x$ •	• L'image de −1 par f est −5.

24 On considère la fonction linéaire f telle que $f(7) = -56$.

Déterminer son coefficient a.

Déterminer si une fonction est linéaire

25 Dire si les fonctions suivantes sont linéaires. Si oui, préciser leur coefficient.

1. $f : x \mapsto -3{,}2x$
2. $g : x \mapsto -3{,}2 + x$
3. $h : x \mapsto x$
4. $k : x \mapsto \frac{1}{6}x$

26 On considère les fonctions f, g, h et k définies par les égalités suivantes. Sont-elles des fonctions linéaires ? Si oui, préciser leur coefficient.

1. $f(x) = 3x^2$
2. $g(x) = -x$
3. $h(x) = \frac{x}{4}$
4. $k(x) = \frac{4}{x}$

27 Pour chacune des courbes, s'agit-il de la courbe représentative d'une fonction linéaire ? Si oui, préciser son coefficient.

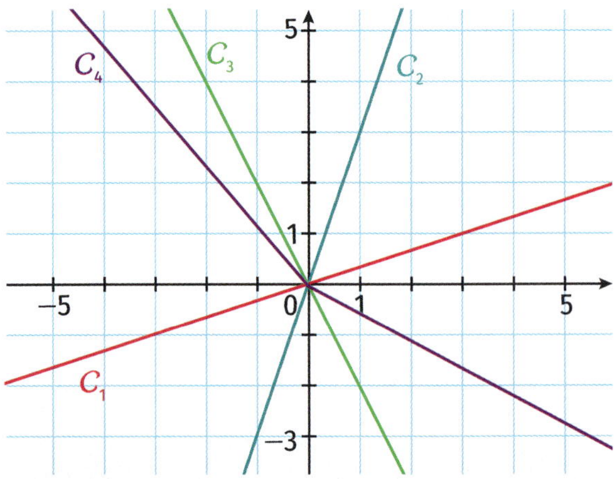

Calcul mental

28 Les tableaux suivants peuvent-ils être associés à une fonction linéaire ? Si oui, préciser leur coefficient.

1.

x	−3	2	12
$f(x)$	−21	14	74

2.

x	−13	50	$\frac{-1}{7}$
$f(x)$	6,5	−25	$\frac{1}{14}$

Automatismes

Calculer avec une fonction affine

29 On considère la fonction affine $f : x \mapsto 3x - 5$.

1. Calculer l'image de -7 par f puis déterminer $f(2{,}1)$ et $f\left(\frac{2}{5}\right)$.
2. Déterminer l'antécédent de 16 par f.
3. Déterminer le nombre qui a pour image -5 par f.

30 f est la fonction affine définie par $f(x) = \frac{2}{5}x - \frac{1}{3}$.

1. Calculer l'image de 5 par f puis déterminer $f(-15)$ et $f\left(\frac{5}{4}\right)$.
2. Déterminer l'antécédent de $\frac{2}{3}$ par f.
3. Déterminer le nombre qui a pour image 0 par f.

Calcul mental

31 Compléter le tableau de valeurs de la fonction affine f définie par $f : x \mapsto 3x + 5$.

x	-12		$\frac{-2}{3}$		4,7	
$f(x)$		-16		6		98

32 Relier chaque fonction affine à la proposition correspondante.

$f : x \mapsto 3x - 5$ •	• $f\left(\frac{1}{3}\right) = 2$
$f : x \mapsto -2x + 7$ •	• $f(-1) = 8$
$f : x \mapsto -9x - 1$ •	• $f(2{,}3) = 1{,}9$
$f : x \mapsto 4x + \frac{2}{3}$ •	• $f\left(\frac{-1}{2}\right) = 8$

Déterminer si une fonction est affine ou non

33 Dire si les fonctions suivantes sont affines. Si oui, préciser les paramètres a et b.

1. $f : x \mapsto \frac{x}{2} + 1$
2. $g : x \mapsto 5$
3. $h : x \mapsto -2x$
4. $k : x \mapsto 12 - 5x$

34 Dire si les fonctions suivantes sont affines. Si oui, préciser les paramètres a et b.

1. $f(x) = x^2 - 1$
2. $g(x) = \frac{x}{3} - 1$
3. $h(x) = \frac{2}{x} - 5$
4. $k(x) = 4x^2 - 2(2x^2 + 5x) - 3$

35 Parmi les courbes suivantes, indiquer celles qui peuvent représenter une fonction affine dont on précisera les paramètres a et b.

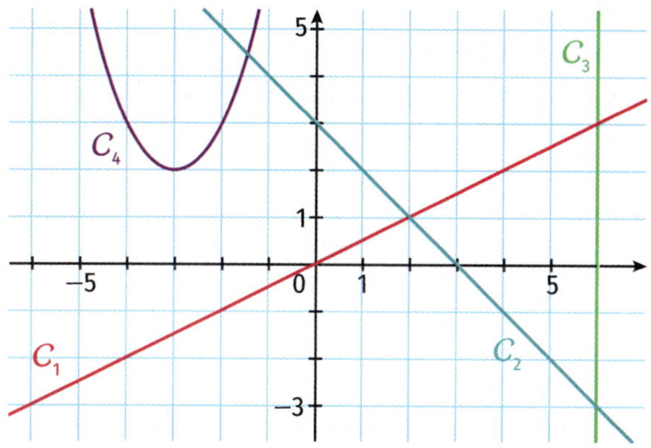

Représenter une fonction

36 Dans un même repère, représenter les fonctions suivantes.

1. $f : x \mapsto 2x$
2. La fonction linéaire h de coefficient -3.

37 Représenter dans un repère la fonction $f : x \mapsto 2x - 4$.

38 Représenter dans un repère la fonction g définie par $g(x) = 5 - x$.

39 Dans un repère, tracer la droite (d) représentant la fonction affine h sachant que le coefficient directeur de (d) est $a = -2$ et que son ordonnée à l'origine est $b = 3$.

Calcul mental

40 On considère la fonction affine f définie par $f(x) = 2x - 5$.
Calculer les coordonnées de deux points de la courbe représentative de la fonction f puis la représenter dans un repère.

Entraînement

- Vérifier que les connaissances de base sont acquises.
- Développer les connaissances.
- Maîtriser les notions de manière approfondie.

1 Fonctions linéaires

41 [Cal.4]

Déterminer le coefficient des fonctions linéaires dans chacun des cas suivants.

1. $f(7) = 63$
2. $g(-3) = 51$
3. $h(5) = -11$
4. $k(-4{,}7) = -14{,}1$

42 [Cal.4]

Déterminer le coefficient des fonctions linéaires dans chacun des cas suivants.

1. $f\left(\frac{3}{4}\right) = 1$
2. $g(2) = \frac{-7}{5}$
3. 12,2 a pour antécédent 4 par h.
4. $\frac{1}{3}$ a pour antécédent $\frac{2}{9}$ par k.

43 [Cal.4 - Rais.5]

f est la fonction linéaire de coefficient −7.
Dire si les affirmations suivantes sont vraies ou fausses. Justifier les réponses.

1. L'image de 3,4 par f est 23,8.
2. L'antécédent de −42 par f est 6.
3. Le nombre x tel que $f(x) = 86{,}1$ est −12,3.
4. $f(\pi) = -21{,}98$.

44 COPIE D'ÉLÈVE [Rais.1 - Rais.5]

Le professeur de Pablo a demandé si le tableau de valeurs suivant peut être celui d'une fonction linéaire.

x	−5	−3	1	2	7
$f(x)$	−7,5	−4,5	1,5	3,5	10,5

Voici la réponse de Pablo.

> *f est linéaire si le tableau est un tableau de proportionnalité.*
> *Comme $-7{,}5 \div (-5) = 1{,}5$*
> *$-4{,}5 \div (-3) = 1{,}5$*
> *$1{,}5 \div 1 = 1{,}5$ etc.*
> *on a donc $f(x) = 1{,}5x$.*
> *f est une fonction linéaire.*

Pablo a-t-il raison ? Justifier.

45 [Rais.5 - Rep.3]

La droite (d) est la représentation graphique d'une fonction f.

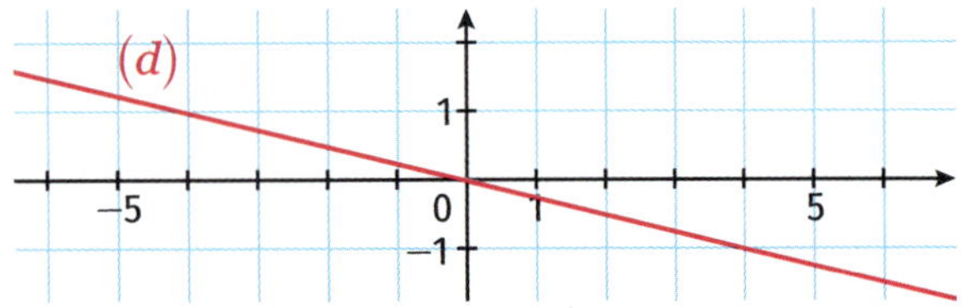

1. Justifier l'affirmation : « La fonction f est une fonction linéaire. ».
2. **a.** Lire l'image de 4 par f.
   b. Lire l'antécédent de 1 par f.
3. Donner l'expression de $f(x)$.

46 [Rais.5 - Rep.3 - Cal.4]

La droite (d) est la représentation graphique d'une fonction f.

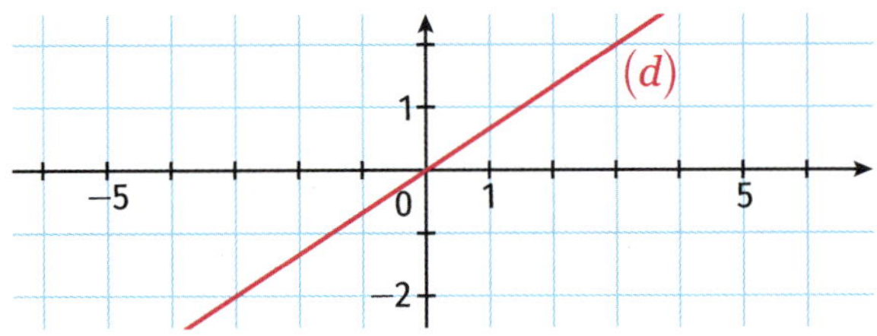

1. Quelle est la nature de la fonction f ?
Justifier et donner son expression.
2. Déterminer par le calcul l'image de 5 par f.
3. Déterminer par le calcul l'antécédent de −4 par f.

47 [Rep.3]

Les droites (d_1), (d_2) et (d_3) représentent respectivement les fonctions f, g et h.
Donner les expressions de $f(x)$, $g(x)$ et $h(x)$.

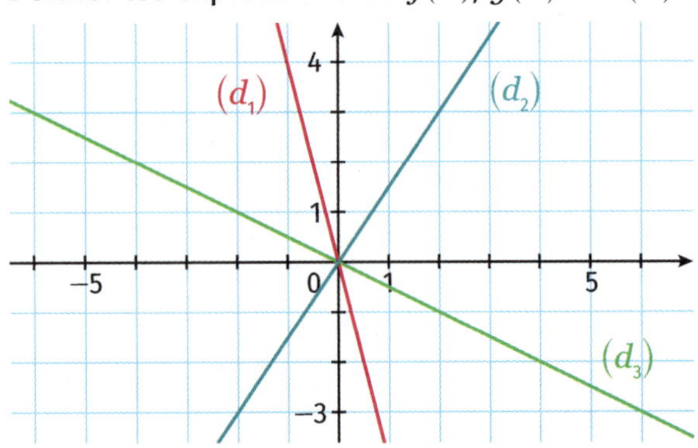

48 [Rep.2 - Cal.4]

1. Dans un repère, tracer la courbe représentative de la fonction linéaire $f : x \mapsto \frac{1}{4}x$.

2. Les points suivants appartiennent-ils à cette courbe ? Justifier par le calcul.

a. $A(-8 ; -4)$ **b.** $B(3 ; 1)$ **c.** $C\left(\frac{4}{3} ; \frac{1}{3}\right)$

49 [Rais.5 - Cal.2]

Les droites (d_1), (d_2), (d_3) et (d_4) représentent respectivement les fonctions f, g, h et k.

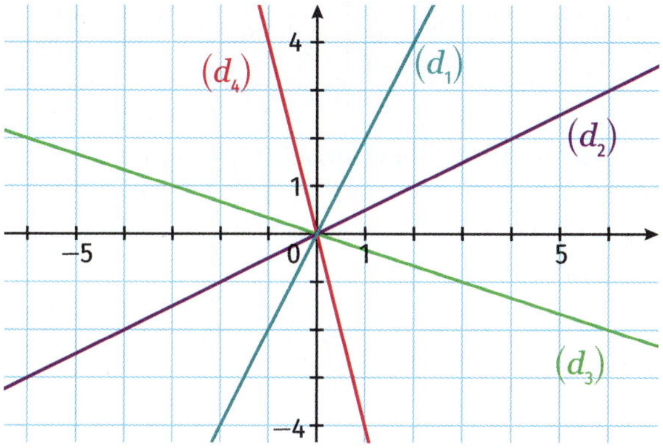

Les affirmations suivantes sont-elles vraies ou fausses ? Justifier.

1. $h(-3) = g(2)$ **2.** $f(2) > k(-1)$

3. $g(-4) < k(1)$ **4.** $f(1) = g(2)$

50 [Mod.3 - Rep.3 - Rep.2]

Le prix d'un litre d'essence est de 1,50 €.

1. On note f la fonction représentant le prix, en euro, de x litres d'essence. Quelle est la nature de cette fonction ? Justifier.

2. a. Calculer $f(5)$, $f(25)$ et $f(40)$.

b. Interpréter ces résultats dans le contexte de l'exercice.

3. a. Donner les coordonnées de trois points de la courbe représentative de la fonction f.

b. Dans un repère, tracer la courbe représentative de la fonction f.

4. Le prix d'un litre d'essence est passé à 1,30 €.

a. Dans le même repère, représenter la courbe de la fonction g modélisant le nouveau prix.

b. Lire l'antécédent de 26 par g. Interpréter le résultat dans le contexte de l'exercice.

51 [Ch.3 - Mod.8 - Rais.5 - Rep.2]

Voici trois programmes de calcul.

→ **PROGRAMME A**

```
Choisir un nombre
Diviser par 10
```

→ **PROGRAMME B**

```
Choisir un nombre
Multiplier par 5
Soustraire le nombre de départ
```

→ **PROGRAMME C**

```
Choisir un nombre
Ajouter 5
Multiplier par 2
Soustraire 10
```

1. Pour un nombre x choisi, donner l'expression du nombre obtenu par chaque programme.

2. Abdel affirme : « Ces trois programmes correspondent à des fonctions linéaires. ». A-t-il raison ? Justifier.

3. Représenter ces trois fonctions dans un même repère.

52 INVERSÉ [Ch.2 - Com.1]

On considère la fonction linéaire $f : x \mapsto 3{,}5x$. Imaginer une situation de proportionnalité modélisée par cette fonction.

53 [Ch.2 - Mod.5 - Mod.3]

La vitesse moyenne d'un TER (Train express régional) est de 160 km/h. On désigne par f la fonction qui modélise la distance parcourue (en kilomètre) pour une durée t (en heure).

1. Quelle est la nature de cette fonction ? Donner son expression.

2. Calculer $f(2)$ et $f(0{,}5)$. Interpréter ces résultats.

3. Calculer l'antécédent de 200 par f. Interpréter ce résultat.

Entraînement

Vérifier que les connaissances de base sont acquises.
Développer les connaissances.
Maîtriser les notions de manière approfondie.

2 Fonctions affines

54 [Rep.2 - Cal.4]

On considère la fonction affine définie par $f(x) = -0{,}25x + 6$.

1. Tracer la courbe représentative de la fonction f à l'aide de deux points.
2. Lire l'antécédent de 7 par f.
3. Résoudre l'équation $-0{,}25x + 6 = 7$. Que remarque-t-on ?

55 [Rep.2 - Cal.4]

1. Dans un repère, tracer la courbe représentative de la fonction affine $f : x \mapsto 4x - 3$.
2. Les points suivants appartiennent-ils à cette courbe ? Justifier.

a. $\mathrm{A}(5\ ;17)$ **b.** $\mathrm{B}(-2\ ;-12)$
c. $\mathrm{C}\left(-\frac{1}{4}\ ;-2\right)$ **d.** $\mathrm{D}(0\ ;-3)$

56 [Rep.2 - Cal.4]

On considère les fonctions $f : x \mapsto \frac{3}{5}x - 5$ et $g : x \mapsto -x + 3$.

1. Dans un même repère, tracer :

a. la courbe représentative de f en calculant les coordonnées de deux points ;

b. la courbe représentative de g en s'aidant du coefficient directeur et de l'ordonnée à l'origine.

2. **a.** Lire l'antécédent de -2 par f.

b. Lire l'antécédent de -2 par g.

c. Que remarque-t-on ?

d. Retrouver ce résultat par le calcul.

57 INVERSÉ [Ch.2 - Com.1]

On considère la fonction affine $f : x \mapsto 12x + 40$.

Imaginer une situation qui peut être modélisée par cette fonction.

58 [Cal.2]

Les droites (d_1), (d_2), (d_3) et (d_4) représentent des fonctions affines.

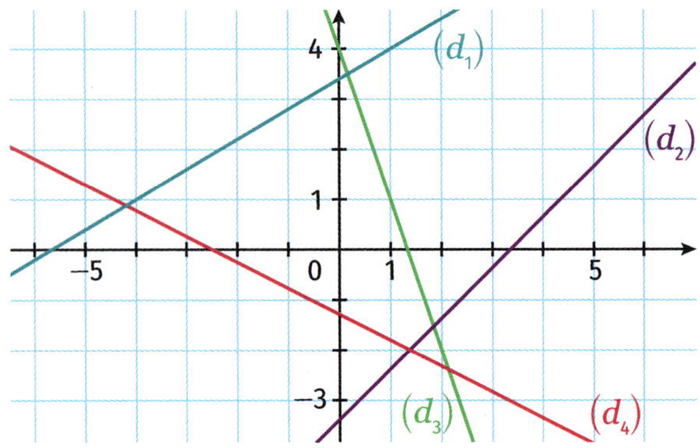

D'après l'allure des courbes représentatives, compléter le tableau en précisant le signe du coefficient directeur a et le signe de l'ordonnée à l'origine b.

	(d_1)	(d_2)	(d_3)	(d_4)
Signe de a				
Signe de b				

59 [Cal.2 - Cal.3]

Les droites (d_1), (d_2), (d_3), (d_4), (d_5) et (d_6) représentent des fonctions affines.

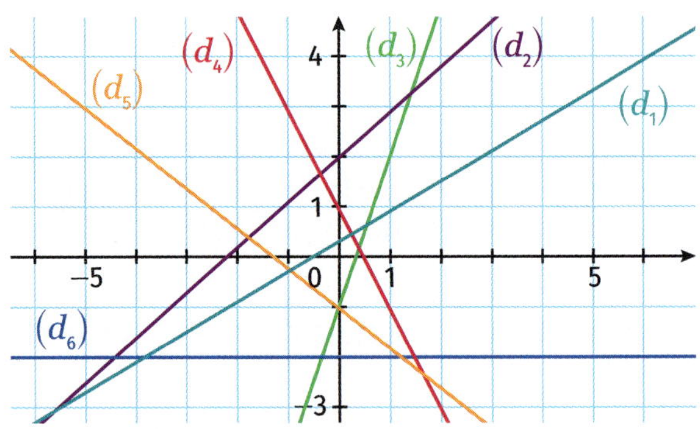

Citer la droite ayant :

1. le plus petit coefficient directeur ;
2. le plus grand coefficient directeur ;
3. le plus grand coefficient directeur strictement négatif ;
4. la plus petite ordonnée à l'origine ;
5. un coefficient directeur nul.

Entraînement

60 [Mod.9 - Cal.4]

Dans une salle de sport, les frais d'inscription sont de 49 € et l'abonnement coûte 29,95 € par mois.

Julien décide de s'inscrire.

1. Combien paiera-t-il pour une durée de quatre mois ? Pour une durée d'un an ?

2. On note f la fonction qui modélise le prix à payer, en euro, pour x mois d'abonnement.

a. Donner l'expression de $f(x)$.

b. Julien a payé 258,65 €. Quelle était la durée de son abonnement ?

61 [Mod.9 - Cal.4]

Selon le modèle ISA (*International Standard Atmosphere*), l'atmosphère est divisée en différentes couches avec une distribution linéaire de la température.

Ainsi entre 0 et 11 km, le modèle définit une température de 15 °C au niveau de la mer et une baisse de 6,5 °C par kilomètre.

1. On considère la fonction f qui modélise la température (en °C) en fonction de l'altitude x (en km). Donner l'expression de $f(x)$ en fonction de x.

2. **a.** Calculer $f(5)$ et interpréter le résultat.

b. Déterminer l'antécédent de $-30{,}5$ par f et interpréter le résultat.

62 [Rais.3 - Ch.2] DÉMO

On souhaite démontrer la propriété :

« Si f est une fonction affine définie par $f(x) = ax + b$ et si x_1 et x_2 sont deux nombres distincts, alors $a = \dfrac{f(x_2) - f(x_1)}{x_2 - x_1}$. »

1. Donner l'expression de $f(x_1)$ et $f(x_2)$.

2. **a.** Démontrer que $f(x_2) - f(x_1) = ax_2 - ax_1$.

b. Factoriser le second membre de l'égalité.

c. En déduire que $a = \dfrac{f(x_2) - f(x_1)}{x_2 - x_1}$ avec $x_1 \neq x_2$.

63 COPIE D'ÉLÈVE [Ch.2 - Rais.5 - Com.4]

Soit (d) la droite de coefficient directeur a représentant la fonction affine f.

Le professeur de Clara a demandé de compléter, pour chaque graphique, la phrase : « Quand x augmente de ... alors $f(x)$ ... de .... Ainsi $a = $ ... et a est .... ».

Voici sa réponse.

1. Quand x augmente de 2, alors f(x) augmente de 1. Ainsi a = 1 et a est positif.

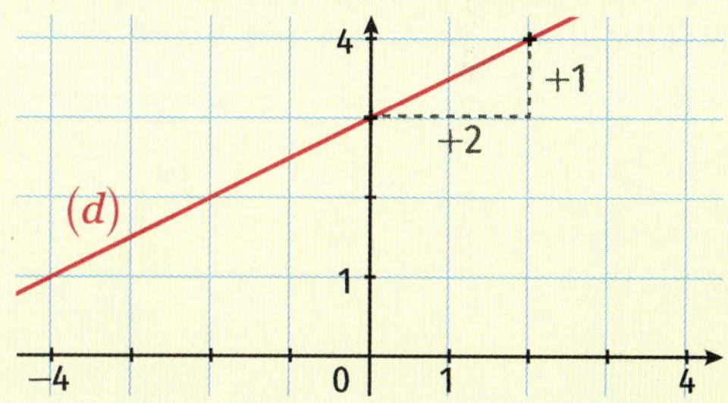

2. Quand x augmente de 1, alors f(x) diminue de 2. Ainsi a = 2 et a est positif.

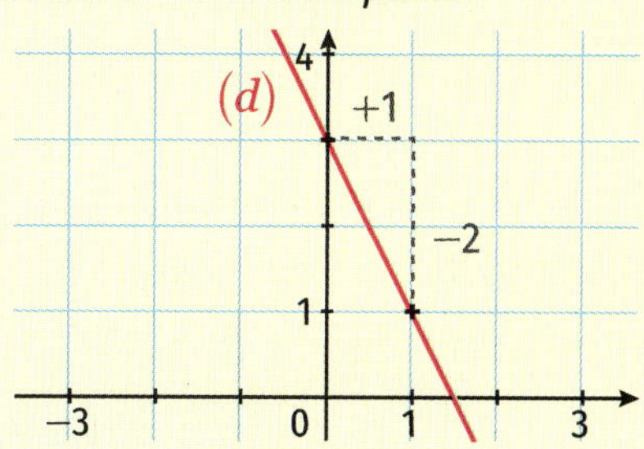

Indiquer les erreurs commises par Clara puis proposer une correction.

Approfondissement

64 [Mod.3 - Cal.4 - Mod.9]

En navigation marine, les distances sont exprimées en mille marin (NM). On désigne par f la fonction linéaire qui à x milles marins associe la distance en kilomètre (km).

On donne l'information suivante.

Toulon-Nice
103 milles marins — 190,75 kilomètres

1. Quel est le coefficient de cette fonction f ? On arrondira au millième.

2. On donne les informations suivantes.

Trajet	Distance (en NM)
Brest-Ajaccio	1 997
Brest-Barcelone	1 673
Brest-Lisbonne	733
Brest-Marseille	1 867
Brest-Milan	2 154

À l'aide de la fonction f, répondre aux questions suivantes.

a. Calculer $f(733)$. Interpréter le résultat dans le contexte.

b. Un capitaine est parti de Brest. Il a parcouru 3 698 km. Dans quel port est-il allé ?

65 [Mod.8 - Mod.4 - Rep.2 - Cal.4]

Le gérant de la société PROSPECT a choisi un nouveau logo schématisé ci-dessous. On donne $AB = 7{,}5$ cm, $CD = 4{,}5$ cm et $BC = 4{,}2$ cm.

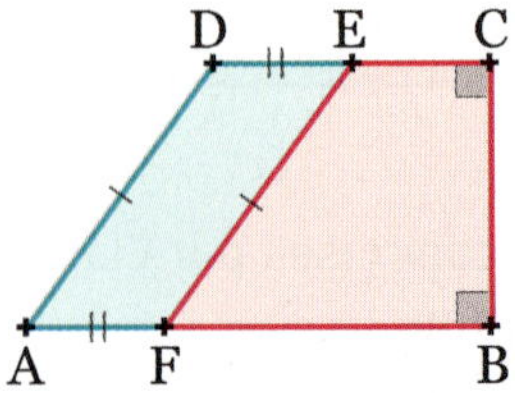

$E \in [CD]$
$F \in [AB]$

Par souci d'esthétisme, le gérant souhaite que les surfaces rose et bleue aient la même aire. On note $DE = x$ cm.

1. a. Exprimer en fonction de x l'aire $f(x)$ du parallélogramme AFED et l'aire $g(x)$ du trapèze FBCE.

b. Préciser la nature des fonctions f et g.

2. Représenter les fonctions f et g dans un même repère.

3. En observant le graphique, répondre au problème posé.

4. Résoudre $f(x) = g(x)$. En déduire la valeur exacte de la solution au problème et l'aire de chaque surface colorée.

66 [Rep.2 - Mod.8 - Cal.2 - Cal.4]

Pour s'inscrire à un tournoi, trois tarifs sont proposés aux clubs participants.

Tarif A : 25 € par personne.

Tarif B : Un forfait de 160 € et 15 € par personne.

Tarif C : Un forfait de 520 € quel que soit le nombre de personnes inscrites.

On note f, g et h les fonctions qui modélisent les prix, en euro, respectivement du tarif A, du tarif B et du tarif C.

1. Donner l'expression de $f(x)$, $g(x)$ et $h(x)$ en fonction du nombre x de personnes inscrites.

2. a. Représenter les fonctions f, g et h dans un même repère (unités : 1 cm pour 2 unités en abscisses et 1 cm pour 50 unités en ordonnées).

b. Graphiquement, quel est le tarif le plus avantageux pour un club souhaitant inscrire 10 personnes ? 20 personnes ?

3. Quel est le nombre d'inscriptions pour lequel les tarifs A et B sont les mêmes ? Justifier par un calcul.

4. Un club dispose de 325 €. Combien de personnes peut-il inscrire au maximum ? Quel tarif choisir ? Justifier par un calcul.

5. À partir de combien d'inscriptions le tarif C est-il le moins cher ? Justifier par un calcul.

Approfondissement

Environnement et développement durable

67 [Rep.4 - Mod.9 - Cal.2 - Cal.4]

D'après brevet, Métropole, septembre 2019

Les activités humaines produisent du dioxyde de carbone (CO_2) qui contribue au réchauffement climatique. Le graphique suivant représente l'évolution de la concentration atmosphérique moyenne en CO_2 (en ppm) en fonction du temps (en année).

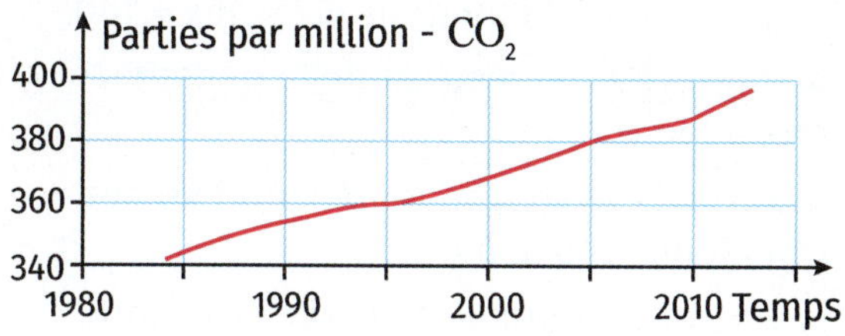

1 ppm de CO_2 = 1 partie par million de CO_2
= 1 milligramme de CO_2 par kilogramme d'air.

Source : Centre mondial de données relatives au gaz à effet de serre sous l'égide de l'OMM.

On veut modéliser l'évolution de la concentration de CO_2 à l'aide d'une fonction g où $g(x)$ est la concentration de CO_2 en ppm en fonction de l'année x.

1. Expliquer pourquoi une fonction affine semble appropriée pour modéliser la concentration en CO_2 en fonction du temps entre 1995 et 2005.

2. Tom propose l'expression $g(x) = 2x - 3\,630$. Léo propose l'expression $g(x) = 2x - 2\,000$. Quelle expression modélise le mieux l'évolution de la concentration de CO_2 ? Justifier.

3. 450 ppm de CO_2 correspond au seuil critique au-dessus duquel les conséquences climatiques deviennent hors de contrôle. En quelle année ce seuil sera-t-il atteint d'après le modèle choisi à la question précédente ?

CLUB DE MATHS

68 DÉFI

Déterminer la fonction affine f telle que $f(4) = -1$ et $f(7) = 3$.

69 DÉFI

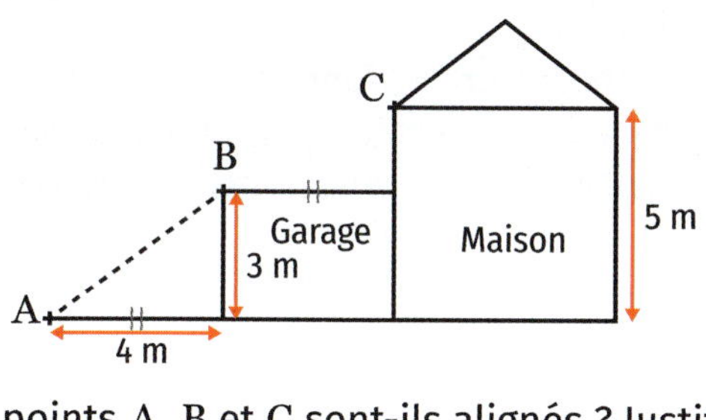

Les points A, B et C sont-ils alignés ? Justifier par un calcul.

70 DÉFI

Dans le grenier de son grand-père, Marie-Jo a trouvé un étrange plan de son jardin indiquant l'emplacement d'un trésor ! Malheureusement, ses coordonnées ont été supprimées. Cependant, au dos du plan, se trouvaient les informations suivantes.

Le trésor se trouve sur une droite représentant une fonction affine.

Son coefficient directeur est un nombre :
- premier inférieur à 100 ;
- dont la somme des chiffres est 4 ;
- dont le produit par 5 est un résultat supérieur à 100.

Son ordonnée à l'origine est un nombre :
- strictement compris entre −12 et 0 ;
- multiple de 2 et de 3.

L'abscisse du point représentant l'emplacement du trésor correspond au chiffre des dix-millionièmes du nombre π. Trouver les coordonnées exactes du trésor.

Préparer le brevet

71 [D'après brevet, Nouvelle-Calédonie, décembre 2019] durée : 25 min

On veut peindre des murs d'aire inférieure à 100 m². Voici les tarifs proposés par trois peintres en fonction de l'aire des murs à peindre en m² :

- **Peintre A :** 15 € par m².
- **Peintre B :** 10 € par m² et 100 € d'installation de chantier.
- **Peintre C :** 700 € quelle que soit l'aire inférieure à 100 m².

1. Montrer que pour 40 m², le tarif du peintre A est de 600 €, le tarif du peintre B est de 500 € et le tarif du peintre C est de 700 €.

Dans la suite de l'exercice, x désigne l'aire des murs à peindre en m². $a(x)$, $b(x)$ et $c(x)$ sont les expressions des fonctions donnant le prix proposé, en euro, respectivement par les peintres A, B et C en fonction de x.

2. Écrire le prix $b(x)$ proposé par le peintre B.

3. On donne $a(x) = 15x$ et $c(x) = 700$.

a. Quelle est la nature de la fonction a ?

b. Calculer l'image de 60 par la fonction a.

c. Calculer l'antécédent de 300 par la fonction a.

4. a. Résoudre l'équation $15x = 10x + 100$.

b. Interpréter le résultat de la question précédente.

5. a. Tracer la courbe représentative des trois fonctions a, b et c.

b. Lire graphiquement les surfaces entre lesquelles le peintre B est le moins cher des trois peintres.

72 [D'après brevet, Polynésie, juillet 2019] durée : 20 min

1. On a utilisé une feuille de calcul pour obtenir les images de différentes valeurs de x par une fonction affine f. Voici une copie de l'écran obtenu.

fx =3*B1-4

	A	B	C	D	E	F	G	H
1	x	-2	-1	0	1	2	3	4
2	$f(x)$	-10	-7	-4	-1	2	5	8

a. Quelle est l'image de −1 par la fonction f ?

b. Quel est l'antécédent de 5 par la fonction f ?

c. Donner l'expression de $f(x)$.

d. Calculer $f(10)$.

2. On considère un programme de calcul. On donne l'algorithme et la version sous Scratch.

```
Choisir un nombre
Ajouter 3
Multiplier par 2
Soustraire 5
```

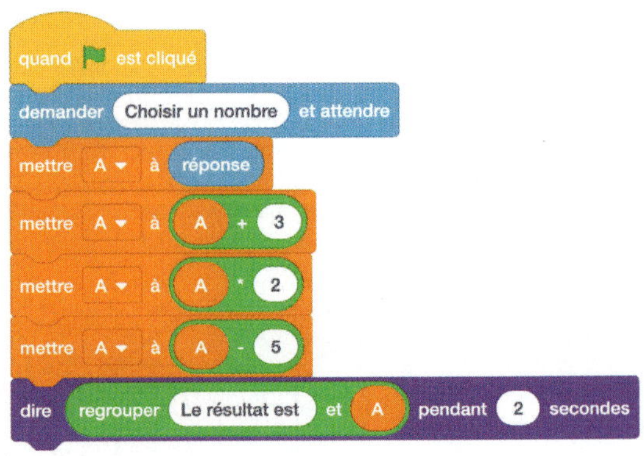

a. Si on choisit le nombre 8 au départ, quel sera le résultat ?

b. On note g la fonction qui au nombre x choisi au départ, associe le résultat obtenu avec ce programme de calcul. Montrer que $g(x) = 2x + 1$.

c. Quel nombre doit-on choisir au départ pour obtenir 6 ?

3. Quel nombre faudrait-il choisir pour que la fonction f et la fonction g donnent le même résultat ?

Activité différenciée

En quoi consiste le cryptage affine ?

- Chaque lettre d'un message est codée par son rang dans l'alphabet (A correspond au rang 0, B au rang 1, etc.). On calcule l'image de ces nombres par une fonction affine $f : x \mapsto ax + b$.
- On détermine le reste de la division euclidienne de ces images par 26.
- Chaque reste obtenu correspond à une lettre de l'alphabet et on crypte ainsi le message.

A	B	C	D	E	F	G	H	I	J	K	L	M	N	O	P	Q	R	S	T	U	V	W	X	Y	Z
0	1	2	3	4	5	6	7	8	9	10	11	12	13	14	15	16	17	18	19	20	21	22	23	24	25

Le but est de déterminer les paramètres a et b d'une fonction affine qui permet de crypter un message.

★ PARCOURS 1

1. a. Dans un même repère, tracer les droites (d_1) et (d_2) sachant que :
- la droite (d_1) est la courbe représentative de la fonction $g : x \mapsto 10 - x$;
- la droite (d_2) passe par les points $\mathrm{A}(-1 ; 1)$ et $\mathrm{B}(11 ; 4)$.

b. Le paramètre a de la fonction affine f recherchée est l'abscisse du point d'intersection des droites (d_1) et (d_2). Déterminer graphiquement la valeur de a.

2. a. Dans le même repère, tracer la droite (d_3) représentant la fonction $h : x \mapsto \frac{2}{3}x$.

b. Le paramètre b de la fonction affine f recherchée est l'ordonnée du point d'intersection des droites (d_2) et (d_3). Déterminer graphiquement la valeur de b.

3. Donner alors l'expression de la fonction affine f recherchée et crypter le mot « FONCTION ».

★★ PARCOURS 2

Voici quatre dominos.

$k(x) = (2x+3) - (-3x+7)$ Le paramètre a de la fonction k est	L'antécédent de 5 par la fonction $m : x \mapsto -2x - 3$ est ... .
L'antécédent de 13 par la fonction $i : x \mapsto 6{,}5x$ est	$h(x) = 5 - 3x$ Le paramètre b de la fonction h est ... .
$g(x) = 5x - 7$ L'image de 2 par g est	$b(x) = \frac{-1}{8}x + 9$ $b(16) = ...$
L'image de -2 par la fonction $p : x \mapsto -11x - 26$ est	$t(x) = 0{,}75x$ $t(4) = ...$

1. Trouver la valeur des deux faces des quatre dominos puis les placer correctement à la suite d'un domino bleu déjà placé.

6 face a	2 face b	face c	face d	face e	face f	face g	face h	face i	face j

2. a. Le coefficient a de la fonction affine f recherchée est la somme des faces a, c, g et i.

b. Le coefficient b de la fonction affine f recherchée est la différence positive des faces d et h.

3. Donner alors l'expression de la fonction affine f recherchée et crypter le mot « FONCTION ».

Déjà vu

Rappels

Deux grandeurs sont **proportionnelles** si les valeurs de l'une peuvent être obtenues en **multipliant** les valeurs de l'autre par un même nombre non nul.

Il y a différentes méthodes pour remplir un tableau de proportionnalité :
- additionner les valeurs de deux colonnes ;
- multiplier les valeurs d'une colonne par un même nombre ;
- utiliser le coefficient de proportionnalité.

1 Quelles situations, parmi celles proposées ci-dessous, sont des situations de proportionnalité ?

1. Un cycliste parcourt 50 km en trois heures à vitesse constante.
2. On achète six bouteilles identiques de boisson gazeuse et vendues 9 € l'unité.
3. Arthur, 14 ans, pèse 55 kg.

2 En pesant ses croissants, un boulanger a trouvé les valeurs suivantes.

450 g

300 g

Les considérant identiques, combien pèsent :
1. cinq croissants ?
2. six croissants ?

3 Sur une carte, 5 cm représentent 15 km dans le monde réel. Quelle est l'échelle de cette carte ?

4 Le tableau ci-dessous est-il un tableau de proportionnalité ?

2	3	4
4	6	8

5 Expliquer pourquoi le tableau ci-dessous n'est pas un tableau de proportionnalité.

2	3	4
5	7	10

6 Le tableau suivant est-il un tableau de proportionnalité ?

20	30	40
25	35	45

7 Compléter le tableau de proportionnalité ci-dessous.

6	9	15	24
	30	50	

8 Un magasin affiche une remise de 40 % sur certains articles.

Calculer le prix soldé d'un article qui coûtait 27 €.

9 Dans une classe de 30 élèves, le taux de réussite au Brevet est de 90 %.

Combien d'élèves de cette classe ont obtenu leur Brevet ?

ChronoQuiz

Retrouvez un quiz interactif à réaliser en classe pour vérifier les prérequis de ce chapitre sur LLS.fr/M3Quiz7

Partie 2 : Organisation et gestion de données, fonctions

7 Situations de proportionnalité

Objectifs du chapitre

- Partager une quantité dans un ratio donné.
- Utiliser une formule liant deux grandeurs dans une situation de proportionnalité.
- Résoudre des problèmes utilisant la proportionnalité.
- Faire le lien entre taux d'évolution et coefficient multiplicateur.

La circonférence d'un cercle est proportionnelle à son rayon. Comme nous allons le voir, il existe de nombreux exemples de situations de proportionnalité dans la vie quotidienne. (Œuvre de l'artiste Peter Schwenk dans l'ancien village olympique de Munich.)

Retrouvez un tableau récapitulatif des compétences utilisées dans les exercices de ce chapitre sur LLS.fr/M3Comp7

Activités

1 La boîte à parfum

› Cours 1 A p. 132

Objectif : Partager une quantité dans un ratio donné.

Gabrielle a acheté une boîte pour faire elle-même son parfum personnalisé. Elle doit mélanger 10 mL de note d'orange et 20 mL de note de jasmin.

1. Dans ce cas, on note que le **ratio note d'orange pour note de jasmin** est de **10 : 20**. Que cela signifie-t-il ?

2. Elle doit ensuite ajouter à ce mélange une note aromatique dans le ratio 1 : 1. Que cela signifie-t-il ? Quel volume de note aromatique doit-elle ajouter ?

3. Six mois plus tard, Gabrielle veut de nouveau fabriquer ce parfum mais en quantité plus grande et tout en gardant le même ratio jasmin, orange et note aromatique.
Quelle quantité de chaque ingrédient devra-t-elle utiliser pour un flacon de 300 mL ?

Bilan : Soient a et b deux nombres strictement positifs donnés. Que signifie être dans un ratio $a : b$?

2 Les glaces à la fraise

› Cours 1 B p. 132

Objectif : Faire le lien entre ratio, pourcentage et tableau de proportionnalité.

Mathéo vend des glaces à l'italienne sur la plage.
Il remarque qu'en moyenne, pour trois glaces à la fraise vendues, il vend sept glaces à la vanille.

1. Quel est le ratio **glace à la fraise : glace au total** ?

2. Dans la suite de cette activité, on cherche à traduire ce ratio à l'aide d'un pourcentage.
   a) Le nombre de glaces à la fraise vendues est-il proportionnel au nombre total de glaces vendues ?
   b) Recopier et compléter le tableau de proportionnalité suivant.

Nombre de glaces à la fraise vendues		
Nombre total de glaces vendues		100

   c) En s'aidant du tableau ci-dessus, traduire le ratio précédent à l'aide d'un pourcentage de glaces à la fraise vendues pour un nombre total de glaces vendues.
   d) En déduire le pourcentage de glaces à la vanille vendues par rapport au nombre total de glaces vendues.

Coup de pouce : Un pourcentage est une fraction dont le dénominateur est 100.

Bilan : Quel est le lien entre ratio et pourcentage ?

3 Les soldes

› Cours 2 p. 134

Objectif : Calculer un taux d'évolution.

1. Lors des soldes, un commerçant applique une réduction de 30 % sur les prix de tous les articles de son magasin. Quel est le prix soldé d'un article qui coûtait 130 € ?

2. Remplir le tableau suivant.

Prix non soldé (en euro)	70	130	180	250	x
Remise (en euro)					
Prix soldé (en euro)					

3. Le prix de départ et la remise sont-ils des grandeurs proportionnelles ? Si oui, quel est le coefficient de proportionnalité ?

4. Le prix de départ et le prix soldé sont-ils des grandeurs proportionnelles ? Si oui, quel est le coefficient de proportionnalité ?

5. Comment aurait-on pu trouver le coefficient de la question 4 uniquement avec le taux de réduction ?

Bilan : À quelle opération une réduction d'une quantité de p % équivaut-elle ?

4 Chocopoussin, augmentation et réduction

› Cours 2 p. 134

Objectif : Comprendre la notion d'évolutions successives.

Oscar et Léonie sont vendeurs pour un grand chocolatier. Début septembre, les prix des « Chocopoussins », produits phares de la marque, ont subi une augmentation de 20 % suite à la hausse du prix de la fève de cacao. Oscar et Léonie se sont donc occupés de l'étiquetage des « Chocopoussins » après cette hausse. Courant décembre, la marque propose d'effectuer une réduction de 20 % sur l'ensemble des chocolats vendus. Oscar et Léonie sont de nouveau chargés de l'étiquetage. Oscar suggère alors à Léonie de réutiliser les anciennes étiquettes des « Chocopoussins » afin de gagner du temps. Léonie n'est pas d'accord.

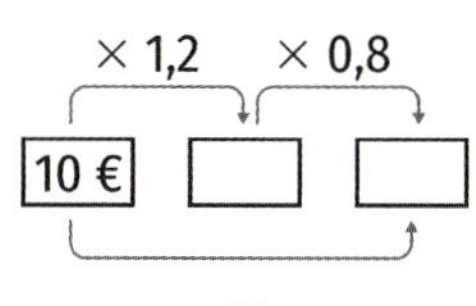

1. En utilisant le schéma ci-contre, donner le prix d'un « Chocopoussin » après avoir subi la hausse de septembre puis la baisse de décembre.

2. Compléter le schéma avec le coefficient multiplicateur permettant de passer directement du prix de départ à celui de décembre.

3. Expliquer alors la confusion faite par Oscar.

Bilan : À quoi faut-il être attentif lorsque l'on utilise deux taux d'évolution successifs ?

Cours

1 Les ratios

A Généralités

Définition

Soient c et d deux nombres strictement positifs.
On dit que deux nombres positifs a et b sont dans le **ratio** c pour d, noté « $c : d$ », si $\frac{a}{c} = \frac{b}{d}$.

Remarque : Si a et b sont deux nombres positifs dans le ratio 2 : 3 alors on peut schématiser la situation comme ci-contre.
a représente les $\frac{2}{5}$ du total et b les $\frac{3}{5}$.

Exemple :

Un pirate et son capitaine se partagent un butin dans le ratio 3 : 4.
Quand le butin est composé de 7 pièces, le pirate en a 3 et le capitaine 4. Quand le butin est composé de 350 pièces, le pirate en a 150 ($\frac{3}{7}$ de 350) et le capitaine en a 200 ($\frac{4}{7}$ de 350).
Autrement dit, le tiers du nombre de pièces du pirate est égal au quart du nombre de pièces du capitaine.

B Ratio et tableau de proportionnalité

Propriété

Si deux grandeurs sont dans un ratio alors elles sont proportionnelles entre elles.

Remarque : On peut donc toujours résoudre un problème de ratio en utilisant la notion de proportionnalité.

Exemple :

On réalise 80 mL de vinaigrette dont le ratio huile : vinaigre est de 3 : 1.
On met donc trois fois plus d'huile que de vinaigre. Il nous faudra ainsi 60 mL d'huile et 20 mL de vinaigre.

Quantité d'huile en mL	3	60
Quantité de vinaigrette en mL (huile + vinaigre)	4	80

× 20

Remarque : On peut également étudier le ratio entre trois grandeurs.
Ainsi, on dit que a, b et c sont dans le ratio « $e : f : g$ » si $\frac{a}{e} = \frac{b}{f} = \frac{c}{g}$.
Par exemple, a, b et c sont dans le ratio 2 : 4 : 5 si $\frac{a}{2} = \frac{b}{4} = \frac{c}{5}$.

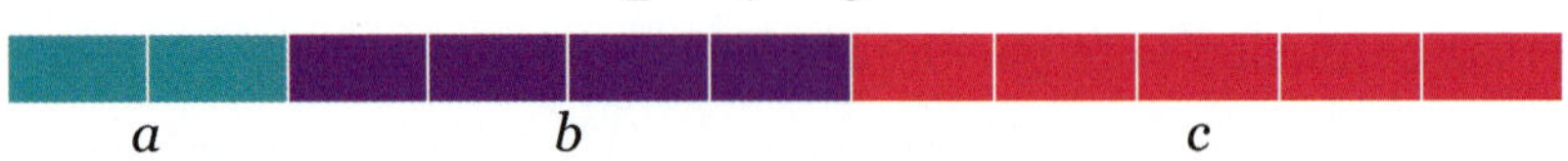

Appliquer un ratio donné

Énoncé Yasmine et Mathéo se partagent 21 bonbons dans le ratio 3 : 4.
Calculer le nombre de bonbons reçus par chacun des enfants.

Solution

Le nombre total de parts est égal à $3 + 4 = 7$.

Yasmine : $\frac{3}{7} \times 21 = 9$ bonbons.

Mathéo : $\frac{4}{7} \times 21 = 12$ bonbons.

Pour s'entraîner : exercices **49** et **51** p. 140

Méthode

- Le nombre total de parts est la somme du nombre de parts de chacun.
- Grâce à la proportion de bonbons attribuée à chacun des enfants, on calcule la quantité de bonbons.

Déterminer une quantité à l'aide d'un ratio donné

Énoncé Dans une classe de 3e le ratio filles : garçons est de 7 : 4. Il y a 8 garçons dans cette classe. Calculer le nombre de filles.

Solution

Pour 7 filles il y a 4 garçons, donc pour deux fois plus de garçons (c'est-à-dire 8) il y aura deux fois plus de filles, soit 14 filles.

Pour s'entraîner : exercices **26** et **27** p. 138

Méthode

On peut schématiser le problème de la manière suivante.

Tableaux de proportionnalité

Énoncé Pierre, Paul et Jacques se partagent 120 € dans le ratio 3 : 4 : 5.
Quelle quantité d'argent chacun va-t-il recevoir ?

Solution

La part totale représentée par le ratio est $3 + 4 + 5 = 12$. Quand le premier prend 3 euros, le deuxième prend 4 euros et le troisième 5 euros. Ainsi le premier reçoit $\frac{3}{12}$, le deuxième $\frac{4}{12}$ et le dernier $\frac{5}{12}$ du total.

Pierre	3	30
Total	12	120

× 10

Paul	4	40
Total	12	120

× 10

Jacques	5	50
Total	12	120

× 10

Chacun recevra respectivement 30, 40 et 50 euros.

Pour s'entraîner : exercices **50** p. 140 et **58** p. 141

Méthode

- On calcule le nombre total de parts.
- On remplit des tableaux de proportionnalité.
- On les complète en utilisant la méthode de son choix.

2 Augmentation et réduction

Propriétés

1. **Augmenter un nombre de p %** revient à multiplier ce nombre par $\mathbf{1+\frac{p}{100}}$.
2. **Diminuer un nombre de p %** revient à multiplier ce nombre par $\mathbf{1-\frac{p}{100}}$.

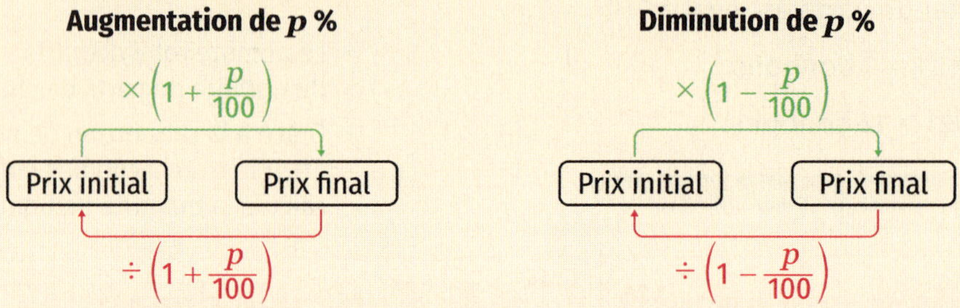

Définitions

1. Dans ce cas, p % est appelé le **taux d'évolution.**
2. Une augmentation de p % est modélisée par la fonction linéaire $f : x \mapsto \left(1+\frac{p}{100}\right)x$.

Une diminution de p % est modélisée par la fonction linéaire $g : x \mapsto \left(1-\frac{p}{100}\right)x$.

On dit que $1+\frac{p}{100}$ (respectivement $1-\frac{p}{100}$) est le **coefficient multiplicateur.**

3. Dans le cas d'une augmentation, le coefficient multiplicateur qui permet de passer de la quantité initiale à la quantité finale est supérieur à 1 et dans le cas d'une diminution il est inférieur à 1.

Exemple :

Lors des soldes, un blouson voit son prix de 80 € diminué de 40 %.
Le coefficient multiplicateur est $1-\frac{40}{100}=0{,}6$.
Le nouveau prix du blouson est donc de $80 \times 0{,}6$ soit 48 €.

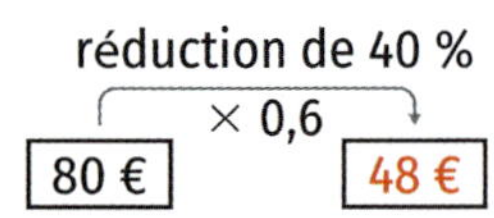

Remarque : Attention, les pourcentages ne s'additionnent ou ne se soustraient pas. Lorsque l'on applique successivement deux augmentations, ou deux réductions ou une augmentation suivie d'une réduction, il faut multiplier la quantité initiale par le coefficient qui correspond au produit des coefficients multiplicateurs successifs.

Exemple :

Un téléphone portable qui coûtait 240 € subit une réduction de 30 % puis un autre rabais de 20 %.

Pour connaître son nouveau prix, on multiplie le prix initial par $1-\frac{30}{100}=0{,}7$ puis par $1-\frac{20}{100}=0{,}8$.
Comme $0{,}7 \times 0{,}8 = 0{,}56$ et $1-0{,}56=0{,}44$,
ce téléphone a donc subi une baisse de 44 % et non une baisse de 50 % comme nous aurions pu l'imaginer.

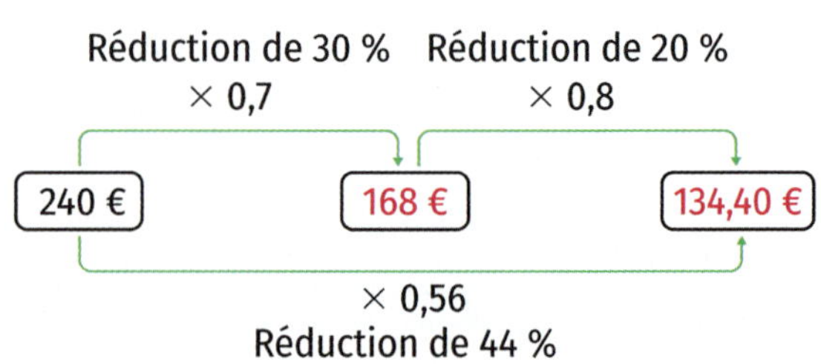

› Appliquer un taux de réduction

Énoncé Rachel veut s'offrir une nouvelle robe qui coûte 35 €. Elle possède un code permettant d'obtenir une réduction de 15 %. Combien va lui coûter sa robe après réduction ?

Solution

Le coefficient multiplicateur est $1-\frac{15}{100}=0{,}85$.

On calcule le nouveau prix : $35\times 0{,}85=29{,}75$.

On obtient donc un nouveau prix de 29,75 €.

Méthode

Diminuer un prix de p % revient à le multiplier par $1-\frac{p}{100}$.

Pour s'entraîner : exercices **66** et **68** p. 142

› Retrouver une donnée

Énoncé Le prix d'un smartphone a augmenté de 25 %. Il coûte 224 €. Quel était son ancien prix ?

Solution

Augmenter un prix de 25 % revient à le multiplier par $1+\frac{25}{100}=1{,}25$. Soit x la valeur de l'ancien prix, on a donc l'égalité suivante : $x\times 1{,}25=224$ donc $x=224\div 1{,}25$ ainsi $x=179{,}2$.

Le smartphone coûtait 179,20 €.

Méthode

- On détermine le coefficient multiplicateur associé à l'augmentation subie.
- On résout l'équation obtenue.

Pour s'entraîner : exercices **44** p. 139 et **71** p. 142

› Déterminer un taux d'évolution

Énoncé Le prix d'un abonnement à une salle de sport est passé de 150 € en 2019 à 154,50 € en 2020. Calculer le taux d'évolution appliqué.

Solution

On cherche p tel que $150\times\left(1+\frac{p}{100}\right)=154{,}50$ c'est-à-dire $1+\frac{p}{100}=\frac{154{,}50}{150}$ donc $1+\frac{p}{100}=1{,}03$.

Or, le coefficient multiplicateur 1,03 correspond à une augmentation de 3 %. Le prix de l'abonnement a donc augmenté de 3 %.

Méthode

- Pour déterminer le taux d'évolution, on se ramène d'abord au coefficient multiplicateur associé : $1+\frac{p}{100}$ dans le cas d'une augmentation et $1-\frac{p}{100}$ dans le cas d'une diminution.
- On met en équation et on résout.
- On déduit la valeur de p grâce au coefficient multiplicateur obtenu.

Pour s'entraîner : exercices **70** et **74** p. 142 et **76** p. 143

Révision

Genially : Retrouvez une activité interactive pour réviser les notions de ce chapitre sur LLS.fr/M3Genially7

PROPORTIONNALITÉ

Ratio

2 : 3 se lit 2 pour 3

2/5 3/5

Proportion de 40 % et 60 %

2	40
5	100

× 20

3	60
5	100

× 20

Taux d'évolution

Augmenter une quantité de p % c'est la multiplier par $\left(1+\frac{p}{100}\right)$.

Augmenter de 25 % :

100	300
125	375

× 1,25

Diminuer une quantité de p % c'est la multiplier par $\left(1-\frac{p}{100}\right)$.

Diminuer de 20 % :

100	300
80	240

× 0,8

QCU : réponse unique

10 Un ratio 3 : 33 est équivalent à un ratio de :

a 2 : 11
b 2 : 22
c 3 : 11
d 3 : 36

11 Augmenter une quantité de 20 % revient à la :

a multiplier par 20.
b diviser par 20.
c multiplier par 1,2.
d multiplier par 0,8.

12 Diminuer une quantité de 15 % revient à la :

a diviser par 1,15.
b diviser par 15.
c diviser par 0,85.
d multiplier par 0,85.

13 Un ratio 1 : 2 équivaut à :

a 50 pour 50.
b une répartition de $\frac{1}{3}$ et $\frac{2}{3}$.
c un partage en deux parts égales.
d 33 % pour 67 %.

QCM : réponses multiples

14 Augmenter de 100 % revient à :

a multiplier par 2.
b multiplier par 100.
c doubler.
d ne rien faire.

15 Diminuer de 50 % revient à :

a multiplier par 0,5.
b diviser par 2.
c multiplier par 50.
d diviser par 0,5.

16 Multiplier par 0,77 revient à :

a réduire de 77 %.
b diminuer de 23.
c réduire de 23 %.
d augmenter de 77 %.

17 Réduire de 15 % revient à :

a multiplier par 0,15.
b soustraire 15.
c multiplier par 0,85.
d diviser par 0,15.

› Corrigés p. 299

18 [Mod.10 - Rep.8]

Gabrielle, qui souhaite créer un parfum à base de jasmin et de citron, a écrit le script ci-dessous.

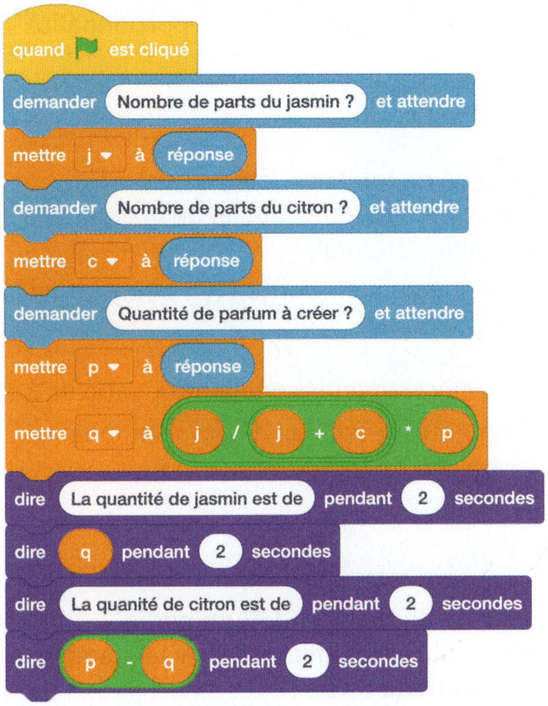

1. Que calcule ce script ?
2. Gabrielle souhaiterait une bouteille de 150 mL avec un ratio jasmin : citron de 2 : 3. Écrire les instructions effectuées par le programme les unes après les autres.

19 [Mod.10 - Rep.8]

Les ventes réalisées dans les cafés et restaurants sont soumises à différents taux. Un restaurateur souhaite créer une feuille de calcul lui permettant d'obtenir le prix TTC (toutes taxes comprises) en euro. Le taux de TVA est de 5,5 % pour les consommations sur place et de 10 % pour celles à emporter. Pour les produits à consommer sur place, il a commencé à créer la feuille de calcul suivante.

	A	B	C	D
1	Produits	Prix Hors Taxes	TVA	
2	Soda	10	0,55	10,55
3	Eau	8	0,44	8,44
4	Glace	5	0,275	5,275
5	Viennoiserie	6	0,33	6,33

1. Quelle formule est entrée dans la cellule **C2** ?
2. Quelles informations donnent les cellules de la colonne **D** ?
3. On souhaite réaliser une feuille de calcul du même type pour les produits à emporter et en supprimant la colonne **C**.

a. Que pourrait-on modifier sur la feuille de calcul pour passer directement du prix hors taxes au prix TTC ?

b. Écrire cette nouvelle feuille de calcul permettant d'obtenir le prix des produits à emporter après application de la TVA à 10 %, sans passer par la colonne **C**.

20 [Mod.10 - Rep.8]

Les légionelles sont des bactéries présentes dans l'eau potable. Lorsque la température de l'eau est à 37 °C, la population de cette bactérie double tous les quarts d'heure. Une population de 100 bactéries légionelles est placée dans ces conditions. La feuille de calcul suivante permet de donner le nombre de bactéries légionelles en fonction du nombre de quarts d'heure écoulés.

	A	B
1	Nombre de quarts d'heure	Nombre de bactéries
2	0	100
3	1	
4	2	
5	3	
6	4	
7	5	
8	6	
9	7	
10	8	

1. Dans la cellule **B3** on veut saisir une formule, qu'on étirera, permettant de calculer le nombre de bactéries légionelles en fonction du nombre de quarts d'heure écoulés. Quelle est cette formule ?
2. Quel est le nombre de bactéries légionelles au bout d'une heure ?
3. Le nombre de bactéries légionelles est-il proportionnel au temps écoulé ?
4. Au bout de combien de temps cette population dépassera-t-elle 10 000 bactéries ?

Automatismes

Les ratios

21 Donner le ratio 😀 : 😭 et simplifier le résultat obtenu.

😀😀😀😀😀😭😭😭😭😭😭😭😭😭😭

22 Donner le ratio 💙 : ❤️ : 💛 et simplifier le résultat obtenu.

💙💙💙💙💙💙💙💙💙💙
❤️❤️❤️❤️❤️❤️❤️❤️❤️❤️❤️❤️❤️❤️❤️
💛💛💛💛💛💛💛💛💛💛💛💛💛💛💛
💛💛💛💛💛

23 Donner le ratio 😇 : 😈 et simplifier le résultat obtenu.

😇😇😇😇😇😇😇😇😇😈😈😈

24 Exprimer chaque ratio sous sa forme simplifiée.

1. 15 : 25
2. 6 : 249
3. 15 : 21
4. 15 : 45

25 On réalise une pâte à crêpes pour six personnes en suivant la recette ci-dessous : 600 g de farine, 6 œufs, 450 mL de lait.

1. Quel est le ratio personnes : farine : œufs : lait pour cette recette ?

2. Simplifier ce ratio.

3. Quelle quantité de chaque ingrédient sera-t-elle nécessaire si on souhaite réaliser cette recette pour neuf personnes ?

Calcul mental

26 Les dimensions d'un tableau sont dans le ratio 3 : 9. La largeur du tableau (plus petite dimension) est égale à 15 cm. Combien mesure sa longueur ?

27 Les dimensions d'un écran sont dans le ratio 16 : 9. La longueur de l'écran (plus grande dimension) est égale à 32 cm. Combien mesure sa largeur ?

Ratio et tableau de proportionnalité

28 Deux grandeurs sont dans un ratio de 15 : 5.

1. Compléter le tableau de proportionnalité suivant.

Grandeur 1		
Total	20	100

2. À l'aide du tableau, déterminer la proportion (en pourcentage) de la grandeur 1 par rapport au total.

3. En déduire la proportion (en pourcentage) de la grandeur 2.

29 Deux grandeurs sont dans un ratio de 3 : 5.

1. Compléter le tableau de proportionnalité suivant afin de traduire ce ratio en pourcentage.

Grandeur 1		
Total		

2. À l'aide du tableau, déterminer la proportion (en pourcentage) de la grandeur 1 par rapport au total.

3. En déduire la proportion (en pourcentage) de la grandeur 2.

30 Deux grandeurs sont dans un ratio de 1 : 4.

1. Compléter le tableau de proportionnalité suivant afin de traduire ce ratio en pourcentage.

Grandeur 1		
Total		

2. À l'aide du tableau, déterminer la proportion (en pourcentage) de la grandeur 1 par rapport au total.

3. En déduire la proportion (en pourcentage) de la grandeur 2.

31 Deux grandeurs sont dans un ratio de 8 : 12. Traduire ce ratio en pourcentage pour chacune de ces grandeurs.

32 Deux grandeurs sont dans un ratio de 4 : 16. Traduire ce ratio en pourcentage pour chacune de ces grandeurs.

33 Deux grandeurs sont dans un ratio de 14 : 16. Traduire ce ratio en pourcentage pour chacune de ces grandeurs. Arrondir à l'unité.

34 25 % des élèves d'une classe ont des lunettes. Traduire cette information à l'aide d'un ratio.

35 Trois grandeurs sont dans un ratio 2 : 3 : 5. Traduire ce ratio en pourcentage pour chacune des grandeurs.

36 Les mesures des angles du triangle ci-contre sont dans un ratio 1 : 2 : 3. Combien mesure chaque angle ?

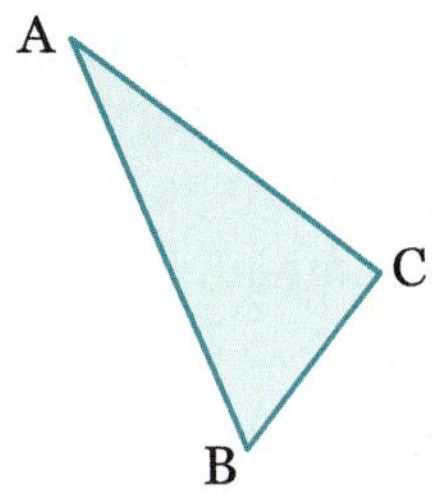

Calcul mental

37 Trois grandeurs sont dans un ratio 1 : 3 : 1. Traduire ce ratio en pourcentage pour chacune des grandeurs.

38 Trois grandeurs sont dans un ratio 1 : 1 : 2. Traduire ce ratio en pourcentage pour chacune des grandeurs.

Taux d'évolution

39 Pour chaque évolution, donner le coefficient multiplicateur qui lui correspond.

1. Augmentation de 5 %.
2. Augmentation de 20 %.
3. Augmentation de 56 %.
4. Augmentation de 24 %.

40 Pour chaque évolution, donner le coefficient multiplicateur qui lui correspond.

1. Diminution de 5 %.
2. Diminution de 20 %.
3. Diminution de 56 %.
4. Diminution de 24 %.

41 Relier chaque proposition avec celle qui lui correspond.

Augmenter de 10 % •	• Multiplier par 2
Diminuer de 40 % •	• Multiplier par 1,1
Augmenter de 15 % •	• Multiplier par 0,25
Diminuer de 75 % •	• Multiplier par 0,6
Augmenter de 100 % •	• Multiplier par 1,15

42 Calculer le nouveau prix d'un article à :

1. 100 € qui subit une augmentation de 17 %.
2. 200 € qui subit une diminution de 72 %.
3. 400 € qui subit une augmentation de 36 %.

43 Pour son anniversaire, Sébastien a reçu un smartphone dont la capacité de mémoire est 75 % supérieure à celle de son téléphone actuel. Sachant que ce dernier a une capacité de 24 Go, calculer la capacité de mémoire de son cadeau.

44 Un article coûte 150 € après une augmentation de 20 %. Combien coûtait-il avant cette augmentation ?

45 Un article coûte 240 € après une réduction de 10 %. Combien coûtait-il avant cette réduction ? Arrondir à l'unité par excès.

46 Kamila a payé 56 € TTC pour la réparation de son vélo. Quel est le prix HT de cette réparation ? (TVA à 5,5 %.) Arrondir à l'euro près.

Calcul mental

47 Calculer le prix après 10 % de réduction dans chacun des cas suivants.

1. 100 € 2. 200 € 3. 300 € 4. 400 €

48 Un article coûte 50 €. Calculer son prix après une augmentation de :

1. 100 % 2. 50 % 3. 25 % 4. 200 %

Entraînement

Vérifier que les connaissances de base sont acquises.
Développer les connaissances.
Maîtriser les notions de manière approfondie.

1 Les ratios

49 [Ch.1 - Mod.3]

Lubin a investi 300 € dans une société et Léonie 500 €.

1. Donner le ratio correspondant à l'investissement Lubin pour Léonie.
2. Simplifier ce ratio.
3. La société enregistre un bénéfice de 8 000 € à la fin de l'année. Les deux investisseurs se partageront ce bénéfice selon le ratio de leur investissement. Quelle somme d'argent va revenir à chacun d'entre eux ?

50 [Ch.1 - Mod.3]

Fantine a investi 800 € dans une société, Nora 400 € et Olivier 100 €.

1. Donner le ratio correspondant à l'investissement Fantine pour Nora pour Olivier.
2. Simplifier ce ratio.
3. La société enregistre un bénéfice de 13 000 € à la fin de l'année. Les investisseurs se partageront ce bénéfice selon le ratio de leur investissement. Quelle somme d'argent va revenir à chacun d'entre eux ?

51 [Ch.1 - Mod.3]

Jules et Jim jouent aux billes.

À la fin de la première partie, Jules possède 30 billes et Jim en a 50.

1. Donner le ratio correspondant au nombre de billes possédées par Jules et Jim.
2. Simplifier ce ratio.
3. Jeanne donne 8 billes à mettre dans le jeu à répartir entre les deux joueurs suivant le ratio précédent. Combien de billes vont avoir en tout Jules et Jim après cette répartition ?

52 [Ch.3]

Dans une classe de 28 élèves de troisième, le ratio filles : garçons est de 5 : 9.

Combien de filles doivent intégrer cette classe si on veut obtenir la parité ?

53 [Ch.1 - Mod.1]

Dans un jeu de société, une partie se joue avec 36 cartes et deux joueurs. Il faut commencer par distribuer toutes les cartes de sorte que le joueur A en reçoive le double du joueur B.

1. Exprimer ce ratio.
2. Combien le joueur A doit-il recevoir de cartes ? Et le joueur B ?

54 [Ch.1 - Mod.1 - Rais.4]

Le jeu du « Triple ou simple » nécessite 36 cartes. Il faut commencer par distribuer toutes les cartes de sorte que le joueur A en reçoive le triple du joueur B.

1. Combien le joueur A doit-il recevoir de cartes ?
2. Peut-on jouer à ce jeu avec un jeu de 54 cartes ? Justifier.

55 [Ch.3 - Rep.1 - Cal.1]

Le dosage pour obtenir du béton pour jointoyer est d'un volume de ciment pour un demi-volume d'eau.

1. Exprimer ce ratio sous sa forme simplifiée (avec des nombres entiers).
2. Donner sous forme de fraction simplifiée la proportion que représente le ciment par rapport au volume total.
3. On veut obtenir 60 L de béton pour jointoyer des dalles de jardin. Quelles quantités de ciment et d'eau doit-on utiliser ?

56 COPIE D'ÉLÈVE [Mod.3]

Un pirate découvre un trésor de 240 pièces d'or. Il doit le partager avec son capitaine dans un ratio de 2 : 3. Combien chacun recevra-t-il de pièces d'or ?

Voilà la réponse de Joffrey.

> *Le pirate va recevoir 80 pièces d'or et son capitaine 160 pièces.*

La réponse de Joffrey est-elle correcte ? Si non, indiquer l'erreur et proposer une correction.

57 INVERSÉ [Ch.2 - Com.1]

Proposer un énoncé d'exercice qui utilise le ratio 2 : 4 : 6.

58 [Ch.1 - Mod.3]

Une recette de cocktail sans alcool recommande de doser la quantité de grenadine, de jus de pomme et de jus de mangue dans un ratio de 2 : 3 : 4.
Ismaïl souhaite réaliser 54 L de ce cocktail pour l'inauguration de ses nouveaux bureaux. Quelle quantité de chacun des ingrédients devra-t-il prévoir ?

59 [Mod.1 - Rais.4]

Avant d'utiliser un produit détergent, il faut le diluer avec de l'eau. Sur une bouteille de 100 cL de détergent, on peut lire qu'il faut doser dans un ratio de 7 : 2 la quantité d'eau avec celle de ce détergent.

Raphaël a besoin de remplir un bidon avec sa bouteille entière de détergent. Quelle est la capacité minimale du bidon qu'il devra utiliser ?

60 [Mod.1]

Lors du tournage d'un film pour le cinéma, l'équipe réalise 165 prises. Le ratio des prises réussies pour celles ratées est de 6 : 5.

1. Combien de prises ont-elles été réussies durant ce tournage ?
2. Finalement, parmi les prises réussies, seules 80 seront gardées au montage. Quel est le ratio des scènes gardées au montage pour toutes les prises réalisées ?

61 [Rais.2 - Rais.4]

Sur une bouteille de sirop de menthe, il est indiqué de mettre une dose de sirop pour sept doses d'eau. Il me reste 20 cL de sirop de menthe. Puis-je remplir une bouteille de 1,5 L de menthe à l'eau sans la faire déborder ?

62 [Ch.1 - Ch.4]

La recette du gâteau au yaourt nécessite un pot de yaourt pour deux pots de sucre et trois pots de farine.

1. Exprimer cette recette sous la forme d'un ratio yaourt : sucre : farine.
2. Un pot peut contenir 75 g de farine ou 100 g de sucre. Yasmina veut réaliser cette recette avec 450 g de farine. De quelle quantité de sucre aura-t-elle besoin ?

63 [Ch.2 - Mod.1]

Trois joueurs de football en ligne comparent leurs ratios matchs nuls pour matchs gagnés pour matchs perdus.
Anissa : 1 : 3 : 2
Kamil : 2 : 1 : 4
Jahouad : 2 : 5 : 5

Quel est celui qui a la plus grande proportion de victoires ?

64 [Rep.1]

Lors du marathon de Paris 2016, on comptait six femmes pour 19 hommes. Lors du marathon de Chicago la même année, on comptait une participation féminine de 46 %. Enfin, lors du marathon de Barcelone a été dénombrée une participation de quatre femmes pour 21 hommes.

1. Exprimer, en pourcentage, le taux de participation féminine aux marathons de Paris et de Barcelone. Arrondir à l'unité.
2. Comparer les différents résultats obtenus.

65 [Ch.4 - Mod.1]

Sur une bouteille de nettoyant pour vitres, on peut lire « Dilution de 1 : 20 à 1 : 2. ».
Interpréter cette indication en utilisant des pourcentages.

Vérifier que les connaissances de base sont acquises.
Développer les connaissances.
Maîtriser les notions de manière approfondie.

Entraînement

2 Augmentation et réduction

66 COPIE D'ÉLÈVE [Ch.1 - Rais.4]

Un tee-shirt qui coûtait 35 € a subi une réduction de 10 %. Calculer le prix de cet article après réduction.

Voici la réponse proposée par Saïd.

> *Comme c'est une réduction je retire 10 % à 35 euros : 35 − 10 % = 25, donc le tee-shirt coûte 25 €.*

Indiquer les erreurs commises par Saïd et proposer une correction à cet exercice.

67 [Mod.3]

Gérald place 1 200 € sur un compte épargne lui rapportant 2,5 % d'intérêts par an.

Calculer la somme présente sur son compte au bout d'une année.

68 [Mod.3]

Alexiane souhaite acheter une nouvelle voiture qui coûte 12 000 €.
Elle constate que celle-ci va perdre 30 % de sa valeur au bout de la première année.
À quel prix peut-elle espérer la revendre au bout d'une année ?

69 [Rais.2]

Henri fait les soldes et repère un blouson étiqueté 21 € après une réduction de 75 %.

Quel était le prix initial du blouson convoité par Henri ?

70 [Ch.1 - Mod.3 - Rais.3]

En 2020, il y a eu 716 064 candidats reçus au baccalauréat, soit 48 000 candidats de plus qu'en 2019.

Quel est le taux d'augmentation correspondant ? Arrondir à l'unité.

71 [Rais.2]

Le prix du loyer de la famille Viflune a augmenté de 3 %. Elle paie actuellement 871,38 € pour son appartement.

À combien s'élevait ce loyer avant augmentation ?

72 [Rais.2]

Sur les réseaux sociaux, on a pu constater une augmentation des prix du panier moyen de 89 % en avril 2020. À cette date, la famille Plumange payait 125 € pour son panier de courses alimentaires.

Combien payait-elle avant cette augmentation ? Arrondir au centime d'euro.

73 [Rais.2]

L'augmentation des prix du panier alimentaire moyen ressentie en avril 2020 est due à un changement de comportement face aux achats et non à une augmentation réelle des prix.

Le prix des produits a en effet subi une baisse de 0,15 % au cours du mois d'avril 2020 (sauf certains fruits et légumes).

Calculer le prix réel avant cette diminution pour un panier revenant à 125 €. Arrondir au centime d'euro.

74 [Ch.1 - Mod.3 - Rais.3]

L'émission de CO_2 mondiale en gigatonne est passée de 9,4 en 1960 à 36,1 en 2016.

Calculer le taux d'évolution subi. Arrondir à l'unité.

75 [Ch.1 - Mod.3 - Rais.3]

Lors de la dernière coupe du monde de football au Brésil en 2016, les prix d'hôtel à Salvadore de Bahia ont flambé. Une chambre d'hôtel est ainsi passée de 55 € la nuit à 250 €.

Calculer le taux d'augmentation subi par cette chambre d'hôtel. Arrondir à l'unité.

76 [Ch.1 - Mod.3 - Rais.3]

Le prix du produit phare d'une entreprise est passé de 150 € à 105 € après une relocalisation.

Calculer le taux de réduction.

77 [Ch.1 - Mod.3 - Rais.3]

Le prix de l'huile de palme est passé de 2 308 ringgits (la monnaie en Malésie) en 2018 à 2 375 ringgits malaisiens en 2019.

Donner un arrondi au dixième près du taux d'évolution subi.

78 [Ch.1 - Mod.3 - Rais.3]

Dans la rubrique automobile d'un journal, on lit l'information suivante : « 234 véhicules vendus par jour en avril 2020 contre 6 390 en avril 2019. ».

Calculer le taux de réduction dans le secteur automobile au cours du mois d'avril 2020 par rapport au mois d'avril 2019. Donner un arrondi à l'unité du taux d'évolution.

79 [Rais.2 - Mod.2]

Une grande marque de téléphonie mobile propose son nouveau modèle de smartphone à la vente au prix de 380 €. Un code promo permet d'obtenir ce modèle avec une réduction de 10 %. Nina, fidèle de la marque, possède un code cumulable qui lui permet d'appliquer en plus une réduction de 5 %.

1. Calculer le prix que paiera Nina pour ce nouveau modèle de smartphone.
2. Calculer de deux manières différentes le taux de réduction dont elle a pu bénéficier.

80 INVERSÉ [Ch.2 - Com.1]

Proposer un énoncé d'exercice à l'aide de l'affiche suivante.

81 [Ch.2 - Mod.1 - Mod.3]

Un robinet qui goutte équivaut à une perte de 5 L d'eau par heure. Une chasse d'eau qui fuit représente 600 L d'eau perdus au cours d'une journée. Quant au ballon d'eau chaude électrique, une fuite d'eau génère en moyenne 6,5 L perdus par heure.

Sachant que la consommation quotidienne d'une famille de quatre personnes est d'environ 600 L par jour, calculer le pourcentage d'augmentation de la consommation annuelle d'une telle famille au cours de l'année si le logement qu'elle occupe présente l'ensemble de ces dysfonctionnements.

82 [Ch.4 - Rais.2] DÉMO

Exprimer en fonction de p et q le nombre par lequel il faut multiplier une quantité initiale après avoir subi une augmentation de p % puis une augmentation de q %.

Coup de pouce : Augmenter de p % revient à multiplier par $1+\frac{p}{100}$.

Approfondissement

83 [Ch.4 - Rais.3 - Mod.3 - Cal.5]

Un vendeur propose un téléviseur au format 16 : 9 tel que la diagonale de ce téléviseur mesure 168,5 cm.

1. Faire une figure à main levée de la situation.
2. Exprimer L, la longueur de ce téléviseur, en fonction de l, sa largeur.
3. Déterminer la longueur et la largeur de ce téléviseur. Donner un arrondi au centimètre.

Environnement et développement durable

84 [Mod.1 - Mod.3 - Cal.2]

Nicolas souhaite déterminer l'impact sur l'environnement des bouteilles d'eau en plastique. Il pèse ainsi plusieurs bouteilles vides de marques et de contenances différentes. Il a obtenu les résultats ci-dessous.

Bouteille de 1,5 L	23 g
Bouteille de 2 L	34 g
Bouteille de 5 L	90 g
Bouteille de 8 L	168 g

1. Quelle est, en gramme, la quantité de plastique rejetée par litre d'eau consommé pour chacune des bouteilles ?
2. Quel est le contenant qui semble le plus écologique ?
3. Quelle devrait être la masse de chacune des autres bouteilles pour qu'elles soient au moins aussi performantes écologiquement ?

85 [Ch.1 - Mod.3 - Com.1]

Répondre par vrai ou faux à chacune des affirmations suivantes. Justifier chaque réponse.

Affirmation 1 : Une boîte de macarons coûte 25 €. Son prix augmente de 5 % chaque année. Au bout de deux ans son nouveau prix sera exactement de 27,50 €.

Affirmation 2 : Si un pâtissier utilise en moyenne 4 kg de sucre par jour, il utilisera une tonne de sucre durant une année.

Affirmation 3 : Lors de sa livraison de macarons, le pâtissier a parcouru en ville 12,5 km en 12 minutes. En agglomération la vitesse est limitée à 50 km/h. En moyenne, le pâtissier a bien respecté la limitation de vitesse.

86 [Ch.1 - Ch.4 - Mod.5]

Pour ses prochaines vacances du 23 octobre au 6 novembre, la famille Belame a décidé de partir 15 jours en Vendée et de passer deux jours au Pou du Fuit afin d'assister au spectacle de Scéniciné.
La famille bénéficie d'une carte famille nombreuse et est composée de cinq personnes : deux adultes, Julie 15 ans, Manon 12 ans et Pierrick 8 ans.

Doc. 1 :

Résidence Le Domaine du Bois Grenelle
France — Pays-de-la-Loire
1 301 € ~~1 734 €~~
14 nuits
du ven. 23 oct. 2020
au ven. 06 nov. 2020

Doc. 2 : Tarifs Pou du Fuit + Scéniciné

	Adulte	Enfant de 3 à 13 ans inclus
1 jour	61 €	50 €
2 jours	84 €	66 €
3 jours	89 €	70 €
4 jours	94 €	75 €

Doc. 3 : Location de voiture pour les 15 jours

355 €
montant total
Economy Bookings

✓ Kilomètres illimités
✓ Assurance de responsabilité civile

Voir l'offre

Grâce à la carte famille nombreuse, la famille a droit à une réduction de 15 % sur la location de cette voiture.

Pour cette famille, à combien va revenir ce séjour au Pou du Fuit (location de la résidence, de la voiture et entrées dans le parc) ?

Approfondissement

87 [Ch.4 - Mod.2 - Cal.2]

Gabrielle a besoin d'acheter de nouveaux cahiers. Elle étudie les offres promotionnelles ci-dessous pour un cahier ayant le même prix avant promotion dans les trois magasins.

Magasin A	Magasin B	Magasin C
Cahier à l'unité ou lot de 3 cahiers pour le prix de 2.	Pour un cahier acheté, le deuxième à moitié prix.	30 % de réduction sur chaque cahier acheté.

1. Quel est le magasin le plus intéressant dans le cas où Gabrielle n'achèterait qu'un seul cahier ?
2. Et si elle désire acheter 2 cahiers ? 3 cahiers ?
3. Pour le magasin C, Gabrielle possède une carte de fidélité lui permettant de bénéficier de 15 % de réduction supplémentaire. Est-il vrai que le pourcentage de sa réduction s'élève alors à 45 % ? Justifier.

88 [Ch.3 - Mod.3]

Will veut s'offrir un nouvel ordinateur.

Il bénéficie d'une offre promotionnelle de 40 % sur l'ordinateur qu'il convoite.

Il possède également une carte de fidélité lui permettant d'obtenir 10 % de réduction supplémentaire. Enfin, il a entendu dire qu'à l'occasion du Black Friday tous les ordinateurs portables seront soldés à moins 50 %. En cumulant toutes ces offres, de quel pourcentage de réduction Will pourra-t-il bénéficier le jour du Black Friday ?

89 [Ch.2 - Mod.3]

Lors d'une réunion devant accueillir 577 personnes, seules 149 étaient présentes.

1. Justifier qu'il y a environ 74,2 % d'absents à cette réunion.
2. À la fin de la réunion, on compte environ 91 % d'absents. Combien de personnes ont assisté à la réunion jusqu'à la fin ?

CLUB DE MATHS

90 DÉFI

On considère les volumes des figures suivantes.

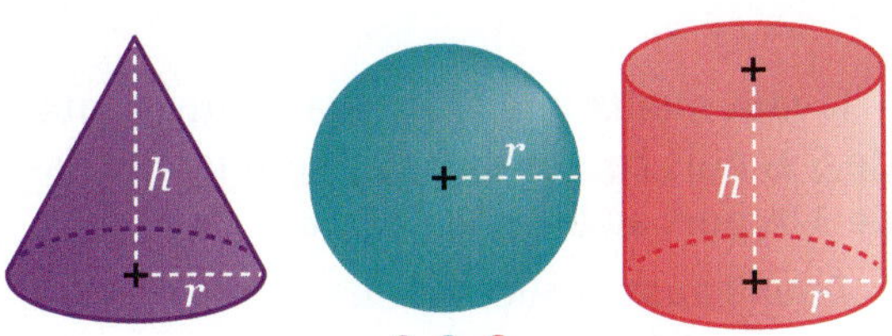

1 : 2 : 3

Justifier à quelle condition ce ratio est vrai.

91 DÉFI

Construire un triangle pour lequel les mesures des angles sont dans le ratio 1 : 1 : 2.

92 CASSE-TÊTE

Que penser de cette affirmation : « Le 1er janvier 2020 , faire un trajet sur l'autoroute coûtait 12,8 % plus cher que le 31 décembre 2011 » ?

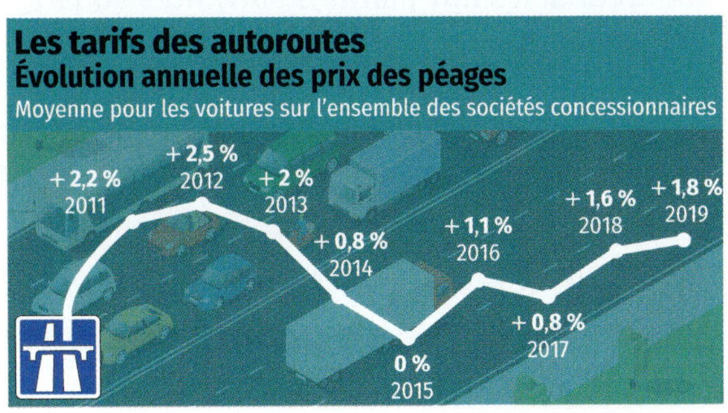

Préparer le brevet

93 [D'après brevet, Guyane, septembre 2019] durée : 10 min

Pour un mariage, un pâtissier propose deux pièces montées. Celles-ci ont été confectionnées à partir de la recette ci-dessous.

Recette du gâteau pour 100 g de chocolat :
- 65 g de sucre
- 75 g de beurre
- 2 œufs
- 30 g de farine

1. Quel est le ratio masse de beurre : masse de chocolat ? Donner le résultat sous forme simplifiée.

2. Calculer la quantité de farine nécessaire pour 250 g de chocolat noir si on suit la recette proposée par le pâtissier.

94 [D'après brevet, Métropole, juin 2017] durée : 5 min

Léo a ramassé des fraises pour faire de la confiture. Il utilise les proportions données par sa grand-mère : 700 g de sucre pour 1 kg de fraises. Il a ramassé 1,8 kg de fraises.

De quelle quantité de sucre a-t-il besoin ?

95 [D'après brevet, Wallis-et-Futuna, décembre 2017] durée : 10 min

Ceci est un questionnaire à choix multiple. Pour chaque question, choisir la réponse exacte parmi celles proposées.

1. Dans un club sportif, $\frac{1}{8}$ des adhérents ont plus de 42 ans et $\frac{1}{4}$ ont moins de 25 ans.

La proportion, en pourcentage, d'adhérents ayant un âge compris entre 25 et 42 ans est :

a. 17 % **b.** 37,5 % **c.** 62,5 % **d.** 12,5 %

2. Un téléviseur coûte 460 €. Son prix a augmenté de 20 %. Le nouveau prix est :

a. 368 € **b.** 552 € **c.** 460,20 € **d.** 480 €

96 durée : 10 min

Indiquer si les affirmations suivantes sont vraies ou fausses. Justifier chaque réponse.

1. Si un prix baisse de 10 % puis augmente de 10 % c'est comme s'il ne changeait pas.

2. Il vaut mieux que mon salaire augmente de 5 % puis baisse de 3 % plutôt qu'il baisse de 3 % puis augmente de 5 %.

3. Deux hausses successives de 7 % reviennent à une hausse de 14 %.

97 [D'après brevet, Centres Étrangers, juin 2017] durée : 15 min

Yanis veut refaire le carrelage de sa salle de bains. Le sol de la pièce a la forme d'un rectangle de 4 m sur 5 m. Il faut compter 5 % de carrelage supplémentaire pour compenser les pertes dues aux découpes.

1. Justifier que Yanis doit commander au moins 21 m² de carrelage.

2. Le carrelage choisi se vend en cartons permettant de couvrir 1,08 m² au prix de 31 € le carton. Yanis bénéficie d'une réduction de 8 % sur tout achat effectué dans le rayon carrelage. Déterminer le prix à payer par Yanis pour l'achat du carrelage nécessaire à sa salle de bains.

Travailler ensemble

Le bilan carbone est un indicateur permettant de mesurer ou d'estimer le niveau de production de dioxyde de carbone d'une activité. L'objectif de ce travail est de déterminer le bilan carbone (équivalent CO_2) d'un couple pendant une année en fonction des choix entrepris en ce qui concerne ses moyens de transport et de chauffage. Le mari travaille à domicile et la femme se rend sur son lieu de travail cinq jours par semaine en voiture. Elle parcourt 20 km chaque jour. Le week-end, les Chantecharme parcourent 120 km en moyenne avec leur véhicule. Ils prennent quatre semaines de vacances dans l'année durant lesquelles ils parcourent en moyenne 600 km en voiture.

★ PARTIE 1

Étudier le bilan carbone annuel de ce couple en fonction de son choix de véhicule.

Document 1 : Voiture essence

Les voitures à essence produisent en moyenne 0,259 kg de CO_2 par km. La réglementation Euro 6 limite l'émission de particules fines à 60 mg/km.

Document 2 : Voiture diesel

Les voitures diesel émettent en moyenne plus de particules fines que les voitures essence mais on estime en revanche qu'elles produisent 20 % de CO_2 de moins qu'une voiture à essence similaire.

Document 3 : Voiture électrique

La pollution des voitures électriques est bien différente des voitures diesel ou essence puisque 75 % de leur empreinte écologique est réalisée durant leur fabrication (en particulier leurs batteries). Une fois la fabrication terminée, une voiture électrique pollue en moyenne 60 % de moins qu'une essence (en Europe).

★★ PARTIE 2

Pour le chauffage, ce couple décide de faire poser des panneaux solaires carrés de 1 m de côté sur le pan est du toit de leur habitation. Étudier le bilan carbone annuel pour la consommation électrique.

Document 1 :

Le bilan carbone d'un panneau solaire est compris entre 20 et 25 g d'équivalent CO_2.
La production annuelle d'électricité en kWh pour un panneau solaire est de $900 \times 3 \times$ facteur de correction.

Document 2 : Schéma de la maison

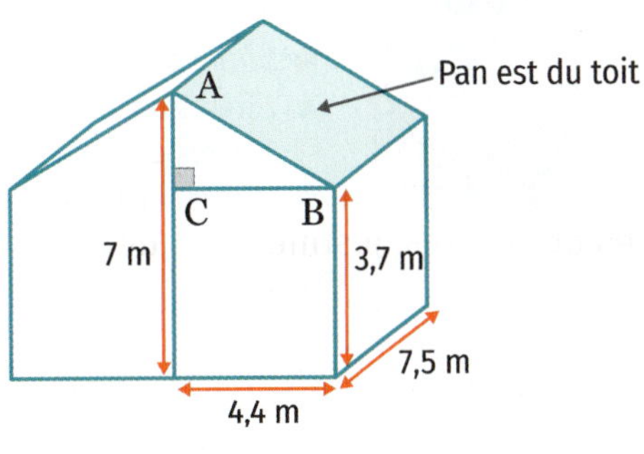

Consommation annuelle : 12 000 kWh.

Document 3 : Facteur de correction

Télécharger le document sur LLS.fr/M3Facteur

MISE EN COMMUN

En regroupant les éléments des deux parties, estimer le bilan carbone annuel des Chantecharme en ce qui concerne leurs moyens de transports et de chauffage.

Déjà vu

Rappels

1. Le **caractère** est l'aspect étudié sur chaque individu. Il peut être **qualitatif** ou **quantitatif**.
2. Une **valeur** du caractère est un résultat possible.
3. L'**effectif** d'une valeur est le nombre d'individus correspondant à cette valeur du caractère.
4. L'**effectif total** est le nombre d'individus de la population entière.
5. La **fréquence** d'une valeur du caractère est le quotient de son effectif par l'effectif total.

Un **diagramme en barres** est constitué de rectangles dont la hauteur est proportionnelle à l'effectif représenté.

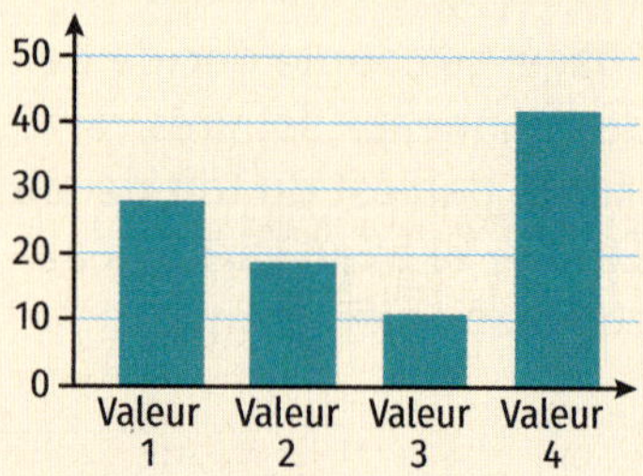

Le **graphique cartésien** permet de montrer l'évolution d'une grandeur en fonction d'une autre.

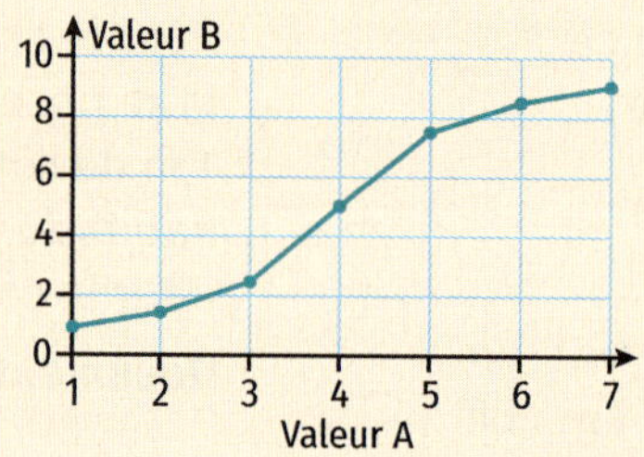

Un **diagramme circulaire** est constitué de secteurs angulaires dont les mesures des angles sont proportionnelles à l'effectif des valeurs du caractère.

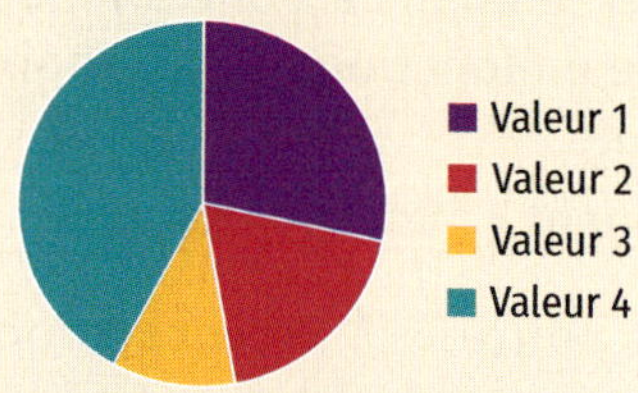

1 On s'intéresse au diagramme ci-dessous.

Répartition du nombre de frères et sœurs dans une classe

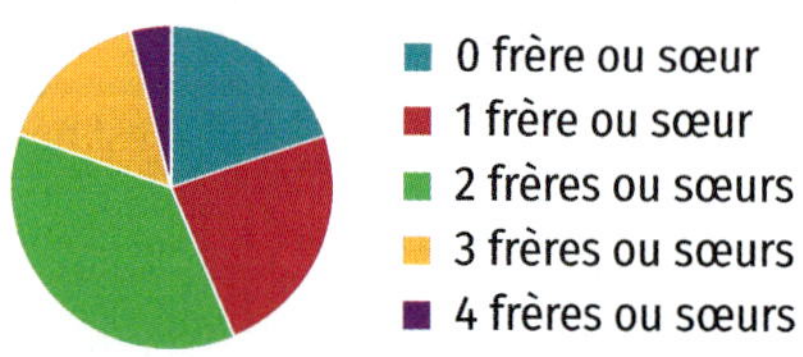

1. Comment se nomme ce type de diagramme ?

2. a. Combien de frère(s) ou sœur(s) les élèves de cette classe ont-ils en majorité ?

b. Combien de frère(s) ou sœur(s) les élèves de cette classe ont-ils en minorité ?

2 Voici la répartition de la vente de voitures de deux vendeurs chez un concessionnaire automobile en fonction du type de voitures sur une année. Recopier et compléter ce tableau d'effectifs.

Vendeurs	Manon	Rafaël	Totaux
Essence	3		6
Diesel	4	4	
Hybride	1		
Electrique	2	1	
Totaux			21

3 En reprenant les résultats de l'exercice **2**, déterminer la fréquence de chaque type de véhicules vendus par Manon. Donner les résultats sous forme de fractions irréductibles puis sous forme décimale.

4 En reprenant les données de l'exercice **2**, construire un diagramme en barres représentant les données relatives à Manon.

ChronoQuiz

Retrouvez un quiz interactif à réaliser en classe pour vérifier les prérequis de ce chapitre sur LLS.fr/M3Quiz8

Partie 2 : Organisation et gestion de données, fonctions

8 Statistiques

Objectifs du chapitre

- Calculer des effectifs et des fréquences.
- Calculer une moyenne, une médiane et une étendue.
- Interpréter les différents indicateurs.
- Construire des diagrammes.

Les statistiques sont utilisées tous les jours sous forme de données brutes collectées par exemple via les montres connectées ou les smartphones, puis étudiées à l'aide d'indicateurs ou de diagrammes. On les utilise aussi pour étudier la population mondiale, les habitudes de consommation ou encore lors des résultats à différents examens (DNB, par exemple).

Retrouvez un tableau récapitulatif des compétences utilisées dans les exercices de ce chapitre sur LLS.fr/M3Comp8

Activités

1 La course de relais

› Cours 1 A et 1 B p. 152

Objectif : Calculer une moyenne, une médiane et comprendre la différence entre les deux indicateurs.

On souhaite effectuer une course de relais avec les élèves de la classe.

Les élèves seront regroupés en binôme : un élève qui effectuera le départ et le deuxième qui sera le relayeur et achèvera la course.

Pour choisir les élèves de la classe qui seront les meilleurs pour effectuer le départ, on réalise une expérience qui permet de tester les réflexes de chacun. En effet, pour effectuer le meilleur départ possible, il faut être le plus réactif au moment du coup de sifflet signalant le début de la course !

Pour cela, on réalise l'expérience suivante pour chaque élève de la classe :

- un élève tient une règle verticalement et l'élève testé place sa main ouverte au niveau du « zéro » de la règle ;
- l'élève qui tient la règle la lâche sans prévenir et l'élève testé doit la rattraper le plus vite possible.

On note la graduation à laquelle l'élève testé a attrapé la règle.

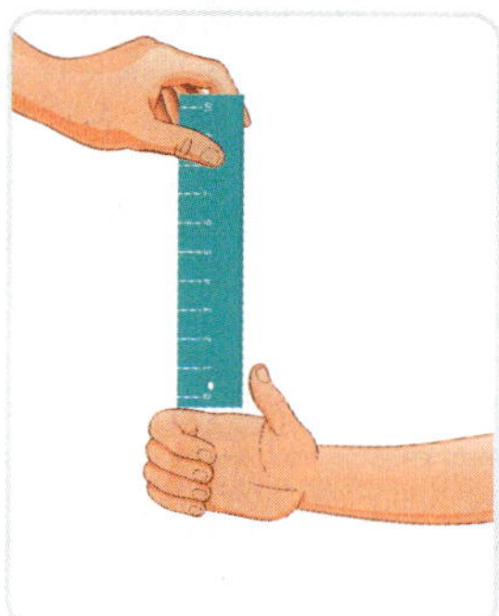

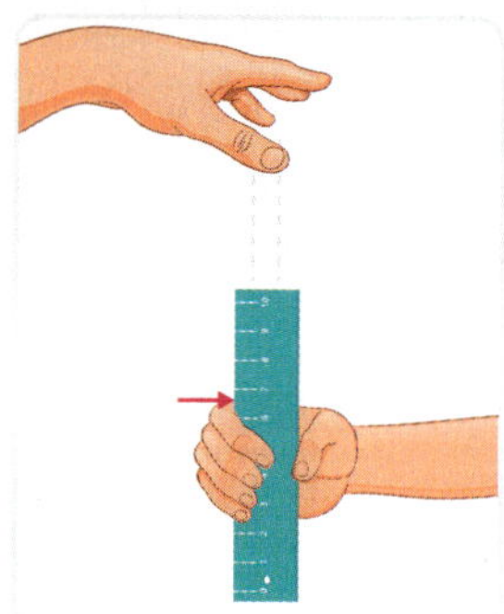

1 Chaque élève réalise 10 fois l'expérience en tant que testé et note les 10 résultats obtenus.

a) Quelle valeur peut-il donner au reste de la classe afin de pouvoir comparer ses performances à celles des autres ?

b) Comment obtenir cette valeur ?

2 On cherche alors à déterminer les élèves qui seront choisis pour être au départ dans les différents binômes.

a) À partir de quelle valeur un élève sera-t-il sélectionné dans le groupe de ceux qui effectuent le départ ?

b) Comment obtenir cette valeur ?

Bilan : Quelle(s) information(s) nous apportent ces deux valeurs différentes ?

2 Qui choisir ?

› Cours 1 C p. 152

Objectif : Calculer et interpréter une étendue.

Dans un collège, les élèves des quatre classes de troisième de l'établissement ont effectué le test de réactivité de l'activité précédente : la course de relais. Les professeurs d'EPS doivent choisir une des quatre classes pour l'inscrire au championnat du district.

Les élèves effectuant le départ étant tirés au sort avant le début de la compétition, les professeurs souhaitent inscrire la classe qui a obtenu les résultats les plus homogènes au test de réactivité.

Ils disposent des informations suivantes (obtenues lors du test de l'activité précédente).

Classe	3^{e}1	3^{e}2	3^{e}3	3^{e}4
Mesure moyenne (en cm)	13,4	13,4	13,4	13,8
Mesure médiane (en cm)	12,4	13,1	12,4	12,4
Valeur minimale (en cm)	4,1	5,3	4,6	4,6
Valeur maximale (en cm)	23,5	19,6	19,8	25,3
Effectif total	24	24	24	24

1. La moyenne et la médiane sont-elles suffisantes pour choisir la classe qui participera à la course du championnat ? Pourquoi ?
2. Quelle classe sera donc choisie pour le championnat ?

Bilan : À quoi sert l'étendue d'une série statistique ?

3 Une nouvelle stratégie

› Cours 2 A p. 154

Objectif : Regrouper par classes.

On a noté ci-dessous les tailles, en centimètre, des 25 élèves d'une classe de troisième.

163 - 176 - 155 - 153 - 168 - 161 - 178 - 170 - 165 - 163 - 176 - 169 - 180 - 152 - 166 - 162 - 177 - 184 - 165 - 158 - 176 - 166 - 165 - 170 - 174.

1. **a)** Construire un tableau des effectifs regroupant les données de cette série.
   b) Que remarque-t-on ? Discuter de la pertinence de ce tableau.
2. Quelle stratégie peut être adoptée afin d'obtenir une lecture plus facile des informations ?

Bilan : Comment peut-on limiter la taille d'un tableau ?

Cours

1 Paramètres statistiques

A Moyenne d'une série statistique

Définition

La **moyenne** d'une série de données est le quotient de la somme des valeurs par l'effectif total.

Remarques :
- On utilise généralement le calcul direct de la moyenne lorsque chaque valeur est unique et le calcul de la moyenne **pondérée** lorsque des valeurs reviennent fréquemment dans la série.
- La moyenne n'est pas forcément une valeur de la série.
- La moyenne est un indicateur de position : elle donne une tendance générale sur la série mais pas sur la répartition des valeurs. Elle est un indicateur sensible aux valeurs extrêmes.

B Médiane d'une série statistique

Définition

Une **médiane** d'une série statistique est une valeur telle qu'il y a :
- au moins la moitié des valeurs de la série inférieures ou égales à cette médiane ;
- au moins la moitié des valeurs de la série supérieures ou égales à cette médiane.

Remarques :
- Une médiane n'est pas forcément une valeur de la série statistique. Elle partage la série ordonnée en deux groupes de même effectif et elle n'est pas forcément unique.
- Une médiane est un indicateur de position : elle donne une tendance générale sur la série mais pas sur la répartition des valeurs.
- Une médiane est un indicateur qui n'est pas sensible aux valeurs extrêmes.
- **Attention, la moyenne et la médiane ne sont généralement pas égales.**

C Étendue d'une série statistique

Définition

L'**étendue** d'une série statistique est la différence entre la plus grande valeur et la plus petite valeur de la série.

Remarques : L'étendue est un indicateur de dispersion : elle mesure à quel point les valeurs sont regroupées ou dispersées. L'étendue est très sensible aux valeurs extrêmes.

Exemple : Voici les notes de Léo : 13 - 13 - 12 - 10 - (9) - (18) - 12 - 10 - 11.
On a $18 - 9 = 9$. L'étendue des notes de Léo est donc de 9.

Méthodes

Calculer une moyenne

Énoncé Voici les notes obtenues par Léa au premier trimestre : 13 ; 13 ; 10 ; 10 ; 10 ; 19 ; 13 ; 10 ; 10.
Calculer sa moyenne de deux manières différentes.

Solution

- Première méthode, calcul direct :
$$\frac{13+13+10+10+10+19+13+10+10}{9}=12.$$
- Deuxième méthode, en utilisant la moyenne pondérée :
$$\frac{13\times 3+10\times 5+19}{9}=12.$$

Donc, la moyenne de Léa est 12.

Méthode

- On additionne toutes les valeurs puis on divise par l'effectif total.
- Pour la **moyenne pondérée**, on regroupe les valeurs apparaissant plusieurs fois grâce à des produits, on les additionne et on divise la somme par l'effectif total.

Pour s'entraîner : exercices **21, 26** et **28** p. 158

Calculer une médiane

Énoncé Voici les notes obtenues par Julie au deuxième trimestre : 13 ; 13 ; 12 ; 10 ; 9 ; 18 ; 12 ; 10 ; 11.

1. Déterminer une note médiane de Julie et interpréter le résultat.
2. Lors d'un devoir supplémentaire, Julie obtient 10. Déterminer une nouvelle note médiane.

Solution

1. On range toutes les valeurs dans l'ordre croissant :
$$\underbrace{9\ ;\ 10\ ;\ 10\ ;\ 11}_{\text{4 valeurs}}\ ;\ 12\ ;\ \underbrace{12\ ;\ 13\ ;\ 13\ ;\ 18}_{\text{4 valeurs}}.$$
Il y a 9 valeurs. C'est un nombre impair.
On calcule : $9\div 2=4{,}5$. Donc, une note médiane est la 5e valeur de la série ordonnée, c'est-à-dire 12.
Cela signifie qu'au moins la moitié des notes de Julie est inférieure ou égale à 12 et qu'au moins la moitié des notes de Julie est supérieure ou égale à 12.
2. On range toutes les valeurs dans l'ordre croissant :
$$\underbrace{9\ ;\ 10\ ;\ 10\ ;\ 10\ ;\ 11}_{\text{5 valeurs}}\ ;\ \underbrace{12\ ;\ 12\ ;\ 13\ ;\ 13\ ;\ 18}_{\text{5 valeurs}}.$$
Il y a 10 valeurs. C'est un nombre pair.
On calcule : $10\div 2=5$. Donc, une note médiane se trouve entre la 5e et la 6e valeur de la série, c'est-à-dire (par convention), $\dfrac{11+12}{2}=11{,}5$.

Méthode

Pour calculer une médiane :

- on range les valeurs dans l'ordre croissant (ou décroissant) ;
- on calcule l'effectif total N ;
- si N est impair, une médiane s'obtient en prenant la valeur située au rang $\frac{N}{2}+0{,}5$;
- si N est pair, une médiane s'obtient, par convention, en calculant la moyenne des valeurs situées aux rangs $\frac{N}{2}$ et $\frac{N}{2}+1$.

Pour s'entraîner : exercices **31** et **33** p. 159

Cours

2 Représentations de données

A Généralités

Définitions

1. Pour étudier une série statistique contenant un grand nombre de valeurs possibles, on peut découper l'intervalle de ces valeurs en intervalles plus petits appelés des **classes**.
2. L'**amplitude** d'une classe correspond à la différence entre la plus grande valeur et la plus petite valeur que cette classe peut contenir.

Exemple :

Voici les notes obtenues par des élèves à un contrôle :

10 - 8 - **12** - **15** - 8 - 6 - **13** - 7 - **10** - **19** - 7 - **15** - **13** - **12** - **10** - 9 - 8 - 7 - **10** - **12** - 4 - **11** - **15** - **16** - **13** - **11**.

17 élèves ont une note appartenant à la classe [10 ; 20]. L'amplitude de cette classe est égale à 10.

B Représenter un histogramme

Définition

Dans un **histogramme**, chaque classe est représentée par un rectangle dont l'aire est proportionnelle à l'effectif représenté.

Remarques :

- Un histogramme ne s'utilise que dans le cas où l'on a regroupé les données par classes.
- Pour interpréter un histogramme, il faut définir une unité d'aire qui correspond à un effectif. Étant donné que l'on se limite aux cas où les classes sont d'amplitudes égales, tous les rectangles ont la même largeur et leur hauteur est proportionnelle à l'effectif.

Exemple :

On a demandé à 155 élèves de troisième le temps consacré chaque soir à faire leurs devoirs. Les réponses ont été représentées sous la forme d'un histogramme.

Chaque classe a une amplitude de 15 minutes. Grâce à ce diagramme, on visualise rapidement que la classe la plus importante est [30 ; 45[et qu'elle représente un effectif de 55 élèves.

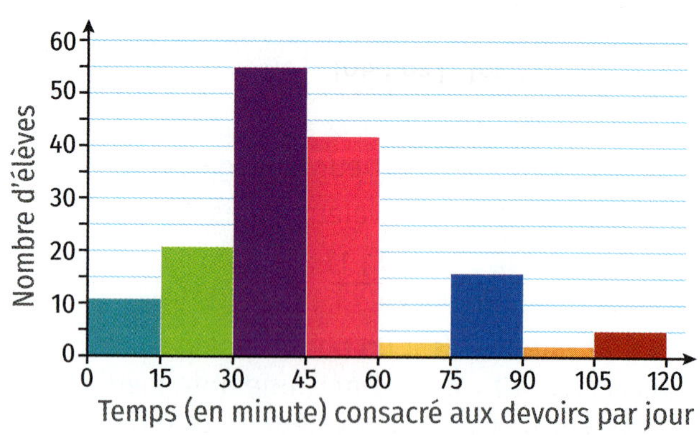

Déterminer l'amplitude d'une classe

Énoncé On a regroupé les employés d'une entreprise selon leur taille.

Taille (en cm)	[150 ; 160[	[160 ; 170[	[170 ; 180[	[180 ; 190[	[190 ; 200[
Effectif	10	23	42	41	14

1. Quelle est l'amplitude des classes ?

2. Afin de proposer une tenue à chacun, le directeur souhaiterait avoir une vision plus fine de la taille des employés. Pour cela, il va réaliser une nouvelle étude. L'amplitude des classes doit-elle être plus grande ou plus petite ?

Solution

1. On calcule $160 - 150 = 10$. En faisant de même pour les autres intervalles, on conclut que l'amplitude des classes est de 10 cm.

2. Le directeur souhaite une vision plus fine, il faut donc plus de précision dans la répartition. Il devra refaire l'enquête avec une amplitude plus petite, par exemple 5 cm. Toutefois, l'amplitude ne doit pas être trop petite afin de garder la pertinence du regroupement par classes.

Méthode

1. On détermine l'amplitude d'une classe en effectuant la différence entre les bornes de l'intervalle.

2. Plus l'amplitude d'une classe est petite, plus on a de précisions sur les valeurs de la série.

Pour s'entraîner : exercice **45** p. 159

Construire un histogramme

Énoncé Un vétérinaire a noté la taille (en cm) des chiens qui sont passés dans son cabinet cette semaine. Représenter ces informations sous la forme d'un histogramme avec des classes d'amplitude de 20 cm : 23 ; 42 ; 44 ; 97 ; 34 ; 36 ; 33 ; 42 ; 63 ; 60 ; 88 ; 16 ; 28 ; 24 ; 29 ; 71 ; 55 ; 59 ; 69 ; 22 ; 30 ; 51.

Solution

Classe	[0 ; 20[	[20 ; 40[	[40 ; 60[	[60 ; 80[	[80 ; 100[
Effectif	1	9	6	4	2

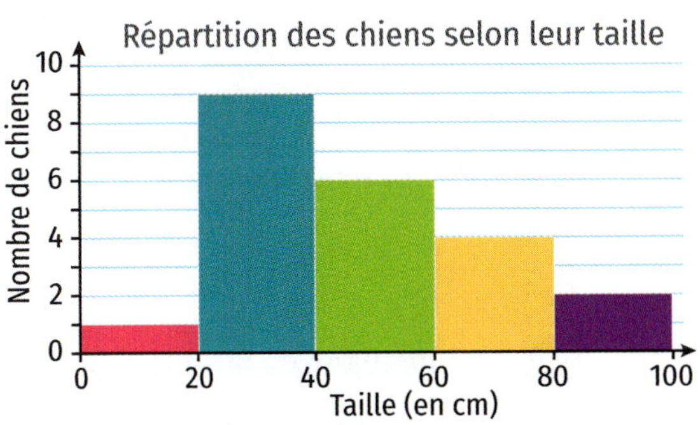

Méthode

- Pour faciliter le tracé de l'histogramme, on peut commencer par regrouper les données dans un tableau.
- On trace les deux axes et on les gradue.
- On trace les rectangles jusqu'à la bonne hauteur en faisant bien attention à ce que la largeur soit toujours régulière.
- On note le titre et la légende des axes.

Pour s'entraîner : exercice **46** p. 159

Révision

Genially : Retrouvez une activité interactive pour réviser les notions de ce chapitre sur LLS.fr/M3Genially8

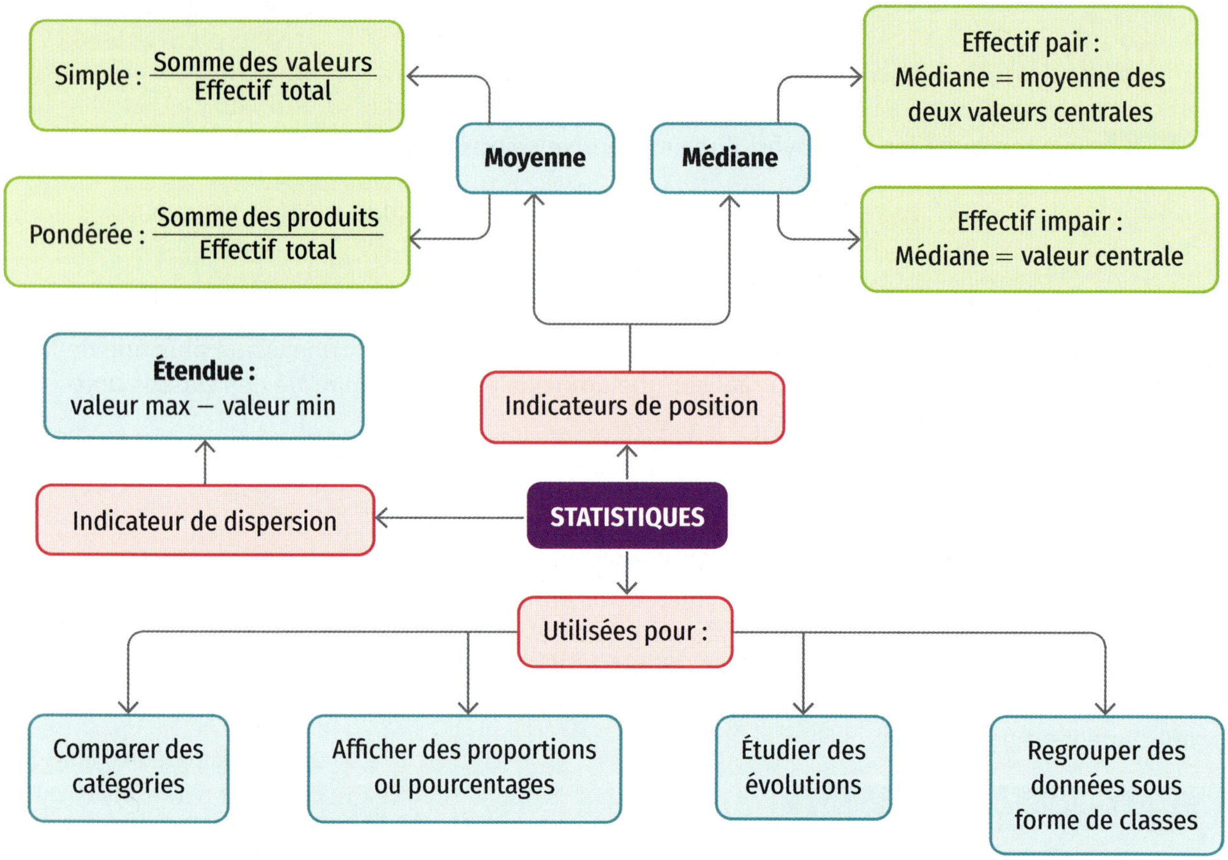

QCU : réponse unique

5 La moyenne de la série 3 ; 4 ; 5 ; 8 ; 10 est :

a 30 b On ne peut pas savoir. c 6 d 5

6 L'étendue de la série 4 ; 8 ; 7 ; 6 ; 5 est :

a 5 b On ne peut pas savoir. c 8 d 4

7 Une médiane de la série 1 ; 2 ; 5 ; 6 ; 7 ; 8 est :

a On ne peut pas savoir. b 5,5 c $\frac{29}{6}$ d 29

QCM : réponses multiples

8 La moyenne de la série 4 ; 4 ; 5 ; 6 ; 7 ; 8 s'obtient avec le calcul :

a $\frac{4+4+5+6+7+8}{6}$ b $\frac{4+5+6+7+8}{5}$

c $\frac{4\times2+5+6+7+8}{6}$ d $\frac{4+5+6+7+8}{6}$

9 Une médiane de la série −4 ; 7 ; −1 est :

a −1 b −4 c 9,5 d 1,5

10 L'étendue de la série 4 ; 7 ; 4 ; 6 est :

a 4 b On ne peut pas savoir. c 3 d 2

11 Une médiane de la série 13 ; 7 ; 10 ; 11 est :

a 8,5 b 10,2 c 10,5 d 11

› Corrigés p. 300

12 [Rep.8 - Mod.10]

Voici l'extrait d'une feuille de calcul indiquant le montant du salaire brut et le sexe de 21 employés.

	A	B	C	D
1		Salaire brut	Sexe	
2		3624	H	
3		6309	H	
4		2551	F	
5		1729	F	
6		1850	F	
7		1723	F	
8		1791	H	
9		2062	H	
10		1633	F	
11		1744	F	
12		1665	F	
13		2059	H	
14		2047	F	
15		1684	F	
16		1552	H	
17		1921	H	
18		1747	F	
19		1959	H	
20		4962	F	
21		3811	F	
22		2007	H	
23	Moyenne		=NB.SI(C2:C22;"F")	
24	Médiane			
25	Étendue			

1. Télécharger ce document sur LLS.fr/M3Tableur1.

a. Quelle formule doit-on entrer en **B23** pour calculer le salaire moyen de l'entreprise ? En **B24** pour calculer le salaire médian ? En **B25** pour calculer l'étendue de ces salaires ?

b. Entrer ces formules dans le tableur puis interpréter les résultats obtenus.

2. Que calcule la formule inscrite dans la cellule **C23** ?

3. a. Calculer dans deux cellules différentes et à l'aide de formules du tableur, le salaire moyen pour chacun des deux sexes.

b. Retrouve-t-on le montant du salaire moyen de l'entreprise ?

13 [Rais.6]

Comment doit-on compléter la dernière ligne de ce programme pour obtenir en sortie la moyenne des trois notes données par l'utilisateur ?

14 [Rais.6]

Romain fait partie d'un club d'échecs.
Il souhaiterait obtenir des statistiques sur ses parties jouées.

Écrire un programme Scratch qui permet d'obtenir ces statistiques à partir du nombre de parties gagnées, perdues et d'égalités. Les réponses seront exprimées en pourcentage.

15 [Mod.10]

Voici les résultats des ventes de billets d'un spectacle annuel de danse.

	A	B	C	D
1	Nombre de billets	37	66	13
2	Prix du billet	5,00 €	7,00 €	10,00 €

1. Quelle formule permet de calculer le nombre total de billets vendus lors du spectacle ?

2. Quelle formule peut-on utiliser pour calculer le prix moyen du billet d'entrée ?

3. Construire un diagramme en barres à partir des données du tableur.

Automatismes

Fréquences

16 Voici la répartition des élèves d'une classe en fonction de leur couleur de cheveux.

Couleur	Effectif
Châtain clair	7
Blond	3
Châtain foncé	9
Roux	2
Brun	4
Total	

Quelle est la fréquence des élèves ayant les cheveux châtain foncé ?

17 Voici les notes obtenues par Inès ce trimestre.

Note	14	16	17	18	19	20
Effectif	2	2	2	4	3	12

Calculer la fréquence, sous forme décimale, de chacune de ses notes.

18 Voici le relevé des retards accumulés (en min) par les 30 élèves d'une classe au cours du premier trimestre : 4 ; 0 ; 4 ; 0 ; 0 ; 9 ; 5 ; 5 ; 0 ; 0 ; 13 ; 12 ; 3 ; 3 ; 0 ; 6 ; 5 ; 0 ; 5 ; 6 ; 0 ; 9 ; 13 ; 0 ; 12 ; 4 ; 0 ; 9 ; 3 ; 3.

1. Quelle est la fréquence, en pourcentage, de la valeur 0 ? Arrondir à l'unité.

2. Interpréter ce résultat.

19 **1.** Calculer les fréquences, sous forme fractionnaire, de chaque valeur de la série suivante : 6,25 ; 13,4 ; 7,2 ; 13,4 ; 4,6 ; 6,25 ; 7,2 ; 8 ; 25,3 ; 8 ; 17,1 ; 25,03 ; 6,25 ; 17,1 ; 7,2 ; 7,2 ; 4,6 ; 8 ; 7,2 ; 6,25 ; 7,2.

2. Recopier et compléter la phrase suivante. « La fréquence de la valeur 8 est .... »

3. Recopier et compléter la phrase suivante. « La fréquence de la valeur ... est $\frac{4}{21}$. »

Calcul mental

20 Calculer les fréquences de la série et donner le résultat sous forme décimale.

Valeur	−4	0	4	15
Effectif	2	8	4	6

Moyenne

21 On donne la série : 7,2 ; 4,9 ; 8,1 ; 17,4 ; 16,5 ; 16,3 ; 9,8. Calculer la moyenne des valeurs de cette série.

22 Voici les températures relevées en degré Celsius sur une semaine : −4 ; 12 ; 7 ; 7 ; −9 ; 14 ; −13. Calculer la température moyenne.

23 Pablo a noté le temps gagné (en seconde) lors de ses entraînements : −6,72 ; −25,27 ; −16,07 ; −11,92 ; −6,83 ; −2,09. Quel temps moyen a-t-il gagné ? Arrondir au centième.

Calcul mental

24 Calculer la moyenne de la série : 1 ; 12 ; 25 ; 5 ; 13 ; 9 ; 6 ; 17 ; 4 ; 8.

25 Calculer la moyenne de la série : 7 ; −17 ; 10 ; 0 ; −23 ; 3 ; −10 ; 20 ; 10.

Moyenne pondérée

26 Calculer la moyenne de la série suivante : 4 ; 4 ; 9 ; 5 ; 5 ; 13 ; 12 ; 3 ; 3 ; 6 ; 5 ; 5 ; 6 ; 9 ; 13 ; 12 ; 4 ; 9 ; 3 ; 3.

27 Vérifier que la moyenne de la série suivante est 10,8 : −25 ; −25 ; 25 ; 0 ; −25 ; −3 ; 100 ; 25 ; −1 ; 0 ; −3 ; 25 ; 0 ; 12 ; −1 ; −3 ; 100 ; 100 ; 0 ; −1 ; 12 ; −25 ; 25 ; 12 ; 25 ; 25 ; −25 ; 0 ; −25 ; 0.

28 Voici les notes obtenues par Inès. Calculer sa moyenne.

Note	14	16	17	18	19	20
Effectif	2	2	2	4	3	12

Automatismes

Calcul mental

29 Calculer la moyenne de la série suivante.

Valeur	−4	0	4	15
Effectif	2	8	4	6

30 Calculer la moyenne de la série suivante.

Valeur	−7	−2	14	6
Effectif	8	6	4	2

Médiane

31 Voici les températures relevées en degré Celsius sur une semaine : 7,2 ; 4,9 ; 8,1 ; 17,4 ; 16,5 ; 16,3 ; 9,8. Déterminer une température médiane.

32 Déterminer une médiane de la série : 5 ; 5 ; 6 ; 9 ; 10 ; 10 ; 8 ; 15 ; 17 ; 20.

33 Déterminer une médiane de la série : −4 ; 12 ; 7 ; −9 ; 14 ; −13.

34 Voici une série statistique : 1,12 ; 1,33 ; −1,9 ; −4,14 ; −8,39 ; −1,51 ; −0,57 ; −12,28 ; 1,83 ; −5,75 ; 2,84 ; −5,94 ; 2,68 ; 5,01 ; −3,32 ; 8,39 ; 4,47 ; 2,51 ; −4,23 ; 0,62 ; 0,4 ; −4,3. Déterminer une médiane.

35 Voici les notes obtenues par Inès. Calculer sa note médiane.

Note	14	16	17	18	19	20
Effectif	2	2	2	4	3	12

36 Déterminer une médiane de la série.

Valeur	24	−12	3	−7	−5	10	**Total**
Effectif	7	5	3	9	2	4	

Calcul mental

37 Déterminer une médiane de la série : 7 ; −17 ; 10 ; 0 ; −23 ; 3 ; −10 ; 20 ; 8.

38 Déterminer une médiane de la série : 1 ; 12 ; 25 ; 5 ; 13 ; 9 ; 6 ; 17 ; 4 ; 8.

Étendue

39 Calculer l'étendue de la série : 7,2 ; 4,9 ; 8,1 ; 17,4 ; 16,5 ; 16,3 ; 9,8.

40 Calculer l'étendue de la série : −4 ; 12 ; 7 ; −9 ; 14 ; −13.

41 On a mesuré la vitesse du vent (en km/h) chaque heure entre 3h et 23h : 6,25 ; 13,4 ; 7,2 ; 13,4 ; 4,6 ; 6,25 ; 7,2 ; 8 ; 25,3 ; 8 ; 17,1 ; 25,03 ; 6,25 ; 17,1 ; 7,2 ; 7,2 ; 4,6 ; 8 ; 7,2 ; 6,25 ; 7,2. Calculer l'étendue de cette série.

42 Voici les notes obtenues par Inès. Calculer l'étendue de ses notes.

Note	14	16	17	18	19	20
Effectif	2	2	2	4	3	12

Calcul mental

43 Calculer l'étendue de la série : 1 ; 12 ; 25 ; 5 ; 13 ; 9 ; 6 ; 17 ; 4 ; 8.

44 Calculer l'étendue de la série : 7 ; −17 ; 10 ; 0 ; −23 ; 3 ; −10 ; 20 ; 8.

Histogrammes

45 Voici la répartition, selon leur masse, des plaquettes de beurre présentes dans le stock d'un boulanger.

Masse (en g)	[243 ; 248[	[248 ; 253[	[253 ; 258[
Effectif	7	12	5

1. Quelle est l'amplitude des classes utilisées ?

2. Construire un histogramme à partir des données du tableau.

Calcul mental

46 Calculer l'amplitude des classes figurant dans le tableau suivant puis représenter les données sous la forme d'un histogramme.

Classe	[1 ; 7[	[7 ; 13[	[13 ; 19[	[19 ; 25[
Effectif	8	6	4	2

Entraînement

- Vérifier que les connaissances de base sont acquises.
- Développer les connaissances.
- Maîtriser les notions de manière approfondie.

1 Paramètres statistiques

47 [Cal.5]

On donne le relevé des précipitations (en mm) sur l'année 2019 à Nancy.

Mois	Cumul précipitations (en mm)
Janvier	35,2
Février	26,3
Mars	56,2
Avril	38,3
Mai	45,4
Juin	33,3
Juillet	6,2
Août	47,4
Septembre	39,8
Octobre	53
Novembre	57,4
Décembre	70

Calculer la moyenne des précipitations sur l'année 2019 à Nancy.

Environnement et développement durable

48 [Rep.4 - Cal.5]

Voici la courbe des températures en Europe sur la période 1901-1930 et sur la période 1991-2016.

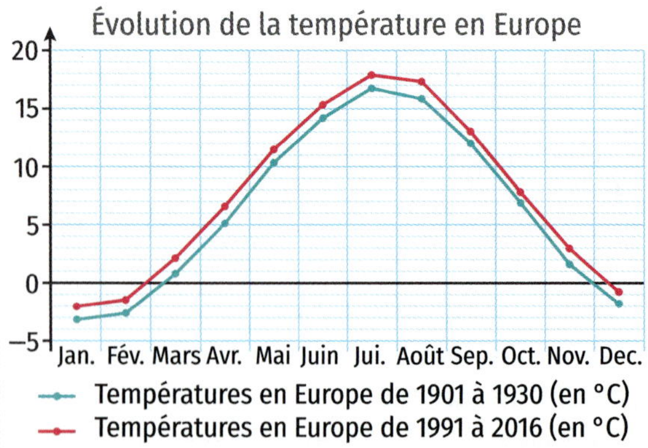

1. Avec la précision permise par le graphique, calculer la température moyenne pour chacune de ces deux périodes.

2. De combien de degrés Celsius la température moyenne a-t-elle augmenté entre ces deux périodes ?

49 [Cal.5]

Voici le nombre de buts marqués par l'Olympique Lyonnais lors de chaque match durant la saison 2018-2019.

2 ; 0 ; 2 ; 0 ; 2 ; 4 ; 3 ; 1 ; 0 ; 2 ; 2 ; 1 ; 4 ; 1 ; 2 ; 0 ; 2 ; 3 ; 1 ; 1 ; 2 ; 1 ; 2 ; 0 ; 2 ; 0 ; 5 ; 2 ; 3 ; 1 ; 1 ; 1 ; 2 ; 3 ; 2 ; 3 ; 4 ; 3.

1. À combien de match l'Olympique Lyonnais a-t-il participé durant la saison 2018-2019 ?

2. Calculer le nombre moyen de buts inscrits. Interpréter le résultat.

50 [Rep.4 - Cal.5]

Le diagramme en barres suivant indique le nombre d'albums ainsi que le nombre de chansons produits chaque année par le rappeur Jul entre 2014 et 2020.

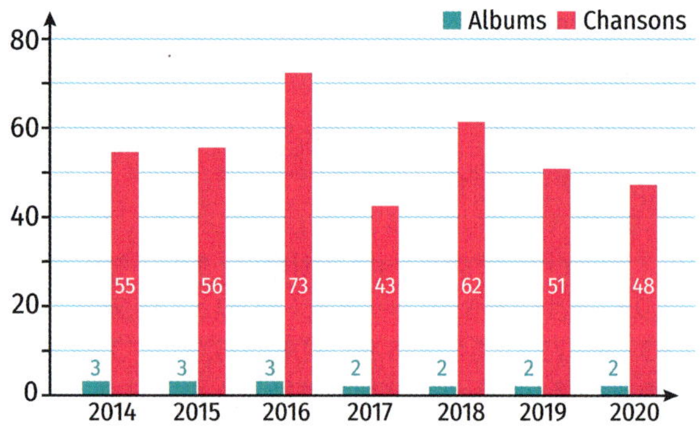

1. Calculer le nombre moyen (arrondi à l'unité) de chansons produites chaque année par le rappeur Jul.

2. Calculer le nombre moyen (arrondi à l'unité) de chansons dans les albums du rappeur Jul.

51 [Cal.5]

Jeanne a obtenu 14,5 en devoir en classe, 20, 13 et 12 en interrogations écrites et 20, 20 et 19 en tests de calcul. Les devoirs en classe sont coefficient 5, les interrogations sont coefficient 2 et les tests de calcul sont coefficient 1.

1. Calculer la moyenne de Jeanne.

2. Au devoir en classe suivant, Jeanne a eu 17. Calculer sa nouvelle moyenne et interpréter.

52 [Cal.5]

Calculer l'âge moyen des joueurs de l'équipe de l'Olympique de Marseille dont les âges sont donnés ci-dessous.

Âge	Effectif
17	4
18	2
19	2
20	3
21	4
22	2
23	1
24	1

Âge	Effectif
25	2
26	2
27	1
28	1
30	5
33	1
35	1
37	1

53 [Ch.2 - Mod.8 - Rais.4] DÉMO

On donne une série de cinq valeurs entières consécutives. On nomme x la 3e valeur. Démontrer que la moyenne de cette série est x.

54 [Mod.6 - Cal.5]

Sur le marché, Tom lit les prix au kilogramme des pommes vendues par différents vendeurs : 1,50 € ; 2,99 € ; 2,50 € ; 1,49 € ; 2,10 € ; 1,99 € ; 2,75 €. Quel est le prix médian d'un kilogramme de pommes sur ce marché ?

55 [Mod.6 - Cal.5]

Voici le nombre de buts marqués par Kylian Mbappé au PSG lors des matchs où il a été buteur durant la saison 2018-2019 : 2 ; 1 ; 1 ; 4 ; 1 ; 1 ; 1 ; 1 ; 1 ; 1 ; 1 ; 1 ; 3 ; 1 ; 1 ; 2 ; 2 ; 1 ; 1 ; 3 ; 2 ; 1.

1. Déterminer un nombre médian de cette série statistique.
2. Interpréter le résultat.

56 [Mod.6 - Cal.5]

Voici les résultats lors des qualifications de l'épreuve de saut en hauteur chez les hommes lors du championnat d'Europe à Berlin en 2018.

Hauteur (en m)	2,25	2,21	2,16	2,11
Effectif	9	10	6	2

1. Déterminer la hauteur médiane lors de ces qualifications.
2. Interpréter le résultat.

57 [Mod.6 - Cal.5]

Voici le nombre de nouveaux patients atteints de la Covid-19 admis en réanimation par jour ouvré en France au cours du mois de juillet 2020 (source : Santé Publique France).

17 ; 12 ; 12 ; 10 ; 21 ; 18 ; 8 ; 9 ; 10 ; 16 ; 23 ; 17 ; 12 ; 17 ; 13 ; 16 ; 25 ; 22 ; 14 ; 14 ; 16.

1. Déterminer un nombre médian des nouveaux patients admis en réanimation durant juillet 2020.
2. Interpréter le résultat.

58 [Mod.6 - Cal.5 - Rep.4]

Voici le nombre de buts inscrits par match par l'équipe de France de handball lors du Mondial 2017.

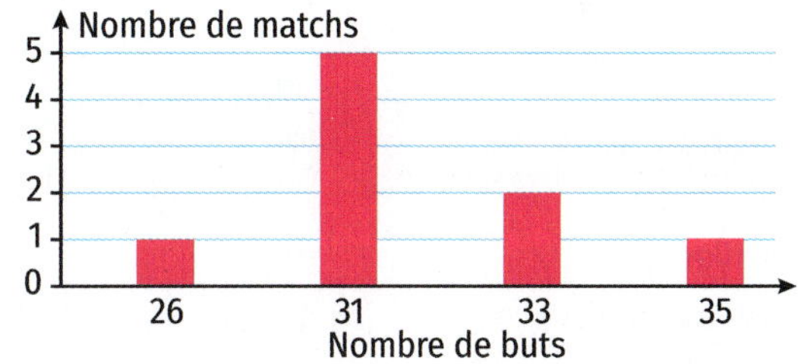

Déterminer un nombre médian de buts inscrits.

59 [Mod.6 - Cal.5 - Rep.4]

Voici la courbe des températures, en degré Celsius, à Strasbourg du 08/08/2020 à 17h au 09/08/2020 à 17h.

Évolution de la température (en °C) à Strasbourg du 08/08/2020 au 09/08/2020

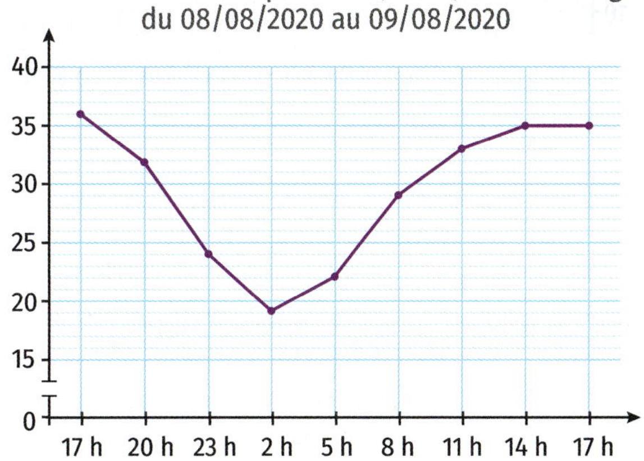

Déterminer une température médiane et interpréter le résultat.

Entraînement

Vérifier que les connaissances de base sont acquises.
Développer les connaissances.
Maîtriser les notions de manière approfondie.

60 [Ch.2 - Mod.8 - Rais.4] DÉMO

Dans une série de 10 valeurs entières consécutives, on nomme x la première valeur. Déterminer en fonction de x une médiane de cette série.

61 COPIE D'ÉLÈVE [Mod.6 - Cal.5]

Voici le relevé des précipitations à Marseille durant l'année 2019.

Mois	Cumul précipitations (en mm)
Janvier	3,8
Février	10,7
Mars	0,6
Avril	57,3
Mai	7,2
Juin	8,9
Juillet	5
Août	9,5
Septembre	76,1
Octobre	153
Novembre	209,2
Décembre	103,5

Pour déterminer une médiane de cette série, Luc a proposé la réponse suivante.

Il y a 12 valeurs donc une médiane se situe entre la 6e et la 7e valeur, c'est-à-dire $\frac{8,9+5}{2} = 6,95$ *mm.*

Quelle erreur a-t-il commise ? Corriger sa copie.

62 [Cal.5]

Calculer l'étendue de la série de l'exercice **61**. Interpréter le résultat.

63 [Cal.5]

Voici les résultats obtenus, en mètre, lors des épreuves du saut en hauteur féminin aux Championnats d'Europe d'athlétisme à Berlin en 2018.
6,75 - 6,73 - 6,70 - 6,67 - 6,58 - 6,49 - 6,47 - 6,75 - 6,70 - 6,47 - 6,45 - 6,38 - 6,29 - 6,47 - 6,55 - 6,64 - 6,29 - 6,84 - 6,69 - 6,63 - 6,55 - 6,62 - 6,31 - 6,26 - 6,17 - 6,18 - 6,24 - 6,54 - 6,6 - 6,21 - 6,71 - 6,61 - 6,64 - 6,65 - 6,68. Calculer l'étendue de la série et interpréter le résultat.

64 [Cal.5]

Voici les vitesses, en km/h, relevées lors du premier quart d'heure d'un contrôle autoroutier sur l'A19 : 125 - 128 - 115 - 132 - 112 - 108 - 145 - 130. Quelle est l'étendue de ces vitesses ?

65 [Ch.2 - Cal.5]

La valeur minimale d'une série est −7 et son étendue est 12. Quelle est la valeur maximale de cette série ? Justifier la réponse.

66 INVERSÉ [Rais.4 - Mod.6 - Ch.2]

Proposer une série de six valeurs, dont une est négative, pour laquelle l'étendue est 7 et dont 50 % des valeurs sont supérieures ou égales à 4, sans que 4 ne soit une valeur de cette série.

67 [Ch.2 - Mod.8 - Rais.4] DÉMO

Quelle est l'étendue d'une série ayant huit valeurs entières consécutives ? Justifier.

2 Représentations de données

68 [Rep.4 - Cal.5]

Un sondage a été effectué auprès de 1 012 adolescents âgés de 12 à 17 ans. La question était « À quel âge avez-vous créé votre premier compte sur les réseaux sociaux ? »

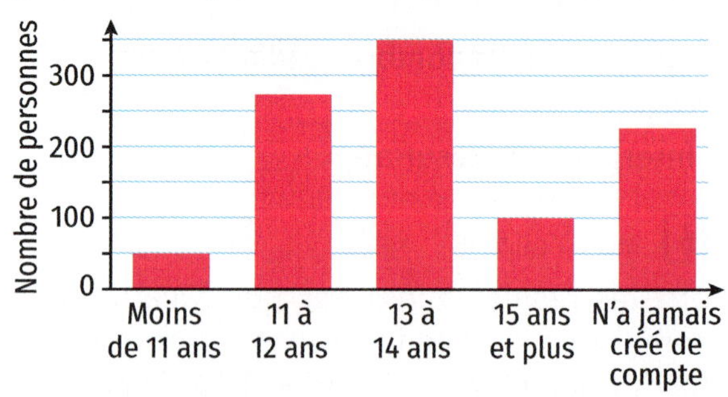

À l'aide du diagramme, recopier et compléter le tableau suivant.

Âge					
Effectif					
Fréquence (en %)					

69 [Rep.4]

On a répertorié, selon leur tranche d'âge, la proportion des Français ayant déjà été la cible de harcèlement sur les réseaux sociaux en 2019.

Tranche d'âge	Part de personnes ayant été la cible de harcèlement
18-24 ans	22 %
25-34 ans	12 %
35-49 ans	10 %
50-64 ans	4 %
65 ans et plus	2 %

Construire un diagramme en barres représentant ces données.

70 [Rep.4]

Lors de la canicule de l'été 2020, dans la nuit du 7 au 8 août, voici la répartition des départements en France métropolitaine en fonction de la vigilance Météo France.

Vigilance	Rouge	Orange	Jaune	Verte
Effectif	9	53	22	12

Construire un diagramme circulaire représentant cette répartition.

71 COPIE D'ÉLÈVE [Rep.4]

Le tableau suivant donne la répartition du nombre de larves de moustiques par mois en fonction des habitats.

Type d'habitat	Gîtes naturels	Petits déchets	Réserves naturelles
Effectif	10	35	70

Voici le diagramme proposé par Hugo.

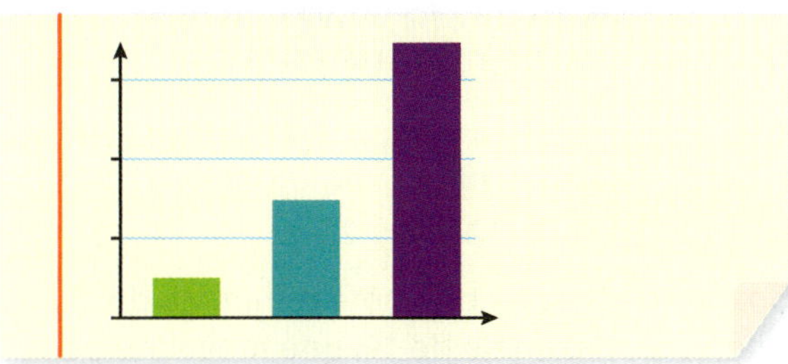

Identifier les erreurs commises par Hugo et proposer une correction.

72 INVERSÉ [Rep.4]

Tiana a tracé l'histogramme suivant.

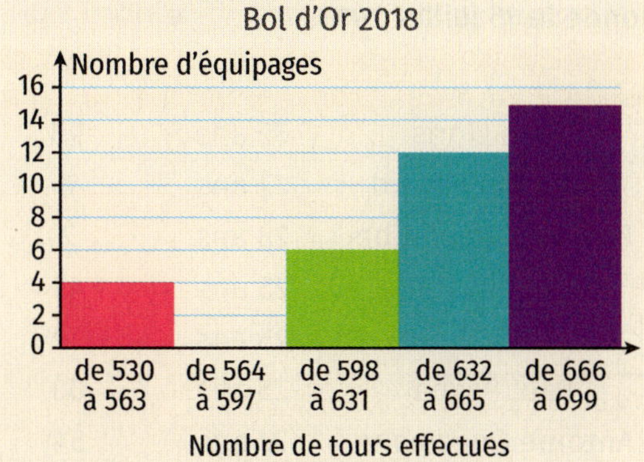

Construire le tableau des effectifs ayant permis d'obtenir cet histogramme.

73 [Rep.4 - Ch.2]

On reprend les données de la série de l'exercice 63.

1. Classer ces données dans un tableau avec des classes d'amplitude 0,2.
2. Construire un histogramme représentant ces données.

74 [Rep.4]

Voici l'évolution du rythme cardiaque en fonction du temps chez une personne effectuant un effort.

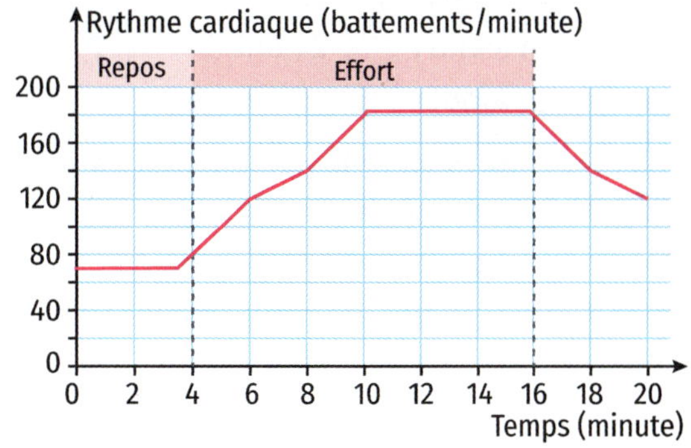

1. Regrouper les données du rythme cardiaque durant l'effort dans un tableau avec des classes d'amplitude 20.
2. Tracer l'histogramme correspondant.

Approfondissement

75 [Ch.1 - Mod.6 - Cal.5]

Voici la liste des 23 joueurs de football de l'équipe de France ayant remporté la coupe du monde le 15 juillet 2018.

Nom	Âge	Sélection
Hugo Lloris	32 ans	98
Benjamin Pavard	22 ans	6
Presnel Kimpembe	23 ans	2
Raphaël Varane	25 ans	42
Samuel Umtiti	25 ans	19
Paul Pogba	25 ans	60
Antoine Griezmann	27 ans	54
Thomas Lemar	23 ans	12
Olivier Giroud	32 ans	74
Kylian Mbappé	20 ans	15
Ousmane Dembélé	21 ans	12
Corentin Tolisso	24 ans	9
N'Golo Kanté	27 ans	24
Blaise Matuidi	31 ans	67
Steven Nzonzi	30 ans	4
Steve Mandanda	33 ans	27
Adil Rami	33 ans	35
Nabil Fekir	25 ans	12
Djibril Sidibé	26 ans	17
Florian Thauvin	26 ans	4
Lucas Hernandez	23 ans	5
Benjamin Mendy	24 ans	7
Alphonse Areola	26 ans	0

1. Calculer l'âge moyen des joueurs de l'équipe de France. Interpréter le résultat.

2. Déterminer un nombre médian de sélections des joueurs de l'équipe. Interpréter le résultat.

3. Calculer l'étendue des âges. Interpréter le résultat.

76 [Ch.1 - Rep.4 - Mod.6 - Cal.5]

Alain est un producteur de fruits. Avant de vendre sa production, il doit classer les kiwis qu'il récolte en trois catégories.

Catégorie Extra Qualité supérieure	$90 \text{ g} \geqslant \text{masse} > 80 \text{ g}$
Catégorie 1 Bonne qualité	$80 \text{ g} \geqslant \text{masse} > 70 \text{ g}$
Catégorie 2 Qualité marchande	$70 \text{ g} \geqslant \text{masse} > 60 \text{ g}$

Voici les masses (en g) des fruits cueillis sur l'un de ses arbres.

63 ; 81 ; 82 ; 75 ; 76 ; 79 ; 80 ; 86 ; 90 ; 85 ; 82 ; 86 ; 77 ; 75 ; 74 ; 79 ; 81 ; 64 ; 78 ; 83 ; 88 ; 74 ; 73 ; 65 ; 62 ; 70 ; 71 ; 88 ; 85 ; 61 ; 64 ; 65 ; 82 ; 81 ; 79 ; 72.

1. Tracer un histogramme représentant le nombre de kiwis récoltés en fonction de leur catégorie.

2. Alain vend ses fruits de catégorie 2 au prix de 0,30 € l'unité, ceux de catégorie 1 au prix de 0,35 € et ceux de catégorie Extra au prix de 0,50 € l'unité. Calculer le prix auquel Alain va pouvoir vendre cette récolte.

77 [Ch.1 - Mod.6 - Cal.5 - Cal.2]

Voici les scores obtenus au Mathador n°3, dont la cible est 35, par chacun des 21 élèves participants en 3e C : 5 ; 5 ; 5 ; 5 ; 0 ; 0 ; 2 ; 0 ; 0 ; 2 ; 3 ; 0 ; 5 ; 0 ; 5 ; 0 ; 0 ; 5 ; 0 ; 5 ; 5.

Voici les scores obtenus au Mathador n°3, dont la cible est 35, par chacun des 23 élèves participants en 3e D : 2 ; 3 ; 2 ; 5 ; 5 ; 0 ; 5 ; 5 ; 5 ; 0 ; 2 ; 0 ; 5 ; 5 ; 0 ; 2 ; 4 ; 4 ; 0 ; 2 ; 0 ; 3 ; 2.

Calculer la moyenne, une médiane et l'étendue de chaque classe, puis déterminer la meilleure classe.

78 [Ch.1 - Mod.6 - Cal.5]

Voici la répartition des notes obtenues par Manon au premier trimestre en mathématiques.

Note	20	18	18	16	13	20	19	17	18
Coefficient	1	2	2	2	5	1	1	5	2

Son amie Kenza a une note minimale de 16, une note maximale de 19, une moyenne de 16,62 et une médiane de 17. Auront-elles la même appréciation sur leur bulletin ? Justifier.

Approfondissement

79 [Ch.1 - Rep.4 - Mod.6 - Cal.5 - Cal.2]

Pour l'aider à contrôler son diabète, Cécile possède un appareil capable de mesurer sa glycémie (c'est-à-dire son taux de sucre dans le sang), à chaque fois qu'elle en a besoin. Cet appareil a fourni les informations suivantes sous forme de diagrammes pour la journée du 19 juillet.

Doc. 1 : Durée dans la cible (glycémie entre 70-180 mg/dL)

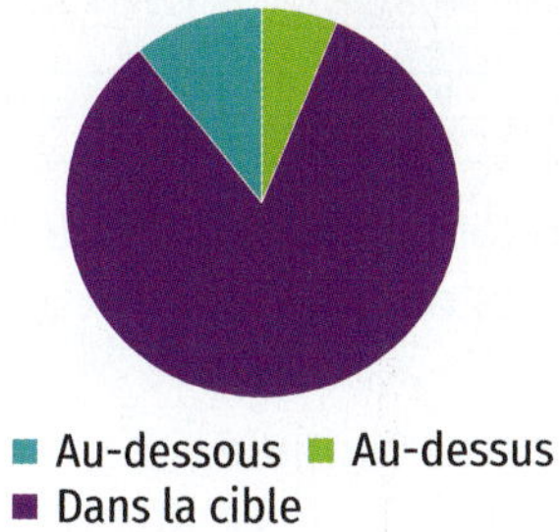

Doc. 2 : Graphique quotidien (mg/dL)

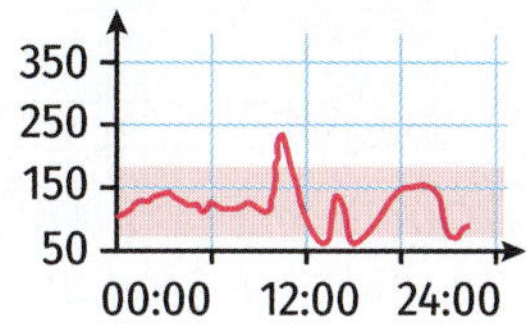

Doc. 3 :

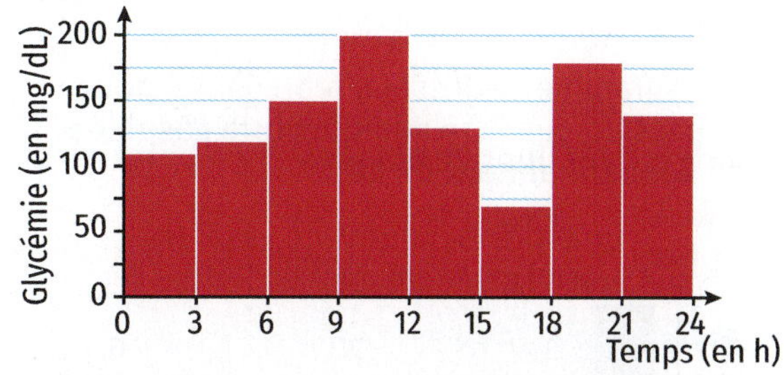

1. Indiquer le type de chaque diagramme.
2. Le diabétologue lui a fixé comme objectif d'avoir une glycémie moyenne inférieure à 150 mg/dL. Cécile a-t-elle atteint cet objectif ?
3. Un autre critère surveillé est la différence entre la valeur maximale et la valeur minimale de la glycémie au cours d'une journée. Le médecin a fixé comme objectif un écart inférieur à 110 mg/dL. Cet objectif est-il atteint sur la journée du 19 juillet ?

CLUB DE MATHS

80 DÉFI

Camille a obtenu les notes suivantes : 18, 19 et 15 en calcul (coefficient 1), 0, 7 et 8 en interrogations (coefficient 2) et 11 au devoir en classe (coefficient 5). Elle souhaite avoir au minimum 11/20 de moyenne. Quelle note minimale doit-elle obtenir au prochain devoir en classe ?

81 CASSE-TÊTE

Sophie et Issa s'entraînent deux jours de suite au tennis. Chacun a compté le nombre de services réussis sur le nombre de services tentés.

	Jour 1	Jour 2	Total
Réussite de Sophie	28/40 soit ... %	5/20 soit ... %	.../60 soit ... %
Réussite d'Issa	9/10 soit ... %	15/50 soit ... %	.../60 soit ... %

1. Recopier et compléter le tableau.
2. Recopier et compléter le diagramme en barres en utilisant les informations précédentes.

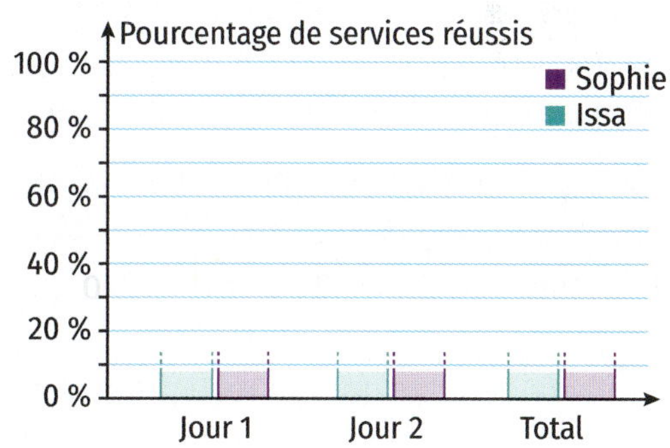

3. On souhaite savoir lequel de ces deux joueurs est le plus performant au service. Observer les résultats obtenus et expliquer pourquoi on peut dire qu'il y a un paradoxe.

Préparer le brevet

82 [D'après brevet, Amérique du Nord, juin 2019] durée : 15 min

Le diagramme ci-dessous représente, pour six pays, la quantité de nourriture gaspillée (en kg) par habitant en 2010.

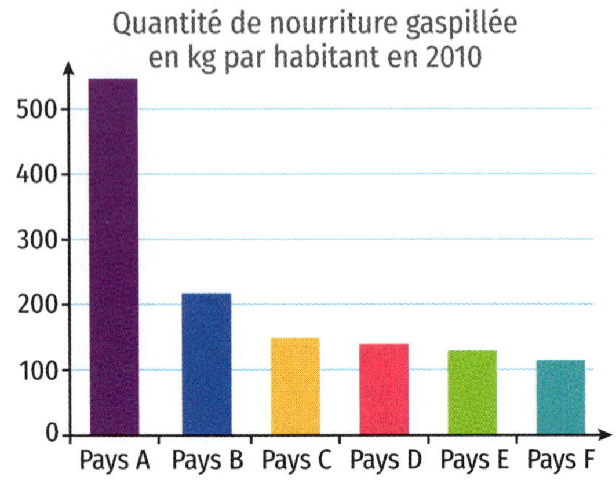

1. Donner approximativement la quantité de nourriture gaspillée par un habitant du pays D en 2010.

2. Peut-on affirmer que le gaspillage de nourriture d'un habitant du pays F représente environ un cinquième du gaspillage de nourriture d'un habitant du pays A ?

3. On veut rendre compte de la quantité de nourriture gaspillée pour d'autres pays. On réalise alors le tableau ci-dessous à l'aide d'un tableur. *Rappel : 1 tonne = 1 000 kg.*

	A	B	C	D
1		Quantité de nourriture gaspillée par habitant en 2010 (en kg)	Nombre d'habitants en 2010 (en million)	Quantité totale de nourriture gaspillée (en tonne)
2	Pays X	345	10,9	3 760 500
3	Pays Y	212	9,4	
4	Pays Z	135	46,6	

a. Quelle est la quantité totale de nourriture gaspillée par les habitants du pays X en 2010 ?

b. Voici trois propositions de formule. Choisir celle qu'on a saisie dans la cellule **D2** avant de l'étirer jusqu'en **D4.**

- **Proposition 1 : = B2*C2*1 000 000**
- **Proposition 2 : = B2*C2**
- **Proposition 3 : = B2*C2*1 000**

83 [D'après brevet, France métropolitaine, juillet 2019] durée : 20 min

Dans une usine où l'on fabrique des sabliers, on en prend un au hasard et on teste plusieurs fois le temps d'écoulement total du sable. Voici les différents temps obtenus :

Temps mesuré	2 min 22 s	2 min 24 s	2 min 26 s	2 min 27 s	2 min 28 s	2 min 29 s	2 min 30 s	2 min 31 s	2 min 32 s	2 min 33 s	2 min 34 s	2 min 35 s	2 min 38 s
Nombre de tests	1	1	2	6	3	7	6	3	1	2	3	2	3

1. Combien de tests ont été réalisés au total ?

2. Un sablier est mis en vente s'il vérifie les trois conditions ci-dessous, sinon il est éliminé.

- L'étendue des temps est inférieure à 20 s.
- La médiane des temps est comprise entre 2 min 29 s et 2 min 31 s.
- La moyenne des temps est comprise entre 2 min 28 s et 2 min 32 s.

Le sablier testé sera-t-il éliminé ?

Travail à se partager

Bertrand est un sportif de 70 kg qui prépare le marathon de Paris. La préparation de cette activité est intense. Pour cela, il fait cinq repas par jour. L'apport calorique moyen par repas doit se situer entre 800 et 820 kcal. De plus, ces apports doivent être réguliers sur la journée. Pour cela, on estime que l'étendue doit être inférieure à 250 kcal. On estime aussi qu'il faut un apport de glucides adapté à la masse du sportif : de 5 à 6 g de glucides par kilogramme par jour pour une activité légère, de 6 à 8 g de glucides par kilogramme par jour pour une activité moyenne et de 8 à 12 g de glucides par kilogramme par jour pour une activité intense.

Voici les repas de Bertrand pour aujourd'hui. Le menu de Bertrand pour ce jour est-il adapté ?

Petit-déjeuner	Un café avec 10 g de sucre + 12,5 cL de lait demi-écrémé + 220 g de pain blanc + 70 g d'amandes + 100 g de pommes
Collation du matin	Un thé de 30 cl + 100 g de pommes + 100 g de bananes + 100 g de pistaches + Une boisson énergétique préparée avec 30 g de poudre
Déjeuner	100 g d'endives + 100 g de courgettes + 2 cuillères à soupe d'huile de tournesol + 100 g de blanc de poulet + 400 g de pommes de terre + 60 g de pain blanc
Collation de l'après-midi	200 g de compote + 60 g de pain blanc + Un produit sucré (équivalent à 50 g de sucre) + Une boisson énergétique préparée avec 60 g de poudre
Dîner	200 g d'épinards + 2 cuillères à soupe d'huile d'olive + 150 g de saumon + 200 g de lentilles cuites + 200 g de pâtes

Calories et glucides présents dans les aliments des repas de Bertrand.

	A	B	C	D	E	F
1	**Aliment**	**Calorie (en kcal) pour 100 g ou mL**	**Glucide (en g) pour 100 g ou mL**	**Aliment**	**Calorie (en kcal) pour 100 g ou mL**	**Glucide (en g) pour 100 g ou mL**
2	**Café non sucré**	0	0	**Endive**	16	3
3	**Lait demi-écrémé**	45	5	**Courgette**	22	4,6
4	**Pain blanc**	275	58	**Pommes de terre**	84	19,3
5	**Amande**	58	4,5	**Lentilles cuites**	103	17
6	**Pomme**	50	12	**Pâtes cuites**	110	23,5
7	**Banane**	84	19	**Épinard**	25	3,2
8	**Thé non sucré**	0	0	**Pistache**	606	13,5
9	**Poudre pour boisson énergétique**	340	86	**Blanc de poulet**	103	1,5
10	**Saumon**	175	0	**Compote**	71	17
11	**Huile végétale (1 cuillère à soupe)**	100	0	**Sucre**	400	100

Déjà vu

Rappels

1. Dans une population, la **fréquence** (ou proportion) d'une valeur est égale au quotient de l'effectif de cette valeur par l'effectif total de la population.

2. Un quotient de deux nombres entiers peut s'écrire sous la forme d'une fraction. Parfois, ce nombre peut aussi s'écrire sous forme décimale ou sous la forme d'un pourcentage. Dans les autres cas, on peut utiliser des valeurs approchées.

3. Un **pourcentage** est une écriture fractionnaire dont le dénominateur est égal à 100.
Par exemple : $\frac{1}{2} = 0{,}5 = \frac{50}{100}$ soit 50 % ; $\frac{3}{4} = 0{,}75$ soit 75 % ; $\frac{7}{10} = 0{,}7$ soit 70 % ;
$\frac{1}{3} \approx 0{,}333$ soit environ 33,3 %.

4. Une **échelle de probabilité** est un axe sur lequel on peut ordonner des situations en fonction de la possibilité qu'elles se produisent.

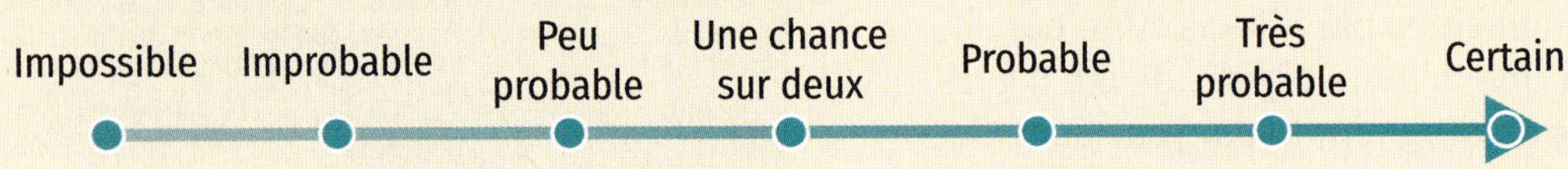

1 Dans une classe, on demande le nombre de frères et sœurs à chacun des élèves.

Nombre	0	1	2	3	4
Effectif	4	10	7	3	1

1. Combien d'élèves ont deux frères et sœurs ?
2. Quelle est la fréquence associée à cette valeur ? Arrondir au centième.
3. Exprimer cette fréquence en pourcentage.

2 Classer les événements ci-dessous du moins probable au plus probable.

- On fête Noël en décembre.
- Le premier jour de l'année 2021 est le 2 janvier.
- Si je choisis un élève au hasard dans la classe, ce sera une fille.
- Apercevoir un gorille par la fenêtre.

3 Est-il plus probable d'obtenir pile au jeu de pile ou face, d'obtenir 5 à un lancer de dé à six faces ou de gagner le gros lot au Loto ?

4 Classer les événements suivants du moins probable au plus probable.

- Obtenir dix fois de suite le nombre 6 en lançant un dé.
- Ne pas gagner la cagnotte du Loto.
- Obtenir pile en lançant une pièce.

5 Si on lance 60 fois un dé à six faces bien équilibré, combien de fois environ devrait-on obtenir chacune des faces ?

6 Quelle est la probabilité de tomber sur une boule verte en piochant au hasard une boule dans une urne contenant trois boules vertes et quatre boules jaunes ?

7 Quelle est la probabilité de tomber sur 2 en lançant un dé équilibré à six faces ?

8 Dans un jeu de 52 cartes, quelle est la probabilité de tirer une Dame ?

ChronoQuiz

Retrouvez un quiz interactif à réaliser en classe pour vérifier les prérequis de ce chapitre sur LLS.fr/M3Quiz9

9 Probabilités

Objectifs du chapitre

- À partir de dénombrements, calculer des probabilités pour des expériences aléatoires simples à une ou à deux épreuves.
- Exprimer des probabilités sous diverses formes (décimale, fractionnaire et pourcentage).
- Faire le lien entre stabilisation des fréquences et probabilité.

Dans le domaine climatique, les météorologues peuvent, à partir de données statistiques, élaborer des modèles mathématiques qui permettent de prévoir les futures conditions météorologiques avec plus ou moins de précision. On peut donc étudier les possibles risques de catastrophes naturelles sans toutefois être certain de ce qu'il va se passer.

Retrouvez un tableau récapitulatif des compétences utilisées dans les exercices de ce chapitre sur LLS.fr/M3Comp9

Activités

1 Qui va gagner ?

› Cours 1 A p. 172

Objectif : Découvrir les expériences aléatoires à deux épreuves.

Anna, Antoine et Arsène jouent au Monopoly. À ce jeu, on lance deux dés équilibrés à six faces, on calcule la somme des deux nombres inscrits sur les faces supérieures des deux dés et on avance son pion du nombre de cases correspondant.

1 Existe-t-il une différence si les deux dés sont lancés simultanément ou lancés l'un après l'autre ?

2 **a)** Au cours de la partie, pour tomber sur la case Gare de Lyon qu'il convoite, Antoine doit faire un 2. Comment peut-il obtenir ce résultat ?

b) Anna, pour avancer son pion jusqu'à la case Faubourg Saint-Honoré, doit faire un 6. Comment peut-elle obtenir ce résultat ?

c) Le pion d'Arsène se trouve à 13 cases de celle de la Rue de la Paix. Pourra-t-il avancer son pion jusqu'à cette case en une seule fois ?

3 À chaque tour, de combien de cases un joueur peut-il faire avancer son pion ?

4 On souhaite créer un tableau à double entrée permettant de lister toutes les combinaisons possibles lors du lancer des deux dés. Recopier le tableau ci-dessous et compléter chaque case avec la somme des deux valeurs obtenues sur chacune des faces supérieures des deux dés.

		Dé 2					
		1	2	3	4	5	6
Dé 1	1						
	2						
	3						
	4						
	5						
	6						

5 En utilisant le tableau, donner les issues possibles. Que peut-on constater ?

Bilan : En utilisant le tableau précédent, quelle situation vous semble la plus probable pour obtenir le 6 désiré par Anna :
- **lancer un seul dé à six faces et regarder sa face supérieure ;**
- **lancer deux dés à six faces et effectuer la somme des deux nombres ?**

2 Une histoire de punaise

› Cours 2 B p. 174

Objectif : Faire le lien entre fréquence et probabilité.

Lorsque l'on lance une pièce de monnaie bien équilibrée, on sait d'avance que l'on a une chance sur deux d'obtenir pile et une chance sur deux d'obtenir face. Mais dans certaines situations, on ne connaît pas la probabilité théorique. Il faut donc faire l'expérience !

On lance en l'air une punaise plate. Cette punaise peut tomber soit sur la tête, soit sur la pointe.

On souhaite déterminer la probabilité qu'une punaise tombe sur la tête.

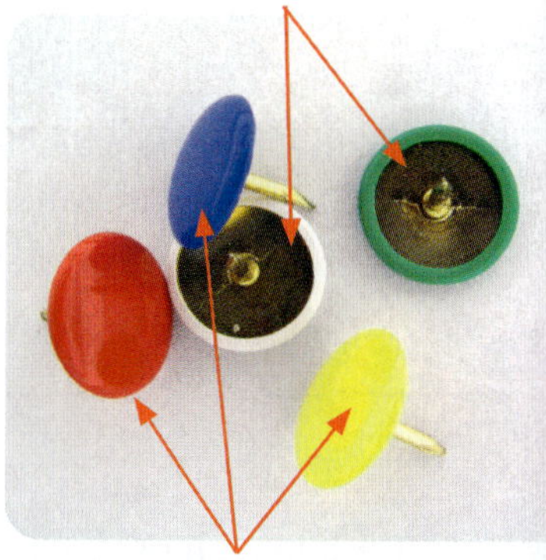

Partie A : Par binôme

Chacun son tour, lancer la punaise et noter la position dans laquelle tombe la punaise.

Répéter cette expérience 25 fois chacun et compléter alors le tableau ci-dessous.

Nombre de têtes	Nombre de pointes	Total
		50

Partie B : Mise en commun

On met en commun les résultats en complétant la colonne **B** de la feuille de calcul suivante.

	A	B	C	D	E	F
1	**Numéro du binôme**	**Nombre de têtes**	**Nombre de lancers**	**Nombre de têtes cumulées**	**Nombre de lancers cumulés**	**Fréquences cumulées**
2	1		50			
3	2		50			
4	3		50			
5	4		50			

Partie C : Analyse des résultats

1. Compléter les cellules **D2**, **E2** et **F2**.
2. En **D3**, quelle formule peut-on écrire et étirer afin de compléter la colonne **D** ?
3. En **E3**, quelle formule peut-on écrire et étirer afin de compléter la colonne **E** ?
4. En **F3**, quelle formule peut-on écrire et étirer afin de compléter la colonne **F** ?
5. Tracer le graphique des fréquences cumulées en fonction du nombre de lancers cumulés.

Bilan : Le nombre de lancers augmentant, que remarque-t-on concernant la fréquence des punaises tombant sur la tête ?

Cours

1 Généralités

A Vocabulaire

Définitions

Une expérience est dite **aléatoire** lorsque l'on ne peut pas prévoir par avance son résultat. Celui-ci est dû au hasard.

Chaque résultat possible d'une expérience aléatoire est appelé une **issue**.

L'ensemble de toutes les issues est appelé l'**univers**.

Exemple :

On lance un dé à six faces et on observe le nombre inscrit sur la face du dessus. Ceci est une expérience aléatoire dont l'univers est constitué des issues : 1 ; 2 ; 3 ; 4 ; 5 et 6.

Définition

Une expérience aléatoire à deux épreuves est une succession de deux expériences aléatoires. Une issue est donc un couple formé par les deux issues obtenues lors de chaque expérience.

Exemple :

On lance un dé à six faces et on s'intéresse au nombre inscrit sur sa face supérieure, puis on pioche une carte dans un jeu de 52 cartes et on s'intéresse à sa couleur. Un exemple d'issue est (1 ; cœur).

Remarque : Pour raisonner, on peut dénombrer les issues grâce à un tableau à double entrée.

B Événements

Définitions

Un **événement** est un ensemble, éventuellement vide, d'issues de l'univers.

Un événement est dit **élémentaire** lorsqu'il n'est constitué que d'une seule issue.

Un événement qui ne peut pas se réaliser est dit **impossible**.

Un événement dont on est sûr qu'il va se réaliser est dit **certain**.

L'**événement contraire** d'un événement A est l'événement composé de l'ensemble des issues de l'univers ne réalisant pas A. Cet événement est noté $\overline{\mathrm{A}}$.

Remarque : On note les événements par une lettre majuscule.

Exemple : Lors du lancer d'un dé à six faces, l'événement :

- M : « Obtenir un multiple de 5. » est un événement élémentaire ;
- S : « Obtenir un 7. » est un événement impossible ;
- N : « Obtenir un nombre compris entre 1 et 6. » est un événement certain.

Expérience aléatoire à deux épreuves

Énoncé On dispose de deux dés : un dé tétraédrique (à quatre faces) ayant pour faces les nombres 7, 2, 3, et 9 et un dé cubique (à six faces) ayant pour faces les nombres entiers de 1 à 6. On lance d'abord le dé tétraédrique puis le dé cubique, et on s'intéresse au nombre formé par les deux chiffres accolés (le chiffre de la face sur laquelle s'arrête le dé tétraédrique correspond au chiffre des dizaines et celui du dé cubique au chiffre des unités).
Par exemple, si on obtient 9 sur le dé tétraédrique et 5 sur le dé cubique, le nombre est 95.
Déterminer l'ensemble des issues possibles.

Solution

		Dé 2					
		1	2	3	4	5	6
Dé 1	7	71	72	73	74	75	76
	2	21	22	23	24	25	26
	3	31	32	33	34	35	36
	9	91	92	93	94	95	96

Les issues possibles sont les nombres inscrits dans le tableau.

Méthode

- On crée un tableau à double entrée ayant pour lignes les résultats possibles du premier dé et pour colonnes ceux du deuxième dé.
- On complète chaque case du tableau avec le nombre obtenu en fonction de la valeur de la ligne et de la valeur de la colonne.

Pour s'entraîner : exercice **27** p. 178

Mobiliser le vocabulaire

Énoncé On écrit chaque lettre du mot « PROBABILITÉ » sur des papiers indiscernables au toucher. On choisit au hasard un papier et on lit la lettre obtenue.

1. Pourquoi cette expérience est-elle une expérience aléatoire ? Citer les issues possibles.
2. Donner un événement élémentaire. Donner son événement contraire.
3. Donner un événement non élémentaire.
4. Donner un événement impossible.
5. Donner un événement certain.

Solution

1. Cette expérience est aléatoire car le papier est choisi au hasard. Les issues possibles sont : P, R, O, B, A, I, L, T, É.
2. A : « Obtenir la lettre P. » et $\overline{A}$: « Ne pas obtenir la lettre P. ».
3. B : « Obtenir une voyelle. ».
4. C : « Obtenir la lettre Z. ».
5. D : « Obtenir une lettre. ».

Méthode

On reprend les définitions des termes pour chaque question.
Il peut y avoir plusieurs réponses.

Pour s'entraîner : exercices **24** et **25** p. 178

Cours

2 Calculs de probabilités

A Probabilité d'un événement

Définitions

Lors d'une expérience aléatoire, on peut associer, à chacune des issues de l'univers, un nombre appelé **probabilité**.

La **probabilité d'un événement** A, notée $P(A)$, est égale à la somme des probabilités des issues qui le réalisent.

Propriétés

1. La probabilité d'une issue de l'univers est un nombre compris entre 0 et 1.
2. La somme des probabilités de chacune des issues de l'univers est égale à 1.
3. La probabilité d'un événement impossible est égale à 0 et celle d'un événement certain à 1.

Définition

Lors d'une expérience aléatoire, si toutes les issues ont la même probabilité de se produire, on dit que l'on est dans une **situation d'équiprobabilité**.

Propriétés

Dans une situation d'équiprobabilité :

- la probabilité de chacune des issues est égale à $\dfrac{1}{\text{nombre total d'issues dans l'univers}}$;
- la probabilité d'un événement A est $P(A) = \dfrac{\text{nombre d'issues favorables à A}}{\text{nombre total d'issues dans l'univers}}$.

Remarque : Lorsque l'on demande une probabilité, on ne parle pas de chances mais on donne un nombre qui peut être sous la forme d'une fraction, d'un nombre décimal ou d'un pourcentage.

B Stabilisation des fréquences

Propriété

Lorsque l'on répète un très grand nombre de fois une expérience aléatoire, la fréquence d'apparition d'une issue se rapproche d'une fréquence « limite » qui est la probabilité de cette issue.

Exemple : Si on lance un dé cubique non truqué un très grand nombre de fois, la fréquence d'apparition des valeurs paires se rapproche de 0,5.

Calculer des probabilités

Énoncé On dispose d'un jeu de 52 cartes comme présenté ci-dessous.

On pioche une carte au hasard dans ce jeu et on s'intéresse à sa valeur et à sa couleur (par exemple : roi de cœur ou 7 de pique).

1. Justifier que cette situation est une situation d'équiprobabilité.

2. Déterminer la probabilité de tirer l'as de carreau.

3. Déterminer la probabilité des événements suivants.

a. C : « Tirer un cœur. »

b. A : « Tirer un as. »

c. $\overline{A}$: « Ne pas tirer un as. »

d. R : « Tirer une carte rouge. »

Solution

1. Comme on choisit une carte au hasard et que chaque carte a autant de chance d'être tirée qu'une autre, on est dans une situation d'équiprobabilité.

2. Comme on est dans une situation d'équiprobabilité et que l'univers est constitué de 52 issues, la probabilité de tirer l'as de carreau est de $\frac{1}{52}$.

3. a. 13 issues réalisent C donc $P(C) = \frac{13}{52} = \frac{1}{4}$.

b. Quatre issues réalisent A donc $P(A) = \frac{4}{52} = \frac{1}{13}$.

c. Comme $P(A) + P(\overline{A}) = 1$, on a $P(\overline{A}) = 1 - P(A) = \frac{12}{13}$.

d. 26 issues réalisent R donc $P(R) = \frac{26}{52} = \frac{1}{2}$.

Méthode

Étant dans une situation d'équiprobabilité, on utilise les formules du cours.

Pour s'entraîner : exercices **35** et **36** p. 179

Révision

Genially : Retrouvez une activité interactive pour réviser les notions de ce chapitre sur LLS.fr/M3Genially9

PROBABILITÉS

Vocabulaire

- **Expérience aléatoire :** due au hasard
- **Issue :** résultat possible
- **Univers :** toutes les issues
- **Événement :** ensemble d'issues de l'univers
  Événement élémentaire : ayant une seule issue

Propriétés

- $0 \leqslant$ probabilité $\leqslant 1$
- $P(A) + P(\overline{A}) = 1$

Cas particuliers

- **Événement impossible :** probabilité égale à 0
  Événement certain : probabilité égale à 1
- **Équiprobabilité :** les issues ont toutes la même probabilité
  - Probabilité d'une issue : $\dfrac{1}{\text{nombre total d'issues dans l'univers}}$
  - Probabilité d'un événement : $\dfrac{\text{nombre d'issues favorables à A}}{\text{nombre total d'issues dans l'univers}}$

QCU : réponse unique

9 On écrit chacune des lettres du mot « MATHÉMATIQUES » sur des papiers indiscernables au toucher. On tire au hasard l'un des papiers et on regarde la lettre obtenue. L'événement « Obtenir la lettre S. » est :

a. impossible.
b. élémentaire.
c. certain.
d. non élémentaire.

10 Dans l'expérience aléatoire précédente, un événement non élémentaire est :

a. « Obtenir un chiffre. ».
b. « Obtenir une voyelle. ».
c. « Obtenir la lettre M. ».
d. « Obtenir la lettre H. ».

11 Dans un collège, 111 des 185 élèves sont des filles. On choisit au hasard un élève de ce collège. La probabilité d'obtenir un garçon est :

a. $\dfrac{74}{185}$ b. $\dfrac{111}{296}$ c. $\dfrac{111}{185}$ d. $\dfrac{1}{2}$

QCM : réponses multiples

12 Une urne contient des boules blanches, noires, jaunes et bleues. On tire au hasard une boule et on note sa couleur. Donner les événements contraires à « Obtenir une boule noire. ».

a. « Obtenir une boule blanche. »
b. « Ne pas obtenir une boule noire. »
c. « Obtenir une boule blanche, jaune ou bleue. »
d. « Obtenir une boule verte. »

13 Lesquels de ces événements sont des événements certains ?

a. « Tirer une figure dans un jeu de carte. »
b. « Tomber sur pile ou face en lançant une pièce. »
c. « Obtenir un nombre lors d'un lancer de dé. »
d. « Tomber sur pile et face en lançant une pièce. »

› Corrigés p. 300

14 [Rais.6]

Le but de ce jeu est de trouver, en un minimum de propositions, un nombre choisi au hasard par Scratch en suivant le procédé suivant.

- Scratch choisit un nombre aléatoire entre 1 et 100.
- Le joueur fait une première proposition.
- Scratch compare la proposition avec le nombre à trouver et indique si celui-ci est inférieur ou supérieur à la proposition.
- Le joueur fait une seconde proposition et ainsi de suite.
- Quand le nombre est trouvé, le jeu s'arrête.

1. Écrire un algorithme répondant à ces critères.

2. Quelle est la probabilité que le nombre choisi soit inférieur ou égal à 50 ?

3. Quelle est la stratégie à adopter pour que la probabilité de gagner soit la plus grande possible ?

15 [Rais.6 - Ch.3]

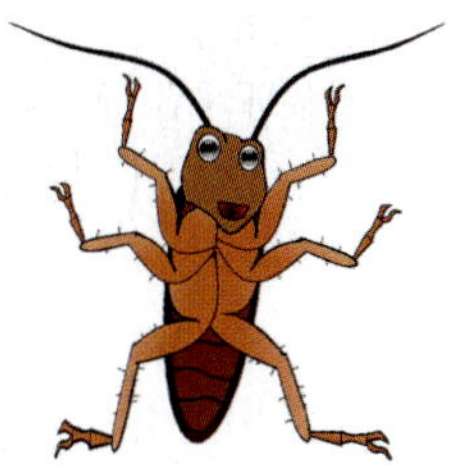

Douze cafards fous organisent une course. Elle se déroule comme suit. Chaque cafard porte un numéro : tous sont différents et sont compris entre 1 et 12. Un parieur choisit un nombre au hasard compris entre 1 et 12. Le cafard qui porte le nombre choisi avance d'un pas. Puis, le parieur recommence jusqu'à ce que l'un des cafards passe la ligne d'arrivée.

Télécharger le fichier Scratch de l'exercice sur LLS.fr/M3Scratch5.

1. a. Modifier le script afin que la course se déroule selon la règle établie par les cafards.

b. Est-il vrai que si l'on effectue 12 courses, chaque cafard avancera d'un pas ?

2. Les douze cafards changent de règle. Dorénavant, le parieur choisit deux nombres au hasard compris entre 1 et 6.

Le cafard qui porte comme numéro la somme des deux nombres choisis avance d'un pas. Puis il recommence jusqu'à ce que l'un des cafards passe la ligne d'arrivée.

a. Le cafard numéro 1 déclare forfait. Pourquoi ?

b. Comment peut-on désigner l'événement « Le cafard 1 gagne la course. » ?

c. Modifier le script afin que la course se déroule selon la nouvelle règle.

d. Les onze cafards restants ont-ils la même chance de gagner ? Justifier.

16 [Rep.8 - Rais.6]

Sur un tableur, la commande = **ALEA.ENTRE.BORNES(1 ; n)** permet de faire afficher un nombre entier aléatoire entre 1 et n. Cela permet de simuler une expérience à n issues : à chaque nombre entier correspond une issue.

1. Quelle formule peut-on saisir pour simuler le lancer d'une pièce ?

2. Quelle formule peut-on saisir pour simuler le lancer d'un dé à six faces ?

	A	B	C
1	Simulations		
2	2		Fréquence de 1
3	3		
4	5		
5	5		
6	4		
7	5		
8	4		
9	4		
10	5		
11	3		
12	5		

3. a. Dans la feuille de calcul ci-dessus, on a utilisé la formule de la question **2.** que l'on a étirée de la cellule **A2** à la cellule **A31**. À combien de lancers de dé cela correspond-t-il ?

b. À l'aide de la commande = **NB.SI(plage ; critère)**, donner la formule à saisir dans la cellule **C3** pour déterminer la fréquence d'apparition du nombre 1 lors de tous ces lancers.

Automatismes

Expérience aléatoire

17 Les expériences ci-dessous sont-elles des expériences aléatoires ?

1. On choisit au hasard un élève dans une classe et on s'intéresse à son âge.
2. On pioche une boule dans une urne ne contenant que des boules jaunes et on note sa couleur.
3. La note obtenue lors d'un contrôle de mathématiques.

Pour les exercices 18 à 21
Donner toutes les issues possibles de l'expérience aléatoire indiquée.

18 Une urne contient dix boules numérotées de 1 à 10. On tire une boule de l'urne et on note son numéro.

19 Lors de l'expérience précédente, on a tiré la boule n°7. On la met de côté, on procède à un deuxième tirage et on note le numéro.

20 On écrit les lettres du mot « CACHALOT » une à une sur un dé à huit faces. On le lance et on note la lettre obtenue.

21 On lance une pièce de monnaie équilibrée à trois reprises et on s'intéresse au nombre de pile obtenu.

22 On dispose d'un jeu de 32 cartes. On tire au hasard une carte dans ce jeu. Dans chacune des situations ci-dessous, donner l'ensemble des issues.

1. On s'intéresse à la couleur de la carte.
2. On s'intéresse à la valeur de la carte.

Vocabulaire des événements

23 On lance un dé à six faces. « Obtenir 2. » est-il un événement impossible, certain, élémentaire ou non élémentaire ?

24 On choisit au hasard un élève de la classe.

1. Donner un événement :

a. impossible ;

b. certain ;

c. élémentaire ;

d. constitué d'exactement deux issues.

2. Donner deux événements contraires.

25 On tire au hasard une carte dans un jeu de 32 cartes. On s'intéresse à la valeur de cette carte.

1. Donner un événement :

a. impossible ;

b. certain ;

c. élémentaire ;

d. constitué d'exactement deux issues.

2. Donner deux événements contraires.

26 On lance un dé à six faces. Donner le nombre d'issues réalisant chacun des événements suivants.

1. « Obtenir 5. »
2. « Obtenir un numéro pair. »
3. « Obtenir un numéro strictement compris entre 3 et 6. »
4. « Obtenir 1 ou 4. »

Calcul mental

27 Au menu d'un restaurant, on a le choix entre trois plats (viande, poisson ou vegan) et quatre desserts (gâteau, tarte, glace ou fruit).

1. Combien de menus différents peut-on composer ?
2. Combien de menus contenant du poisson peut-on composer ?

Automatismes

Échelle de probabilité

28 Classer les événements ci-dessous du moins probable au plus probable.

1. « Gagner à pile ou face. »
2. « Gagner le gros lot à la loterie nationale. »
3. « Gagner au loto de l'école. »

29 On lance un dé à six faces.
« Obtenir 6. » est-il un événement impossible, certain, probable ou peu probable ?

30 On lance un dé à six faces. « Obtenir un nombre. » est-il un événement impossible, certain, probable ou peu probable ?

Calcul mental

31 On lance un dé équilibré à six faces. Classer les événements ci-dessous du moins probable au plus probable.

1. « Obtenir un nombre pair. »
2. « Obtenir un diviseur de 6. »
3. « Obtenir 1. »
4. « Obtenir un nombre entier. »

Probabilité d'un événement

32 Compléter les phrases suivantes :

1. L'événement A a une chance sur 11 de se réaliser donc $\mathrm{P(A)} = \ldots$.
2. $\mathrm{P(B)} = \frac{2}{7}$ donc l'événement B a … chances sur … de se réaliser.
3. $\mathrm{P(C)} = 0{,}35$ donc l'événement C a … chances sur … de se réaliser.

33 Les expériences aléatoires suivantes correspondent-elles à des situations d'équiprobabilité ?

1. On pioche une carte au hasard dans un jeu de 32 cartes et on s'intéresse à sa couleur.
2. On pioche au hasard une boule dans une urne qui contient $\frac{2}{5}$ de boules vertes et $\frac{3}{5}$ de boules bleues, et on s'intéresse à sa couleur.

34 Parmi les nombres suivants, lesquels ne peuvent pas représenter une probabilité ?

1. 50 % 2. 12 3. 0,7 4. −0,2

35 Un chapeau de magicien contient 12 foulards indiscernables au toucher : sept sont verts, trois sont roses et deux sont noirs.
On pioche au hasard un foulard dans ce chapeau et on note sa couleur.

1. Quelles sont les issues possibles ?
2. Ces issues sont-elles équiprobables ?
3. Calculer la probabilité de tirer un foulard vert.
4. Calculer la probabilité de tirer un foulard noir.

Calcul mental

36 Une urne contient six jetons rouges, trois jetons noirs et un jeton blanc, tous indiscernables au toucher.
On tire au hasard un jeton dans cette urne et on note sa couleur. Quelle est la probabilité d'obtenir un jeton rouge ?

Stabilisation des fréquences

37 Sur les ordinateurs du CDI d'un collège, on peut choisir entre deux moteurs de recherche : Youpi et Hourra.
Le tableau ci-dessous donne les moteurs de recherche utilisés par les 992 premiers élèves lors de la semaine de la rentrée.

Moteur Youpi	789
Moteur Hourra	203

La probabilité pour qu'un élève pris au hasard dans ce CDI choisisse le moteur Youpi est-elle proche de 0,4 de 0,6 ou de 0,8 ?

Calcul mental

38 On lance une pièce de monnaie bien équilibrée 3 560 fois. Combien de fois, environ, devrait-on obtenir pile ?

Entraînement

- Vérifier que les connaissances de base sont acquises.
- Développer les connaissances.
- Maîtriser les notions de manière approfondie.

1 Généralités

39 [Com.1]

On met des boules de billard dans une urne et on procède au tirage au sort d'une boule. Les boules sont numérotées de 1 à 15 et il y a une boule blanche sans numéro à laquelle on attribue la valeur 0. De plus, elles ont des couleurs différentes comme le montre l'image ci-dessous. Par exemple, la boule 1 et la boule 9 sont jaunes.

Pour chacune des expériences aléatoires ci-dessous, donner : les issues possibles, un exemple d'un événement impossible, d'un événement certain et, enfin, d'un événement élémentaire.

1. On s'intéresse à la couleur de la boule.
2. On s'intéresse à la valeur de la boule.

40 [Com.1 - Cal.2]

On lance un dé équilibré à 12 faces numérotées de 1 à 12 et on s'intéresse au nombre inscrit sur sa face supérieure.
On considère alors deux événements :

- A : « On obtient un nombre premier. » ;
- B : « On obtient un diviseur de 12. ».

Quel événement est le plus probable ?

41 [Com.1]

On considère une urne contenant quatre jetons. Chaque jeton est soit blanc, soit noir. On tire au hasard un jeton de cette urne.
Dans chacun des cas suivants, proposer une composition du contenu de cette urne qui respecte la contrainte imposée.

1. Il est plus probable d'obtenir un jeton blanc qu'un jeton noir.
2. Il est impossible d'obtenir un jeton noir.
3. Les deux événements « Obtenir un jeton noir. » et « Obtenir un jeton blanc. » sont équiprobables.

42 [Com.1]

On lance un dé à six faces et on s'intéresse au nombre inscrit sur la face supérieure du dé.
Donner l'événement contraire des événements suivants sans utiliser la négation.

1. A : « On obtient 5. »
2. B : « On obtient 4 ou 5. »
3. C : « On obtient un nombre strictement inférieur à 5. »
4. D : « On obtient un nombre supérieur ou égal à 2. »

43 [Com.1 - Rep.3]

Une trousse contient six stylos : deux à pointe large (un bleu et un vert) et quatre à pointe fine (un vert, deux bleus, un rouge). Tous sont indiscernables au toucher. On pioche au hasard l'un de ces stylos et on note sa couleur et la taille de sa pointe.

1. Recopier et compléter le tableau ci-dessous avec les données de l'énoncé.

	Pointe fine	Pointe large	Total
Bleu			
Vert			
Rouge			
Total			6

2. Les événements suivants sont-ils des événements contraires ?

a. A : « Piocher un stylo à pointe fine. » et B : « Piocher un stylo bleu. ».

b. C : « Piocher un stylo rouge. » et D : « Piocher un stylo à pointe large. ».

c. E : « Piocher un stylo rouge ou bleu. » et F : « Piocher un stylo vert. ».

d. G : « Piocher un stylo bleu. » et H : « Piocher un stylo vert. ».

44 INVERSÉ [Com.1]

Proposer une expérience aléatoire qui possède au moins quatre issues et pour laquelle « Obtenir une couleur primaire. » est un événement impossible, « Obtenir une couleur qui possède un E dans son nom. » est un événement certain et « Obtenir une couleur qui possède un S dans son nom. » est un événement élémentaire.

2 Calculs de probabilités

45 [Mod.7]

On considère une roue de loterie à sept secteurs de taille identique et aux couleurs de l'arc-en-ciel : rouge, orange, jaune, vert, bleu, indigo et violet. On fait tourner la roue et on s'intéresse à la couleur indiquée.

1. Quelles sont les issues possibles ?
2. Les issues sont-elles équiprobables ?
3. On gagne si l'aiguille indique le secteur orange. Calculer la probabilité de gagner.
4. Les règles changent : on gagne si l'aiguille indique le secteur bleu. La probabilité de gagner a-t-elle changé ?

46 [Mod.7]

Eliott et Zoé souhaitent aller au restaurant et ils décident de le choisir au hasard. Il y a quatre types de restaurant : deux pizzerias, un restaurant japonais, un restaurant indien et deux bistrots lyonnais.

1. Quelle est la probabilité qu'ils se rendent dans une pizzeria ?
2. Quelle est la probabilité qu'ils se rendent dans un restaurant japonais ?
3. On considère les événements B : « Ils se rendent dans un bistrot lyonnais. » et J : « Ils se rendent dans un restaurant japonais. ».

a. Définir par une phrase l'événement $\overline{B}$ puis calculer sa probabilité.

b. Définir par une phrase l'événement « B ou J » et calculer sa probabilité.

Environnement et développement durable

47 [Mod.7 - Rep.4]

Le diagramme suivant présente la répartition, en pourcentage, du mode principal de déplacement domicile-travail en Occitanie en 2015 chez les personnes âgées de 15 à 74 ans ayant un emploi.

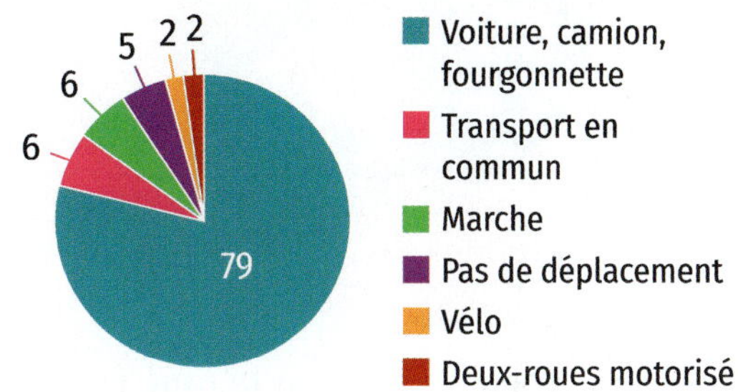

Source : Insee, enquête annuelle de recensement 2015

On choisit au hasard une personne ayant répondu à cette enquête.

1. Déterminer la probabilité que cette personne se déplace à pied.
2. Déterminer la probabilité que cette personne se déplace à vélo ou en deux-roues motorisé.

48 [Mod.7]

On dispose d'une urne composée de 12 jetons indiscernables au toucher : sept rouges, trois oranges et deux verts.

On tire au hasard un jeton de cette urne et on note sa couleur.

Dans chacun des cas suivants, indiquer le nombre minimum de jetons à ajouter dans cette urne, ainsi que leur couleur, de telle sorte que :

1. cette situation soit une situation d'équiprobabilité ;
2. la probabilité d'obtenir un jeton orange soit le double de celle de son événement contraire ;
3. la probabilité d'obtenir un jeton rouge ou orange soit égale à celle d'obtenir un jeton vert.

Entraînement

Vérifier que les connaissances de base sont acquises.
Développer les connaissances.
Maîtriser les notions de manière approfondie.

49 [Mod.7]

Dans une fête foraine, un jeu propose de faire tourner la roue ci-dessous.

L'expérience consiste à lancer la roue et à observer la lettre écrite sur le secteur désigné par la flèche rouge.
On admet que la roue est partagée en secteurs de mêmes dimensions.

Le gain correspond au secteur désigné par la flèche rouge.

- Pas de lot pour la lettre R.
- Une peluche pour la lettre P.
- Une part de gâteau pour la lettre G.

1. Calculer la probabilité de gagner une peluche.

2. Calculer la probabilité de gagner une part de gâteau.

3. Calculer, de deux manières différentes, la probabilité de ne rien gagner.

50 [Mod.7]

D'après brevet Pro, Polynésie, juin 2014

32 équipes participent à la coupe du monde de football 2014 au Brésil :

- Europe : 13 équipes ;
- Afrique : 5 équipes ;
- Asie et Océanie : 5 équipes ;
- Amérique du Sud : 5 équipes ;
- Amérique du Nord et Centrale : 4 équipes.

1. Une des équipes va être hébergée dans un un hôtel du centre de Brasilia.

Cette équipe est tirée au sort.

a. Donner la probabilité pour une équipe d'être tirée au sort.

b. Calculer la probabilité pour que l'équipe tirée au sort soit une équipe d'Amérique du Sud.

2. Lors de la première phase de la compétition, les équipes sont réparties dans des groupes. Chaque groupe est composé de quatre équipes.

Est-il possible d'avoir au moins une équipe d'Afrique dans chaque groupe ? Justifier.

51 [Mod.7 - Rep.4]

D'après brevet, Métropole, juin 2011

Un dé cubique a six faces peintes : une en bleu, une en rouge, une en jaune, une en vert et deux en noir.

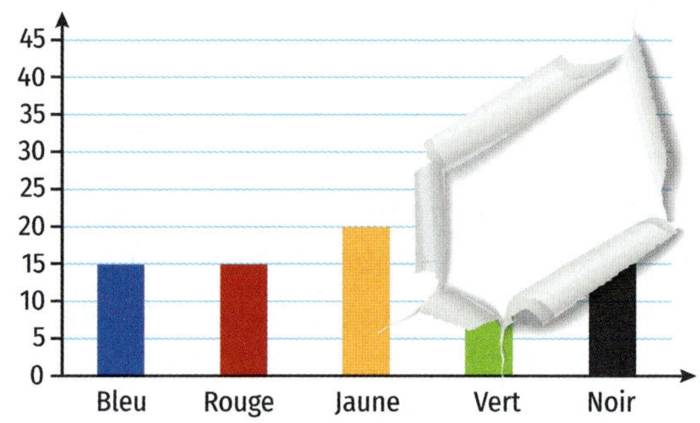

1. On jette ce dé 120 fois et on note à chaque fois la couleur de la face obtenue. Le diagramme ci-dessus donne la répartition des couleurs obtenues lors de ces 120 lancers.

a. Déterminer la fréquence d'apparition de la couleur noire sachant qu'elle est le double de celle de la couleur jaune.

b. Déterminer la fréquence d'apparition de la couleur verte.

2. On suppose que le dé est équilibré.

a. Quelle est la probabilité d'obtenir la couleur jaune ?

b. Quelle est la probabilité d'obtenir la couleur noire ?

3. Expliquer l'écart entre les fréquences obtenues à la question 1. et les probabilités trouvées à la question 2..

52 [Mod.7]

Virginie aime beaucoup les bijoux personnalisables. Elle possède notamment deux bracelets : un argenté et un doré qu'elle peut personnaliser avec des cuirs de différentes couleurs. Elle dispose des couleurs de cuirs suivantes : bleu pétrole, framboise, bleu denim et vert d'eau.

1. Combien y a-t-il d'assemblages possibles ?

Elle choisit au hasard un bracelet et un cuir.

2. Déterminer la probabilité d'obtenir un bracelet doré avec un cuir framboise.
3. Déterminer la probabilité d'obtenir un ensemble avec un cuir bleu.
4. Déterminer la probabilité de ne pas avoir de cuir framboise.

53 [Mod.7]

Trois copines, Aurélie, Belgin et Clémentine, ont chacune un sachet de guimauves blanches et roses. Chacune tire au hasard une guimauve dans son sachet. On note sa couleur.

1. Le contenu des sachets est le suivant :
- celui d'Aurélie : 3 blanches et 12 roses ;
- celui de Belgin : 10 roses ;
- celui de Clémentine : 5 blanches et 23 roses.

a. Laquelle de ces personnes a la probabilité la plus grande de tirer de son sac une guimauve rose ?

b. Laquelle de ces personnes a la probabilité la plus grande de tirer de son sac une guimauve blanche ?

2. On souhaite ajouter des guimauves blanches afin que Belgin ait la même probabilité qu'Aurélie de tirer une guimauve rose de son sac. Est-ce possible ? Si oui, combien de guimauves blanches faut-il ajouter dans le sachet de Belgin avant le tirage ? Si non, expliquer pourquoi.

54 [Mod.7]

Pour un tirage au sort, on a placé dans une urne 25 boules de même taille, les unes blanches, les autres noires. La probabilité de tirer une boule blanche est 0,32. Quelles sont les boules les plus nombreuses dans l'urne : les blanches ou les noires ? Expliquer.

55 COPIE D'ÉLÈVE [Mod.7]

On écrit chacune des lettres du mot BANANE sur un dé équilibré à 6 faces.
On lance le dé. Déterminer la probabilité de tomber sur la lettre A.

> *Comme les issues possibles sont B, A, N et E, la probabilité de tomber sur la lettre A est de $\frac{1}{4}$.*

Déterminer où se trouve l'erreur dans le raisonnement et proposer une correction.

56 [Mod.7]

Lors d'une partie de Cluedo, le meurtrier a été découvert. Il reste à trouver l'arme et le lieu du crime. D'après les informations recueillies par Amélie, il ne reste plus que trois armes possibles : une matraque, un chandelier et un poignard, ainsi que quatre lieux : la véranda, le salon, la cuisine et le bureau.

1. Combien d'associations sont possibles ?
2. Elle décide de proposer au hasard la matraque et le bureau.

a. Quelle est la probabilité qu'elle ait raison ?

b. En réalité, Amélie a tout faux. Elle change donc sa proposition. Quelle est alors la probabilité qu'elle ait raison ?

c. Elle s'est encore trompée d'arme mais elle a tout de même trouvé le lieu. Expliquer pourquoi elle est sûre d'avoir la bonne arme lors de sa prochaine proposition.

57 INVERSÉ [Mod.7 - Rais.2]

Proposer une expérience aléatoire pour laquelle la probabilité de tirer une boule rouge est 0,2 et celle de tirer une boule verte est $\frac{2}{15}$.

Approfondissement

58 [Mod.7 - Rep.3 - Com.1]

On lance deux dés équilibrés à six faces et on s'intéresse au nombre inscrit sur leur face supérieure.

1. a. À l'aide d'un tableau à double entrée, donner tous les couples d'issues possibles.

b. Les issues contenues dans chacune des cases du tableau sont-elles équiprobables ? Justifier.

On s'intéresse maintenant au produit formé par les nombres inscrits sur les deux faces supérieures.

2. Les issues sont-elles équiprobables ? Justifier.

3. a. Donner un événement impossible.

b. Donner un événement certain.

c. Donner un événement non élémentaire.

4. Calculer la probabilité des événements suivants :

a. A : « Obtenir un nombre pair. » ;

b. B : « Obtenir un nombre premier. » ;

c. C : « Obtenir un nombre contenant un 1. » ;

d. D : « Obtenir un nombre à un chiffre. ».

5. Lyliana affirme que la probabilité d'obtenir un multiple de 2 est supérieure à celle d'obtenir un nombre contenant un 1. A-t-elle raison ? Justifier.

59 [Mod.7 - Rep.3 - Com.1]

Une enquête a été réalisée auprès des 500 élèves d'un collège afin de connaître leur sensibilité au développement durable et leur pratique du tri sélectif.

L'enquête révèle que 70 % des élèves sont sensibles au développement durable.

Parmi ceux qui sont sensibles au développement durable, 80 % pratiquent le tri sélectif.

Parmi ceux qui ne sont pas sensibles au développement durable, on en trouve 10 % qui pratiquent le tri sélectif.

1. Recopier et compléter le tableau ci-dessous.

	Pratiquent le tri	Ne pratiquent pas le tri	Total
Sensibles au développement durable			
Pas sensibles au développement durable			
Total			500

2. On choisit un élève de ce collège au hasard.

a. Quelle est la probabilité qu'il ne pratique pas le tri sélectif ?

b. Quelle est la probabilité qu'il ne soit pas sensible au développement durable mais qu'il pratique le tri sélectif ?

3. On choisit un élève qui n'est pas sensible au développement durable. Quelle est la probabilité qu'il pratique le tri sélectif ?

60 [Mod.7 - Rep.3 - Com.1 - Cal.2]

Dans une urne, on dispose des jetons de poker. La valeur du jeton est le nombre inscrit sur sa face.

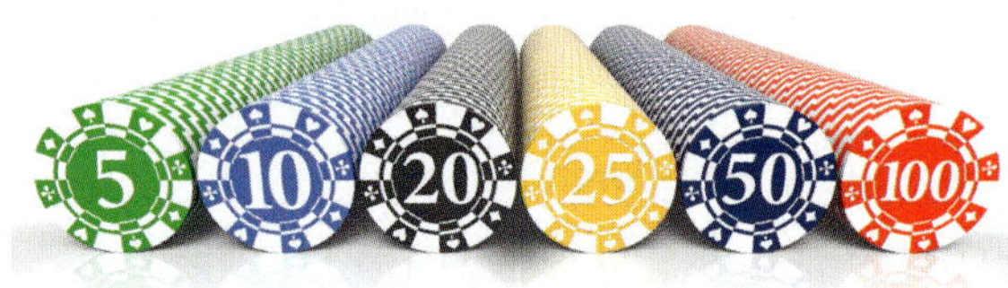

On donne dans le tableau ci-dessous la répartition du nombre de jetons en fonction de leur valeur.

Valeur du jeton	5	10	20	25	50	100
Nombre de jetons	90	70	60	50	20	10

On pioche, au hasard, un jeton dans cette urne et on note sa valeur.

1. Quelle est la probabilité que la valeur de ce jeton soit de 20 points ?

2. Quelle est la probabilité que la valeur du jeton soit strictement inférieure à 25 points ?

3. Quelle est la probabilité que la valeur de ce jeton soit au moins de 50 points ?

4. A-t-on plus de chances de piocher un jeton d'une valeur entre 5 et 10 points ou un jeton ayant une valeur strictement supérieure à 10 points ? Justifier la réponse.

61 [Mod.7 - Rep.3 - Com.1 - Rais.2]

Dans une association sportive :

- la section football compte 70 % de garçons et 60 filles ;
- la section judo compte 54 filles sur un total de 120 personnes ;
- les filles représentent la moitié de l'effectif de la section basketball qui compte 110 personnes ;
- il y a 60 garçons et 30 filles dans la section handball.

1. Recopier et compléter le tableau ci-dessous.

	Filles	Garçons	Total
Football			
Judo			
Basketball			
Handball			
Total			

2. Sachant que chaque personne de l'association est inscrite dans une seule section, combien y a-t-il d'adhérents toutes sections confondues ?

3. On sélectionne une personne au hasard dans chacune des sections. Déterminer, pour chacune, la probabilité que ce soit une fille.

4. On rassemble tous les adhérents pour la fête du club et on tire le gros lot de la loterie. Chaque membre a acheté un ticket. Quelle est la probabilité que le gagnant soit un garçon de la section judo ?

CLUB DE MATHS

62 ÉNIGME

Dans un jeu télévisé, un candidat se trouve face à trois portes : l'une cache une voiture et les deux autres une chèvre. Les prix sont répartis au hasard derrière les portes et seul le présentateur du jeu en connaît la répartition. Le candidat commence par choisir une porte sans l'ouvrir. Le présentateur ouvre alors une des deux portes restantes et révèle ainsi l'une des deux chèvres. Il propose ensuite au candidat deux options : garder son choix de départ ou changer de porte. Pour avoir le plus de chance de gagner la voiture, que doit faire le candidat ?

63 CASSE-TÊTE

On lance un dé truqué dont les huit faces sont numérotées de 1 à 8. La probabilité d'obtenir chacune des faces est donnée en fonction d'un nombre p dans le tableau ci-dessous.

Issue	1	2	3	4	5	6	7	8
Probabilité	p	$\frac{p}{2}$	$\frac{3p}{2}$	$2p$	$\frac{p}{4}$	$\frac{3p}{4}$	p	p

1. Quelles conditions doit vérifier chacune de ces probabilités ?

2. En déduire la valeur de p.

Préparer le brevet

64 [D'après brevet, Métropole, juin 2014] durée : 15 min

Un sac contient 20 jetons jaunes, verts, rouges ou bleus ayant chacun la même probabilité d'être tiré. On considère l'expérience : tirer au hasard un jeton, noter sa couleur et le remettre dans le sac.

1. Le professeur, qui connaît la composition du sac, a simulé un grand nombre de fois l'expérience avec un tableur. Il a représenté ci-dessous la fréquence d'apparition des différentes couleurs après 1 000 tirages.

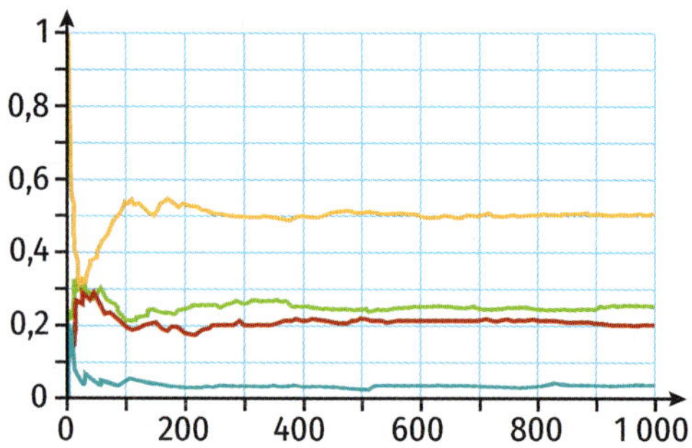

a. Quelle couleur est la plus présente ?

b. Le professeur a construit la feuille de calcul suivante.

	A	B	C
1	Nombre de tirages	Nombre de fois où un jeton rouge est apparu	Fréquence d'apparition de la couleur rouge
2	1	0	0
3	2	0	0
4	3	0	0
5	4	0	0
6	5	0	0
7	6	1	0,1666666667
8	7	1	0,1428571429
9	8	1	0,125
10	9	1	0,1111111111
11	10	1	0,1

Quelle formule a-t-il saisie dans la cellule **C2** avant de l'étirer vers le bas ?

2. On sait que la probabilité de tirer un jeton rouge est de $\frac{1}{5}$. Combien y a-t-il de jetons rouges dans ce sac ?

65 [D'après brevet, Grèce, juin 2019] durée : 15 min

Mathilde fait tourner deux roues de loterie A et B comportant chacune quatre secteurs numérotés comme sur le schéma ci-dessous.

La probabilité d'obtenir chacun des secteurs d'une roue est la même. Les flèches rouges indiquent les deux secteurs obtenus.

L'expérience de Mathilde est la suivante : elle fait tourner les deux roues pour obtenir un nombre à deux chiffres. Le chiffre obtenu avec la roue A est le chiffre des dizaines et celui avec la roue B est le chiffre des unités. Dans l'exemple ci-contre, elle obtient le nombre 27 (roue A : 2 et roue B : 7).

1. Écrire tous les nombres possibles issus de cette expérience.

2. Prouver que la probabilité d'obtenir un nombre supérieur à 40 est 0,25.

3. Quelle est la probabilité que Mathilde obtienne un nombre divisible par 3 ?

66 [D'après brevet, Amérique du Nord, 2019] durée : 10 min

Expérience n°1 : Prendre au hasard un nombre entier compris entre 1 et 11 (inclus).

Expérience n°2 : Lancer un dé équilibré à six faces numérotées de 1 à 6 et annoncer le numéro qui apparaît sur la face du dessus.

Est-il plus probable de prendre un nombre premier dans l'expérience 1 ou d'obtenir un nombre pair dans l'expérience 2 ?

Travailler autrement

Activité différenciée

Julien et Amélie disposent de la roue ci-contre et du dé cubique dont voici le patron. Chaque secteur de la roue a la même aire et le dé cubique est équilibré. Amélie choisit de faire tourner la roue et Julien de lancer le dé. On s'intéresse à la couleur obtenue par chacun d'eux.

★ PARCOURS 1

Amélie gagne si elle tombe sur un secteur vert et Julien gagne s'il obtient la face verte.
Lequel d'entre eux a la plus grande probabilité de finir vainqueur ?

★★ PARCOURS 2

Avant de jouer, ils se mettent d'accord pour parier sur une même couleur.
Quelle couleur doit choisir Amélie pour avoir la même probabilité que Julien de finir vainqueur ?

★★★ PARCOURS 3

Avant de jouer, ils choisissent une couleur au hasard parmi celles du dé de Julien. C'est celle qu'ils devront chacun obtenir pour gagner. Qui a la plus grande probabilité de finir vainqueur ?

Travail à se partager

Le jeu de Scrabble® est composé de 102 jetons : 2 jokers qui rapportent 0 point et les 26 lettres de l'alphabet qui sont réparties de la façon suivante.

A_1	B_3	C_3	D_2	E_1	F_4	G_2	H_4	I_1	J_8	K_{10}	L_1	M_2
9	2	2	3	15	2	2	2	8	1	1	5	3

N_1	O_1	P_3	Q_8	R_1	S_1	T_1	U_1	V_4	W_{10}	X_{10}	Y_{10}	Z_{10}
6	6	2	1	6	6	6	6	2	1	1	1	1

Par exemple, 9 jetons portent la lettre A et rapportent 1 point chacun, 2 jetons portent la lettre B et rapportent 3 points chacun.

On tire au hasard un jeton de Scrabble®.

1. Calculer la probabilité d'obtenir une voyelle, puis celle d'obtenir une consonne.
2. Calculer la probabilité d'obtenir une lettre du mot « MATHEMATIQUES ».
3. Est-il plus probable d'obtenir une lettre du mot « PROBA » ou une lettre qui rapporte au moins trois points ?

Déjà vu

Rappels

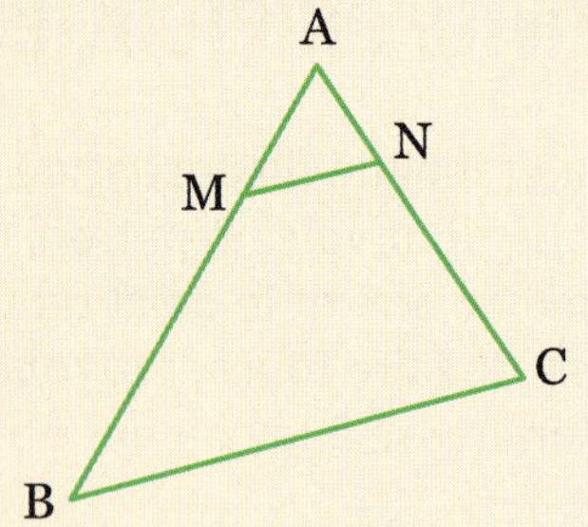

1. Soient ABC un triangle, M un point appartenant à [AB] et N un point appartenant à [AC] tels que (MN) // (BC).
Alors, d'après le **théorème de Thalès**, on a les égalités de quotients suivantes : $\frac{AM}{AB} = \frac{AN}{AC} = \frac{MN}{BC}$.

2. Pour calculer une **quatrième proportionnelle**, on peut utiliser les produits en croix égaux.
Si on a l'égalité $\frac{2}{5} = \frac{x}{7}$, on peut utiliser le fait que les produits en croix sont égaux. Ainsi, $5 \times x = 2 \times 7$ et donc $x = \frac{2 \times 7}{5} = 2{,}8$.
On retrouve cette propriété dans le tableau de proportionnalité ci-contre.

2	x
5	7

3. On dit que deux **triangles sont égaux** si leurs côtés sont deux à deux de même longueur. Leurs aires sont égales et on dit qu'ils sont **superposables**.

1 Dans les deux cas suivants, déterminer la valeur de x.

1. $\frac{3}{5} = \frac{x}{7}$ **2.** $\frac{3}{5} = \frac{7}{x}$

2 On considère la figure suivante.

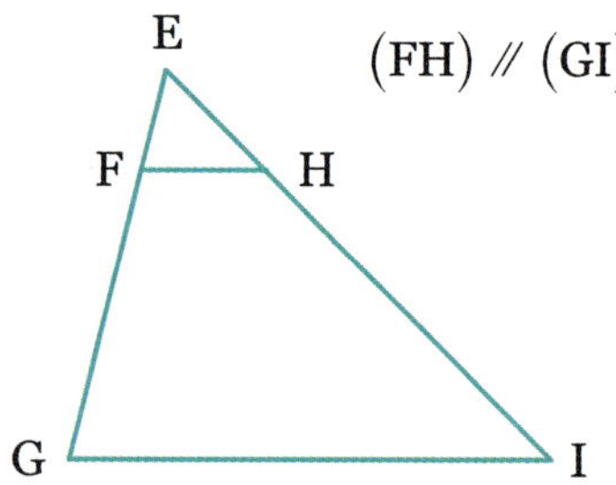

(FH) // (GI)

Compléter les phrases suivantes :
Dans le triangle ..., le point ... appartient au segment [EG] et le point H appartient au segment .... De plus, les droites (FH) et (GI) sont .... Donc, d'après le théorème de ..., on peut écrire les égalités suivantes :
$\frac{E...}{...G} = \frac{...H}{E...} = \frac{...}{...}$.

3 On considère un triangle MNP tel que $A \in [PM]$, $B \in [PN]$ et (AB) // (MN). Écrire les égalités de quotients de longueurs obtenues grâce au théorème de Thalès.

4 Soient ABC un triangle, M un point de [AB] et N un point de [AC] tels que (MN) // (BC).

1. Si AM = 3 cm, AB = 7 cm et AN = 2 cm, que vaut AC ?

2. Si AM = 3 cm, MB = 4 cm et BC = 9 cm, que vaut MN ?

5 Les triangles ABC et EFG suivants sont-ils égaux ?

1.

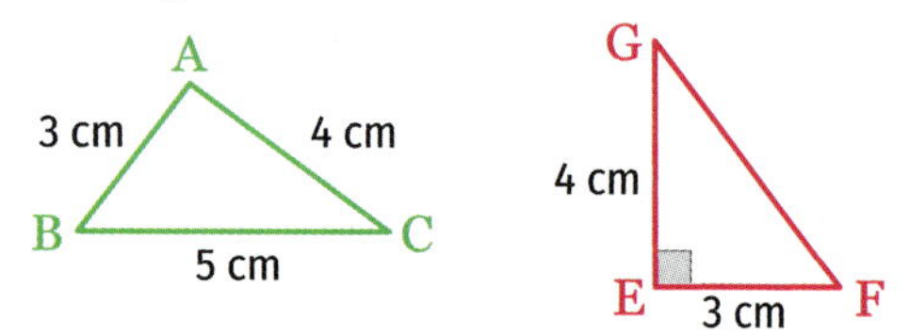

2.

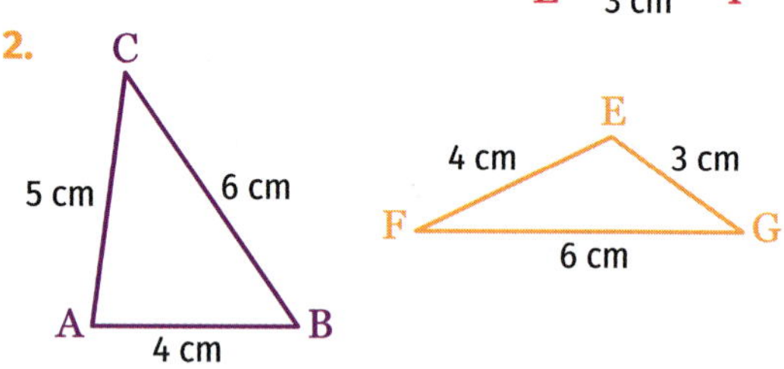

ChronoQuiz

Retrouvez un quiz interactif à réaliser en classe pour vérifier les prérequis de ce chapitre sur LLS.fr/M3Quiz10

Partie 3 : Espace et géométrie

10 Théorème de Thalès et triangles semblables

Objectifs du chapitre

- Savoir calculer des longueurs en utilisant le théorème de Thalès dans différentes configurations.
- Montrer que des droites sont ou ne sont pas parallèles.
- Reconnaître des triangles semblables.
- Connaître les effets des agrandissements et réductions sur les longueurs, les angles et les aires.

Retrouvez un tableau récapitulatif des compétences utilisées dans les exercices de ce chapitre sur LLS.fr/M3Comp10

Thalès de Milet est un savant grec né et mort sur les côtes de la Turquie actuelle au VIe siècle av. J.-C.

Pour mesurer la hauteur d'une pyramide, Thalès aurait eu l'idée d'utiliser un bâton planté dans le sol. En mesurant sur le sol les ombres du bâton et de la pyramide et en montrant que les rapports des objets avec leur ombre étaient conservés, il pouvait déduire la hauteur de la pyramide.

Activités

1 Des rapports de longueurs

› Cours 1 A p. 192

Objectif : Découvrir d'autres configurations du théorème de Thalès.

Soient deux droites (d) et (d') sécantes en A et deux points B et C tels que $B \in (d)$ et $C \in (d')$. Dans le triangle ABC, on place un point M appartenant à $[AB]$ et un point N appartenant à $[AC]$ tels que les droites (MN) et (BC) soient parallèles.

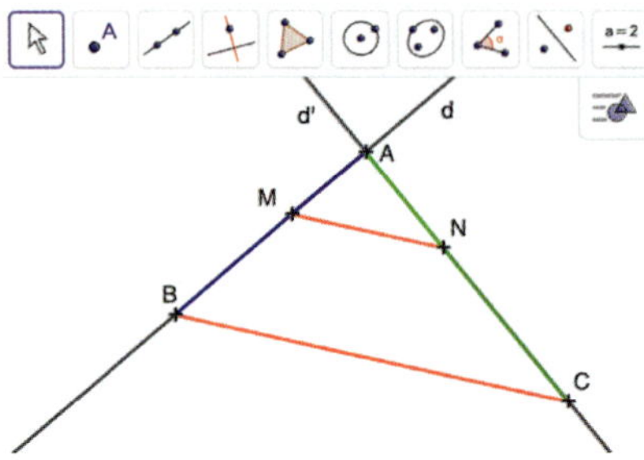

	A	B	C	D	E	F
1	Longueur AM	1.33	Longueur AN	1.7	Longueur MN	2.14
2						
3	Longueur AB	3.48	Longueur AC	4.44	Longueur BC	5.57
4						
5	Rapport AM/AB	0.38	Rapport AN/AC	0.38	Rapport MN/BC	0.38
6						
7						
8						

Télécharger le fichier sur LLS.fr/M3Thales

1 **a)** Quelles informations figurent dans les lignes 1, 3 et 5 du tableur ?

b) Après avoir déplacé les points M et N, quelle constatation peut-on faire à propos des valeurs apparaissant dans la ligne 5 du tableur ?

c) Quel théorème permet de justifier cette constatation ?

2 On déplace ensuite les points M et N de telle sorte que ceux-ci appartiennent respectivement aux demi-droites $[AB)$ et $[AC)$ mais pas aux segments $[AB]$ et $[AC]$. Que remarque-t-on pour les valeurs de la ligne 5 ?

3 Enfin, on déplace les points M et N de telle sorte que ceux-ci n'appartiennent pas aux demi-droites $[AB)$ et $[AC)$. Que remarque-t-on pour les valeurs de la ligne 5 ?

Bilan : Énoncer le théorème de Thalès dans le cas général.

2 L'importance de la position des points

› Cours 1 B p. 192

Objectif : Découvrir la réciproque du théorème de Thalès.

1 Que valent les quotients $\frac{AM}{AB}$ et $\frac{AN}{AC}$ dans la figure ci-contre ? Que peut-on conjecturer sur la position des droites (MN) et (BC) ?

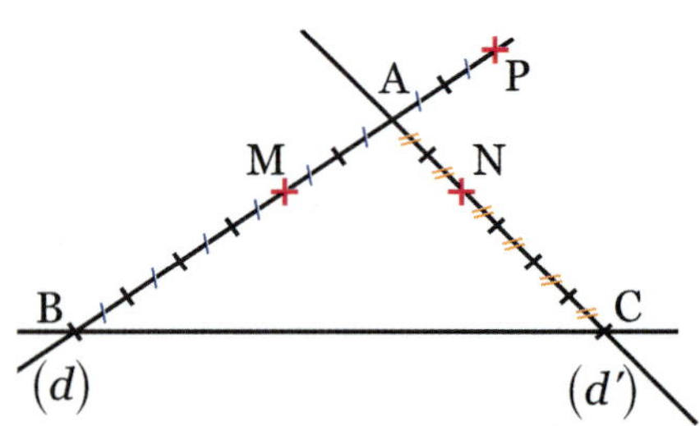

2 Que valent les quotients $\frac{AP}{AB}$ et $\frac{AN}{AC}$? Que peut-on conjecturer sur la position des droites (PN) et (BC) ?

Bilan : Quelle condition les points doivent-ils vérifier pour que les droites soient parallèles ?

3 Agrandissement et réduction

› Cours 2 A p. 194

Objectif : Comprendre les effets d'un agrandissement ou d'une réduction sur les aires.

On considère les figures F, F_1 et F_2 ci-contre.

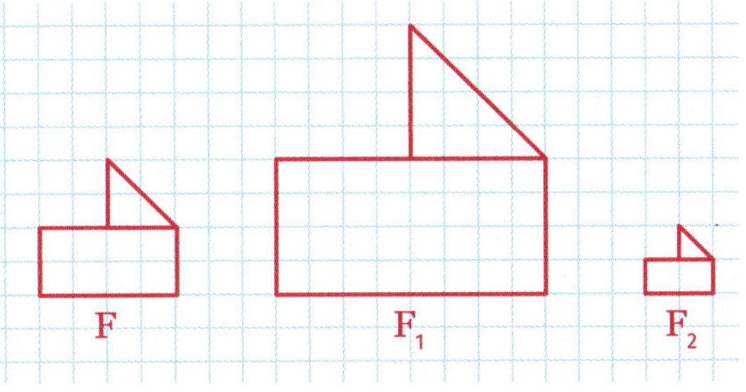

1 Compléter la phrase ci-dessous avec les propositions suivantes : une réduction ; un agrandissement ; $k = 2$; $k = 0,5$.
« La figure F_1 est ... de la figure F, car les longueurs sont multipliées par ... ; la figure F_2 est ... de la figure F, car les longueurs sont multipliées par ... .

2 En choisissant le carreau comme unité d'aire, donner les aires A, A_1 et A_2 des figures F, F_1 et F_2 et compléter les égalités : $A_1 = \ldots \times A$ et $A_2 = \ldots \times A$.

Bilan : Énoncer la conséquence d'un agrandissement ou d'une réduction sur les aires.

4 Un triangle, trois angles et des longueurs

› Cours 2 B p. 194

Objectif : Découvrir la notion de triangles semblables.

1 Tracer un triangle ABC tel que $\widehat{BAC} = 40°$, $\widehat{ABC} = 60°$ et $\widehat{ACB} = 80°$. Comparer cette figure avec celle de vos voisins. Tous les triangles sont-ils identiques ?

2 Le professeur a reporté les mesures des côtés des triangles de certains des élèves de la classe dans le tableau ci-dessous.

	1	2	3	4	5
AB	8	12	4	20	16
AC	7	10,5	3,5	17,5	14
BC	5,2	7,8	2,6	13	10,4

Comparer les mesures des côtés des triangles 2 ; 3 ; 4 et 5 avec celles du triangle 1.

Coup de pouce : Penser à calculer le rapport entre les longueurs respectives des côtés des triangles.

3 On dit que ces triangles sont **semblables**. Donner les longueurs d'un nouveau triangle semblable aux précédents.

Bilan : Comment peuvent être qualifiées les longueurs des côtés de triangles semblables ?

Cours

1 Théorème de Thalès et sa réciproque

A Énoncé du théorème

Théorème de Thalès

Si (MB) et (NC) sont deux droites sécantes en A telles que les droites (BC) et (MN) sont **parallèles** alors on a les égalités suivantes :

$$\frac{AM}{AB} = \frac{AN}{AC} = \frac{MN}{BC}$$

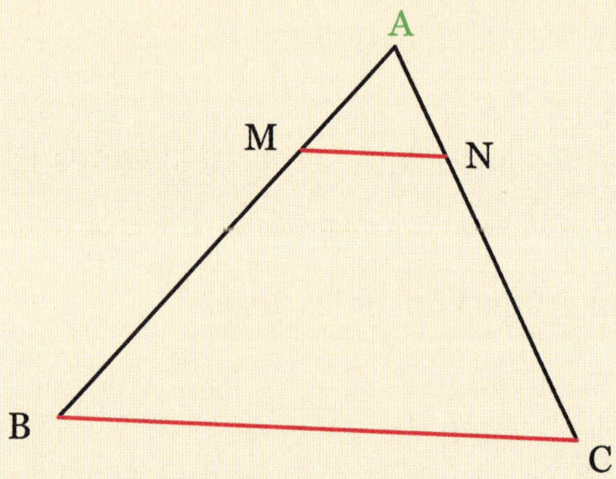

Triangles emboîtés

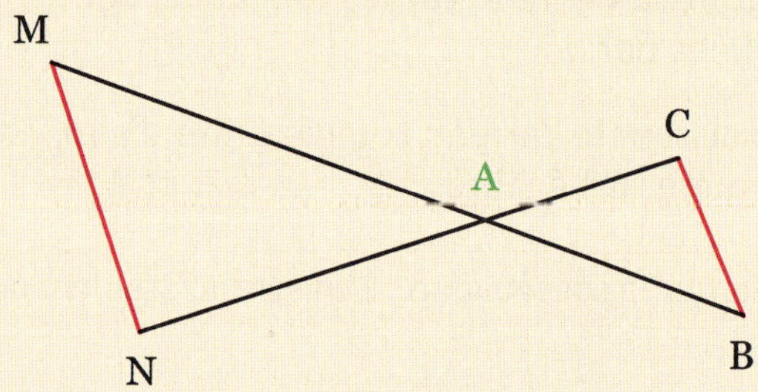

Configuration papillon

Remarques :

- On repère le sommet commun aux deux triangles (ici le point A) et les deux droites parallèles (ici (MN) et (BC)) pour écrire les trois rapports. On a donc : $\frac{AM}{AB} = \frac{AN}{AC} = \frac{MN}{BC}$.
- Il est également possible d'écrire l'égalité ainsi : $\frac{AB}{AM} = \frac{AC}{AN} = \frac{BC}{MN}$.

B Énoncé de la réciproque

Théorème (Réciproque du théorème de Thalès)

Si les points A, M, B et A, N, C sont alignés dans le même ordre et que les rapports $\frac{AM}{AB}$, $\frac{AN}{AC}$ et $\frac{MN}{BC}$ sont égaux, alors les droites (MN) et (BC) sont parallèles.

Remarques :

- On calcule les rapports séparément afin de les comparer. Il faut que les deux conditions (l'égalité de trois rapports **et** l'ordre des points) soient vérifiées pour conclure sur le parallélisme.
- Si l'une des deux conditions n'est pas vérifiée alors les droites ne sont pas parallèles.

Méthodes

Calculer une longueur

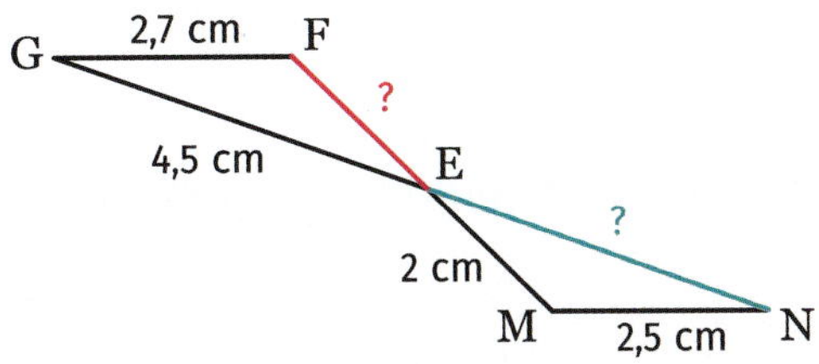

Énoncé Sur la figure ci-contre, on sait que $(NM) /\!/ (GF)$. Calculer les deux longueurs EF et EN manquantes.

Solution

On sait que les droites (GN) et (FM) sont sécantes en E et, de plus, que $(MN) /\!/ (GF)$.

D'après le théorème de Thalès, $\frac{EF}{EM} = \frac{EG}{EN} = \frac{FG}{MN}$.

Ainsi, $\frac{EF}{2} = \frac{4{,}5}{EN} = \frac{2{,}7}{2{,}5}$.

D'où $EF = \frac{2 \times 2{,}7}{2{,}5} = 2{,}16$ cm et

$EN = \frac{4{,}5 \times 2{,}5}{2{,}7} = \frac{25}{6} \approx 4{,}17$ cm.

Méthode
- On écrit les conditions d'application du théorème.
- On écrit ensuite les égalités des rapports.
- On calcule les valeurs manquantes à l'aide de produits en croix.

Pour s'entraîner : exercices **16** et **19** p.198

Montrer que deux droites sont ou ne sont pas parallèles

Énoncé Sur la figure ci-contre, on sait que les points F, O, D et E sont alignés ainsi que les points G, O, B et C.

On donne les longueurs suivantes : $OB = 7{,}2$ cm, $OC = 10{,}8$ cm, $OD = 6$ cm, $OE = 9$ cm, $OG = 3$ cm et $OF = 2$ cm.

1. Démontrer que les droites (BD) et (CE) sont parallèles.
2. Les droites (GF) et (BD) sont-elles parallèles ? Justifier.

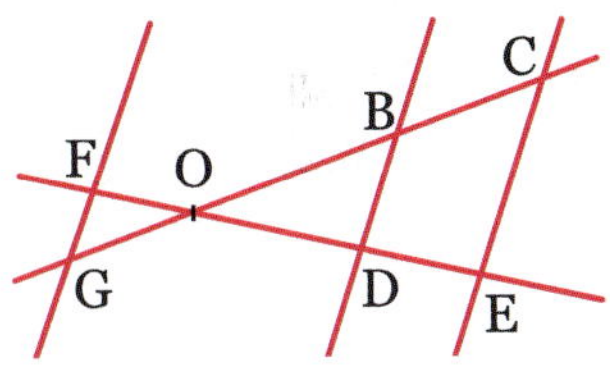

Solution

1. Les points O, B, C et O, D, E sont alignés dans le même ordre.

D'une part, $\frac{OB}{OC} = \frac{7{,}2}{10{,}8} = \frac{2}{3}$ et d'autre part, $\frac{OD}{OE} = \frac{6}{9} = \frac{2}{3}$.

Comme $\frac{OB}{OC} = \frac{OD}{OE}$, alors, d'après la réciproque du théorème de Thalès, les droites (BD) et (CE) sont parallèles.

2. Les points F, O, D et G, O, B sont alignés dans le même ordre.

D'une part, $\frac{OF}{OD} = \frac{2}{6} = \frac{1}{3}$ et d'autre part, $\frac{OG}{OB} = \frac{3}{7{,}2} = \frac{5}{12}$.

Comme $\frac{OF}{OD} \neq \frac{OG}{OB}$, alors l'égalité de Thalès n'est pas vérifiée donc les droites (FG) et (BD) ne sont pas parallèles.

Méthode
- On vérifie que les points sont alignés dans le même ordre.
- On compare les rapports séparément.
- Si les rapports sont égaux, alors les droites sont parallèles. Si les rapports sont différents, alors les droites ne sont pas parallèles.
- On conclut.

Pour s'entraîner : exercices **20, 21** et **22** p. 198

Cours

2 Configurations particulières

A Agrandissement et réduction

Définitions

Si, pour une figure F donnée, on multiplie toutes les longueurs par un nombre k strictement positif, alors on obtient :

- un **agrandissement** si $k > 1$;
- une **réduction** si $0 < k < 1$.

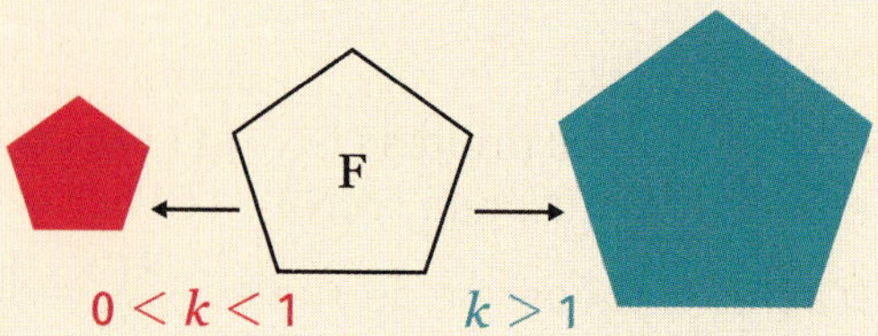

Propriétés

Lors d'un agrandissement (ou d'une réduction) de rapport k :

1. la mesure des angles, le parallélisme et la perpendicularité sont conservés ;
2. les aires sont multipliées par k^2.

Remarque : Si $k = 1$ alors la figure reste identique.

B Triangles semblables

Définition

Deux triangles sont **semblables** si leurs angles sont égaux deux à deux.

Exemple :

Sur la figure ci-contre, comme $\widehat{TRI} = \widehat{GAN}$, $\widehat{RTI} = \widehat{GNA}$ et $\widehat{RIT} = \widehat{AGN}$, alors les triangles TRI et AGN sont semblables.

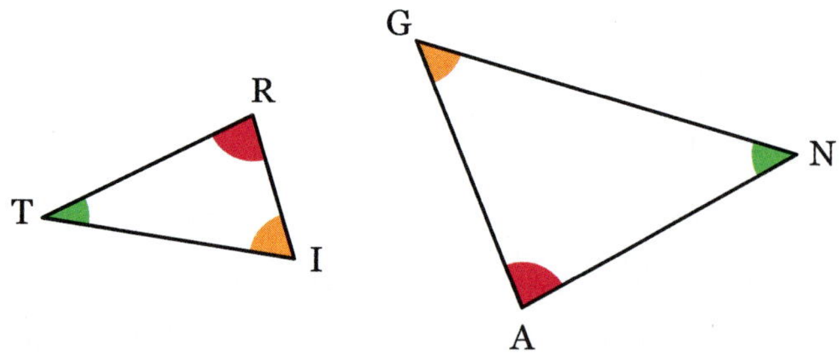

Remarque : Sachant que la somme des angles d'un triangle est égale à 180°, il est suffisant de démontrer l'égalité pour deux paires d'angles, l'égalité des troisièmes s'en déduisant.

Propriété

Si deux triangles sont semblables alors les longueurs des côtés de l'un sont proportionnelles aux longueurs des côtés de l'autre.

Remarque : Ce coefficient de proportionnalité est appelé le coefficient d'agrandissement ou de réduction.

Méthodes

Appliquer les propriétés des agrandissements

Énoncé Sur un plan, un terrain est représenté par le triangle rectangle ci-contre.

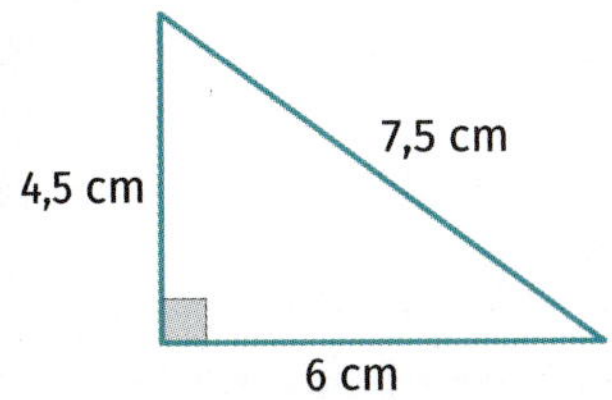

1. Calculer l'aire de ce triangle.
2. 1 cm sur le plan équivaut à 2,3 m dans la réalité. En déduire l'aire réelle du terrain.
3. Dans la réalité, un chemin menant à ce terrain mesure 5,75 m. Quelle est sa longueur sur le plan ?

Solution

1. $\mathcal{A} = \dfrac{4,5 \times 6}{2} = 13,5$ cm².
2. Le coefficient d'agrandissement est 230 donc $\mathcal{A}' = 13,5 \times 230^2 = 714\,150$ cm² $= 71,415$ m².
3. Le coefficient de réduction est $\dfrac{1}{230}$.
$575 \times \dfrac{1}{230} = 2,5$. Sur le plan, le chemin mesure 2,5 cm.

Remarque : En multipliant toutes les longueurs par 230, on retrouve le même résultat en appliquant la formule de l'aire.

Méthode

1. On utilise la formule $\mathcal{A}_{\text{triangle}} = \dfrac{\text{base} \times \text{hauteur}}{2}$.
2. Si 1 cm sur le plan représente 2,3 m, soit 230 cm, dans la réalité, alors le coefficient d'agrandissement est $k = 230$. Ainsi, les aires sont multipliées par k^2.
3. Si 1 cm représente 2,3 m, soit 230 cm, dans la réalité, alors le coefficient de réduction est $k' = \dfrac{1}{230}$. Les longueurs sont multipliées par k'.

Pour s'entraîner : exercices **26** et **27** p. 199

Démontrer que deux triangles sont semblables ou non

Énoncé Soient ABC un triangle tel que $\widehat{BAC} = 48°$ et $\widehat{ABC} = 50°$ et DEF un triangle tel que $\widehat{EDF} = 50°$ et $\widehat{EFD} = 82°$.
De plus, on sait que $\widehat{HGI} = 58°$ et $\widehat{KJL} = 58°$.

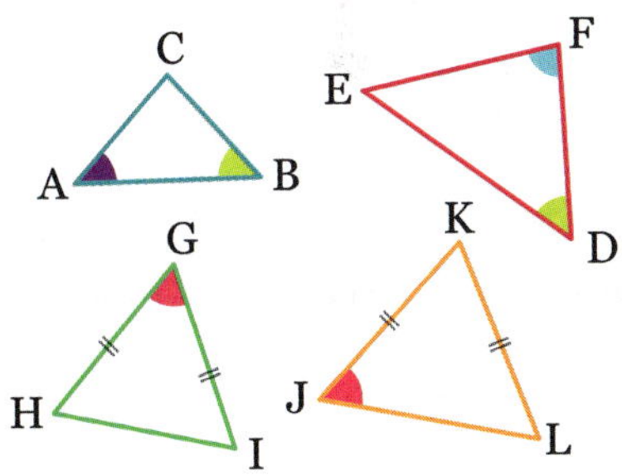

1. Montrer que les triangles ABC et DEF sont semblables.
2. Les triangles GHI et JKL sont-ils semblables ?

Solution

1. Dans le triangle ABC, $\widehat{ACB} = 180 - 48 - 50 = 82°$.
On remarque que $\widehat{ACB} = \widehat{EFD}$ et $\widehat{ABC} = \widehat{EDF}$.
Donc les triangles ABC et DEF sont semblables.
2. Le triangle GHI est isocèle en G donc $\widehat{GHI} = \widehat{GIH} = \dfrac{180 - 58}{2} = 61°$. Le triangle KJL est isocèle en K donc $\widehat{KJL} = \widehat{KLJ} = 58°$ et $\widehat{JKL} = 64°$.
Les angles ne sont pas deux à deux égaux, donc les triangles GHI et JKL ne sont pas semblables.

Méthode

1. On détermine la mesure du troisième angle d'un des triangles en utilisant la somme des mesures des angles d'un triangle qui est égale à 180°. On compare ensuite les angles deux à deux. On conclut.
2. On détermine la mesure de chacun des angles en utilisant les propriétés des triangles isocèles. On compare les mesures d'angles des deux triangles. On conclut.

Pour s'entraîner : exercices **32** et **33** p. 199

Révision

Genially : Retrouvez une activité interactive pour réviser les notions de ce chapitre sur LLS.fr/M3Genially10

CONFIGURATIONS

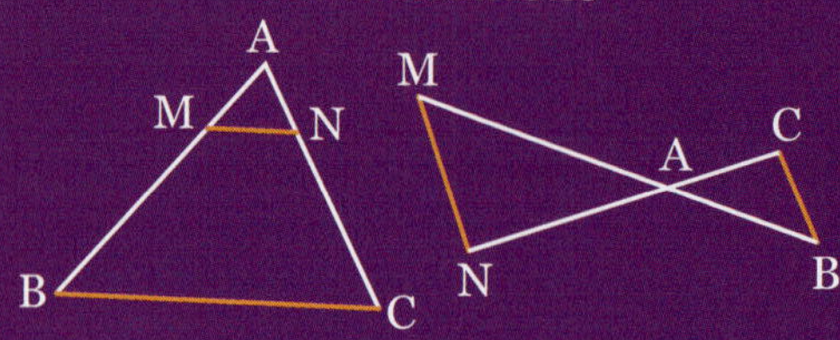

Avec des angles

Triangles semblables : Leurs angles sont égaux deux à deux. Les longueurs de leurs côtés sont proportionnelles.

Avec des longueurs

Avec des droites parallèles

Théorème de Thalès : Les points A, B et M et A, C et N sont alignés. Si $(BC) /\!/ (MN)$ alors $\frac{AM}{AB} = \frac{AN}{AC} = \frac{MN}{BC}$.

Réciproque du théorème de Thalès : si les points A, M, B et A, N, C sont alignés dans le même ordre et si $\frac{AM}{AB} = \frac{AN}{AC}$ alors $(BC) /\!/ (MN)$.

Si $\frac{AM}{AB} \neq \frac{AN}{AC}$ alors (BC) et (MN) ne sont pas parallèles.

Agrandissement et réduction de rapport k : Si $k > 1$: agrandissement. Si $0 < k < 1$: réduction. Les longueurs sont multipliées par k et les aires par k^2.

QCU : réponse unique

6 Sachant que $(RS) /\!/ (NP)$, on a :

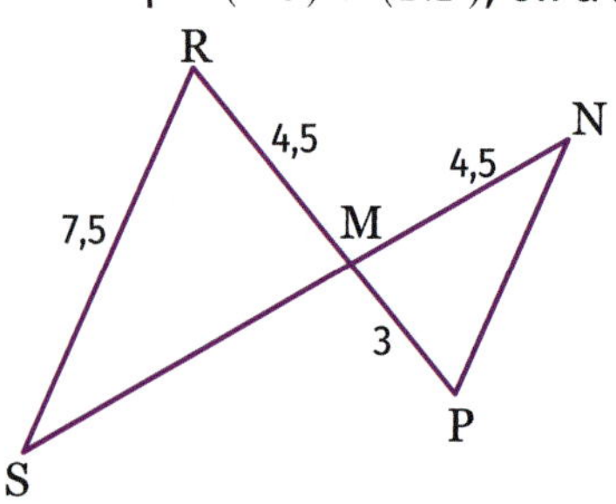

a) $\frac{MN}{MS} = \frac{MP}{MR} = \frac{NP}{SR}$

b) $\frac{MN}{MS} = \frac{MR}{MP} = \frac{NR}{SP}$

c) $\frac{MN}{MP} = \frac{MS}{MR} = \frac{NS}{PR}$

d) $\frac{RM}{RP} = \frac{SM}{SN} = \frac{RS}{PN}$

7 Sur la figure de l'exercice **6**, MS vaut :

a) 1,5 b) 4,5 c) 6,75 d) 3

QCM : réponses multiples

8 ABC est un triangle tel que $\widehat{CAB} = 30°$ et $\widehat{CBA} = 60°$. EFG est un triangle rectangle en E et $\widehat{EGF} = 60°$. Alors :

a) ABC est rectangle en C.

b) $\widehat{EFG} = 90°$

c) Les deux triangles sont semblables.

d) $\widehat{FEG} = 30°$

9 ABC est un triangle isocèle et $\widehat{BAC} = 30°$. EFG est isocèle en E et $\widehat{FEG} = 30°$.

a) Les triangles peuvent être semblables.

b) Les triangles sont semblables.

c) Il n'est pas possible que les triangles soient semblables.

d) Si ABC est isocèle en A alors les triangles sont semblables.

› Corrigés p. 300

Outils numériques

10 [Mod.10]

D'après brevet, France métropolitaine, juin 2017

On donne le programme suivant qui comporte une variable nommée « côté ». Les longueurs sont données en pixels.

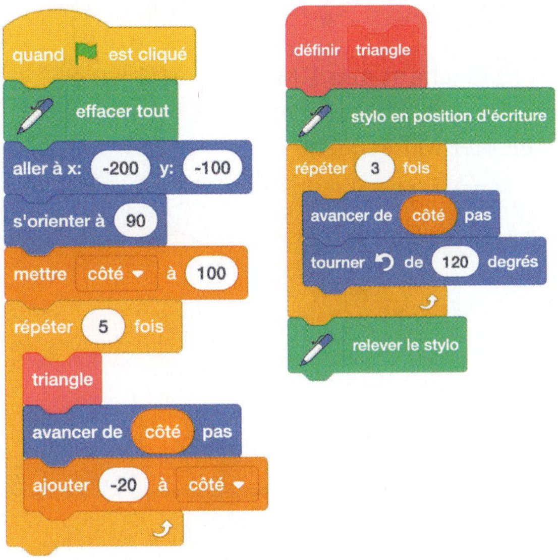

1. Quelles sont les coordonnées du point de départ ?

2. Combien de triangles le script va-t-il construire ?

3. Que peut-on dire des différents triangles construits ?

4. Construire la figure finale obtenue.

11 [Cal.5]

On considère la figure ci-dessous.

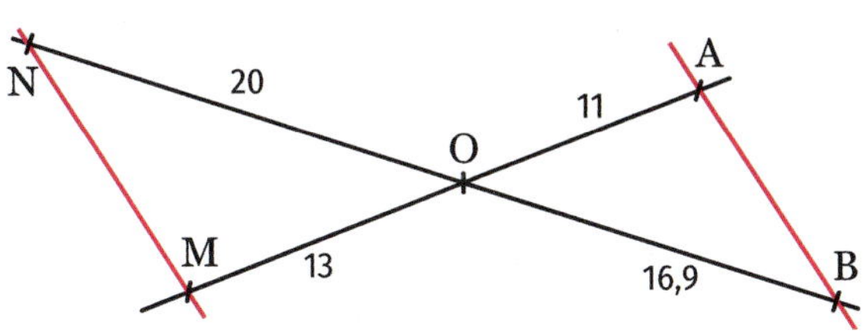

1. a. Quelle semble être la position relative des droites (AB) et (MN) ?

b. Calculer les quotients $\frac{OA}{OM}$ et $\frac{OB}{ON}$ et arrondir au centième près à l'aide de la calculatrice.

2. a. Reprendre les quotients et donner leur valeur sous forme de fractions mises au même dénominateur. Les comparer.

b. Que peut-on conclure quant aux droites (AB) et (MN) ?

3. Que doit-on conclure quant à l'utilisation des quotients ?

12 [Rais.6]

Léa doit répondre à la question suivante : « Les triangles ABC et DEF sont-ils semblables ? »

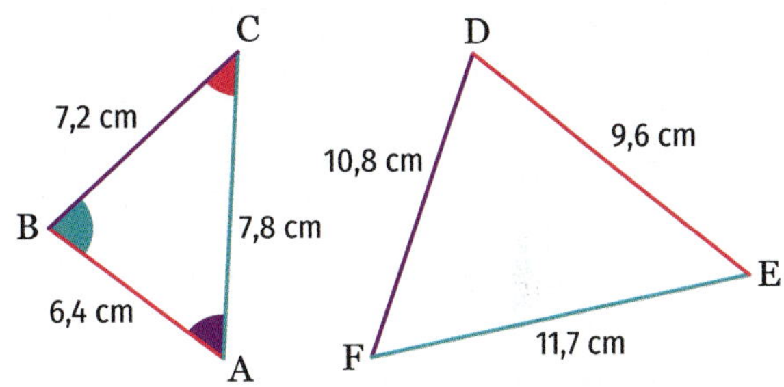

1. Créer un programme Scratch en remettant dans l'ordre les différents blocs suivants.
Télécharger ce programme sur LLS.fr/M3Scratch6.

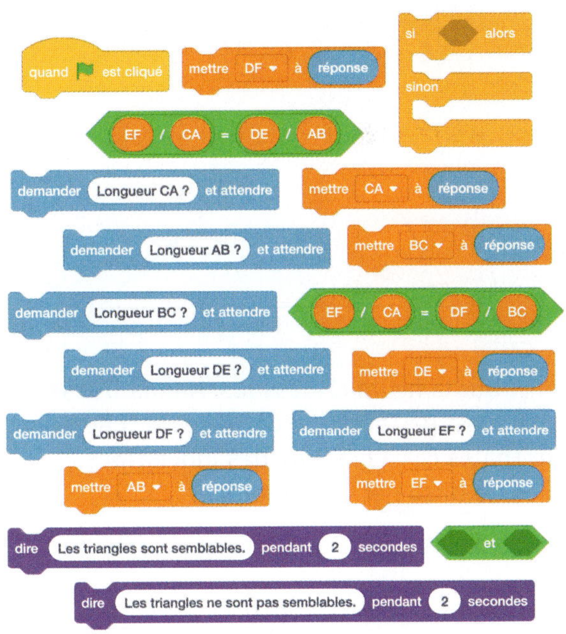

2. Répondre à la question de l'exercice à l'aide du programme créé.

Automatismes

Énoncé du théorème de Thalès

13 Si $\frac{a}{3} = \frac{4{,}5}{7}$ alors $a = \ldots$.

14 Si $\frac{7{,}2}{b} = \frac{4{,}1}{5}$ alors $b = \ldots$.

15 Dans le triangle ABI suivant, on sait que (CJ) // (BI) et que AB = 7 cm, AC = 4,9 cm, IB = 3 cm et AJ = 5,6 cm.

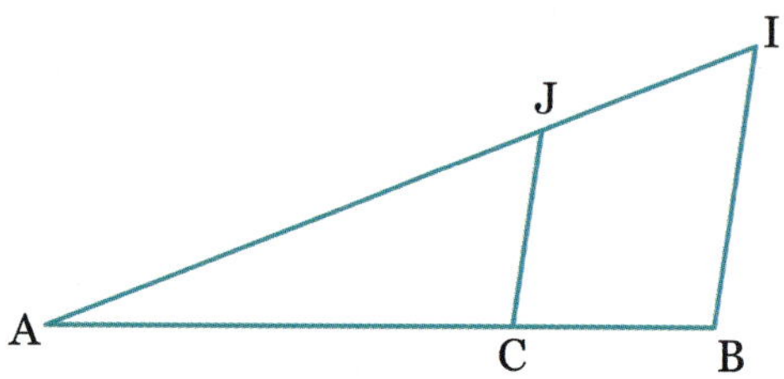

1. Écrire les égalités de rapports relatives au théorème de Thalès.
2. Calculer la longueur CJ.

16 À l'aide de la figure suivante, où les droites (MN) et (BC) sont parallèles, calculer AN et MN.

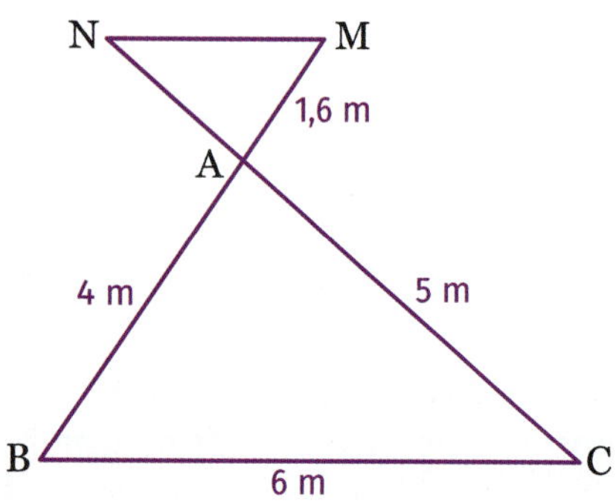

17 Sur la figure ci-dessous, Naïma pense qu'il n'est pas possible d'utiliser le théorème de Thalès car il manque des indications. A-t-elle raison et pourquoi ?

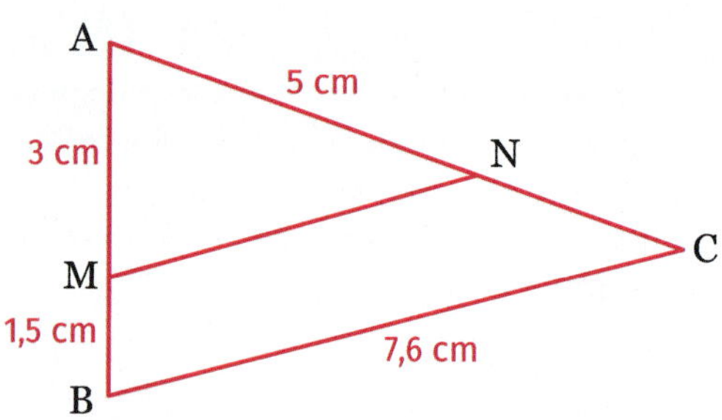

Calcul mental

18 Sans utiliser la calculatrice ni poser l'opération, déterminer la valeur de l'inconnue.

1. $\frac{x}{6{,}2} = \frac{2}{4}$ **2.** $\frac{y}{4} = \frac{4{,}4}{16}$ **3.** $\frac{z}{3} = \frac{10{,}5}{15}$

19 Sachant que UM = 2 m, MK = 8 m, MV = 3 m, MB = 1,5 m et ME = 3 m, calculer MJ et MA.

(UV)//(JK)
(AB)//(EK)

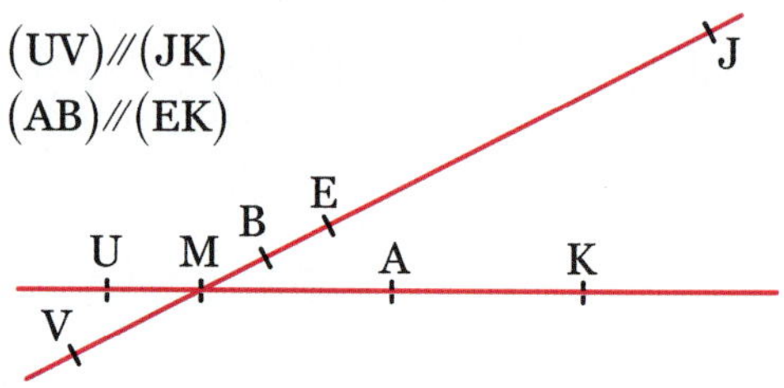

Droites parallèles ou non

20 On sait que AM = 4,5 cm, AI = 7 cm, AN = 6 cm et AJ = 9 cm. Les droites (MN) et (IJ) sont-elles parallèles ?

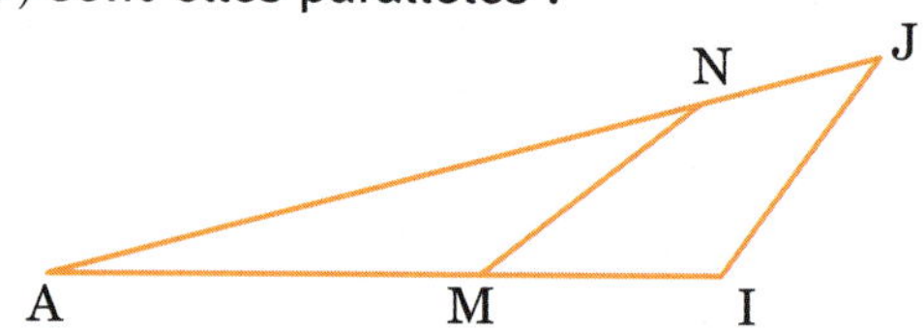

21 On sait que AM = 4 km, AI = 8 km, AN = 5,6 km et AJ = 11,2 km. Montrer que les droites (MN) et (IJ) sont parallèles.

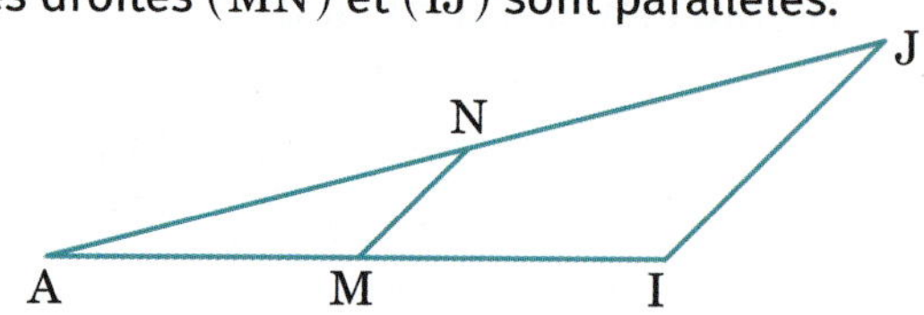

22 On sait que AM = 5 cm, AN = 7 cm, AI = 2 cm et AJ = 2,8 cm. Les droites (MN) et (IJ) sont-elles parallèles ?

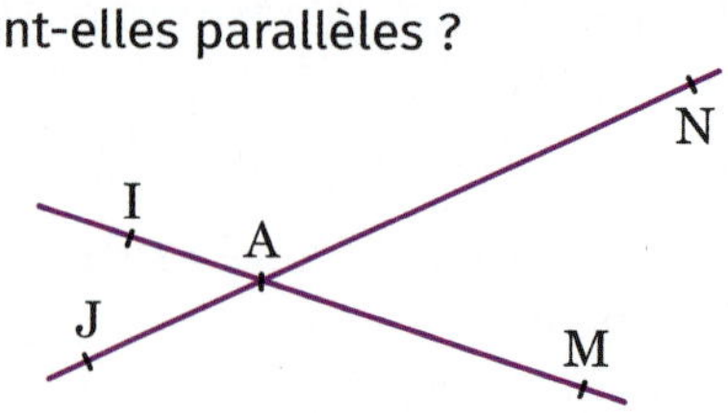

23 On sait que $AM = 10$ mm, $AI = 3$ mm, $AN = 12$ mm et $AJ = 4$ mm. Les droites (MN) et (IJ) sont-elles parallèles ?

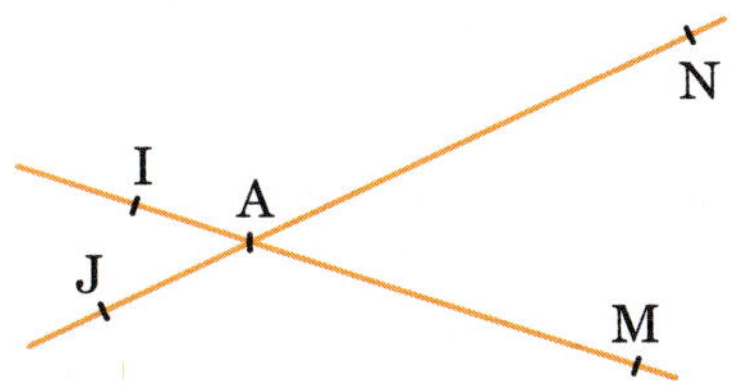

Calcul mental

24 Dans la configuration suivante, les droites (NR) et (PS) sont-elles parallèles ?

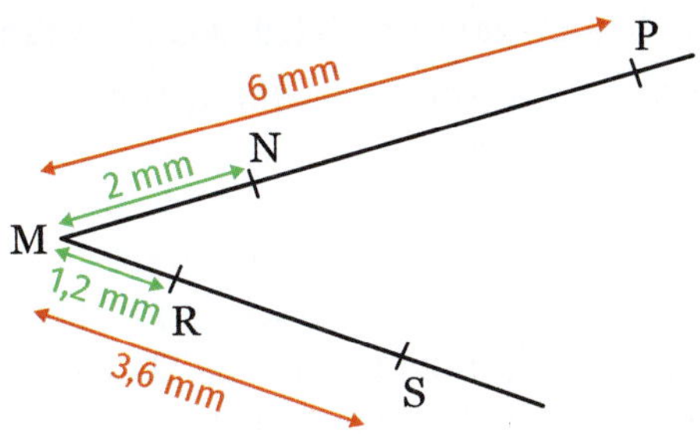

25 Dans la configuration suivante, les droites (NP) et (TQ) sont-elles parallèles ?

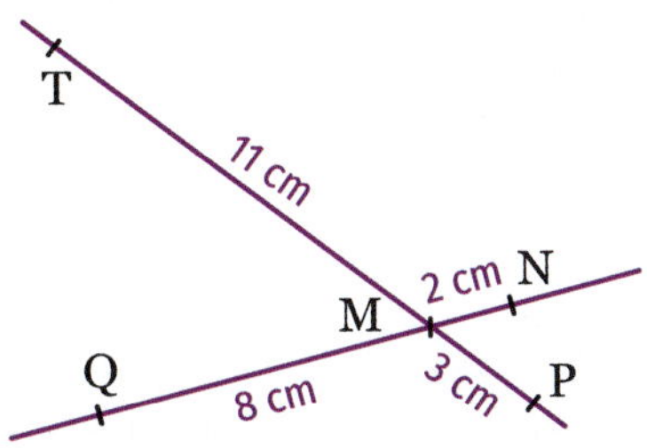

Agrandissement et réduction

26 Lors d'une réduction, les longueurs sont multipliées par $\frac{2}{3}$. Par quel coefficient sont multipliées les aires ?

27 Si on divise toutes les longueurs d'une figure par 2, par quel coefficient est multipliée son aire ?

28 Multiplier les longueurs des côtés revient-il toujours à agrandir la figure ? Justifier.

29 Diviser les longueurs des côtés revient-il toujours à réduire la figure ?

Calcul mental

30 Si l'aire d'une figure est multipliée par $\frac{4}{25}$, par combien sont multipliées les longueurs des côtés ?

31 Si l'aire d'une figure est multipliée par 0,81, par combien sont multipliées les longueurs des côtés ?

Triangles semblables

32 ABC et EFG sont deux triangles équilatéraux respectivement de côté 3 cm et 5 cm. Ces triangles sont-ils semblables ?

33 Dans le triangle ABC, on a $\widehat{BAC} = 32°$ et $\widehat{ABC} = 43°$. Dans le triangle EFG, on a $\widehat{FEG} = 105°$ et $\widehat{EFG} = 32°$.

1. Calculer les mesures des angles $\widehat{ACB}$ et $\widehat{EGF}$.
2. Ces deux triangles sont-ils semblables ?

34 « Deux triangles isocèles sont toujours semblables. » Proposer un contre-exemple à cette assertion.

35 « Deux triangles isocèles rectangles peuvent ne pas être semblables. » Que pensez-vous de cette affirmation ?

Calcul mental

36 Les côtés d'un triangle ABC mesurent 2,5 cm, 3 cm et 4 cm, et ceux d'un triangle RST mesurent 6 cm, 5 cm et 8 cm. Ces deux triangles sont-ils semblables ?

37 ABC est un triangle isocèle dont les côtés mesurent 3 cm, 3 cm et 5 cm. MNP est un triangle dont les côtés mesurent 6 cm, 6 cm et x cm. Ces deux triangles sont semblables. En déduire la valeur de x.

Entraînement

Vérifier que les connaissances de base sont acquises.
Développer les connaissances.
Maîtriser les notions de manière approfondie.

1 Théorème de Thalès et sa réciproque

38 [Mod.1 - Mod.4]

Dans un triangle ABC, le point E appartient au segment [AB] et le point F au segment [AC].

De plus, les droites (EF) et (BC) sont parallèles. On sait que AE = 3 cm, EB = 5 cm, AF = 2 cm et EF = 4 cm.

1. Écrire les rapports de longueurs égaux.
2. Calculer les longueurs BC et AC. On donnera leur valeur exacte.

39 [Mod.1 - Mod.4]

Monica fait un smash lors de son match de badminton. En utilisant le schéma ci-dessous, déterminer la hauteur h à laquelle elle doit frapper le volant pour qu'il passe (en ligne droite) juste au-dessus du filet et qu'il touche le sol à 5,9 m de la base du filet.
Les points I, F, V et I, H, M sont alignés.

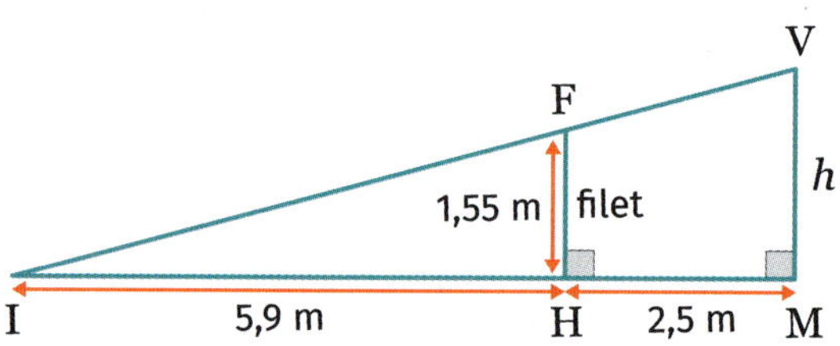

40 INVERSÉ [Ch.1]

Proposer un énoncé avec deux questions dont les réponses seraient les suivantes.

1. Les droites (AM) et (CK) sont sécantes en B. Les droites (CA) et (MK) sont parallèles, on peut donc utiliser le théorème de Thalès.
D'où $\frac{BA}{BM} = \frac{BC}{BK} = \frac{CA}{MK}$.
2. En remplaçant les longueurs connues dans l'égalité précédente, on obtient $\frac{4}{7} = \frac{6}{BK} = \frac{7}{MK}$. Ainsi, BK = 10,5 cm et MK = 12,25 cm.

41 [Mod.1 - Mod.4]

Dans la configuration en papillon ci-dessous, on sait que (RN) // (OP) et que MN = 3 cm, MO = 8 cm, MP = 9 cm et OP = 15 cm.

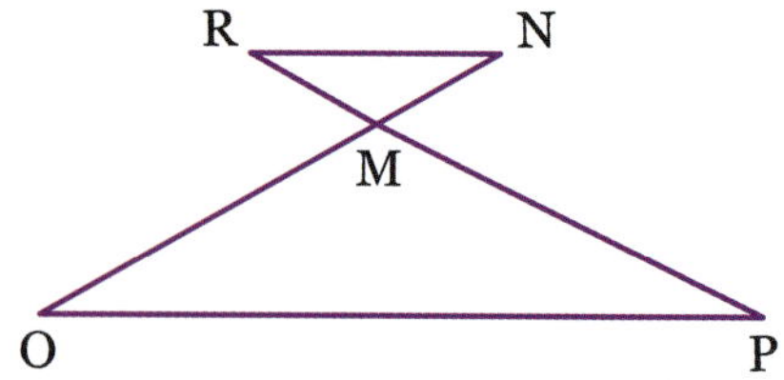

Calculer la valeur exacte de RN et MR.

42 [Ch.2 - Mod.1]

D'après brevet, Nouvelle-Calédonie, décembre 2019

Pour faire voler son cerf-volant, Thomas décide d'accrocher sa ficelle au sol. Sur la figure ci- dessous, T représente le point d'accroche de cette ficelle et C représente le cerf-volant. On sait que la longueur de fil TC vaut 15 mètres, que la distance TH vaut 20 pas et qu'un pas de Thomas mesure 0,6 mètre.

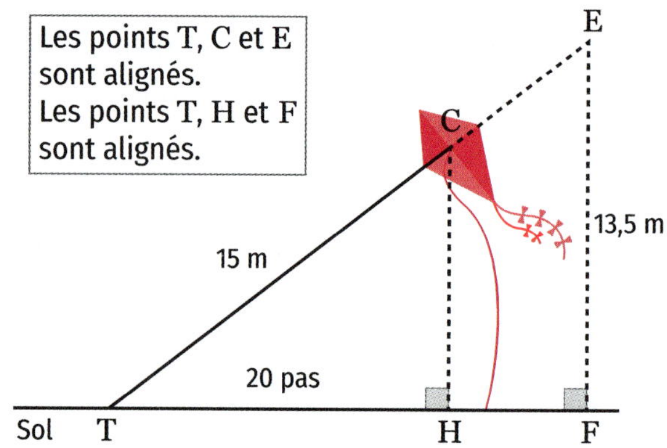

1. Calculer la longueur TH en mètre.
2. Calculer la longueur CH en mètre.
3. Thomas voudrait dérouler plus de corde afin que le cerf-volant atteigne l'altitude E de sorte que EF = 13,5. Calculer la longueur TE.

43 COPIE D'ÉLÈVE [Rais.3 - Rais.5]

Un professeur donne l'exercice suivant à ses élèves.

À l'aide de la figure suivante et des indications qui y sont écrites, calculer les longueurs MB et BC. Les droites roses sont parallèles.

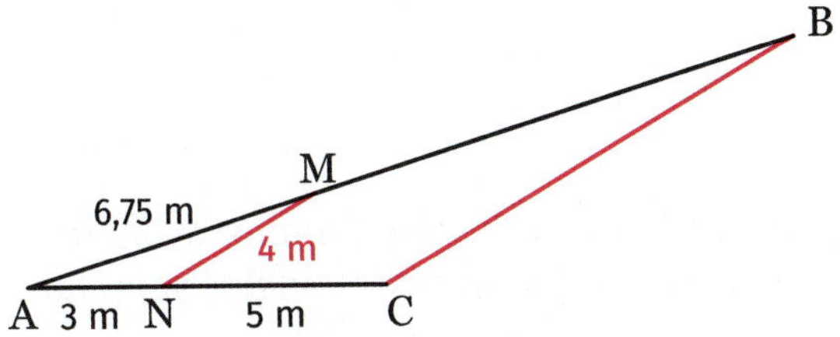

Voici la copie d'un élève.

Dans le triangle ABC, M ∈ [AB], N ∈ [AC].
On peut écrire $\frac{AM}{AB} = \frac{AN}{AC}$.
On remplace par les valeurs numériques et on trouve MB = 18 m et BC = 11 m.

Quelles erreurs ont été commises ? Proposer une correction.

44 [Rais.3 - Cal.2]

Sur la figure ci-dessous, on sait que (AD) et (CB) sont sécantes en E, et que CE = 1,5 cm ; DE = 1,2 cm ; EA = 2,6 cm et EB = 3,25 cm.

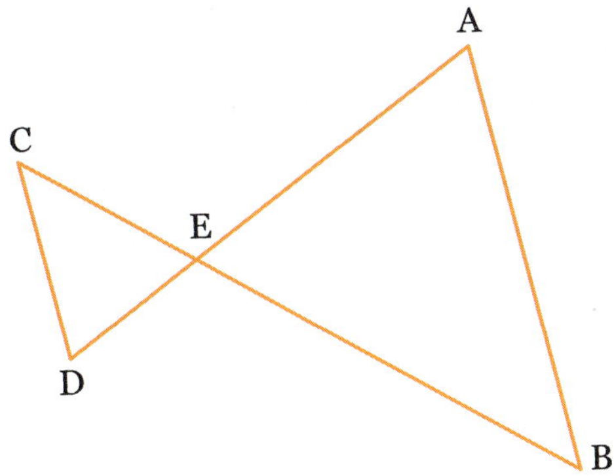

Montrer que les droites (AB) et (CD) sont parallèles.

45 [Rais.3 - Cal.2]

Sur la figure ci-après, AB = 2 cm ; AF = 5 cm ; AC = 4 cm ; GB = 1,5 cm ; AE = 10 cm ; AD = 8 cm et (GB) // (FC).

1. Calculer les longueurs AG et FC.
2. Les droites (FC) et (ED) sont-elles parallèles ?

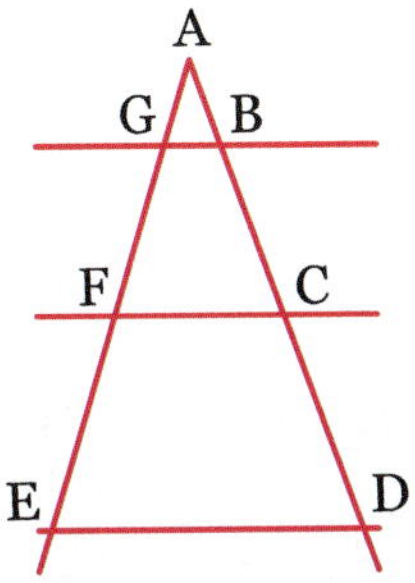

46 [Rais.3 - Cal.2]

Alex déplie sa table à repasser sur un sol horizontal. En utilisant les informations indiquées sur le schéma, déterminer si sa planche à repasser est horizontale.

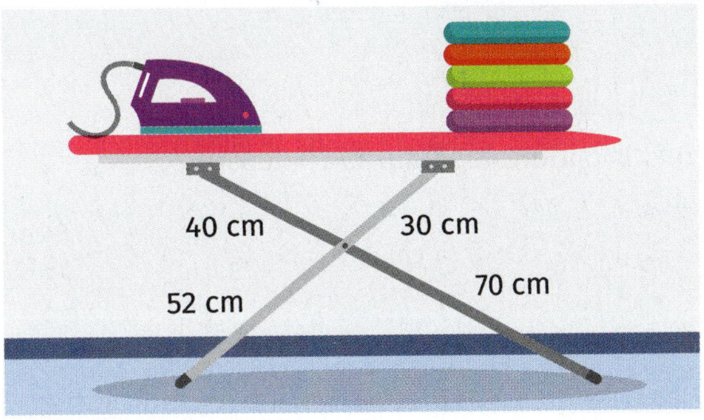

47 [Mod.4]

Sur la figure ci-dessous, on sait que les droites (AR) et (CT) sont parallèles. De plus, les points E, L, R, T d'une part et B, L, A, C d'autre part sont alignés dans cet ordre.

On a les longueurs suivantes :
LC = 6 cm, LT = 9 cm, LA = 4,8 cm, LB = 2 cm et LE = 3 cm.

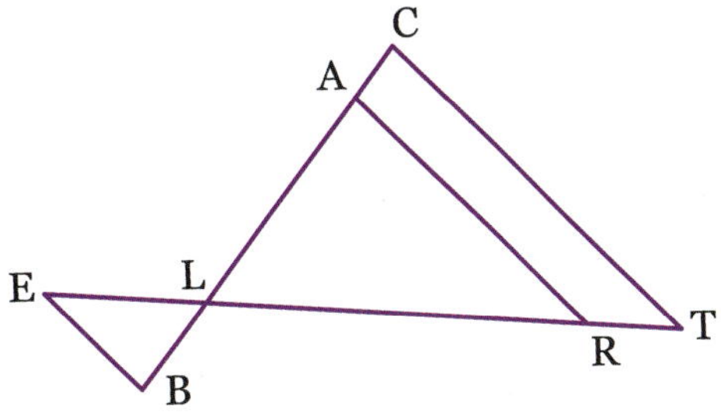

1. Calculer la longueur LR.
2. Les droites (EB) et (CT) sont-elles parallèles ?

Entraînement

- Vérifier que les connaissances de base sont acquises.
- Développer les connaissances.
- Maîtriser les notions de manière approfondie.

2 Configurations particulières

48 [Rep.5] DÉMO

1. À l'aide du codage des figures ci-dessous, démontrer que les triangles ABU et ECG sont semblables.

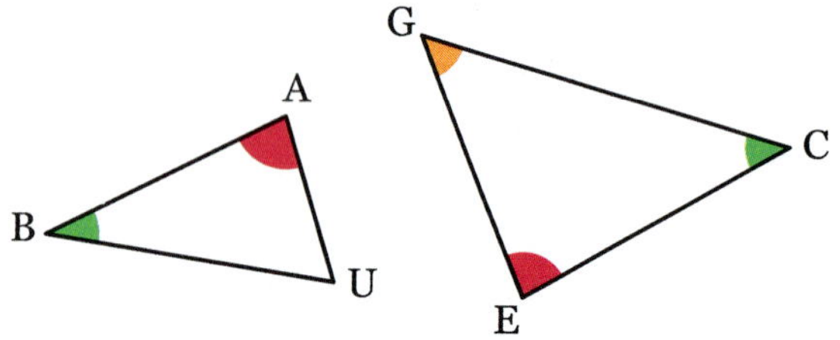

2. Compléter alors les égalités suivantes :

$$\frac{A..}{..C} = \frac{A..}{..G} = \frac{....}{....}.$$

49 [Mod.5 - Mod.3]

On considère les figures ci-dessous.

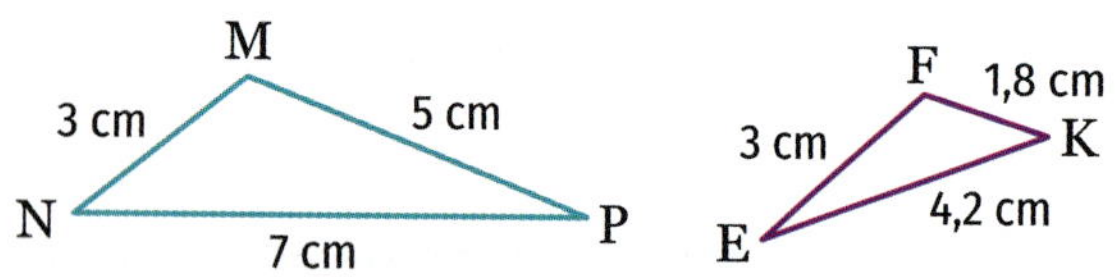

Les triangles MNP et EKF sont-ils semblables ?
Si oui, quel coefficient d'agrandissement permet de passer de EFK à MNP ?

50 [Ch.2 - Mod.3]

ABC est un triangle tel que AB = 8 cm, BC = 5 cm et AC = 6 cm. EFG est un triangle tel que EF = 18 cm, FG = 15 cm et EG = 24 cm. Expliquer pourquoi ces deux triangles sont semblables.

51 [Mod.4 - Rais.3]

Dans le triangle ABC, on a $\widehat{BAC} = 23°$ et $\widehat{ABC} = 34°$. Dans le triangle EFG, on a $\widehat{GEF} = 122°$ et $\widehat{EFG} = 23°$.
Ces deux triangles sont-ils semblables ?

52 [Mod.3]

Soit un triangle ABC de côtés 5 cm, 2 cm et 6 cm, et un triangle EFG de côtés 2,4 m, 6 m et 7,2 m. Montrer que ces deux triangles sont semblables.

53 [Ch.2 - Rais.3]

1. Soit ABCD un rectangle de centre O. Donner deux exemples de triangles semblables dans la figure suivante. Justifier.

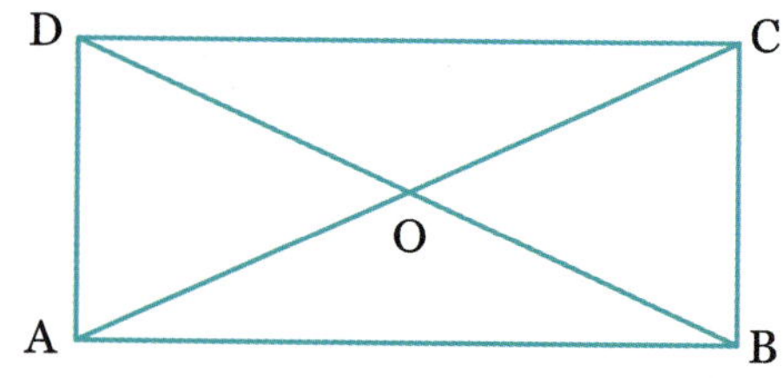

2. Soit EFGH un parallélogramme de centre K. Donner deux exemples de triangles semblables dans la figure suivante. Justifier.

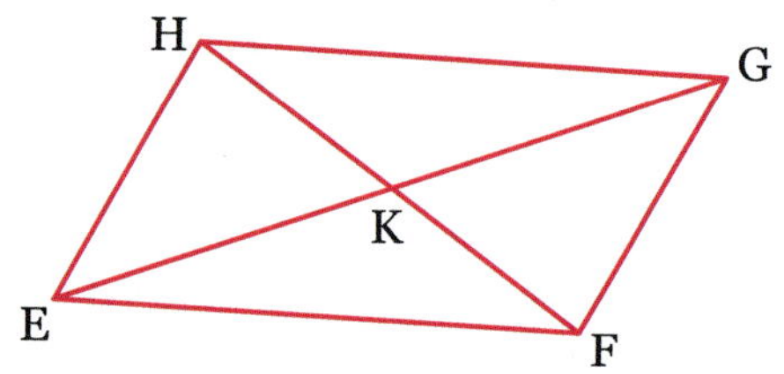

54 COPIE D'ÉLÈVE [Rais.3 - Rep.5]

Un professeur donne l'exercice suivant à ses élèves.

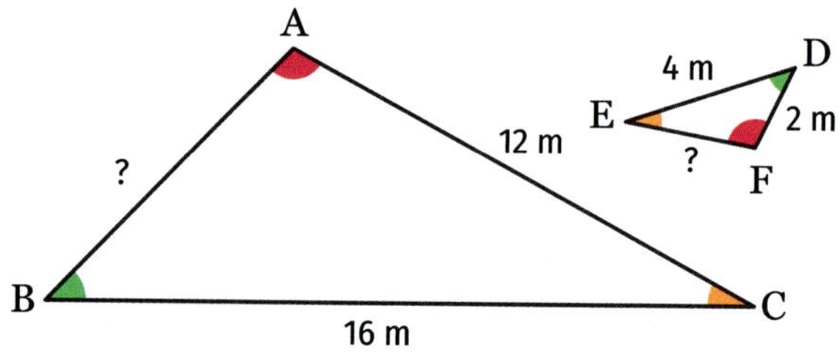

1. Montrer que les deux triangles sont semblables.

2. Quel est le coefficient de réduction permettant de passer du triangle ABC au triangle EDF ?

3. En déduire les longueurs manquantes.

Voici la copie de Sacha.

> *1. Les couleurs du triangle ABC sont identiques à celles du triangle DEF. Les deux triangles sont semblables.*
> *2. C'est 4.*
> *3. Les longueurs sont 8 cm et 3 cm.*

Corriger la copie.

55 [Mod.2 - Mod.5]

Julien possède une loupe dont le coefficient d'agrandissement est $\gamma = 3{,}5$.

1. À travers cette loupe, il observe un carré d'aire 5 cm². Quelle est l'aire de l'image de ce carré à travers la loupe ?

2. En observant un autre carré à travers cette loupe, il obtient une image d'aire 12,25 cm². Quelle est l'aire du carré initial ?

56 [Mod.1 - Rep.5]

Mary Read était une célèbre femme pirate, décédée le 8 avril 1721 en Jamaïque.

Son bateau avait deux voiles : une grande et une petite. Ces deux voiles, assimilées à des triangles, peuvent être considérées semblables.

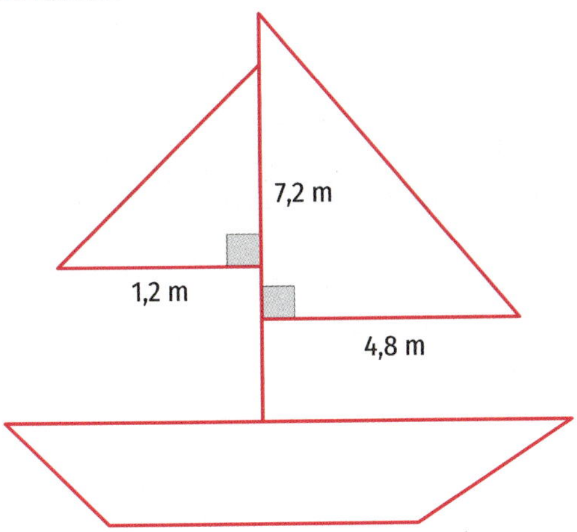

1. Calculer le coefficient de réduction qui permet de passer de la grande voile à la petite.

2. En déduire la hauteur de la petite voile.

3. Calculer l'aire de la grande voile et en déduire celle de la petite de deux manières différentes.

57 [Mod.4 - Cal.2]

On considère la figure ci-dessous.

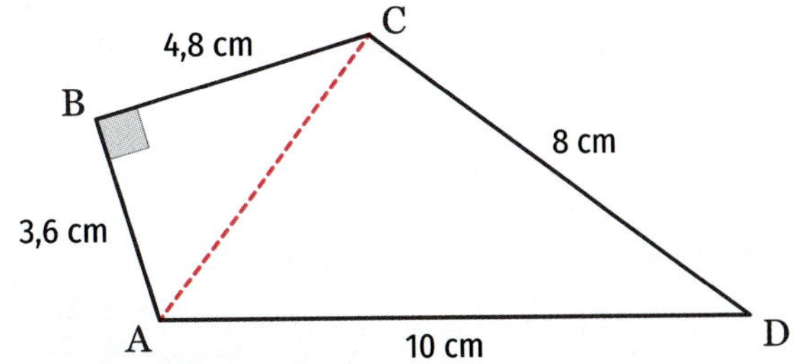

1. Calculer la longueur AC.

2. En déduire la nature du triangle ACD.

3. Montrer que les triangles ACD et ABC sont semblables. En déduire le coefficient d'agrandissement qui permet d'obtenir le triangle ACD à partir du triangle ABC.

58 [Ch.2 - Rais.2]

Baptiste et sa petite sœur Coralie sont venus voir la tour de Pise.

À l'aide d'un inclinomètre, ils mesurent les angles qu'ils reportent sur le schéma ci-après.

La tour de Pise est matérialisée par le segment [GF], Baptiste par le point B et sa petite sœur par le point C.

Pour faciliter leurs mesures, ils utilisent un arbre de sommet D planté devant la tour.

Baptiste explique à sa petite sœur que le triangle qu'ils forment tous les deux avec le sommet de l'arbre est semblable à celui que Baptiste forme avec la tour. Démontrer que Baptiste a raison.

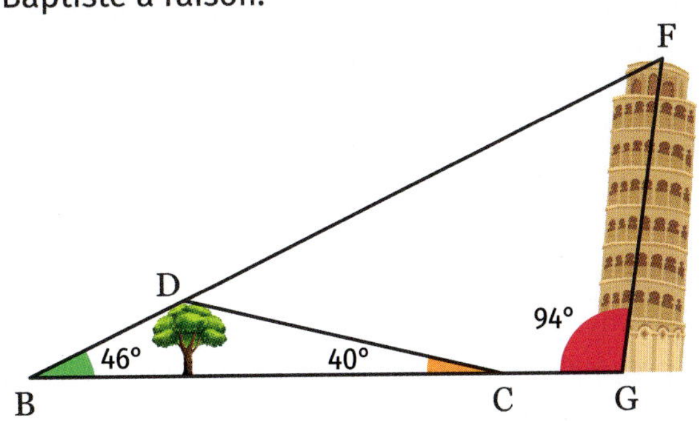

Approfondissement

Environnement et développement durable

59 [Mod.1 - Mod.4]

Vanina participe à un rallye pour nettoyer les plages du littoral.

Elle suit un parcours précis tout au long duquel elle ramasse des sacs de déchets préalablement remplis.

Elle part du point A, les sacs sont aux points B, D et F et le conteneur est en G.

Le trait vert matérialise son trajet.

Les points A, B et C ; B, D et F ; C, D et E, et E, F et G sont alignés.

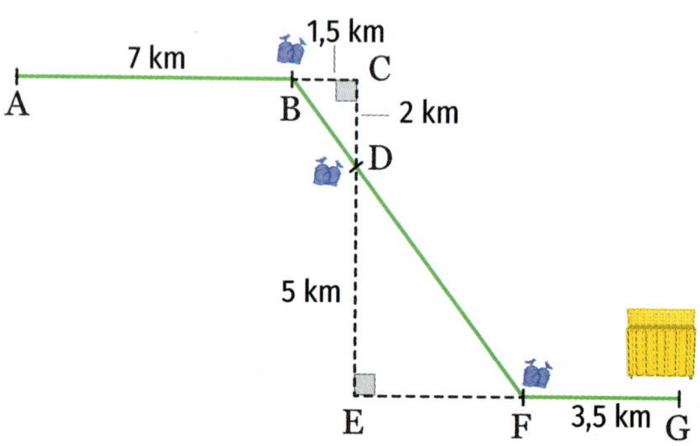

1. Calculer la longueur BD. On donnera la valeur exacte.

2. Justifier que les droites (BC) et (EF) sont parallèles.

3. Calculer la longueur DF.

4. Calculer la longueur totale de son trajet.

5. Vanina collecte 3,5 kg de déchets en B, elle en ramasse autant en D qu'en F.
Au total, Vanina dépose 10 kg de déchets en G. Quelle quantité de déchets a-t-elle collectée en D et en F ?

60 [Rep.5 - Rais.3]

D'après brevet, Grèce, juin 2019

On considère la figure suivante.

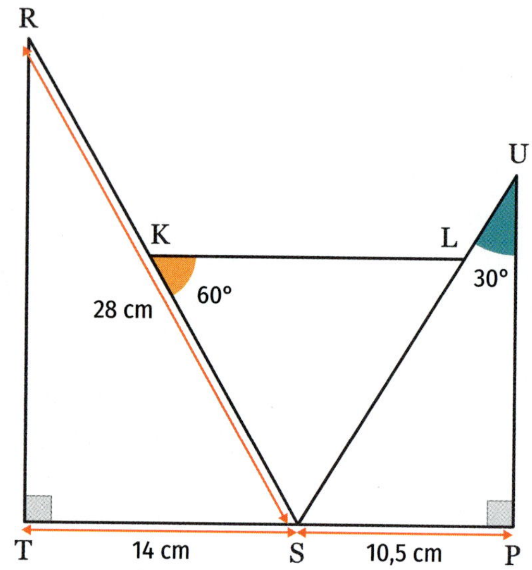

Les points T, S, P d'une part, R, K, S d'autre part et enfin S, L, U sont alignés.

On sait également que $\widehat{TRS} = 30°$.

1. À l'aide des mesures indiquées sur la figure et dans l'énoncé, démontrer que l'angle $\widehat{TSR}$ mesure 60°.

2. a. Démontrer que les triangles SRT et SUP sont semblables.

b. Déterminer le coefficient de réduction permettant de passer du triangle SRT au triangle SUP.

3. Calculer la longueur SU.

4. Quelle est la nature du triangle SKL ? Justifier.

61 [Ch.1 - Mod.3]

ABC est isocèle de côtés 3 ; 3 et 5. MNP est isocèle de côtés 6 ; y et x. Les longueurs sont exprimées en centimètre.

Les deux triangles sont semblables.

1. Faire un schéma montrant les deux cas possibles pour le triangle MNP.

2. En déduire les valeurs possibles de x et de y.

62 [Ch.1 - Mod.3 - Mod.4]

D'après brevet, Nouvelle-Calédonie, décembre 2019

On considère deux quadrilatères. On sait que EFGH est un agrandissement de ABCD et que l'aire de ABCD est 1 950 cm². À l'aide des indications sur la figure, déterminer les mesures des côtés de EFGH et calculer l'aire de ce quadrilatère, en cm², arrondie à l'unité.

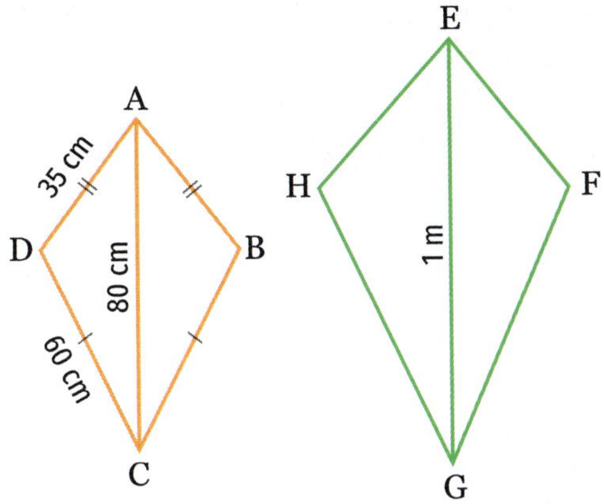

63 [Ch.2 - Mod.4 - Rais.3]

Afin d'expliquer le théorème de Thalès à ses camarades, Gaëlle a tracé le schéma ci-contre. En mesurant les longueurs de ce schéma, elle se rend compte que son schéma est faux et que les droites (MN) et (BC) ne sont pas parallèles.

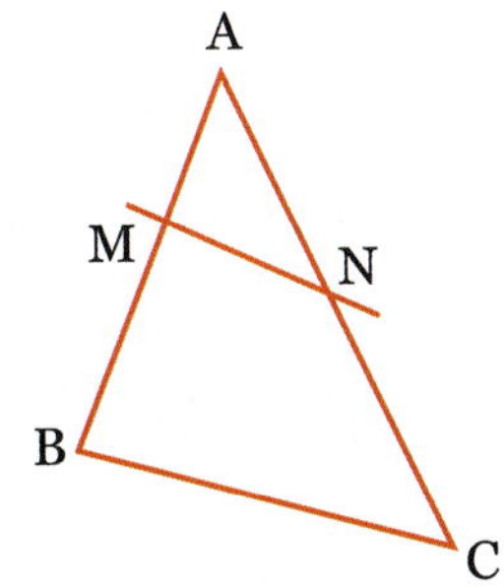

Ses mesures sont les suivantes : AB = 13 cm, AM = 5,2 cm, AC = 17 cm et AN = 8 cm.

De combien de centimètres Gaëlle doit-elle remonter le point N sur le segment [AC] pour que les droites (MN) et (BC) soient parallèles ?

CLUB DE MATHS

64 DÉFI

Dans le triangle OFB, le point A appartient à [OF] et le point E à [OB].
Les droites (AE) et (BF) sont parallèles et on sait que OE = 4 cm, OF = 9 cm et OA = OB.

Calculer la valeur de la longueur OA.

65 CASSE-TÊTE

D'après brevet, Centres Étrangers, juin 2019

Un magasin vend une étagère en bois et en métal. Sur le dessin suivant, les lignes fines matérialisent les tiges de métal et les traits plus épais le bois. L'étiquette du meuble donne les mesures suivantes : OC = 48 cm, OD = 64 cm, OB = 27 cm, CD = 80 cm.

Le plateau en bois est d'épaisseur 2 cm et on sait de plus que les tiges verticales et les planches horizontales sont perpendiculaires.

Florence souhaite acheter ce meuble pour le mettre dans ses combles mais la hauteur sous plafond ne dépasse pas les 2,60 m. Est-il possible de faire rentrer le meuble dans les combles de Florence ? Justifier.

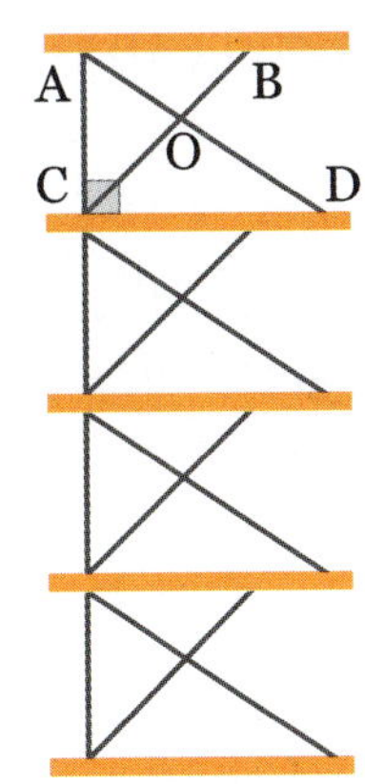

Préparer le brevet

66 [D'après brevet, Amérique du Nord, juin 2011] durée : 15 min

Dans la configuration ci-dessous, les droites (SA) et (OK) sont parallèles. On sait de plus que SA = 5 cm ; OA = 3,8 cm ; OR = 6,84 cm et KR = 7,2 cm.

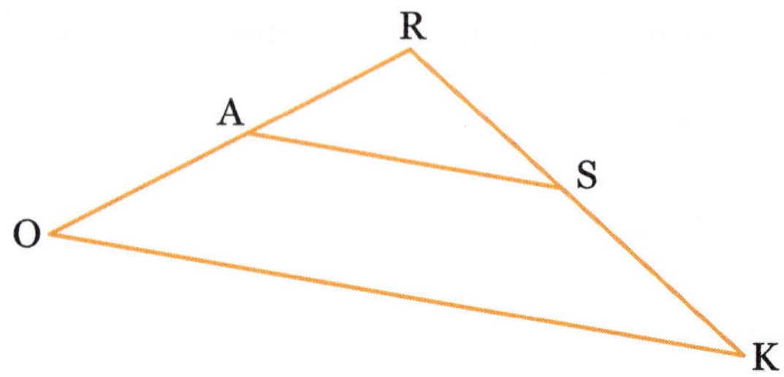

Les questions de cet exercice ont été effacées, mais il reste des calculs effectués par un élève en réponse aux questions manquantes.

En utilisant les calculs, écrire les questions auxquelles l'élève a répondu et rédiger précisément ses réponses.

1. $6{,}84 - 3{,}8 = 3{,}04$

2. $\dfrac{5 \times 6{,}84}{3{,}04} = 11{,}25$

3. $7{,}2 + 6{,}84 + 11{,}25 = 25{,}29$

67 [D'après brevet, Polynésie, septembre 2009] durée : 20 min

L'unité de longueur est le centimètre.

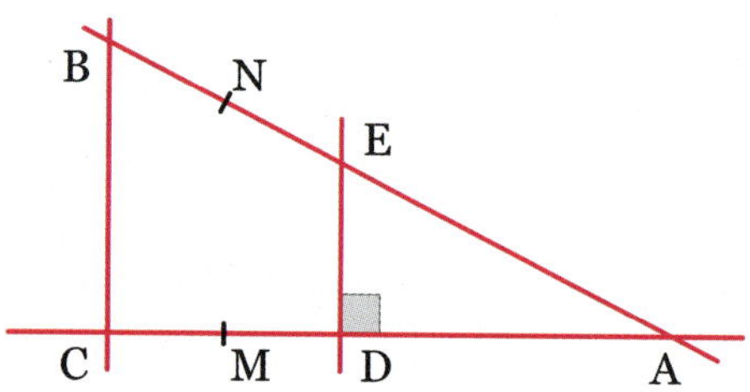

On donne les informations suivantes :

- les points C, D et A sont alignés ;
- les points B, E et A sont alignés ;
- (DE) ⊥ (AD) ;
- AB = 6,25, AC = 5, BC = 3,75 et AD = 3,2 ;
- M appartient à [AC] et N appartient à [AB] tels que AM = 4 et AN = 5.

La figure n'est pas en vraie grandeur.

1. Montrer que le triangle ABC est rectangle. Vous préciserez en quel point.

2. En déduire que les droites (BC) et (DE) sont parallèles.

3. Calculer DE.

4. Les droites (MN) et (BC) sont-elles parallèles ? Justifier.

68 [D'après brevet, France métropolitaine, juin 2018] durée : 20 min

La figure ci-dessous n'est pas représentée en vraie grandeur.

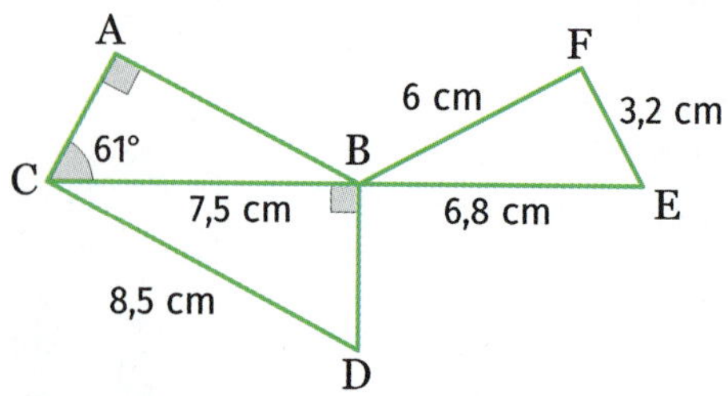

Les points C, B, E sont alignés.

Le triangle ABC est rectangle en A.

Le triangle BDC est rectangle en B.

1. Montrer que la longueur BD est égale à 4 cm.

2. Montrer que les triangles CBD et BEF sont semblables.

3. Sophie affirme que l'angle $\widehat{BFE}$ est droit. A-t-elle raison ?

Activité différenciée

En Grèce, durant l'Antiquité, une grande importance était donnée aux constructions à la règle non graduée et au compas. Ces constructions, sans rapporteur et sans équerre, étaient considérées comme un modèle de perfection mathématique. Aujourd'hui encore, ces types de constructions jouent un rôle majeur dans certaines branches des mathématiques.

★ PARCOURS 1 : Droites parallèles

Pour tracer la parallèle à une droite passant par un point donné, on fait généralement « glisser » sur la feuille sa règle le long de son équerre. Cette méthode est peu précise. Le programme de construction suivant permet de tracer précisément la parallèle à la droite (d) passant par le point M donné en utilisant uniquement la règle non graduée et le compas.

Programme de construction :

- Placer un point A sur la droite (d) puis tracer le segment [AM].
- Placer un point B sur le segment [AM].
- Tracer le cercle de centre B et de rayon AB. Il coupe la droite (d) en deux points : le point A et le point C que l'on place.
- Tracer la droite (BC).
- Tracer le cercle de centre B et de rayon BM. Ce cercle coupe la droite (BC) en deux points : D est celui qui n'appartient pas à la demi-droite [BC). Placer D.
- La droite (MD) est alors la droite parallèle à (d) passant par M.

1. Sur une feuille blanche, tracer une droite (d) et placer un point M n'appartenant pas à (d). En utilisant le programme de construction ci-dessus, tracer la droite (d') parallèle à la droite (d) et passant par M.

2. En utilisant la réciproque du théorème de Thalès, justifier que la droite (d') est bien parallèle à la droite (d).

★★ PARCOURS 2 : Nombres rationnels

La question de la constructibilité des nombres était une des grandes questions mathématiques durant l'Antiquité.
On trace un segment [AB] de longueur 1 unité. Peut-on tracer, uniquement avec une règle non graduée et un compas, un segment de longueur $\frac{1}{3}$ d'unité ?
On donne le programme de construction suivant.

Programme de construction :

- Prolonger le segment [AB] afin d'obtenir la droite (AB).
- Tracer le cercle de centre B et de rayon AB. Ce cercle coupe la droite (AB) en deux points : le point A et le point C. Placer C.
- Tracer le cercle de centre C et de rayon AB. Ce cercle coupe la droite (AB) en deux points : le point B et le point D. Placer D.
- Tracer le cercle de centre A et de rayon AD et le cercle de centre B et de rayon AD.
- Ces deux cercles s'intersectent en deux points. En choisir un et le noter E.
- Tracer les droites (AE) et (BE).
- Tracer le cercle de centre E et de rayon AB.
- Ce cercle coupe le segment [AE] en F et le segment [BE] en G.
- Tracer le segment [FG].

1. Sur une feuille blanche, tracer un segment [AB]. Il sera supposé de longueur 1 unité. Appliquer le programme de construction ci-dessus.

2. En utilisant le théorème de Thalès, justifier que le segment [FG] a pour longueur $\frac{1}{3}$ d'unité.

3. Modifier le programme de construction pour pouvoir construire un segment de longueur $\frac{2}{3}$ d'unité puis de longueur $\frac{1}{4}$ d'unité.

Déjà vu

Rappels

Dans un triangle rectangle, on peut repérer l'**hypoténuse**, le **côté adjacent** à un des angles aigus ainsi que le **côté opposé** à cet angle.

Dans un triangle rectangle, le **cosinus** d'un angle aigu est égal au quotient de la longueur de son côté adjacent par la longueur de l'hypoténuse.

Dans le triangle ABC rectangle en C, on a donc :

$$\cos \widehat{BAC} = \frac{AC}{AB}.$$

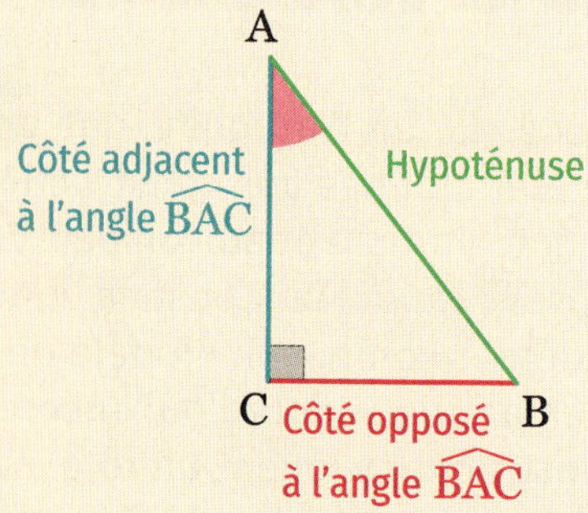

1 Un angle de 105° est-il un angle droit, un angle aigu ou un angle obtus ?

2 Vrai ou faux ? Si le triangle ABC est rectangle en A alors le côté [AB] est son hypoténuse.

3 Vrai ou faux ? Si le triangle DEF est rectangle en D alors le côté adjacent à l'angle $\widehat{DEF}$ est [DE].

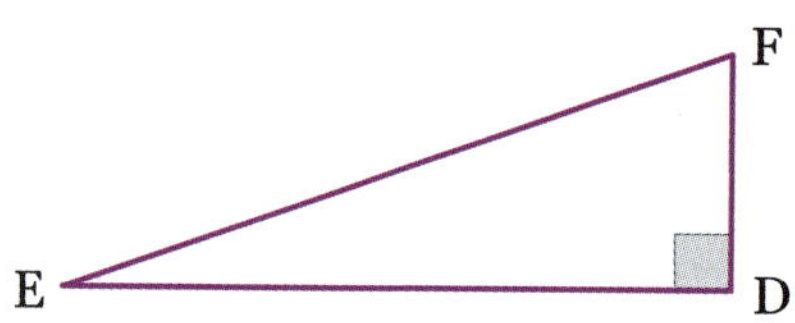

4 Le triangle FGH est rectangle en H.
Compléter la formule : $\cos \widehat{HGF} = \frac{\dots}{\dots}$, avec deux des longueurs FG, GH et FH.

5 Soit ABC un triangle rectangle en C tel que AB = 6 cm et $\widehat{CAB} = 30°$.
Calculer la longueur du côté [AC] arrondie au millimètre.

6 **1.** Quelle touche de la calculatrice permet de calculer la mesure d'un angle lorsque l'on connaît son cosinus ?
2. Si $\cos \widehat{ABC} = 0{,}5$, que vaut alors la mesure de l'angle $\widehat{ABC}$?

7 Soit ABC un triangle rectangle en C tel que BC = 3 cm et AB = 5 cm.
Calculer la mesure de l'angle $\widehat{CBA}$ arrondie au degré près.

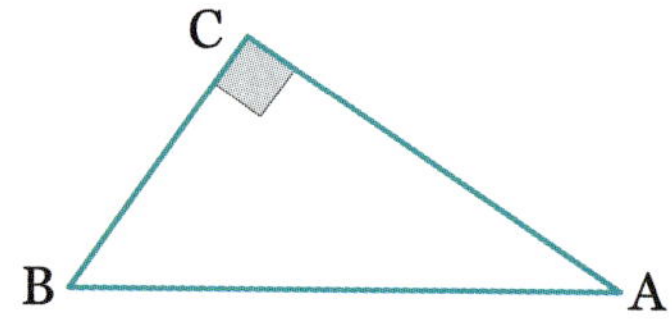

8 Soit MNP un triangle rectangle en M tel que MN = 9 cm et MP = 5 cm.
Calculer la longueur exacte du côté [NP] puis arrondir cette longueur au millimètre.

9 Soit KLM un triangle rectangle en K tel que ML = 12 cm et KL = 7 cm.
Calculer la longueur exacte du côté [KM] puis arrondir au millimètre.

10 Les triangles définis ci-dessous sont-ils rectangles ?
1. AB = 4 cm, AC = 3 cm et BC = 5 cm.
2. EF = 7 cm, EG = 3 cm et FG = 8 cm.

ChronoQuiz
Retrouvez un quiz interactif à réaliser en classe pour vérifier les prérequis de ce chapitre sur LLS.fr/M3Quiz11

Partie 3 : Espace et géométrie

11 Trigonométrie dans le triangle rectangle

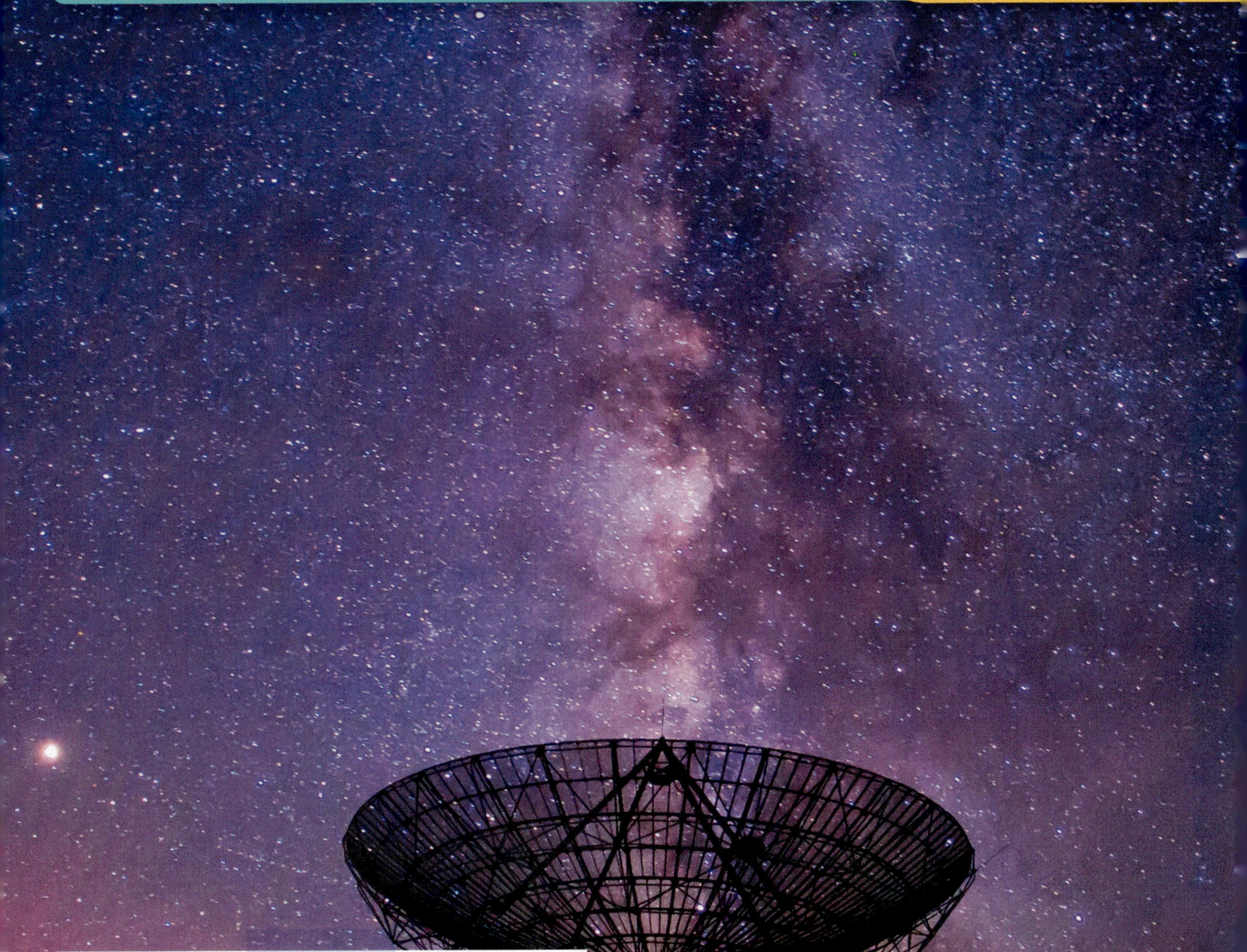

Objectifs du chapitre

- Calculer le cosinus, le sinus et la tangente d'un angle aigu dans un triangle rectangle.
- Calculer une longueur en utilisant la trigonométrie dans un triangle rectangle.
- Calculer une mesure d'angle en utilisant la trigonométrie dans un triangle rectangle.

Depuis la Grèce antique, la trigonométrie est utilisée pour étudier la position des étoiles et des astres. Encore aujourd'hui, un astronome connaissant la distance entre la Terre et deux planètes, ainsi que l'angle qu'elles forment toutes les deux avec son observatoire, peut déterminer, grâce à cette branche des mathématiques, la distance qui sépare ces deux astres.

Retrouvez un tableau récapitulatif des compétences utilisées dans les exercices de ce chapitre sur LLS.fr/M3Comp11

Activités

1 Le retour de la proportionnalité

› Cours 1 p. 212

Objectif : Découvrir des relations de proportionnalité entre les longueurs des côtés d'un triangle rectangle.

Partie A : Papier et crayon

1. Tracer un triangle ABC rectangle en B tel que $\widehat{BAC} = 30°$.
2. Quelle est l'hypoténuse de ce triangle ? Quel est le côté adjacent à l'angle $\widehat{BAC}$? Quel est le côté opposé à cet angle ?
3. Mesurer la longueur des trois côtés de ce triangle puis calculer les quotients : $\frac{AB}{AC}$, $\frac{BC}{AC}$ et $\frac{BC}{AB}$.
4. Comparer les valeurs des quotients obtenues par tous les élèves de la classe.

Partie B : Avec un logiciel de géométrie dynamique

Grâce à un logiciel de géométrie dynamique, on trace un triangle ABC rectangle en B tel que la mesure de l'angle $\widehat{BAC}$ soit définie par un curseur que l'on fixe ici à 30° puis on place un point M appartenant à [AB]. On trace ensuite la droite perpendiculaire à [AB] passant par M. On nomme enfin N le point d'intersection de cette droite avec le côté [AC].

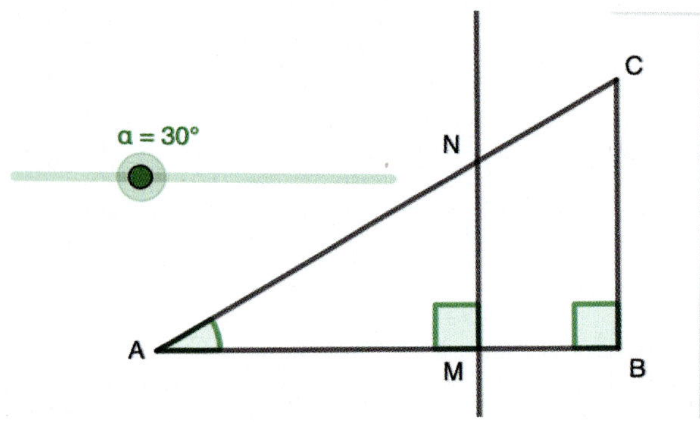

	A	B	C	D	E
1	Distance AB			AB/AC =	
2	Distance BC			BC/AC =	
3	Distance AC			BC/AB =	
4					
5	Distance AM			AM/AN =	
6	Distance MN			MN/AN =	
7	Distance AN			MN/AM =	

Téléchargez le fichier sur LLS.fr/M3Rapports

1. Quelle est la nature du triangle AMN ?
2. Dans le tableau ci-dessus, quelles formules doit-on entrer dans les colonnes **B** et **E** pour afficher les longueurs et rapports indiqués ? Que constate-t-on ?
3. Déplacer le point M et observer ces valeurs. Que peut-on conjecturer ? Quel théorème permet de démontrer cette conjecture ?
4. Grâce au curseur, changer la valeur de l'angle $\widehat{BAC}$ en déplaçant le point C. Déplacer ensuite le point M. Cette conjecture est-elle toujours vérifiée ?

Bilan : On appelle ces trois quotients les cosinus, sinus et tangente de l'angle $\widehat{BAC}$. Que peut-on dire de ces trois rapports ?

2 Décollage immédiat

› Cours 2 A p. 214

Objectif : Calculer une longueur grâce aux relations trigonométriques.

Nora regarde des avions décoller. L'angle entre le sol et la trajectoire rectiligne d'un avion au décollage est constant et mesure 40°. Nora se demande à quelle hauteur se trouvera l'avion lorsqu'il aura parcouru 1 000 m dans les airs après son décollage.

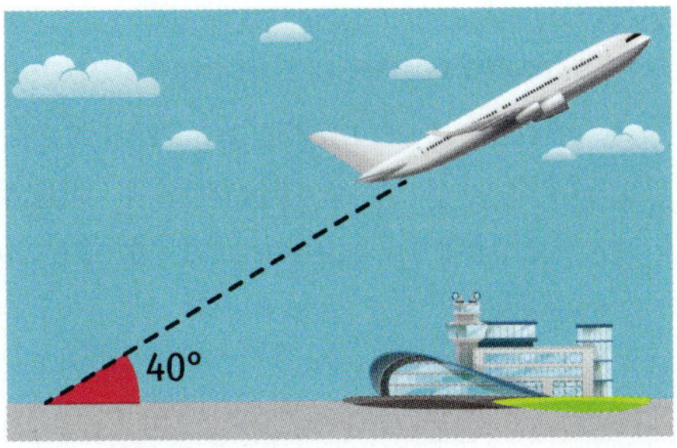

1. Faire un schéma de la situation.
2. Identifier chacun des côtés du triangle rectangle par rapport à l'angle mesurant 40°.
3. Quelle relation trigonométrique permettrait de déterminer la longueur cherchée ?
4. En utilisant un produit en croix et les informations données, déterminer cette longueur.

Coup de pouce :

Cosinus	Sinus	Tangente
Adjacent	Opposé	Opposé
Hypoténuse	Hypoténuse	Adjacent

Bilan : Quelles sont les étapes permettant de calculer une longueur dans un triangle rectangle en s'aidant des relations trigonométriques ?

3 La tour de Pise

› Cours 2 B p. 214

Objectif : Calculer une mesure d'angle grâce aux relations trigonométriques.

La tour de Pise, qui se trouve en Italie, est inclinée par rapport à la verticale. Son sommet, mesuré par rapport à la verticale, s'élève actuellement à 56,71 mètres du sol. Elle mesurait 56,82 mètres avant que ses fondations ne s'enfoncent dans le sol. On souhaite déterminer l'angle d'inclinaison de la tour par rapport à la verticale.

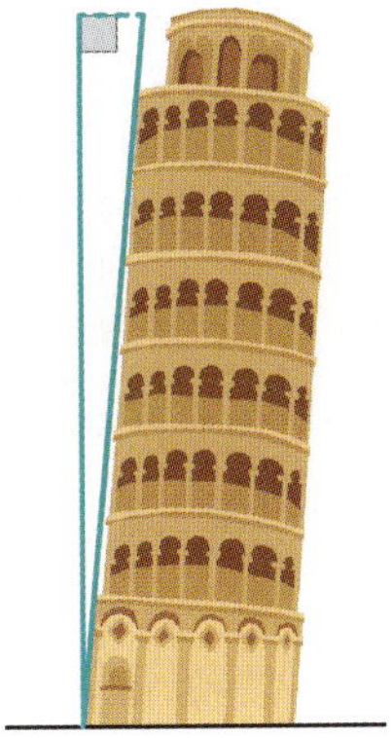

1. Faire un schéma de la situation.
2. Identifier chacun des côtés du triangle rectangle par rapport à l'angle dont on cherche la mesure.
3. Quelle relation trigonométrique permettrait de déterminer l'angle d'inclinaison ?
4. En utilisant les informations données, déterminer l'angle cherché à l'aide des fonctionnalités de la calculatrice.

Coup de pouce : Les touches Arcos, Arcsin et Arctan d'une calculatrice permettent de déterminer la mesure d'un angle.

Bilan : Quelles sont les étapes permettant de calculer une mesure d'angle aigu dans un triangle rectangle en s'aidant des relations trigonométriques ?

Cours

1 Relations trigonométriques dans le triangle rectangle

Vocabulaire

Dans un triangle rectangle :
- l'**hypoténuse** est le côté opposé à l'angle droit ;
- le côté d'un angle aigu qui n'est pas l'hypoténuse est appelé le **côté adjacent** à l'angle aigu ;
- le côté non adjacent à l'angle aigu est appelé le **côté opposé** à l'angle aigu.

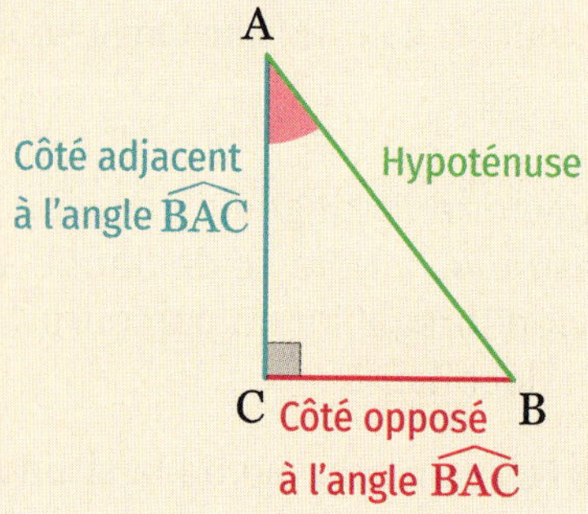

Définitions

Dans le triangle ABC rectangle en C, les rapports de longueurs $\frac{CA}{AB}$, $\frac{CB}{AB}$ et $\frac{CB}{CA}$ ne dépendent que de la mesure de l'angle $\widehat{BAC}$. Ainsi, on appelle :
- le **cosinus d'un angle aigu** le quotient égal à : $\dfrac{\text{longueur du côté adjacent à l'angle}}{\text{longueur de l'hypoténuse}}$;
- le **sinus d'un angle aigu** le quotient égal à : $\dfrac{\text{longueur du côté opposé à l'angle}}{\text{longueur de l'hypoténuse}}$;
- la **tangente d'un angle aigu** le quotient égal à : $\dfrac{\text{longueur du côté opposé à l'angle}}{\text{longueur du côté adjacent à l'angle}}$.

Remarque : Le cosinus, le sinus et la tangente d'un angle aigu sont des nombres sans unité.

Une astuce mnémotechnique pour retenir ces formules est CAH SOH TOA.

$\cos(\text{angle}) = \dfrac{\text{côté Adjacent}}{\text{Hypoténuse}}$ $\sin(\text{angle}) = \dfrac{\text{côté Opposé}}{\text{Hypoténuse}}$ $\tan(\text{angle}) = \dfrac{\text{côté Opposé}}{\text{côté Adjacent}}$

Propriété

Le cosinus et le sinus d'un angle aigu sont des nombres toujours compris entre 0 et 1.

Exemple :

Dans le triangle ABC rectangle en C ci-contre, on a :
- $\cos \widehat{BAC} = \frac{CA}{AB}$;
- $\sin \widehat{BAC} = \frac{CB}{AB}$;
- $\tan \widehat{BAC} = \frac{CB}{CA}$.

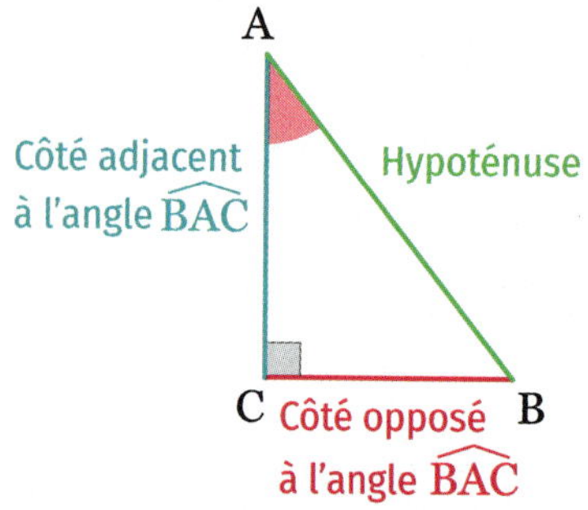

Attention : Si l'on considère l'angle $\widehat{ABC}$, les rapports seront différents.

Exprimer le cosinus, le sinus et la tangente d'un angle aigu

Énoncé On considère le triangle AMC rectangle en A ci-contre. Exprimer le cosinus, le sinus et la tangente relatifs à l'angle $\widehat{AMC}$ en fonction des longueurs des côtés du triangle.

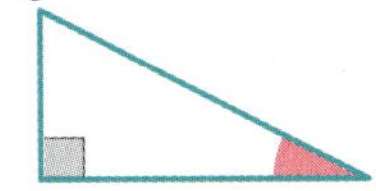

Solution

On sait que le triangle AMC est rectangle en A, donc :

- [MC] est l'hypoténuse ;
- [AM] est le côté adjacent à l'angle $\widehat{AMC}$;
- [AC] est le côté opposé à l'angle $\widehat{AMC}$.

Par définition, on a :

- $\cos(\widehat{AMC}) = \dfrac{\text{longueur du côté adjacent}}{\text{longueur de l'hypoténuse}} = \dfrac{AM}{MC}$;
- $\sin(\widehat{AMC}) = \dfrac{\text{longueur du côté opposé}}{\text{longueur de l'hypoténuse}} = \dfrac{AC}{MC}$;
- $\tan(\widehat{AMC}) = \dfrac{\text{longueur du côté opposé}}{\text{longueur du côté adjacent}} = \dfrac{AC}{AM}$.

Méthode

- Pour le cosinus, on repère l'hypoténuse et le côté adjacent à l'angle.
- Pour le sinus, on repère l'hypoténuse et le côté opposé à l'angle.
- Pour la tangente, on repère le côté opposé et le côté adjacent à l'angle.

Pour s'entraîner : exercices **26, 27** et **28** p. 218

Calculer le cosinus, le sinus et la tangente d'un angle aigu

Énoncé Dans le triangle AMC rectangle en A, on donne AC = 3 cm, AM = 4 cm et MC = 5 cm. Calculer la valeur exacte du cosinus, du sinus et de la tangente de l'angle $\widehat{AMC}$.

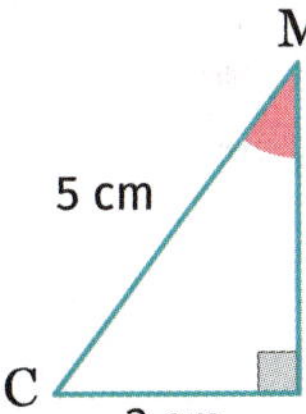

Solution

On sait que le triangle AMC est rectangle en A donc on a :

- $\cos(\widehat{AMC}) = \dfrac{AM}{MC} = \dfrac{4}{5} = 0{,}8$;
- $\sin(\widehat{AMC}) = \dfrac{AC}{MC} = \dfrac{3}{5} = 0{,}6$;
- $\tan(\widehat{AMC}) = \dfrac{AC}{AM} = \dfrac{3}{4} = 0{,}75$.

Méthode

- On écrit le rapport du cosinus, du sinus et de la tangente en utilisant les définitions du cours.
- On remplace par les longueurs données dans l'énoncé.
- On calcule.

Pour s'entraîner : exercices **29** et **30** p. 218

2 Calculer des longueurs et des mesures d'angles aigus

A Calculer la longueur d'un côté dans un triangle rectangle

Méthode

Dans un triangle rectangle, on peut calculer la longueur d'un des côtés de ce triangle si on connaît la longueur d'un des côtés ainsi que la mesure d'un des angles aigus.
On choisit le cosinus, le sinus ou la tangente de l'angle connu en fonction de la longueur cherchée et de la longueur donnée dans l'énoncé.

Exemple :

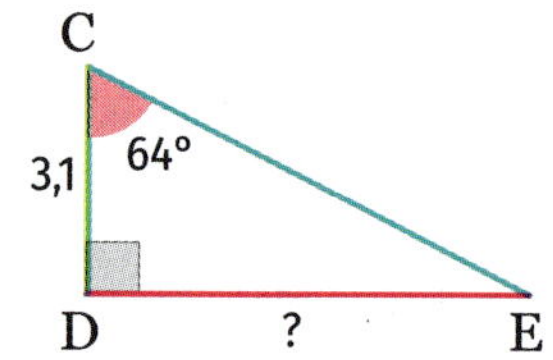

On considère le triangle CDE rectangle en D ci-contre.

On souhaite calculer la longueur DE qui est celle du **côté opposé** à $\widehat{DCE}$.

On connaît la longueur CD qui est celle du **côté adjacent** à l'angle $\widehat{DCE}$.

On utilise donc la relation de la **tangente**.

Par définition, on a : $\tan \widehat{DCE} = \frac{DE}{DC}$ soit $\tan 64° = \frac{DE}{3{,}1}$ donc $DE = 3{,}1 \times \tan 64°$ soit $DE \approx 6{,}4$.

Coup de pouce : Si on connaît la longueur de deux des côtés, on peut utiliser le théorème de Pythagore pour déterminer la longueur du troisième côté.

B Calculer la mesure d'un angle aigu dans un triangle rectangle

Méthode

Dans un triangle rectangle, on peut calculer la mesure d'un des angles aigus de ce triangle si on connaît les longueurs de deux de ses côtés.
On choisit le cosinus, le sinus ou la tangente de l'angle cherché en fonction des deux longueurs données dans l'énoncé.

Remarque : Sur la calculatrice, on utilise les touches **Arccos**, **Arcsin** ou **Arctan** (ou **cos**$^{-1}$, **sin**$^{-1}$ et **tan**$^{-1}$) pour déterminer la mesure d'un angle aigu dont on connaît le cosinus, le sinus ou la tangente.

Exemple :

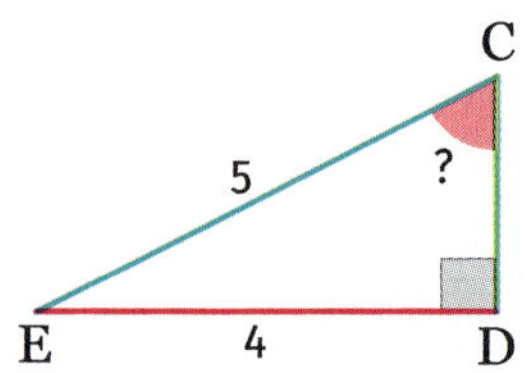

On considère le triangle CDE rectangle en D ci-contre.

On souhaite déterminer la mesure de l'angle $\widehat{DCE}$.

On connaît les longueurs de l'**hypoténuse** et du **côté opposé** à l'angle $\widehat{DCE}$.

On utilise donc le **sinus** pour calculer la mesure de l'angle.

Par définition, on a : $\sin \widehat{DCE} = \frac{DE}{CE} = \frac{4}{5}$.

À l'aide de la calculatrice, on obtient alors que $\widehat{DCE} \approx 53°$.

Coup de pouce : Si on connaît la mesure de deux des angles, on peut, pour calculer la mesure du troisième, utiliser la propriété : la somme des mesures des angles d'un triangle est égale à 180°.

Calculer une longueur

Énoncé Dans le triangle ABC rectangle en A, on donne AC = 7 cm et $\widehat{ABC} = 53°$.
Calculer la longueur BC (arrondie au mm).

Solution

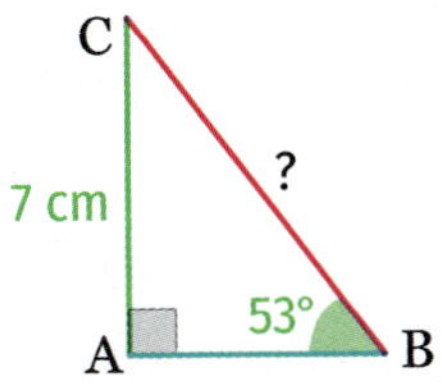

On sait que ABC est rectangle en A. [AC] est le **côté opposé** à l'angle donné et on cherche la longueur de [BC] qui est l'**hypoténuse**.

On utilise donc le **sinus** :

$\sin \widehat{ABC} = \dfrac{AC}{BC}$

$\sin 53° = \dfrac{7}{BC}$

Donc $BC = \dfrac{7}{\sin 53°} \approx 8{,}8$ cm.

Méthode

- On trace une figure à main levée afin de repérer l'hypoténuse et les différents côtés relatifs à l'angle connu.
- On détermine alors la relation trigonométrique à utiliser.
- On pense à bien paramétrer la calculatrice en mode degré.

Pour rappels :

		Je connais		
		Hypoténuse	Côté opposé	Côté adjacent
Je veux	Hypoténuse		sin	cos
	Côté opposé	sin		tan
	Côté adjacent	cos	tan	

Pour s'entraîner : exercices **31** et **32** p. 218 et **33** p. 219

Calculer la mesure d'un angle

Énoncé Dans le triangle ABC rectangle en A, on donne AB = 7 cm et AC = 5 cm.
Calculer la mesure de l'angle $\widehat{ACB}$ (arrondie au degré).

Solution

On sait que ABC est rectangle en A. [AB] est le **côté opposé** à l'angle $\widehat{ACB}$ et [AC] est son **côté adjacent**.

On utilise donc la **tangente** :

$\tan \widehat{ACB} = \dfrac{AB}{AC}$

$\tan \widehat{ACB} = \dfrac{7}{5}$

À l'aide de la calculatrice, on trouve $\widehat{ACB} \approx 54°$.

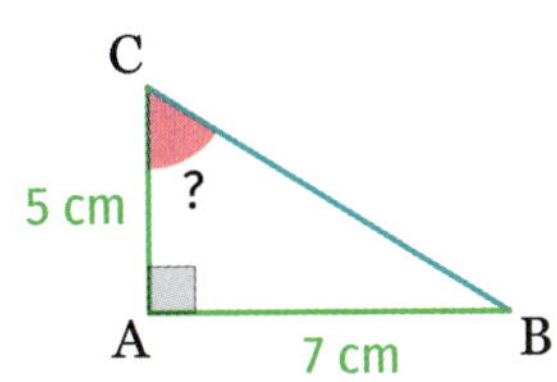

Méthode

- On trace une figure à main levée afin de repérer la nature de chacun des côtés connus par rapport à l'angle dont on cherche la mesure.
- On détermine alors la relation trigonométrique à utiliser.
- On pense à bien paramétrer la calculatrice en mode degré.

Pour s'entraîner : exercices **41, 42** et **43** p. 219

Révision

Genially : Retrouvez une activité interactive pour réviser les notions de ce chapitre sur LLS.fr/M3Genially11

TRIGONOMÉTRIE

- Pour quoi faire ?
  - Calculer des longueurs
  - Calculer des mesures d'angle
- Comment faire ?
  - Dans un triangle rectangle

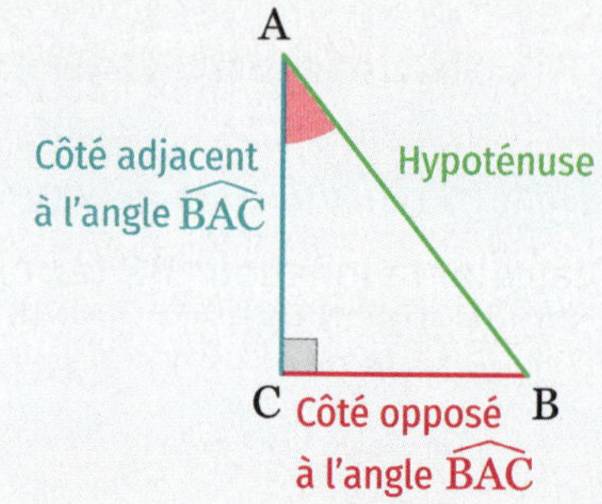

Cosinus (CAH) : $\dfrac{\text{longueur du côté adjacent}}{\text{longueur de l'hypoténuse}}$

Sinus (SOH) : $\dfrac{\text{longueur du côté opposé}}{\text{longueur de l'hypoténuse}}$

Tangente (TOA) : $\dfrac{\text{longueur du côté opposé}}{\text{longueur du côté adjacent}}$

QCU : réponse unique

11 L'hypoténuse d'un triangle ABC rectangle en A est le côté :

a [AB] b [AC] c [BC]

d Ce triangle n'a pas d'hypoténuse.

12 Le sinus d'un angle aigu est :

a un nombre quelconque.

b un nombre inférieur à 1.

c un nombre négatif.

d un nombre entier.

13 Si $\sin x = 0{,}5$ alors :

a $x = 60°$ b $x = 30°$ c $x = 0{,}5$

d on ne peut pas savoir.

14 La touche **arctan** de la calculatrice permet de :

a trouver une longueur.

b trouver une mesure d'angle.

c toujours trouver un nombre entier.

d trouver la tangente d'un angle aigu.

QCM : réponses multiples

15 Les angles aigus dans un triangle rectangle :

a sont complémentaires.

b sont supplémentaires.

c sont droits.

d ont une somme égale à 90°.

16 Dans le triangle ABC rectangle en A :

a le côté opposé à $\widehat{ACB}$ est [AB].

b l'hypoténuse est [BC].

c le côté adjacent à $\widehat{ACB}$ est [AB].

d le plus petit côté est [BC].

17 Dans le triangle ABC rectangle en A :

a $\cos \widehat{ACB} = \sin \widehat{CBA}$ b $\cos \widehat{ACB} = \dfrac{AC}{CB}$

c $\cos \widehat{ACB} = \tan \widehat{CBA}$ d $\cos \widehat{ACB} = \dfrac{AC}{AB}$

18 $\cos 30°$ est un nombre :

a négatif. b environ égal à 0,15.

c positif. d plus petit que 1.

› Corrigés p. 301

Outils numériques

19 [Rais.6]

1. Écrire un programme Scratch permettant de calculer la longueur BC dans un triangle ABC rectangle en A lorsque l'utilisateur donne la longueur AC ainsi que la mesure de l'angle $\widehat{ACB}$.

2. Que faudrait-il apporter comme modification à ce programme si l'on souhaite calculer la longueur AB ?

20 [Rais.6]

On a créé le programme Scratch suivant pour un triangle ABC rectangle en A.

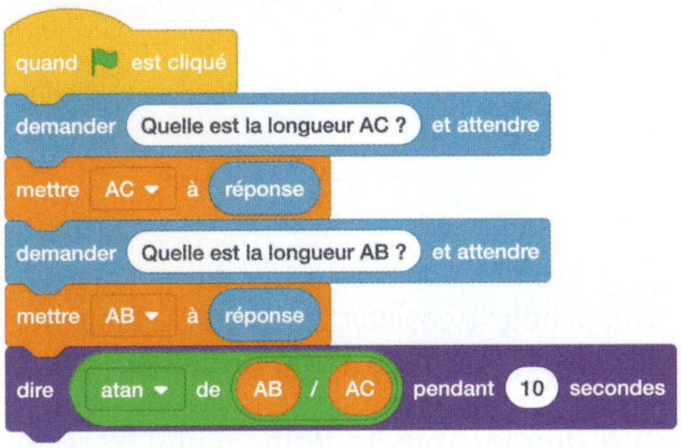

1. Que permet-il de calculer ?

2. Quelles modifications faudrait-il apporter à ce programme pour qu'il affiche aussi la mesure de l'angle $\widehat{ABC}$?

21 [Rais.1 - Rais.6]

1. Créer une feuille de calcul dans laquelle la colonne A donne les mesures des angles de 5° à 85° avec un pas de 5°.

	A	B	C	D
1	Angle aigu x	$\cos(x)$	$\sin(x)$	$\cos^2(x) + \sin^2(x)$
2	5			
3	10			
4	15			
5	20			
6	25			
7	30			

2. Quelles formules doit-on entrer et étirer verticalement dans les cases **B2**, **C2** et **D2** ?

3. a. Que remarque-t-on ?

b. À l'aide du théorème de Pythagore, démontrer cette propriété.

22 [Rep.8]

Élise souhaite dessiner un triangle rectangle en utilisant Scratch.

Compléter le programme afin de tracer avec précision ce triangle rectangle.

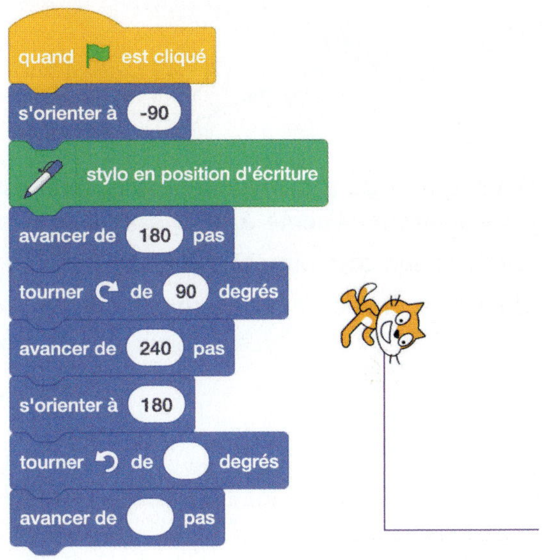

23 [Rep.8]

1. À l'aide de GeoGebra, reproduire la figure ci-dessous.

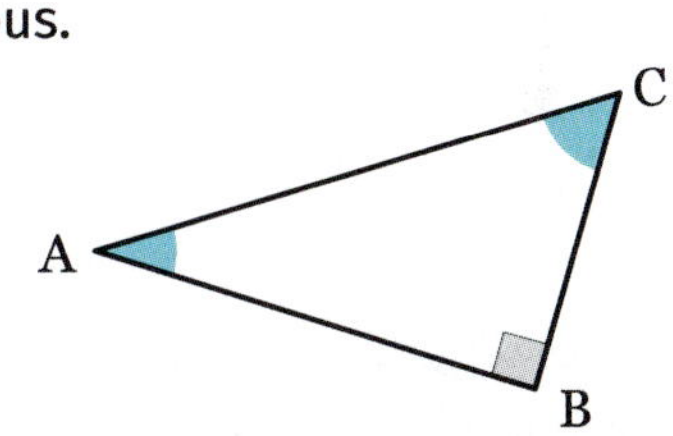

2. Utiliser l'outil **Angle** pour afficher la mesure des angles du triangle.

3. Ouvrir le menu **Algèbre**.
À l'aide du logiciel, calculer le cosinus et le sinus des angles $\widehat{BAC}$ et $\widehat{ACB}$.

4. Ouvrir le menu **Tableur**. Toujours à l'aide du logiciel, calculer les rapports $\frac{BC}{AC}$ et $\frac{AB}{AC}$.

5. Comparer les résultats obtenus aux questions **3.** et **4.**

6. Que peut-on constater concernant $\cos\widehat{BAC}$ et $\sin\widehat{ACB}$ d'une part, puis concernant $\sin\widehat{BAC}$ et $\cos\widehat{ACB}$ d'autre part ?

Automatismes

Relations trigonométriques dans le triangle rectangle

24

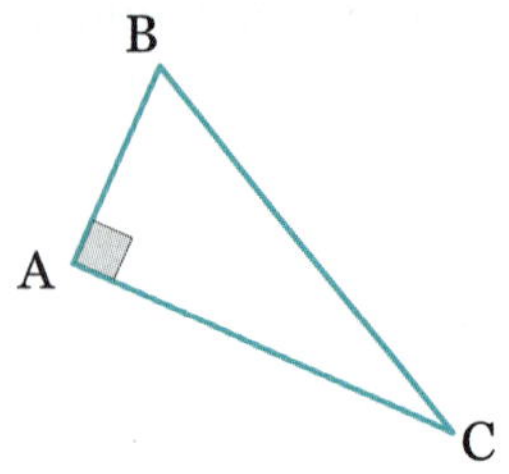

1. Dans le triangle rectangle ci-dessus, quel est le côté adjacent à l'angle $\widehat{ABC}$?

2. Quel est son côté opposé ?

3. Quelle est l'hypoténuse de ce triangle ?

25

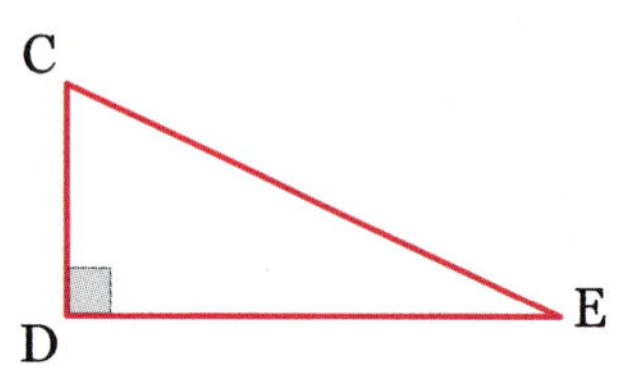

1. Dans le triangle rectangle ci-dessus, quel est le côté adjacent à l'angle $\widehat{DEC}$?

2. Quel est son côté opposé ?

3. Quelle est l'hypoténuse de ce triangle ?

26

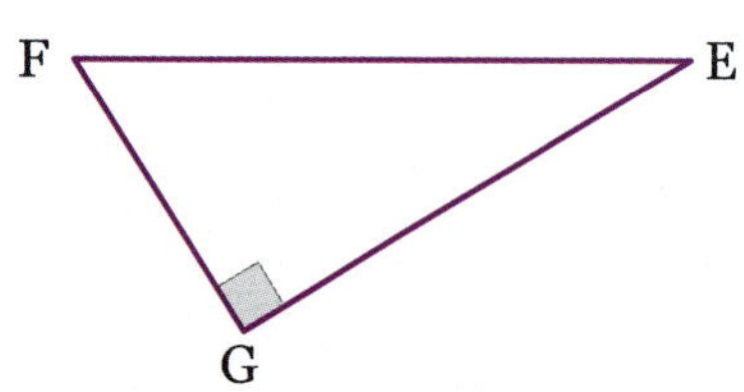

Dans le triangle rectangle ci-dessus, donner le quotient de longueurs permettant de calculer le cosinus, le sinus et la tangente de l'angle $\widehat{GEF}$.

27

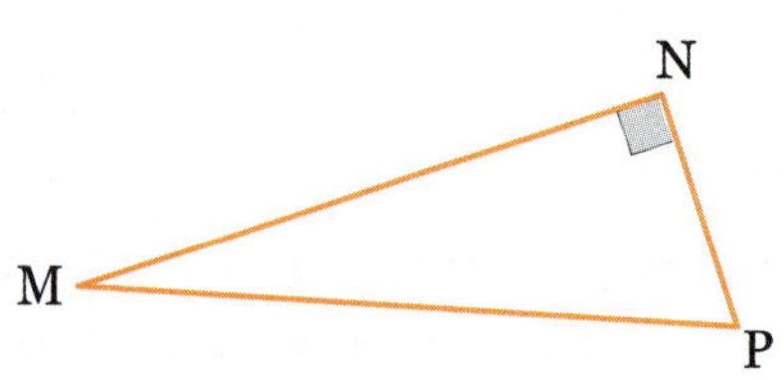

Dans le triangle rectangle ci-dessus, donner le quotient de longueurs permettant de calculer le cosinus, le sinus et la tangente de l'angle $\widehat{NPM}$.

28

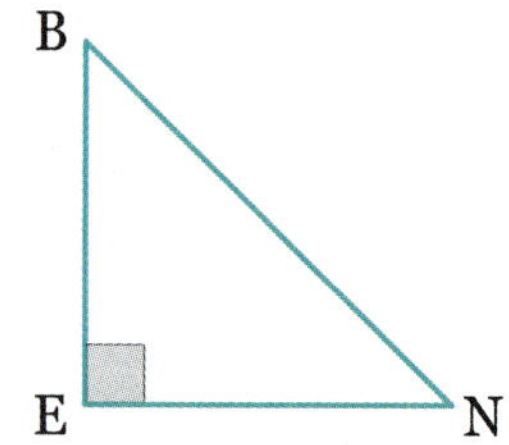

Dans le triangle rectangle ci-dessus, donner le quotient de longueurs permettant de calculer le cosinus, le sinus et la tangente de l'angle $\widehat{EBN}$.

Calcul mental

Pour les exercices 29 et 30

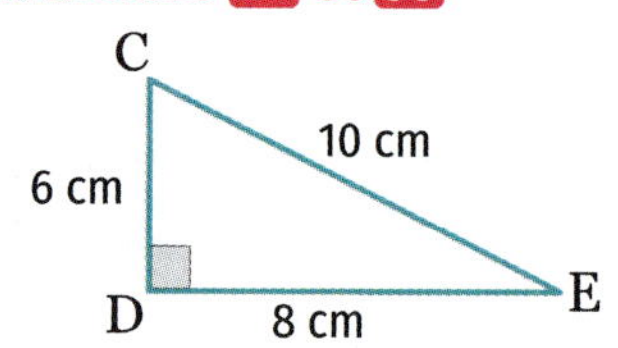

29 Donner sous la forme d'une fraction irréductible le cosinus, le sinus et la tangente de l'angle $\widehat{DCE}$ du triangle ci-dessus.

30 Donner sous la forme d'une fraction irréductible le cosinus, le sinus et la tangente de l'angle $\widehat{DEC}$ du triangle ci-dessus.

Calculer une longueur

Pour les exercices 31 et 32

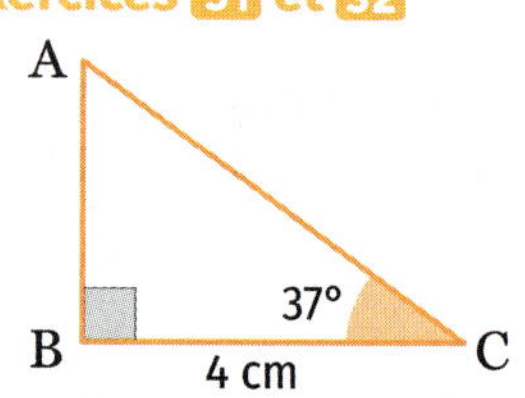

31 Dans le triangle ABC rectangle en B ci-dessus, calculer la longueur AB. Arrondir le résultat au millimètre.

32 Dans le triangle ABC rectangle en B ci-dessus, calculer la longueur AC. Arrondir le résultat au dixième près.

Automatismes

33 Dans le triangle ABC rectangle en B ci-dessous, calculer la longueur AB. Arrondir le résultat au millimètre.

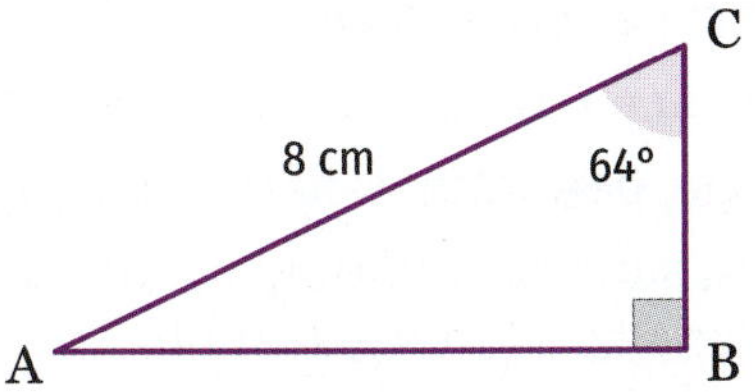

34 Un triangle GHI est rectangle en H tel que GH = 4 cm et $\widehat{HGI} = 48°$.

1. Tracer un schéma.

2. Calculer la longueur HI. Arrondir au millimètre près.

35 Un triangle JKL est rectangle en K tel que JL = 12 cm et $\widehat{LJK} = 22°$.

1. Tracer un schéma.

2. Calculer la longueur KL. Arrondir au centième près.

36 Un triangle MNP est rectangle en N tel que MN = 7 cm et $\widehat{NMP} = 63°$.

1. Tracer la figure en vraie grandeur.

2. Calculer la longueur MP. Arrondir au millimètre près.

37 Un triangle RST est rectangle en T tel que RT = 9 cm et $\widehat{TRS} = 75°$.

1. Tracer la figure en vraie grandeur.

2. Calculer la longueur de chacun des côtés de ce triangle. Arrondir au dixième près.

Calcul mental

38 Sachant que $\sin 30° = 0{,}5$, déterminer la longueur CB.

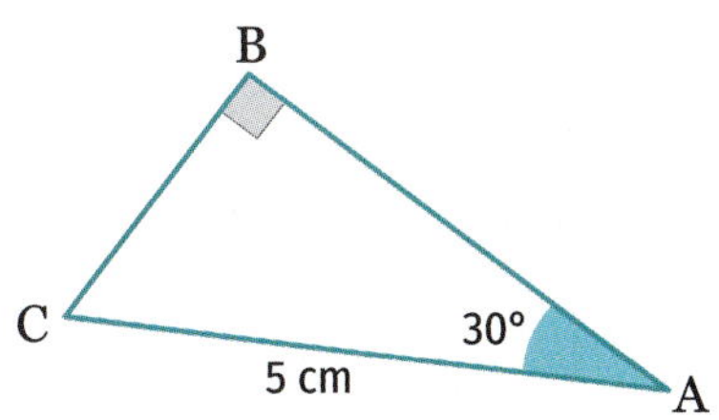

Calculer une mesure d'angle

39 À l'aide de la calculatrice, déterminer la mesure de l'angle x au degré près.

1. $\sin x = 0{,}49$ **2.** $\cos x = 0{,}49$ **3.** $\tan x = 0{,}49$

40 Déterminer la mesure de l'angle x au degré près.

1. $\sin x = 0{,}57$ **2.** $\cos x = 0{,}2$ **3.** $\tan x = 0{,}38$

41 Déterminer la mesure de l'angle $\widehat{DEC}$ au degré près.

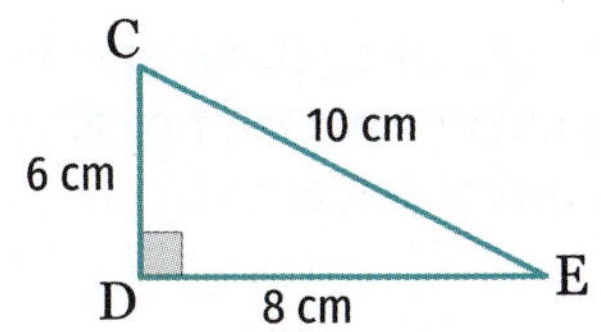

42 Le triangle ABC est rectangle en B tel que AC = 8 cm et AB = 7 cm. Déterminer, au degré près, la mesure de l'angle $\widehat{BAC}$.

43 Le triangle GHI est rectangle en H tel que GI = 8 cm et IH = 6 cm.

1. Tracer le triangle GHI.

2. Déterminer, au degré près, la mesure de chacun de ses angles.

Calcul mental

44 Reprendre la figure de l'exercice **38**. Quelle est la mesure de l'angle $\widehat{ACB}$?

45 On donne le tableau ci-dessous.

Angle	sin
25°	0,423
26°	0,438
27°	0,454
28°	0,469
29°	0,485
30°	0,5
31°	0,515

Angle	sin
65°	0,906
64°	0,899
63°	0,891
62°	0,883
61°	0,988
60°	0,866
59°	0,857

En utilisant ce tableau, donner une valeur de l'angle ci-contre.

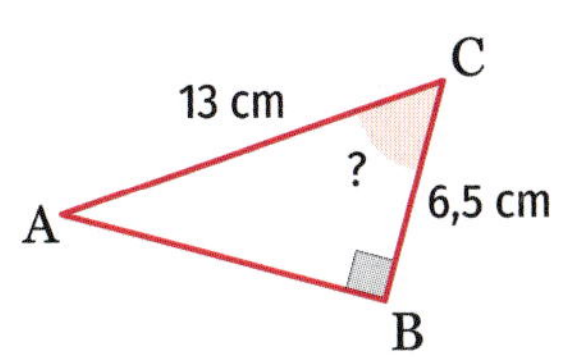

Entraînement

🟢⚪⚪ Vérifier que les connaissances de base sont acquises.
🟠🟠⚪ Développer les connaissances.
🔴🔴🔴 Maîtriser les notions de manière approfondie.

1 Relations trigonométriques dans le triangle rectangle

46 [Ch.1 - Mod.4] 🟢⚪⚪

CED est un triangle rectangle en D.

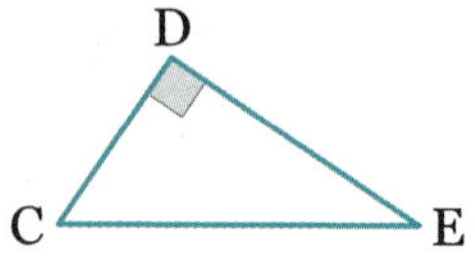

Recopier et compléter le tableau suivant, lorsque cela est possible, avec les angles correspondants.

	Cosinus	Sinus	Tangente
$\frac{CD}{CE}$	$\widehat{DCE}$		
$\frac{CD}{ED}$			
$\frac{ED}{CE}$			
$\frac{ED}{CD}$			

47 [Ch.2 - Rais.3] 🟢⚪⚪ DÉMO

Soit ABC un triangle rectangle en A.

1. Faire un schéma.
2. Donner la relation, en fonction des longueurs du triangle, permettant de calculer $\sin\widehat{ABC}$ puis celle permettant de calculer $\cos\widehat{ACB}$.
3. En déduire que $\sin\widehat{ABC} = \cos\widehat{ACB}$.
4. Démontrer de même que $\sin\widehat{ACB} = \cos\widehat{ABC}$.

48 [Rep.6 - Cal.3] 🟠🟠⚪

On donne les mesures des trois côtés d'un triangle rectangle ABC : AB = 45 cm, AC = 60 cm et BC = 75 cm.

1. Donner la formule, en fonction des longueurs du triangle, permettant de calculer $\cos\widehat{ABC}$.
2. Donner, sans calculatrice, $\cos\widehat{ABC}$ sous forme d'une fraction irréductible.
3. Donner, sans calculatrice, la valeur exacte de $\cos\widehat{ABC}$.

49 [Rep.6 - Cal.3] 🟠🟠⚪

On donne les mesures des trois côtés d'un triangle rectangle ABC : AB = 15 cm, AC = 20 cm et BC = 25 cm.

1. Donner la relation, en fonction des longueurs du triangle, permettant de calculer $\sin\widehat{ABC}$.
2. Donner, sans calculatrice, $\sin\widehat{ABC}$ sous forme d'une fraction irréductible.
3. Donner, sans calculatrice, la valeur exacte de $\sin\widehat{ABC}$.

50 [Rep.6 - Cal.3] 🟠🟠⚪

Les trois côtés d'un triangle rectangle ABC mesurent AB = 0,5 m, AC = 1,2 m et BC = 1,3 m.

1. Donner la formule, en fonction des longueurs du triangle, permettant de calculer $\tan\widehat{ABC}$.
2. Donner, sans calculatrice, $\tan\widehat{ABC}$ sous forme d'une fraction irréductible.

51 COPIE D'ÉLÈVE [Mod.4] 🟠🟠⚪

Lorsque l'on connaît la mesure des angles aigus dans un triangle rectangle ainsi que la longueur d'un côté, on est capable de déterminer la mesure de chacun des autres côtés grâce aux relations trigonométriques. Compléter le tableau avec la relation trigonométrique adéquate.

Rémi a écrit ses réponses en rouge.

		Côté cherché		
		Hypoténuse	Opposé	Adjacent
Côté connu	Hypoténuse		sinus	cosinus
	Opposé	tangente		tangente
	Adjacent	cosinus	sinus	

Indique les erreurs commises par Rémi et propose une correction à cet exercice.

52 [Rep.6 - Cal.3 - Mod.4]

Soit DEF un triangle rectangle en D tel que $DE = 0{,}9$ m, $DF = 1{,}2$ m et $EF = 1{,}5$ m.

Donner les valeurs exactes du sinus, du cosinus et de la tangente de l'angle $\widehat{DFE}$.

53 [Ch.3 - Rais.1 - Mod.10] DÉMO

On a créé la feuille de calcul suivante.

	A	B	C	D	E
1	Angle aigu x	$\sin(x)$	$\cos(x)$	$\tan(x)$	$\sin(x)/\cos(x)$
2	5	0,09	1,00	0,09	0,09
3	10	0,17	0,98	0,18	0,18
4	15	0,26	0,97	0,27	0,27
5	20	0,34	0,94	0,36	0,36
6	25	0,42	0,91	0,47	0,47
7	30	0,50	0,87	0,58	0,58
8	35	0,57	0,82	0,70	0,70
9	40	0,64	0,77	0,84	0,84
10	45	0,71	0,71	1,00	1,00
11	50	0,77	0,64	1,19	1,19
12	55	0,82	0,57	1,43	1,43
13	60	0,87	0,50	1,73	1,73
14	65	0,91	0,42	2,14	2,14
15	70	0,94	0,34	2,75	2,75
16	75	0,97	0,26	3,73	3,73
17	80	0,98	0,17	5,67	5,67
18	85	1,00	0,09	11,43	11,43

1. Quelle conjecture peut-on émettre ?
2. On considère un triangle ABC rectangle en A. En utilisant les relations trigonométriques dans ce triangle, démontrer que cette conjecture est vraie quel que soit l'angle aigu $\widehat{ACB}$.

54 [Com.4 - Rais.4]

Soit ABC un triangle rectangle en A tel que $\widehat{ACB} = 45°$.

1. Faire un schéma à main levée.
2. Que peut-on dire du triangle ABC ?
3. Démontrer que $\sin 45° = \cos 45°$.

On admet que, pour tout angle x, on a $\cos^2 x + \sin^2 x = 1$ (voir exercice 21 page 217 pour une démonstration de cette propriété).

4. En déduire que $\sin 45° = \cos 45° = \sqrt{\frac{1}{2}}$.

De même, on admet que, pour tout angle x, $\tan x = \frac{\sin x}{\cos x}$ (voir exercice 53 pour la démonstration de cette formule).

5. En déduire la valeur exacte de $\tan 45°$.

55 [Cal.3 -Rais.4] DÉMO

L'objectif de cet exercice est de déterminer le sinus et le cosinus de certains angles particuliers.

Soit ABC un triangle rectangle en A tel que $\widehat{ACB} = 30°$.

1. Faire une figure. On appelle B′ le symétrique de B par rapport au point A.
2. Démontrer que le triangle BCB′ est un triangle équilatéral.
3. Dans le triangle ABC donner l'expression de $\sin \widehat{ACB}$ en fonction des longueurs des côtés de ce triangle.
4. En déduire que $\sin 30° = \frac{1}{2}$.
5. En procédant de la même manière, donner la valeur exacte de $\cos 60°$.

2 Calculer des longueurs et des mesures d'angles aigus

56 [Ch.1 - Com.1]

On cherche à déterminer la longueur de l'ombre d'un arbre de 15 m de haut projetée sur le sol lorsque le Soleil fait un angle de 42° avec l'horizontale.

1. Faire une figure à main levée de la situation.
2. Déterminer la longueur de l'ombre projetée. Arrondir à l'unité.

Entraînement

- Vérifier que les connaissances de base sont acquises.
- Développer les connaissances.
- Maîtriser les notions de manière approfondie.

57 [Ch.1 - Com.1]

On cherche à déterminer la hauteur d'une tour qui projette une ombre de 96 m de long sur le sol lorsque le Soleil fait un angle de 52° avec l'horizontale.

1. Faire une figure à main levée de la situation.
2. Déterminer la hauteur de la tour. Arrondir à l'unité.

58 [Ch.1 - Ch.2 - Cal.5]

Quelle est la hauteur de la tour Eiffel ?

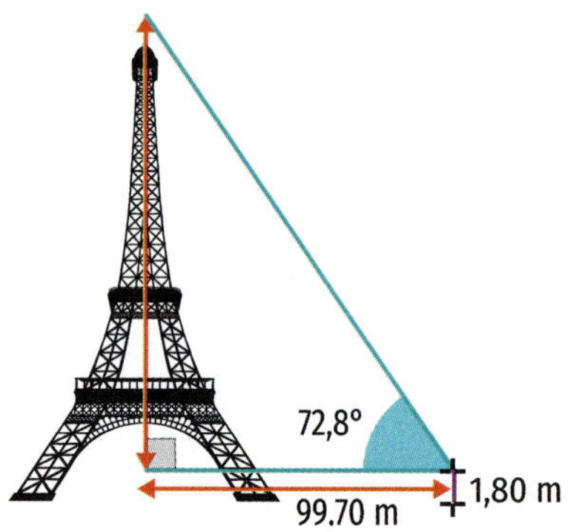

59 COPIE D'ÉLÈVE [Mod.3]

Soit ABC un triangle rectangle en A tel que BC = 125 m et $\widehat{ACB} = 26°$. On donne $\sin 26° \approx 0{,}4384$. Calculer AB. Donner une valeur approchée au dixième.
Voici la réponse proposée par Julien :

> *On sait que ABC est rectangle en A.*
> *Or* $\sin \widehat{ACB} = \dfrac{AB}{BC}$ *d'où*
> $AB = \dfrac{BC}{0{,}4384} \approx 285{,}1$ *m.*

Indiquer l'erreur commise par Julien et proposer une correction à cet exercice.

60 [Rep.6 - Rais.3]

Soit JOYE un rectangle tel que $\widehat{JOE} = 40°$ et JE = 9 cm.

1. Dessiner la figure en vraie grandeur.
2. Déterminer une valeur approchée au dixième de la mesure de chacun des côtés du rectangle.
3. En déduire une valeur approchée de son aire au dixième près.

61 [Ch.1 - Mod.4]

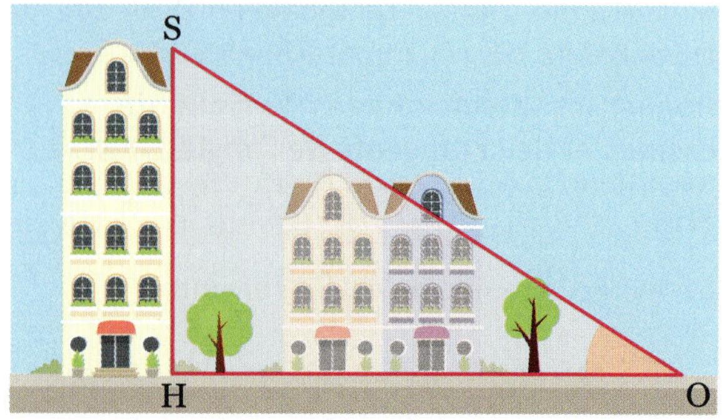

On cherche à déterminer l'angle formé par les rayons du Soleil avec l'horizontale lorsque l'ombre d'un immeuble de 24 m de haut projette sur le sol une ombre de 16 m de long.

1. Faire une figure à main levée de la situation.
2. Déterminer la mesure arrondie à l'unité de l'angle cherché.

62 [Ch.4 - Com.4]

Soit ABCD un rectangle tel que AB = 70 m et BC = 120 m.

1. Déterminer la mesure à l'unité de l'angle $\widehat{DAC}$.
2. En déduire la mesure à l'unité de l'angle $\widehat{CAB}$.
3. Déterminer la mesure à l'unité de chacun des angles formés par les diagonales et les côtés du rectangle.

63 INVERSÉ [Com.1]

Écrire un énoncé d'exercice dont la réponse attendue est : « La pente de la rampe de skate avec l'horizontale est de 8°. »

64 [Rais.3]

Une échelle de 15,50 m arrive à 15,20 m de haut sur le mur vertical sur lequel elle est posée. Déterminer, au degré près, la mesure de l'angle qu'elle fait avec ce mur.

65 [Ch.1 - Rep.5 - Rais.3 - Com.3]

L'astronome grec Hipparque a mis au point, au IIe siècle av. J.-C., une méthode pour mesurer le rapport des distances entre la Terre, le Soleil et la Lune. Lorsque la Lune est exactement à l'un de ses quartiers, c'est-à-dire lorsqu'on en voit exactement la moitié, l'angle formé entre le Soleil, la Terre et la Lune est de 89,85° environ. On connaît la distance entre la Terre et le Soleil : elle est de 149 597 870 km. C'est ce que l'on nomme l'UA (Unité Astronomique).

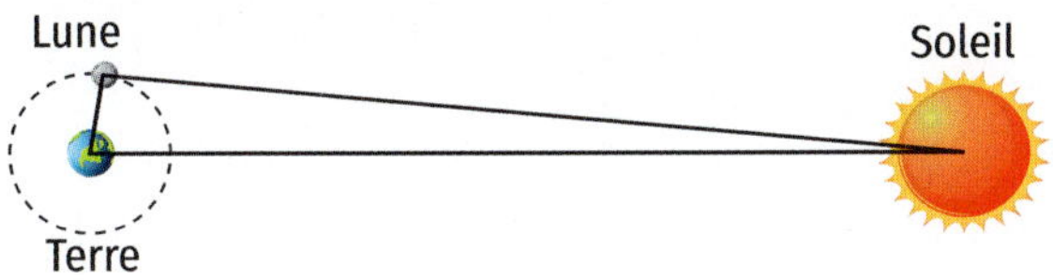

En s'aidant du schéma ci-dessus et des informations données, déterminer la distance Terre-Lune lorsque la Lune est exactement à l'un de ses quartiers.

66 [Ch.2 - Mod.4]

Ce panneau de signalisation signifie que, pour tout déplacement horizontal de 100 m, la route monte de 10 m.

On veut déterminer à quel angle d'inclinaison par rapport à l'horizontale cette indication correspond.

1. Faire un schéma à main levée de la situation.
2. Déterminer l'angle d'inclinaison de la route par rapport à l'horizontale. Arrondir au dixième.

67 [Ch.1 - Ch.4 - Rais.3]

Le calcul de la pente de toiture est spécifique à chaque habitation. Ainsi, pour une toiture en chaume, la pente minimale est de 40 %. Cela signifie que, pour 1 m parcouru horizontalement, le toit s'élève de 0,40 m. À quel angle en degré cette pente correspond-elle ?

68 [Ch.4 - Mod.4 - Rais.3]

Luca aménage une rampe de skate sur le parking de sa maison. Il fabrique ainsi une rampe de 1,92 m de long et de hauteur totale 30 cm. Avec quel angle par rapport à l'horizontale Luca peut-il compter skater ? Arrondir au degré.

69 [Ch.2 - Ch.4 - Rais.2]

Benoît souhaite installer une tyrolienne au fond de son jardin pour ses enfants.
Il désire accrocher le câble à deux arbres : au premier à une hauteur de 4,50 m et au second à une hauteur de 1 m. Les deux arbres sont éloignés l'un de l'autre de 28 m. Quel angle va alors former le câble de la tyrolienne avec l'horizontale ? Arrondir au degré.

70 [Ch.2 - Mod.4]

Une route en ligne droite forme un angle de 3° avec l'horizontale.

1. À quelle pente, exprimée en pourcentage, cet angle de 3° correspond-il ? Arrondir à l'unité.
2. Quelle distance faut-il parcourir sur cette route pour s'élever de 100 m au-dessus du point de départ ? Arrondir à l'unité.

Approfondissement

Environnement et développement durable

71 [Ch.1 - Rep.6 - Rais.2]

Le Grenelle de l'environnement a introduit la notion de pollution lumineuse. Il s'agit avant tout d'éclairer le sol et d'éviter au maximum de renvoyer la lumière vers le ciel et de perturber par exemple le vol des oiseaux migrateurs.

L'angle sous lequel on aperçoit la source lumineuse ne devra donc jamais excéder 70°.

Olivier a décidé d'installer des lampadaires de deux mètres de haut pour éclairer l'entrée de sa maison. La distance entre sa maison et la rue est de 25 mètres.

1. Faire un schéma à main levée de la situation.

2. Quel est le diamètre du cercle lumineux projeté au sol par ce type de lampadaire ?

3. Combien de lampadaires faudrait-il installer pour éclairer correctement jusqu'à la rue en respectant les normes du Grenelle de l'environnement ?

72 [Ch.1 - Com.2]

Déterminer la mesure de l'angle $\widehat{ABD}$. Arrondir au degré près.

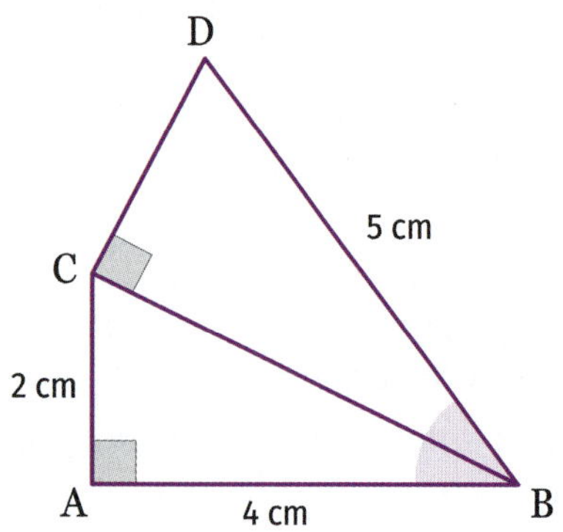

73 [Ch.1 - Mod.4 - Rep.6 - Cal.5]

La triangulation est une méthode permettant de déterminer la position d'un point inaccessible en utilisant les angles obtenus entre ce point et des points de référence dont la position, elle, est connue.

Ce procédé a été utilisé par Delambre et Méchain au XVIIIe siècle afin de déterminer la distance entre Dunkerque et Barcelone sur le méridien de Paris. (Ceci a permis, en 1799, de définir de manière officielle le mètre.)

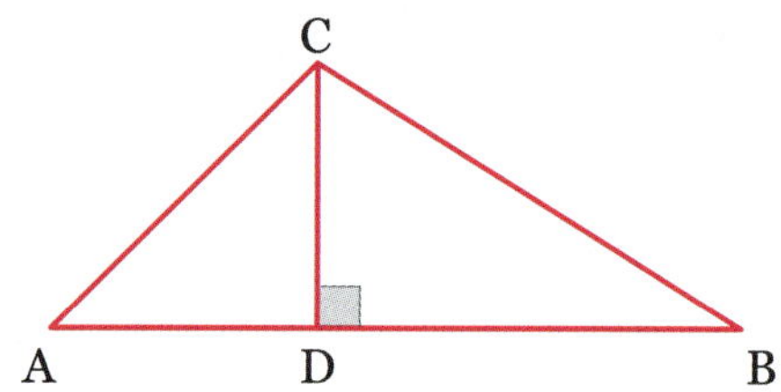

Sur le schéma ci-dessus, le point C est un point inaccessible.

Deux observateurs sont situés en A et B.

La distance AB est connue et vaut 1 350 m.

On cherche à déterminer la distance DC en utilisant le procédé de triangulation.

À l'aide d'un théodolite, on mesure les angles $\widehat{BAC}$ et $\widehat{ABC}$ et on trouve $\widehat{BAC} = 65{,}4°$ et $\widehat{ABC} = 76{,}5°$.

1. Refaire le schéma à main levée avec les données.

2. Dans le triangle ADC rectangle en D, exprimer DA en fonction de DC.

3. Dans le triangle BDC rectangle en D, exprimer DB en fonction de DC.

4. En déduire une expression de la distance AB en fonction de la distance DC cherchée.

5. Déterminer alors la valeur de DC. Arrondir au dixième.

74 [Mod.4]

On considère le parallélogramme ABCD représenté sur la figure suivante.

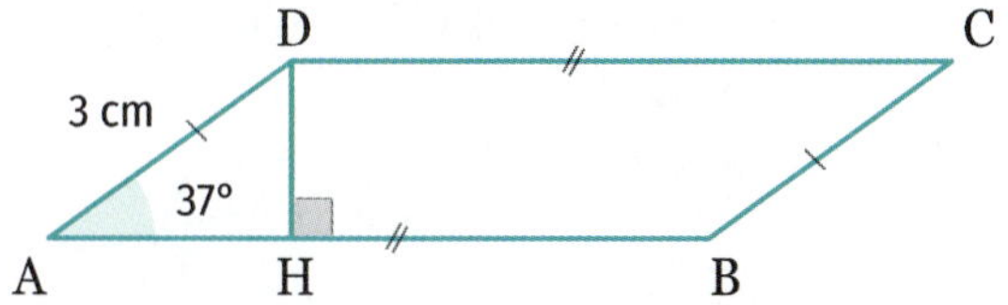

1. Déterminer la valeur exacte de la longueur HD.

2. Sachant que l'aire du parallélogramme ABCD est égale à 21 cm², en déduire une valeur approchée au millimètre de la longueur AB.

75 [Ch.2 - Mod.2 - Mod.3]

Raiponce est enfermée tout en haut de la tour du donjon, au point R. Le prince arrive à vive allure sur le dos de son cheval afin de la délivrer. Le cheval galope à la vitesse constante de 84 km/h.

Au point P, la mesure de l'angle $\widehat{OPR}$ est de 5°. Au point Q, la mesure de l'angle $\widehat{OQR}$ est de 11°.

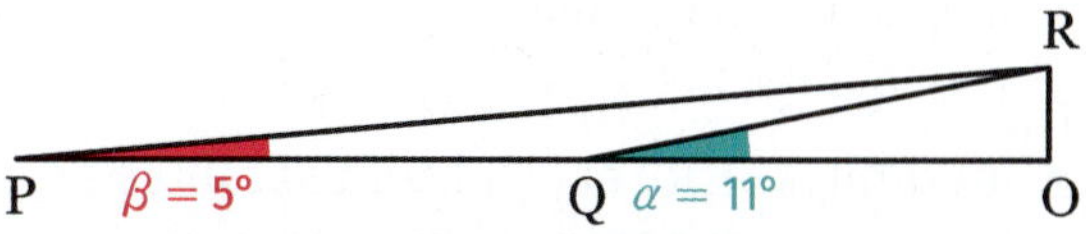

1. Le prince, sur son cheval au galop, parcourt la distance entre les points P et Q en une minute. Déterminer la distance qu'il a parcourue.

2. Écrire, en fonction de la hauteur OR de la tour, une expression de la distance OP.

3. De la même façon, écrire, en fonction de la hauteur OR, une expression de la distance OQ.

4. Exprimer, en fonction de OR, la distance PQ.

5. En déduire, en s'aidant de la question **1.**, la hauteur de la tour que devra gravir le prince pour délivrer Raiponce.
Arrondir au mètre près.

CLUB DE MATHS

76 ÉNIGME

On accroche un drapeau D au bout d'une des pales du moulin représenté ci-dessous.

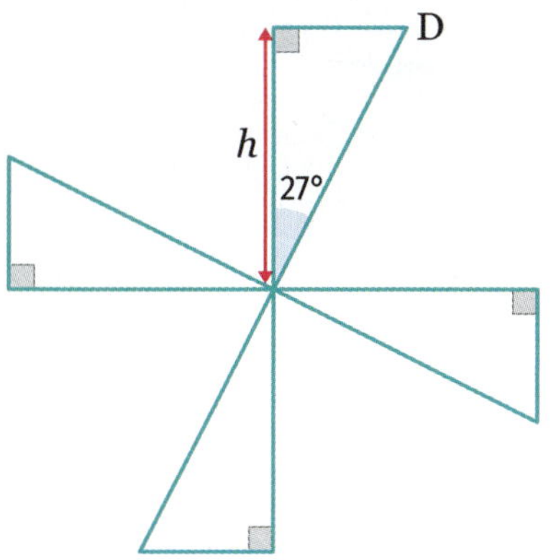

Toutes les pales de ce moulin sont supposées identiques.

Lorsque le vent souffle à une vitesse de 5 km/h, les pales de ce moulin tournent à une vitesse de 1,9 km/h. Dans ces conditions, le drapeau suit une trajectoire circulaire et revient à son point de départ en une minute.

À l'aide de ces informations, déterminer la longueur h d'une des pales de ce moulin. On arrondira cette longueur au dixième.

Préparer le brevet

77 [D'après brevet, Amérique du Nord, juin 2019] durée : 15 min

On considère la figure ci-contre réalisée à main levée et qui n'est pas à l'échelle.

On donne les informations suivantes :

- les droites (ER) et (FT) sont sécantes en A ;
- AE = 8 cm, AF = 10 cm et EF = 6 cm ;
- AR = 12 cm et AT = 14 cm.

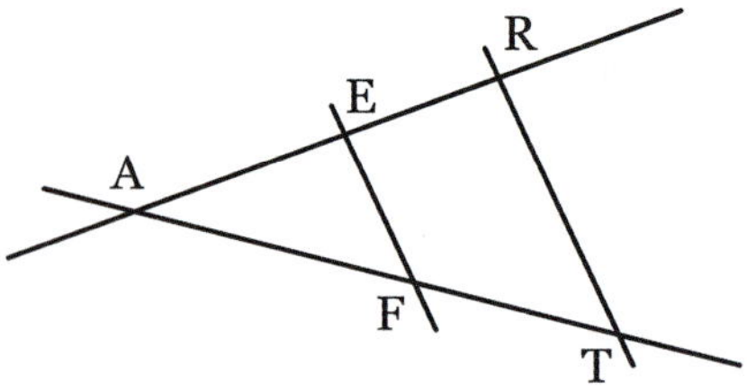

1. Démontrer que le triangle EAF est rectangle en E.

2. En déduire la mesure de l'angle $\widehat{RAT}$ au degré près.

78 [D'après brevet, Polynésie, juillet 2019] durée : 20 min

Lorsqu'un voilier est face au vent, il ne peut pas avancer. Si la destination choisie nécessite de prendre une direction face au vent, le voilier devra progresser en faisant des zigzags.

Comparer les trajectoires de ces deux voiliers en calculant la distance, en kilomètre et arrondie au dixième, que chacun a parcourue.

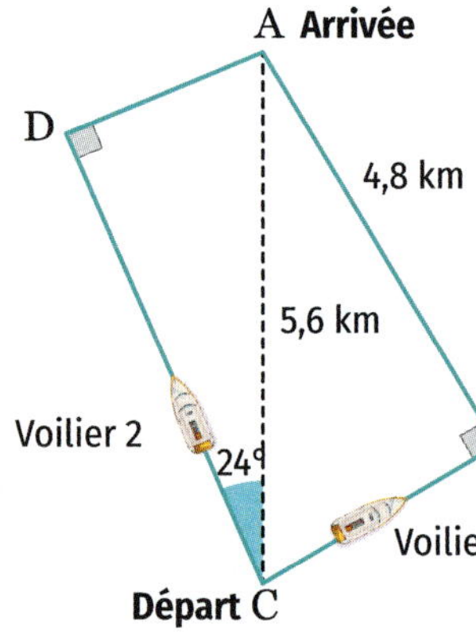

79 [D'après brevet, Amérique du Nord, juin 2018] durée : 10 min

Mme Martin souhaite réaliser une terrasse en béton en face de sa baie vitrée. Elle réalise le dessin ci-contre. Pour faciliter l'écoulement des eaux de pluie, le sol de la terrasse doit être incliné.

La terrasse a la forme d'un prisme droit dont la base est le quadrilatère ABCD et la hauteur est le segment [CG]. P est le point du segment [AD] tel que BCDP est un rectangle. L'angle $\widehat{ABP}$ doit mesurer entre 1° et 1,5°.

Le projet de Mme Martin vérifie-t-il cette condition ?

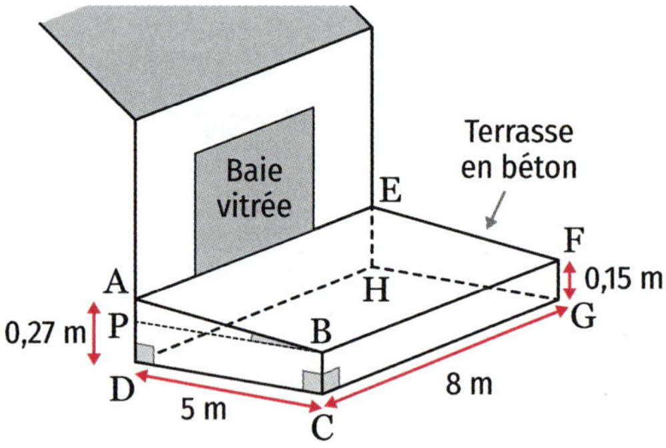

80 [D'après brevet, Métropole, juin 2016] durée : 10 min

Deux figures sont données ci-contre. Elles ne sont pas dessinées en vraie grandeur. Pour chacune d'elles, déterminer la longueur AB, arrondie au millimètre.

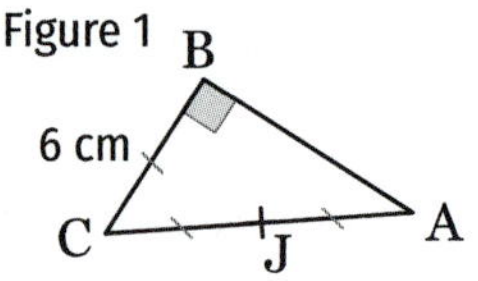

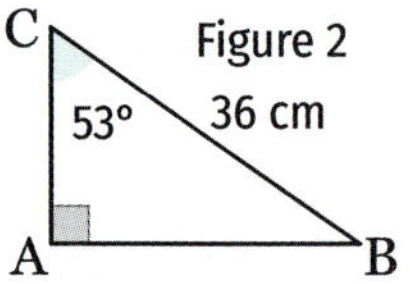

Travail à se partager

On cherche un code à trois chiffres.
Voici cinq indices, chacun composé de trois triangles qui donnent, en déterminant la mesure cherchée arrondie à l'unité, un code à trois chiffres. Pour chaque indice, une indication permet de savoir si le code ainsi obtenu a (ou n'a pas) des chiffres en commun avec le code recherché.
En utillisant ces cinq indices, déterminer le code à trois chiffres.

Indice 1 : Un chiffre est correct et bien placé.

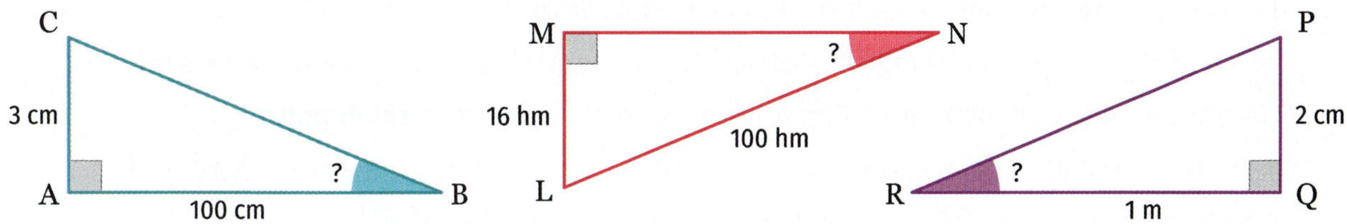

Indice 2 : Un chiffre est correct et mal placé.

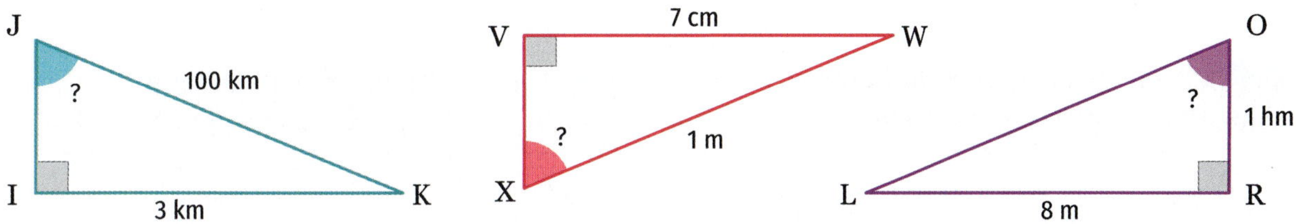

Indice 3 : Deux chiffres sont corrects mais mal placés.

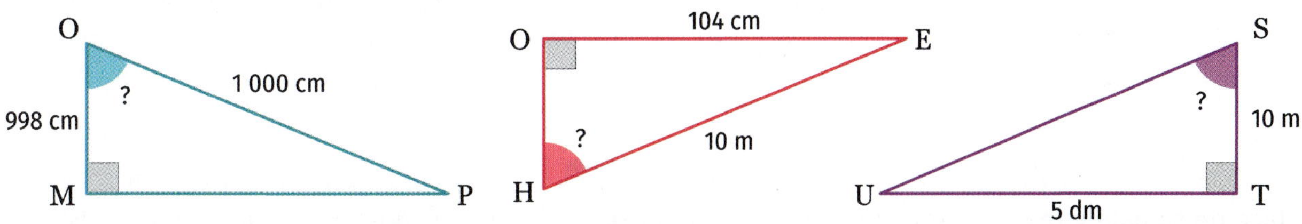

Indice 4 : Il n'y a rien de juste.

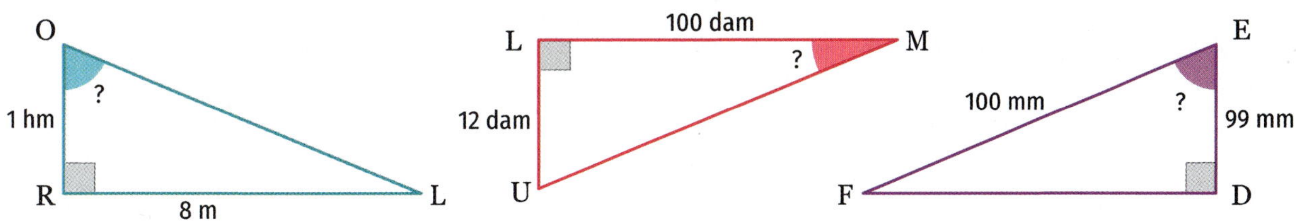

Indice 5 : Un chiffre est correct et mal placé.

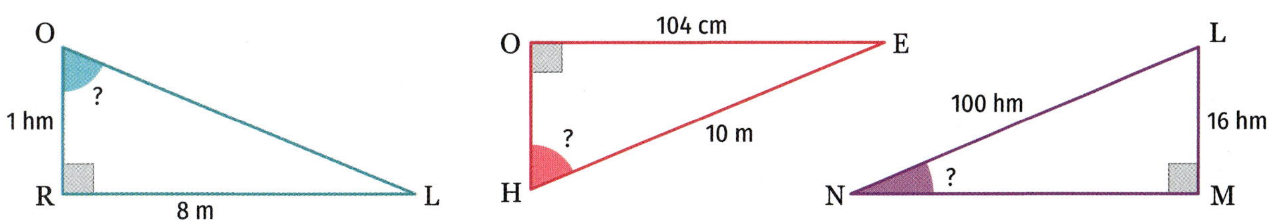

Déjà vu

Rappels

1. On dit que deux figures F et F′ sont **symétriques** l'une par rapport à l'autre **selon un axe** (d) si les deux figures se superposent par pliage le long de l'axe (d).

Deux points A et A′ sont **symétriques par rapport au point** O si O est le milieu de $[AA']$.

L'image par **translation** de la figure F s'obtient par glissement selon une direction, un sens et une longueur.

2. Si deux droites (MB) et (NC) sont sécantes en A et telles que les droites (MN) et (BC) sont parallèles alors, d'après le **théorème de Thalès**, on a $\frac{AM}{AB} = \frac{AN}{AC} = \frac{MN}{BC}$.

Le triangle AMN est une **réduction** ou un **agrandissement** du triangle ABC de coefficient $k = \frac{AM}{AB}$. Les triangles AMN et ABC ont des côtés dont les longueurs sont proportionnelles. On peut donc dire que ces deux triangles sont **semblables**.

3. Dans un triangle ABC rectangle en A, $\cos\widehat{ABC} = \frac{AB}{BC}$, $\sin\widehat{ABC} = \frac{AC}{BC}$ et $\tan\widehat{ABC} = \frac{AC}{AB}$.

On peut écrire des égalités semblables pour l'autre angle aigu $\widehat{ACB}$.

1 À l'aide de la figure ci-dessous, compléter les phrases suivantes.

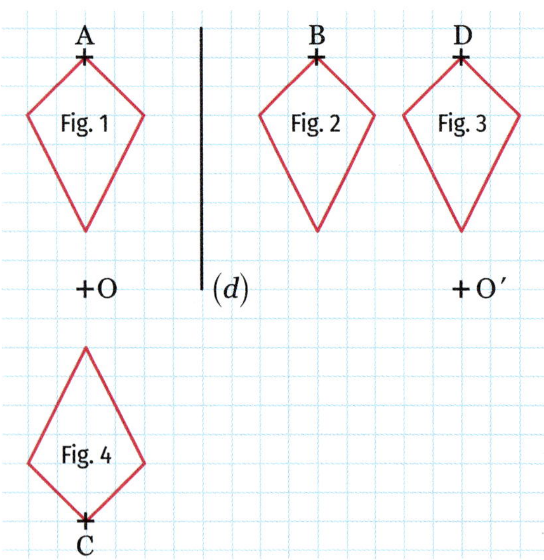

L'image de la figure 1 par la symétrie d'axe (d) est la figure ... .

L'image de la figure 1 par la symétrie de centre O est la figure ... .

L'image de la figure 1 par la translation qui transforme le point ... en le point ... est la figure 3.

2 Soient ABC un triangle tel que AB = 7 m, BC = 5 m et AC = 4,5 m et EFG un triangle tel que EF = 6,5 m, FG = 5,85 m et EG = 9,1 m.

1. Les deux triangles sont-ils semblables ?

2. Quel est le coefficient qui permet de passer du triangle ABC au triangle EFG ? Est-ce un agrandissement ou une réduction ?

3 EFG est un triangle rectangle en E. On sait de plus que EF = 8 cm et $\widehat{EGF} = 25°$.

Calculer la longueur GF puis la longueur EG au centième près.

4 HIJ est un triangle rectangle en H. On sait de plus que HJ = 7,3 cm et HI = 3,4 cm. Calculer la mesure de l'angle $\widehat{HJI}$ au degré près.

ChronoQuiz

Retrouvez un quiz interactif à réaliser en classe pour vérifier les prérequis de ce chapitre sur LLS.fr/M3Quiz12

Partie 3 : Espace et géométrie

12 Transformations dans le plan et leurs effets

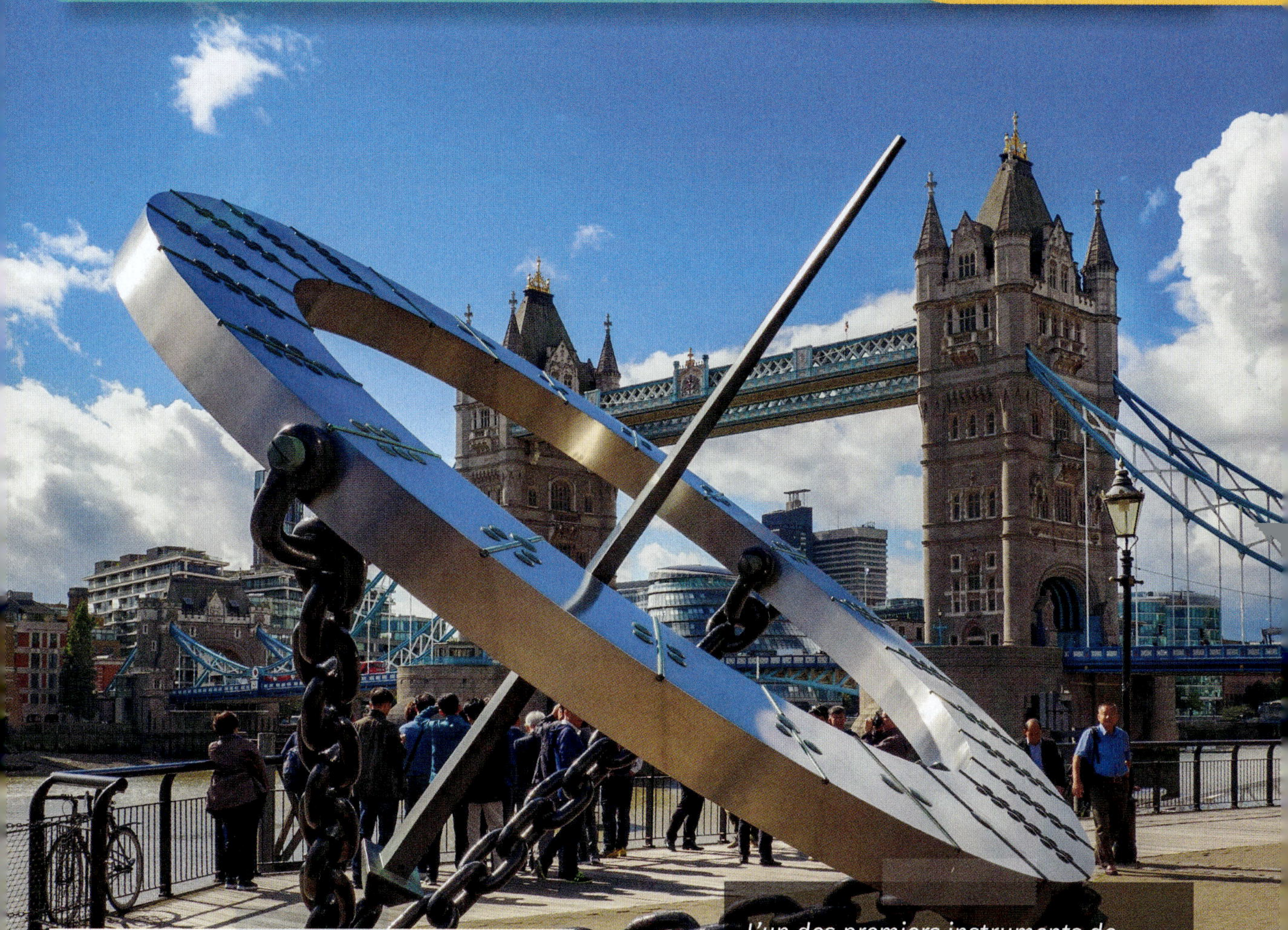

Objectifs du chapitre

- Savoir identifier et construire une figure par rotation et homothétie.
- Connaître les propriétés de conservation de ces deux transformations.
- Utiliser les propriétés de ces transformations pour démontrer et calculer des longueurs, des aires et des mesures d'angles.

L'un des premiers instruments de mesure du temps est le cadran solaire qui, originellement, était un simple bâton planté dans le sol mesurant la course du Soleil. L'ombre de ce bâton effectue alors une rotation allant de la gauche vers la droite, expliquant ainsi le sens choisi pour les aiguilles d'une montre.

Ce sens de rotation n'est visible que dans l'hémisphère Nord, mais puisque c'est en Europe qu'ont été créées les premières montres et horloges, c'est ce sens qui a été choisi puis repris dans l'hémisphère Sud.

Retrouvez un tableau récapitulatif des compétences utilisées dans les exercices de ce chapitre sur LLS.fr/M3Comp12

Activités

1 Une nouvelle transformation

› Cours 1 p. 232

Objectif : Découvrir les rotations et leurs propriétés.

1 **a)** Quelles sont les trois transformations du plan connues ?

b) Quels sont leurs éléments caractéristiques ?

c) On considère la figure rose F ci-dessous. L'une des quatre figures n'est pas l'image de F par l'une de ces trois transformations. Laquelle ?

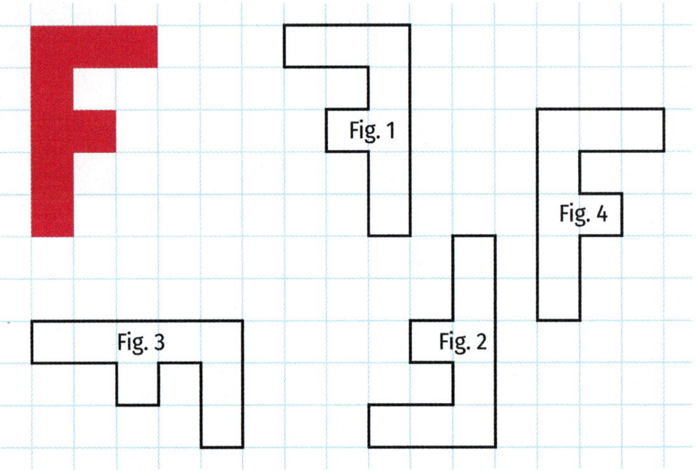

2 On considère maintenant la figure ci-contre.

a) Mesurer les longueurs EA, EB, EA′ et EB′.
Que remarquez-vous ?

b) Sans mesurer, conjecturer d'autres égalités avec les longueurs EC et ED.

c) Mesurer les angles $\widehat{AEA'}$ et $\widehat{BEB'}$.
Que remarquez-vous ?

d) Sans mesurer, conjecturer d'autres égalités d'angles de sommet E.

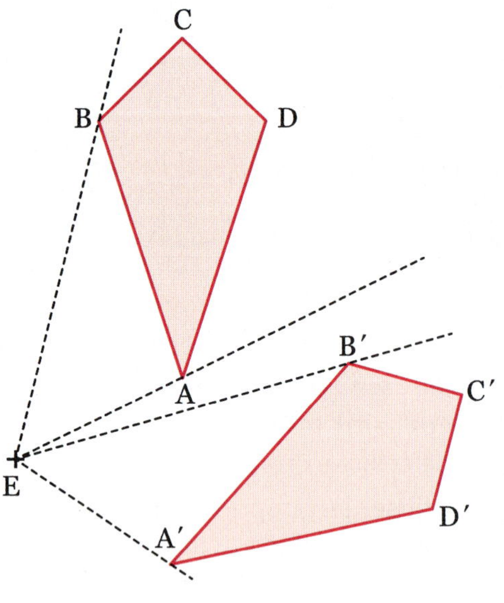

On dit que le quadrilatère A′B′C′D′ est l'image du quadrilatère ABCD par la **rotation** de **centre** E et d'**angle** 60° dans le sens horaire.

3 **a)** Mesurer les longueurs des côtés de ces deux quadrilatères. Que remarquez-vous ?

b) Mesurer les angles des deux figures.
Que remarquez-vous ?

Bilan : Quels sont les effets d'une rotation sur les longueurs et les angles d'une figure ?

2 Agrandir ou réduire

› Cours 2 p. 234

Objectif : Déterminer les caractéristiques d'une homothétie.

On a construit avec GeoGebra la figure ci-contre. Les figures ne sont pas en vraies dimensions.

Figure 1

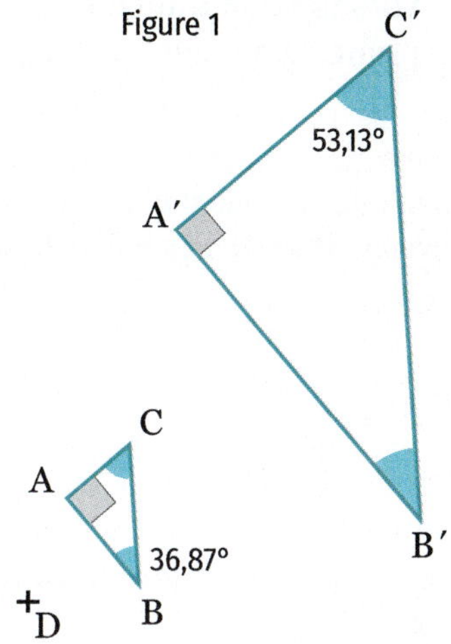

1 À l'aide des mesures des angles de la figure 1 que peut-on dire des triangles ABC et A′B′C′ ?

2 Que peut-on en déduire pour les longueurs des côtés homologues ?

3 Le logiciel donne les mesures suivantes.

A'B' = 14
A'C' = 10,5
AB = 4
AC = 3
C'B' = 17,5
CB = 5

Quel est le coefficient d'agrandissement qui permet d'obtenir le triangle A′B′C′ à partir du triangle ABC ?

4 Le logiciel donne également les distances suivantes.

DA = 4,16
DA' = 14,56
DB = 4,2
DB' = 14,7
DC = 6,96
DC' = 24,36

Comparer les distances de D aux sommets du triangle ABC avec celles de D aux sommets du triangle A′B′C′.
Que remarque-t-on ?

On dit que le triangle A′B′C′ est l'image du triangle ABC par l'**homothétie** de **centre** D et de **rapport** 3,5.

Figure 2

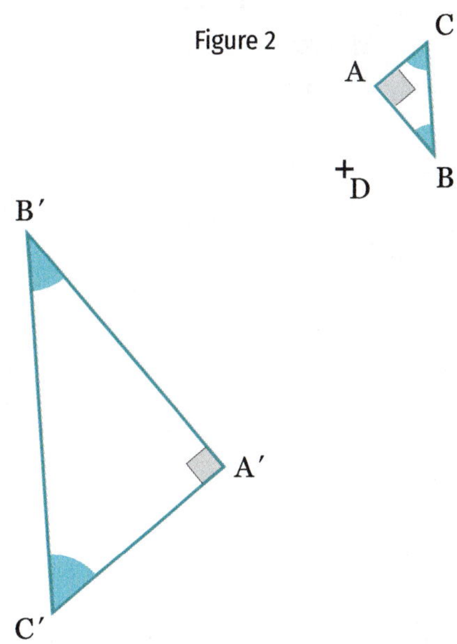

5 On change uniquement le rapport de l'homothétie et on obtient la figure 2 ci-contre. Les longueurs restent inchangées. Quel pourrait être le rapport de cette homothétie ?

6 Quelle est la différence avec l'homothétie de la figure 1 ? Proposer un moyen pour différencier ces deux cas.

Bilan : De quels éléments a-t-on besoin pour construire l'image d'une figure par une homothétie ?

Connectez-vous sur LLS.fr/M3Homothetie pour visualiser les effets d'une homothétie.

Cours

1 Transformer une figure par une rotation

Définition

L'image d'un point M par la **rotation** de **centre O** et d'**angle** α est le point M′ tel que $OM = OM'$ et $\widehat{MOM'} = \alpha$.

Lorsque l'on transforme une figure du plan par une rotation, on la fait tourner autour d'un point d'une mesure d'angle donnée et dans un sens donné.

Remarque : On peut choisir d'effectuer la rotation dans le sens horaire (sens des aiguilles d'une montre) ou dans le sens antihoraire (sens inverse des aiguilles d'une montre).

Exemple :

Sur la figure ci-contre, M′ est l'image de M par la rotation de centre O et d'angle 50° dans le sens antihoraire et M″ est l'image de M par la rotation de centre O et d'angle 50° dans le sens horaire.

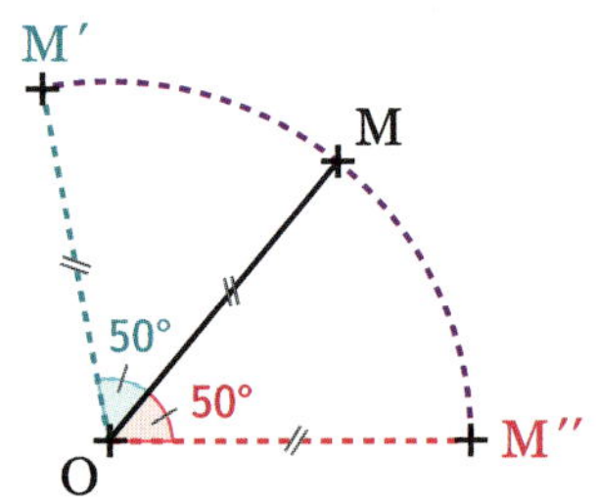

Propriété

Une figure et son image par rotation sont **superposables**. Ainsi les longueurs, les mesures d'angles, le parallélisme et les aires sont conservés.

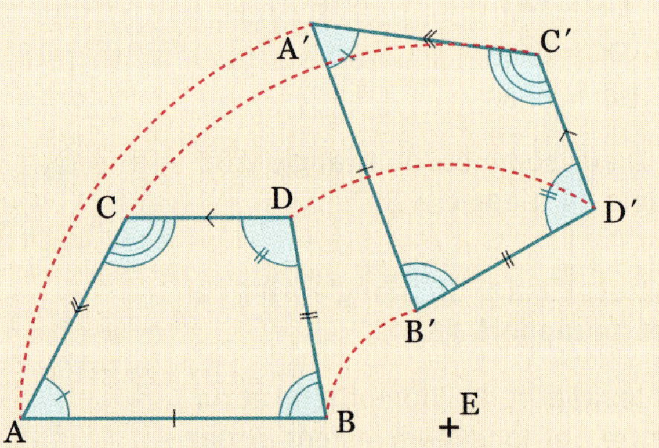

Remarques :

- L'image du point O par une rotation de centre O est le point O. On dit que le centre de la rotation est un **point invariant** par cette rotation.
- Une rotation de centre O et d'angle 180° est équivalente à une **symétrie centrale** quel que soit le sens de la rotation.

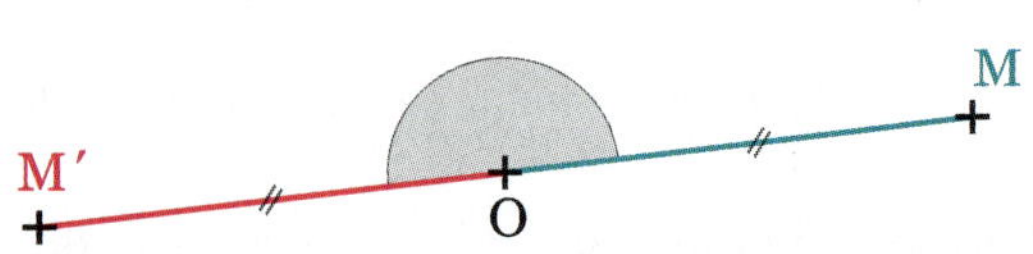

Déterminer une image par rotation

Énoncé Tous les triangles de la figure ci-contre sont des triangles équilatéraux.

1. Quelle est l'image de F par la rotation de centre E et d'angle 60° dans le sens antihoraire ?

2. Quelle est l'image de F par la rotation de centre E et d'angle 120° dans le sens horaire ?

3. Quelle est l'image de I par la rotation de centre K et d'angle 60° dans le sens horaire ?

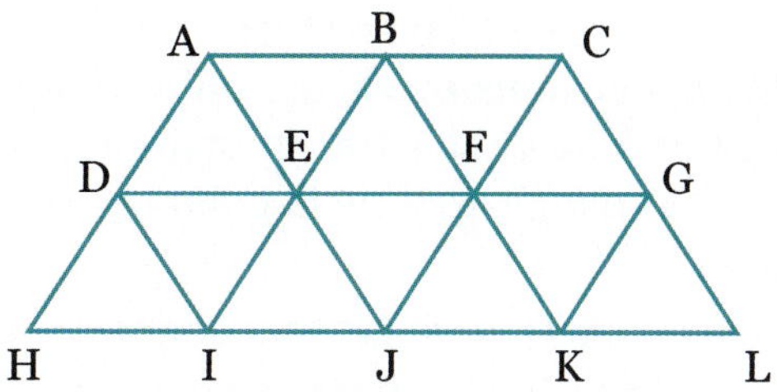

Solution

1. Le triangle EFB est équilatéral donc $EF = EB$ et $\widehat{FEB} = 60°$.
L'image de F est le point B.

2. L'image de F est le point I.

3. L'image de I est le point B.

Méthode

On cherche le point image du point cité tel que :

- les distances entre le centre de la rotation et ces deux points soient égales ;
- l'angle formé par ces trois points ait la mesure donnée en veillant bien à respecter le sens de rotation.

Pour s'entraîner : exercices **15** et **16** p. 238

Construire une image par rotation

Énoncé Construire A′ l'image du point A par la rotation de centre O et d'angle 50° dans le sens antihoraire.

Solution

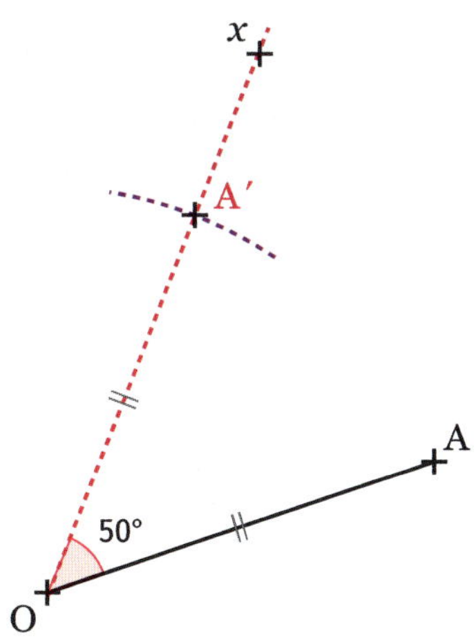

Méthode

- On trace le segment [OA].
- On utilise le rapporteur pour tracer l'angle $\widehat{AOx}$ tel que $\widehat{AOx} = 50°$. On fait bien attention au sens de la rotation.
- Enfin, on reporte la longueur OA afin de tracer le point A′ appartenant à [Ox) tel que OA = OA′.

Pour s'entraîner : exercices **17** et **18** p. 238

Cours

2 Transformer une figure par une homothétie

Définition

Soit O un point du plan et k un nombre non nul.
On appelle **homothétie** de centre O et de rapport k non nul la transformation qui, à un point M donné, associe le point image M′ tel que :

- les points O, M et M′ sont alignés ;
- si $k > 1$ les points O, M et M′ sont alignés dans cet ordre et $OM' = k \times OM$;
- si $0 < k < 1$ les points O, M′ et M sont alignés dans cet ordre et $OM' = k \times OM$;
- si $k < 0$ les points M′, O et M sont alignés dans cet ordre et $OM' = -k \times OM$.

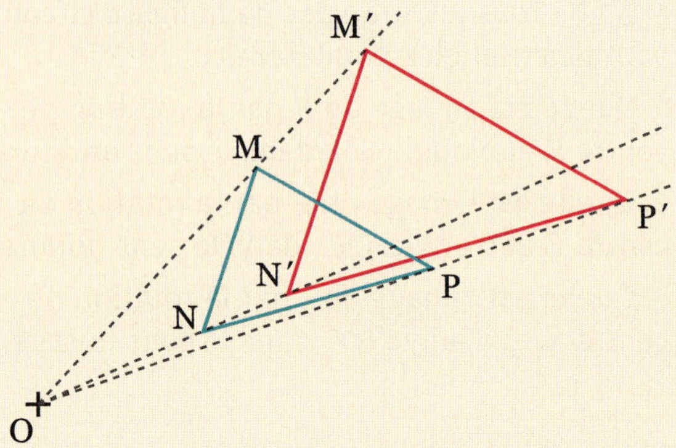

Homothétie du triangle MNP dans le cas où $k > 1$

Lorsque l'on transforme une figure du plan par une homothétie, on la déplace par rapport à un point tout en la réduisant ou l'agrandissant d'un coefficient donné.

Remarque : Si $k = 1$ alors M et M′ sont confondus. Si $k = -1$ alors M et M′ sont symétriques par rapport au point O.

Exemple :

Dans l'homothétie de centre O et de rapport 2, le point M′ est l'image de M.
Les points O, M et M′ sont alignés et $OM' = 2 \times OM = 2 \times 2{,}5 = 5$ cm.
Dans l'homothétie de centre O et de rapport −0,5, le point M″ est l'image de M.
Les points M″, O et M sont alignés et $OM'' = 0{,}5 \times OM = 0{,}5 \times 2{,}5 = 1{,}25$ cm.

M′ est l'image de M par l'homothétie de centre O et de rapport 2

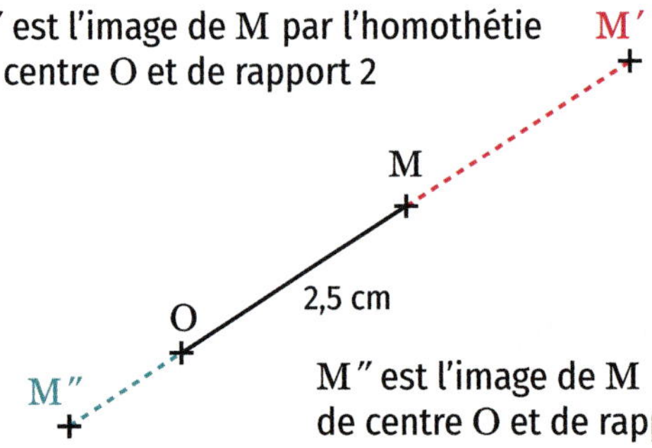

M″ est l'image de M par l'homothétie de centre O et de rapport −0,5

Propriétés

1. L'homothétie conserve l'alignement, le parallélisme et les mesures des angles.
2. Par une homothétie, un triangle et son image sont des triangles semblables.
3. La figure image d'une homothétie de rapport k est :
   - une réduction de la figure initiale si $0 < k < 1$ ou si $-1 < k < 0$;
   - un agrandissement de la figure initiale si $k > 1$ ou si $k < -1$;
   - superposable à la figure initiale si $k = 1$ ou $k = -1$.
4. Si $k > 0$, les longueurs sont multipliées par k. Si $k < 0$, les longueurs sont multipliées par $-k$.
5. Les aires sont multipliées par k^2.

› Déterminer le rapport d'une homothétie

Énoncé Sur la figure suivante, M_1, M_2, M_3 et M_4 sont respectivement les images de M par les homothéties de centre O et de rapports k_1, k_2, k_3 et k_4. Déterminer k_1, k_2, k_3 et k_4.

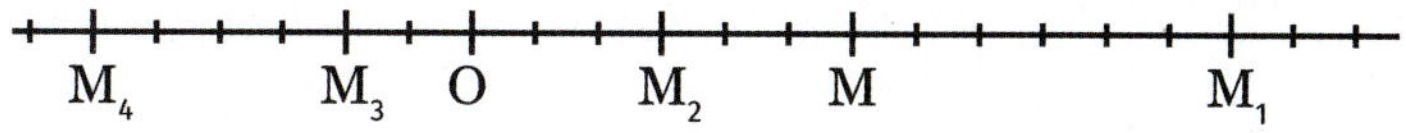

Solution

Les points O, M et M_1 sont alignés dans cet ordre alors $k_1 > 1$.

On a $k_1 = \frac{OM_1}{OM} = \frac{12}{6} = 2$.

De même, $k_2 = \frac{OM_2}{OM} = \frac{3}{6} = \frac{1}{2}$.

Les points M_3, O et M sont alignés dans cet ordre alors $k_3 < 0$.

On a $k_3 = -\frac{OM_3}{OM} = -\frac{2}{6} = -\frac{1}{3}$.

De même, $k_4 = -\frac{OM_4}{OM} = -\frac{6}{6} = -1$.

Méthode

- Soit M′ l'image de M par l'homothétie de centre O et de rapport k.
- Si les points O, M et M′ sont alignés dans cet ordre alors $k > 1$.
  Si les points O, M′ et M sont alignés dans cet ordre alors $0 < k < 1$.
  Si les points M′, O et M sont alignés dans cet ordre, alors $k < 0$.
- On détermine k en effectuant le rapport $\frac{OM'}{OM}$.

Pour s'entraîner : exercices **23** et **24** p. 239

› Construire une image par homothétie

Énoncé Construire l'image du polygone ABCD par l'homothétie de centre O et de rapport 1,8.

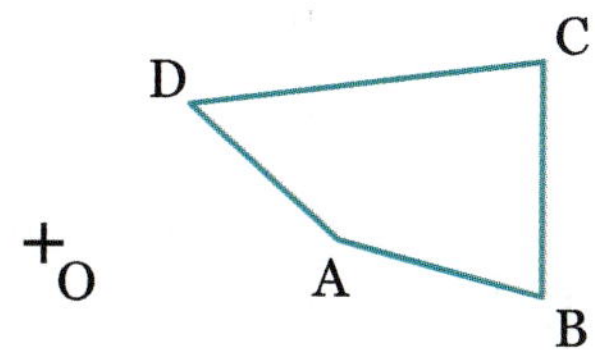

Solution

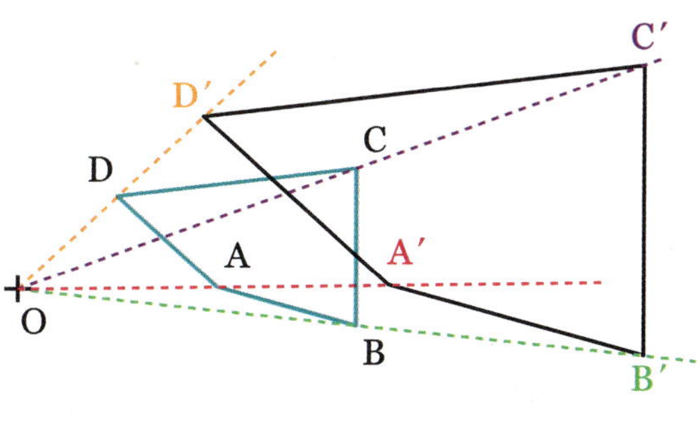

Méthode

- Comme $k > 1$ alors les points O, A et A′ seront alignés dans cet ordre.
- On mesure la distance OA que l'on multiplie par, dans ce cas, $k = 1{,}8$, pour trouver la distance OA′.
- On trace la demi-droite [OA) et on place A′ de façon que $OA' = k \times OA = 1{,}8 \times OA$.
- On fait de même pour les trois autres points.
- On trace le quadrilatère A′B′C′D′.

Pour s'entraîner : exercices **27** et **28** p. 239

Révision

Genially : Retrouvez une activité interactive pour réviser les notions de ce chapitre sur LLS.fr/M3Genially12

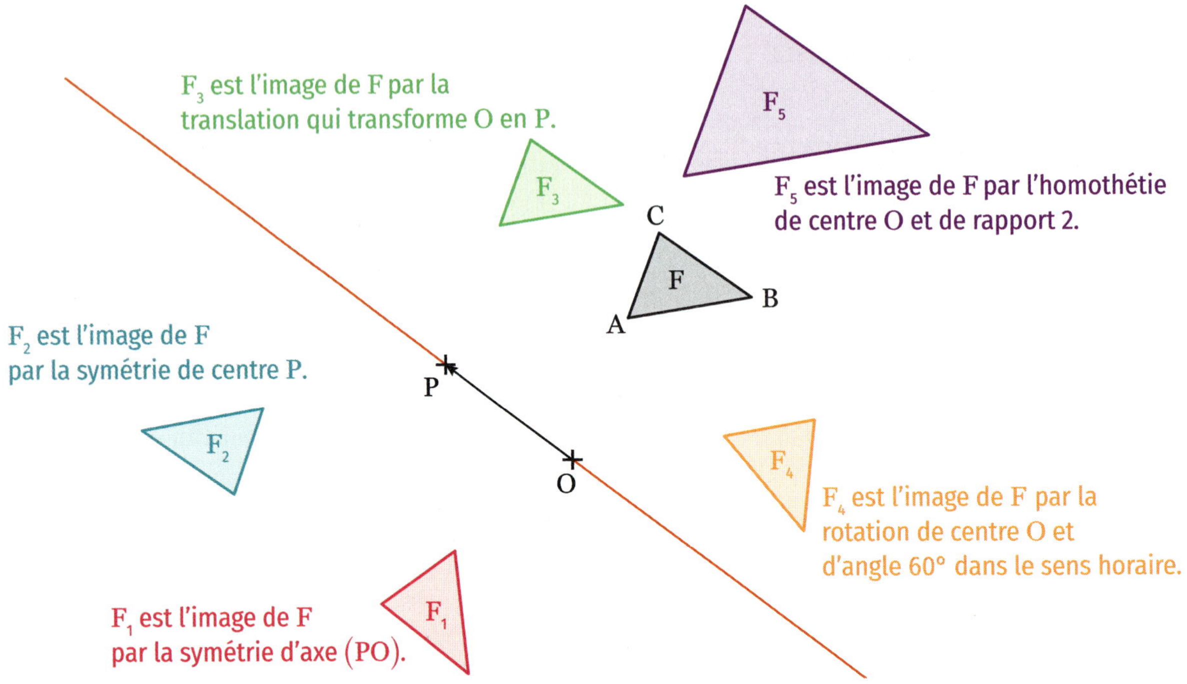

QCU : réponse unique

5 Par une rotation de centre O et d'angle 60°, l'image d'un triangle rectangle est un triangle :

a quelconque. b rectangle.
c équilatéral.
d cela dépend des mesures du triangle.

6 Une rotation de centre O et d'angle 180° est assimilable à une :

a translation. b symétrie centrale.
c symétrie axiale.
d homothétie de rapport 1.

7 L'homothétie de centre O et de rapport $k = -1$ est assimilable à :

a aucune transformation.
b une translation.
c une symétrie centrale.
d une symétrie axiale.

QCM : réponses multiples

8 Une rotation conserve :

a les mesures d'angles. b les aires.
c les longueurs. d le parallélisme.

9 Dans l'homothétie de centre O et de rapport k, l'image de M est M′. On mesure $OM = 3$ et $OM' = 6$, alors k peut être égal à :

a 2 b 0,5 c −2 d −0,5

10 Une homothétie de rapport k, avec k différent de 1 ou −1, conserve :

a les mesures d'angles. b les longueurs.
c les aires. d le parallélisme.

11 Quelles transformations conservent les aires ?

a Une homothétie. b Une symétrie axiale.
c Une rotation. d Une translation.

› Corrigés p. 301

12 [Rep.8]

D'après brevet, Métropole, juin 2018

On considère le programme suivant.

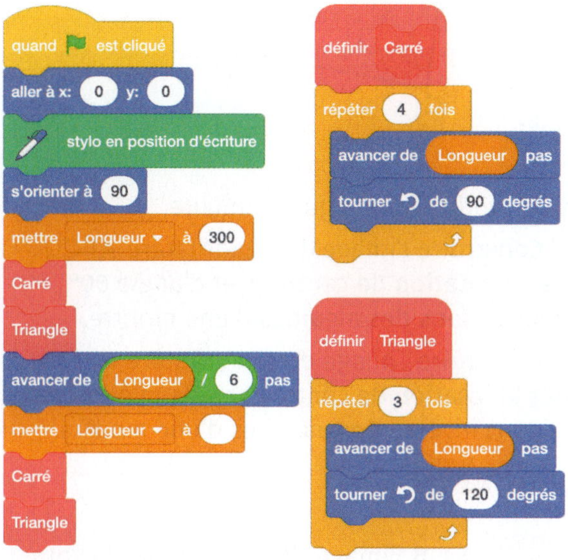

Les longueurs sont en pixels et l'expression « s'orienter à 90° » signifie que l'on s'oriente vers la droite.

1. On exécute le programme complet et on obtient la figure ci-dessous. Compléter la ligne 9 en conséquence.

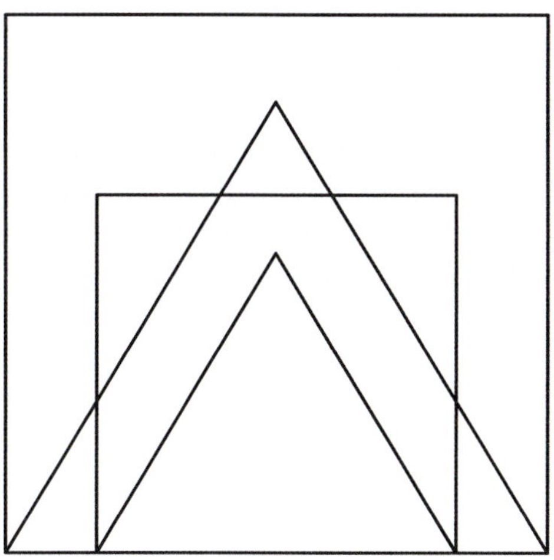

2. Quel type de transformation permet d'obtenir le petit carré à partir du grand ? Préciser le rapport de réduction.

13 [Rep.8]

1. Ouvrir GeoGebra puis construire un point O et un polygone quelconque.

2. On veut créer un curseur pour construire des images de ce polygone par homothétie de centre O et de rapport k.

Utiliser la commande **Curseur** et créer un curseur variant de 0 à 4 avec un incrément égal à 0,1.

3. Pour la valeur $k = 2$, tracer l'image du polygone par l'homothétie de centre O et de rapport k en utilisant la commande **Homothétie**.

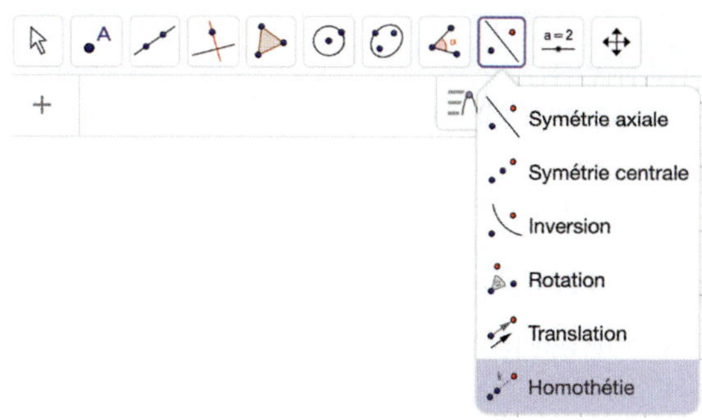

4. Faire glisser le curseur pour obtenir différentes figures images. Comparer ces figures à la figure de départ.

5. Pour quelles valeurs de k obtient-on une réduction de la figure originale ?

14 [Rep.8 - Rais.4]

On réalise la figure suivante sur GeoGebra. À l'aide des indications portées sur la figure, dire quelle transformation permet d'obtenir la figure F_1 à partir de la figure F.

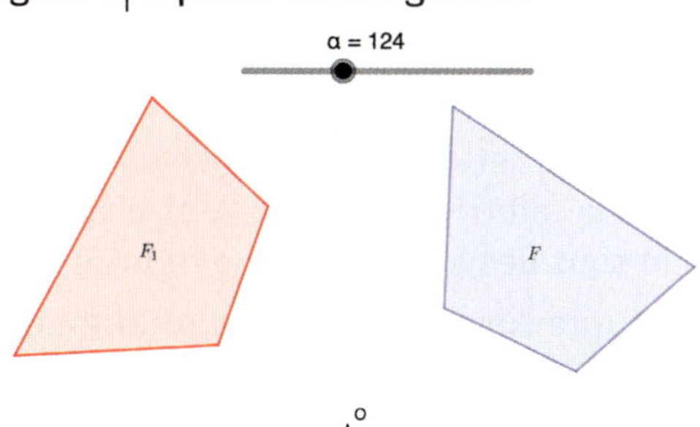

Automatismes

Rotation

15 On considère l'hexagone régulier suivant.

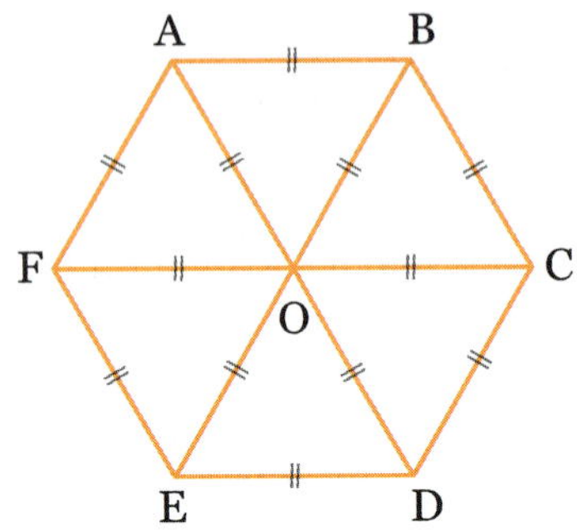

Par la rotation de centre O et d'angle 120° dans le sens des aiguilles d'une montre, quelle est l'image :

1. du point B ?

2. du triangle OAB ?

3. du losange OAFE ?

16 On considère le pentagone régulier de centre O suivant.

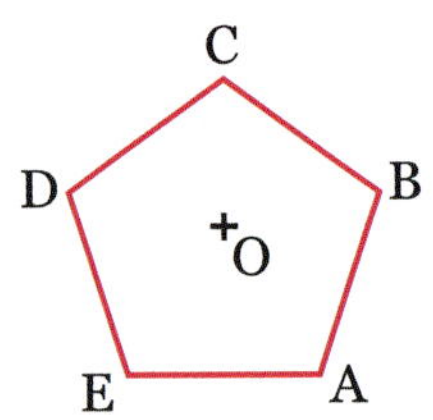

1. Quelle est la mesure de l'angle $\widehat{AOB}$?

2. Par la rotation de centre O et d'angle 72° dans le sens antihoraire, quelle est l'image :

a. du point C ?

b. du triangle OCD ?

c. du quadrilatère OBCD ?

17 On considère la figure ci-dessous.

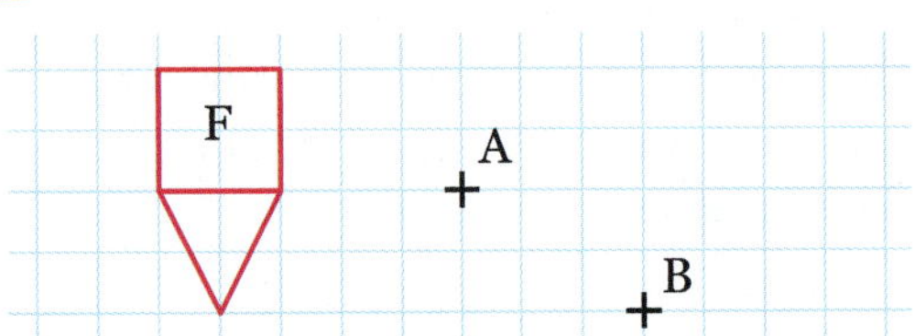

1. Reproduire cette figure et construire l'image de F par la rotation de centre A et d'angle 90° dans le sens des aiguilles d'une montre.

2. Construire l'image de F par la rotation de centre B et d'angle 120° dans le sens inverse des aiguilles d'une montre.

18 On considère le quadrilatère ABCD suivant.

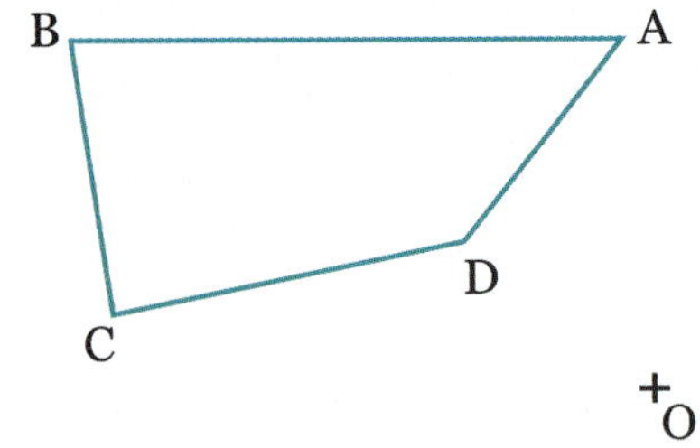

1. Reproduire une figure similaire.

2. Construire l'image du quadrilatère ABCD par la rotation de centre A et d'angle 60° dans le sens des aiguilles d'une montre.

3. Construire l'image du quadrilatère ABCD par la rotation de centre O et d'angle 75° dans le sens inverse des aiguilles d'une montre.

Calcul mental

19 Soit B l'image du point A par la rotation de centre M et d'angle 57° dans le sens des aiguilles d'une montre. Soit C l'image du point B par la rotation de centre M et d'angle 18° dans le sens inverse des aiguilles d'une montre. Déterminer l'angle d'une rotation de centre M qui transforme A en C.

20 Un cercle a pour rayon 5 cm, quel est le diamètre du cercle image par une rotation ?

21 Combien de rotations successives de 30° dans le sens des aiguilles d'une montre sont équivalentes à une rotation de 60° dans le sens inverse des aiguilles d'une montre ?

Homothétie

22 Déterminer si chacun des rapports d'homothéties suivants correspond à un agrandissement ou à une réduction.

Rapport	$\frac{5}{6}$	$-3{,}8$	$\frac{7}{5}$	$-6{,}99$
Agrandissement				
Réduction				

23 Dans chacun des cas suivants, M′ est l'image de M par l'homothétie de centre O et de rapport k. Déterminer la valeur de k et préciser si cette homothétie correspond à un agrandissement ou à une réduction.

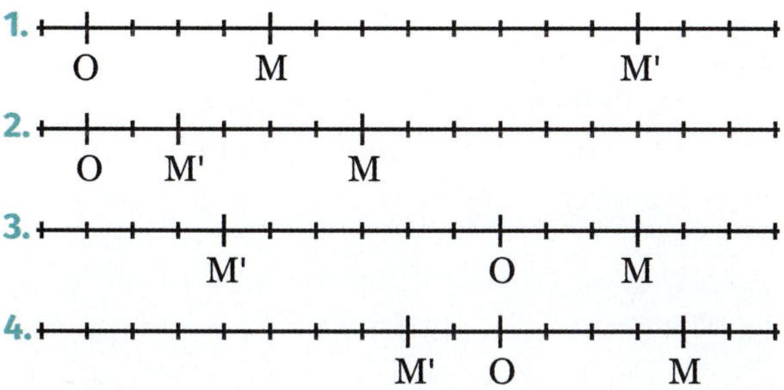

24 Donner les éléments caractéristiques de l'homothétie qui permet d'obtenir la figure 2 à partir de la figure 1, puis d'obtenir la figure 3 à partir de la figure 2.

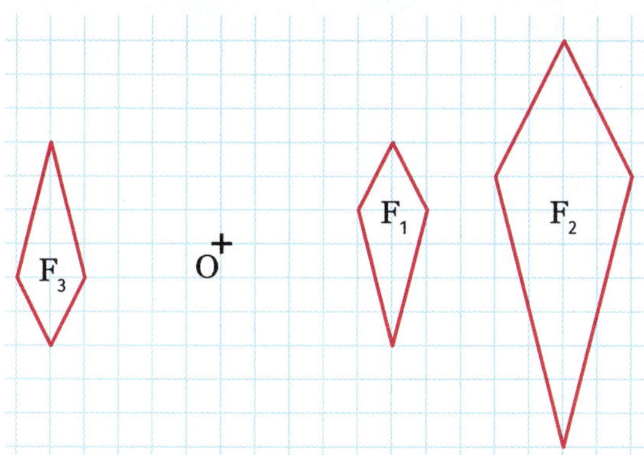

25 Dans chacun des cas suivants, reproduire la figure puis construire M′ l'image du point M par l'homothétie de centre O et de rapport k.

1. $k = \frac{7}{9}$ 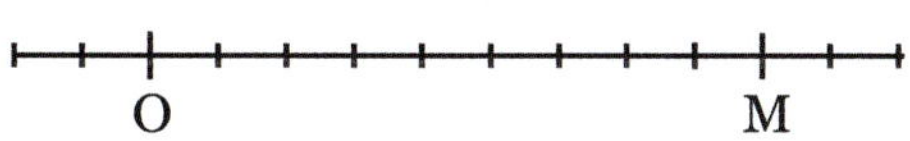

2. $k = \frac{7}{5}$ 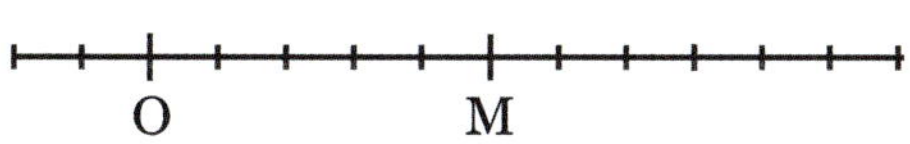

3. $k = -\frac{1}{4}$ 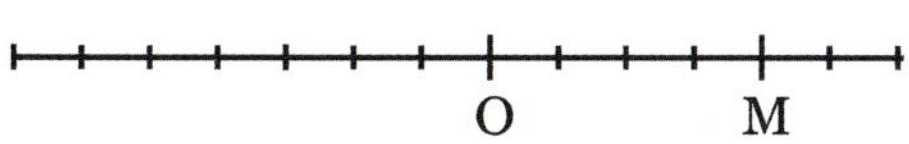

4. $k = -1$ 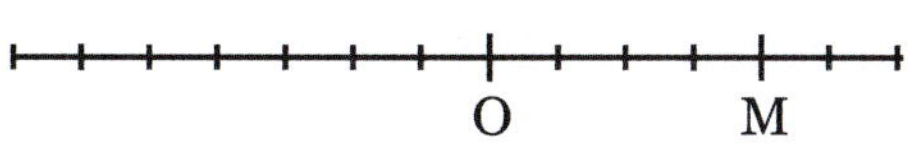

5. $k = -\frac{5}{4}$ 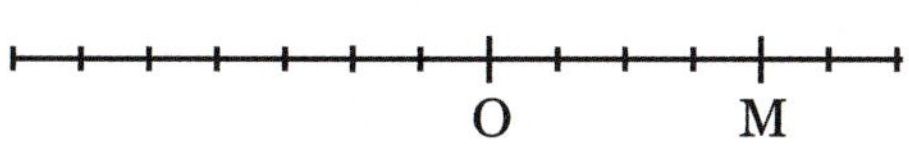

26 1. Tracer un segment [OM] tel que OM = 4 cm. Construire le point M′ image du point M par l'homothétie de centre O et de rapport 2,5.

2. Construire le point M″ image du point M par l'homothétie de centre O et de rapport 0,5.

3. Construire le point M‴ image du point M par l'homothétie de centre O et de rapport −1,5.

27 Reproduire la figure ci-dessous et construire les images du bateau F_1 par les homothéties de centre O dans les cas suivants.

1. $k = 2$ 2. $k = 0{,}5$ 3. $k = -2$

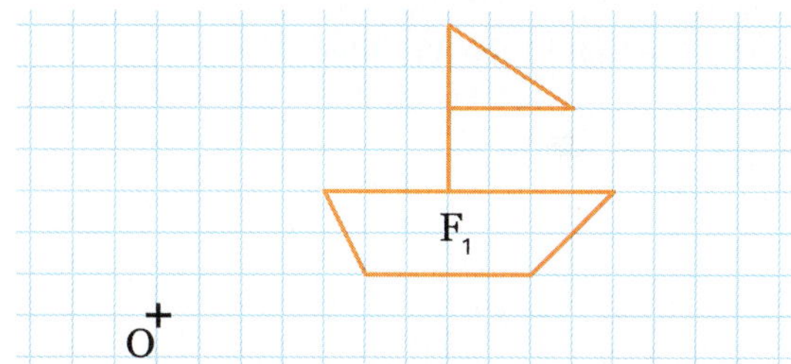

28 Reproduire une figure similaire à celle ci-dessous puis construire les images de la figure par les homothéties de centre O dans les cas suivants.

1. $k = 2$ 2. $k = -1$

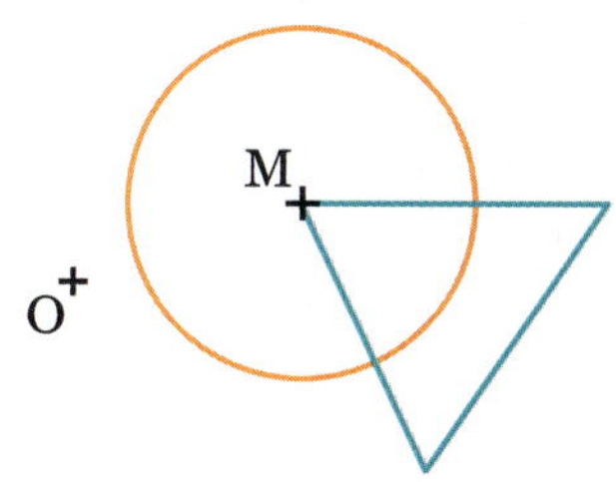

Calcul mental

29 Un triangle a pour aire 12 cm². Quelle est l'aire de l'image de ce triangle par une homothétie de rapport 2 ? De rapport −0,5 ?

30 Un cercle a pour rayon 5 cm. Quel est le rayon de l'image de ce cercle par une homothétie de rapport 3 ? De rapport −2 ? Calculer ensuite le périmètre et l'aire exacts de ces cercles images.

Entraînement

Vérifier que les connaissances de base sont acquises.
Développer les connaissances.
Maîtriser les notions de manière approfondie.

1 Rotation

31 INVERSÉ [Mod.4 - Com.1]

Alyssa a complété la figure ci-dessous en construisant les points images demandés.

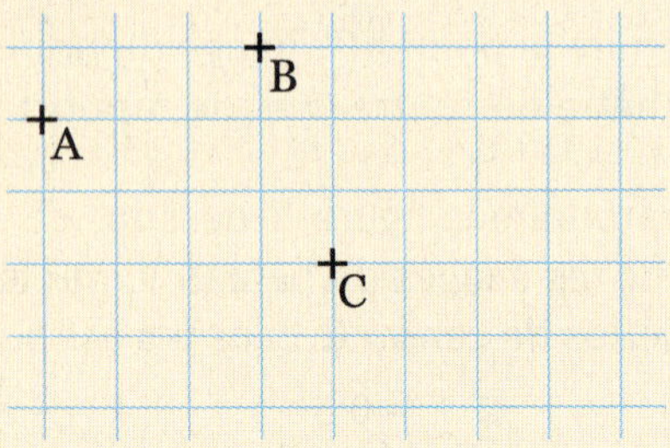

Elle a obtenu la figure suivante.

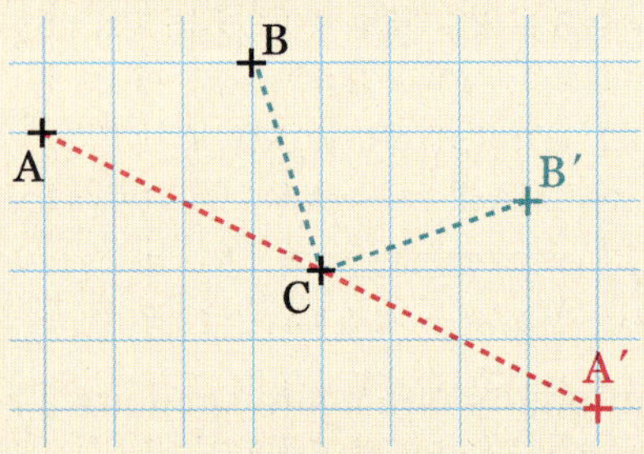

Proposer deux questions permettant de construire ces points images.

32 [Ch.1 - Rep.6]

On considère la figure suivante en forme de poisson nommée F.

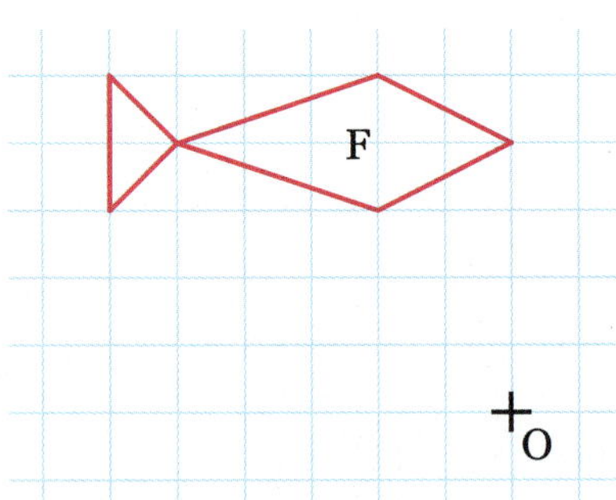

1. Reproduire cette figure.
2. Construire F_1, l'image du poisson F par la rotation de centre O et d'angle 90° dans le sens des aiguilles d'une montre.
3. Construire F_2, l'image de F_1 par la rotation de centre O et d'angle 90° dans le sens des aiguilles d'une montre.
4. Par quelle transformation peut-on passer directement de F à F_2 ?

33 [Ch.1 - Rais.3]

Au parc, Céline emmène ses deux enfants, Théo et Lison, faire un tour de grande roue.

Il y a six nacelles, chacune pouvant contenir une personne. Céline veut profiter de l'occasion pour expliquer les rotations à ses deux enfants. Elle réalise un schéma à main levée du manège à l'arrêt.

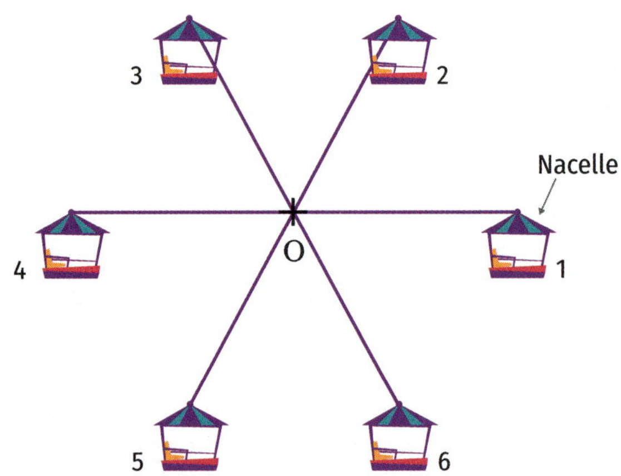

1. Lison est dans la nacelle 1 et son frère dans la nacelle 3. Quelle(s) rotation(s) permet(tent) de passer d'une de ces nacelles à l'autre ?
2. Dans quelles nacelles, par exemple, les enfants doivent-ils se trouver pour que le passage de l'une à l'autre corresponde à une rotation de centre O et d'angle 240° dans le sens inverse des aiguilles d'une montre ?

34 [Rais.2 - Rais.4]

ABCDEFGH est un octogone régulier.

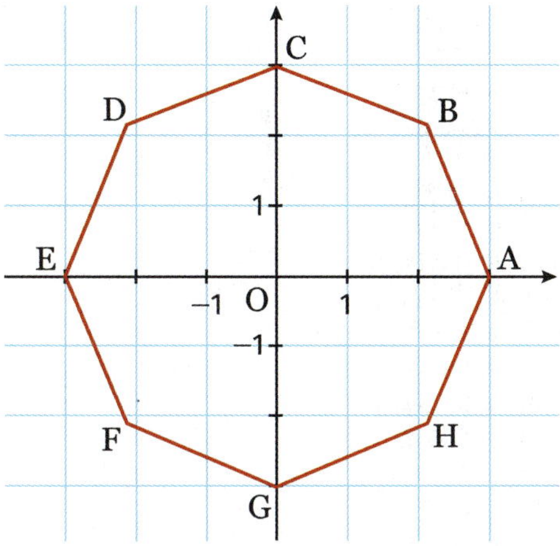

1. Calculer l'angle $\widehat{AOB}$.

2. Quelle est l'image du point B par :

a. la symétrie de centre O ?

b. la symétrie d'axe (CG) ?

c. la translation qui transforme E en F ?

d. la rotation de centre O qui transforme G en A ?

e. la rotation de centre O et d'angle 135° dans le sens inverse des aiguilles d'une montre ?

3. Quelle est l'image du triangle ABO par la rotation de centre O et d'angle 225° dans le sens des aiguilles d'une montre ?

4. **a.** Quelle est la nature du triangle OAB ? En déduire $\widehat{OBA}$.

b. Quelle est l'image du point A par la rotation de centre B et d'angle 135° dans le sens des aiguilles d'une montre ?

35 [Rep.6 - Mod.4]

Adama a tracé dans son cahier un segment [AB] de longueur 4 cm. Il a ensuite placé le point A′ qui est l'image du point A par la rotation de centre B et d'angle 90° dans le sens des aiguilles d'une montre. Pour finir, il a placé le point C qui est l'image du point B par la symétrie axiale d'axe (AA′).

1. Reproduire la construction d'Adama.

2. Quelle est la nature du quadrilatère obtenu ?

36 COPIE D'ÉLÈVE [Rais.6]

Le professeur d'Andréa donne la consigne suivante.

1. Tracer un triangle ABC et un point O extérieur au triangle puis tracer l'image A′B′C′ du triangle ABC par la rotation de centre O et d'angle 120° dans le sens horaire. Donner des indications de construction.

2. Les aires de ces triangles sont-elles égales ?

> *1. On construit C′ l'image de C avec $\widehat{OCC'} = 120°$ et CC = OC′ et pareil pour les autres points.*
>
> *2. Non les aires ne sont pas identiques.*

Repérer les erreurs d'Andréa et proposer une correction.

37 [Rep.6 - Rais.3] DÉMO

1. Construire sur papier blanc un hexagone régulier ABCDEF.

2. Construire A′B′C′D′E′F′ l'image de cet hexagone par la rotation de centre A et d'angle 120° dans le sens antihoraire.

3. Démontrer que l'angle $\widehat{BAD'}$ est plat.

38 [Mod.5]

On considère le pavage suivant composé d'hexagones réguliers.

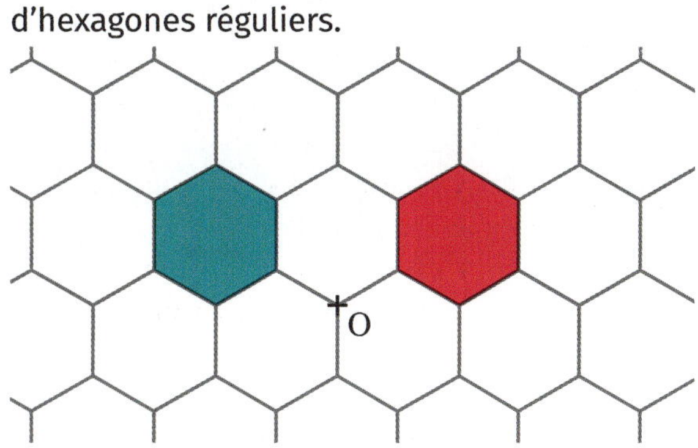

1. Déterminer deux rotations de centre O permettant d'obtenir l'hexagone rose à partir de l'hexagone bleu.

2. Existe-t-il d'autres transformations pour lesquelles la figure rose est l'image de la bleue ?

Entraînement

Vérifier que les connaissances de base sont acquises.
Développer les connaissances.
Maîtriser les notions de manière approfondie.

2 Homothétie

39 [Rep.6 - Rais.2]

1. Reproduire la figure suivante.

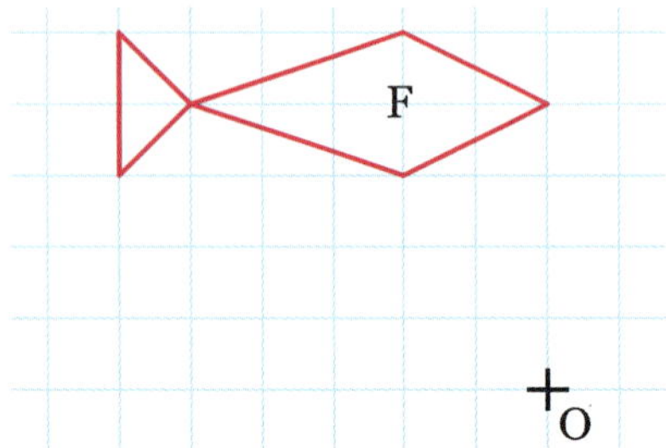

2. Construire F_1, l'image du poisson F par l'homothétie de centre O et de rapport 2.

3. **a.** Construire F_2, l'image du poisson F par l'homothétie de centre O et de rapport −1.

b. Quelle autre transformation permet de passer du poisson F à la figure F_2 ?

40 [Cal.4 - Com.3]

L'image d'un rectangle par une homothétie de centre O et de rapport 2 est un rectangle dont l'aire est égale à 72 u.a. Quelle est l'aire du rectangle initial ? Justifier.

41 [Rais.3 - Com.4]

Le périmètre d'un carré est égal à 16 cm.
On effectue l'homothétie de centre O et de rapport −1.

Qui a raison et pourquoi ?

42 [Rep.3]

En observant la figure ci-dessous, dire quelle homothétie de centre O permet d'obtenir F_1 à partir de F_2 ? Et F_2 à partir de F_1 ?

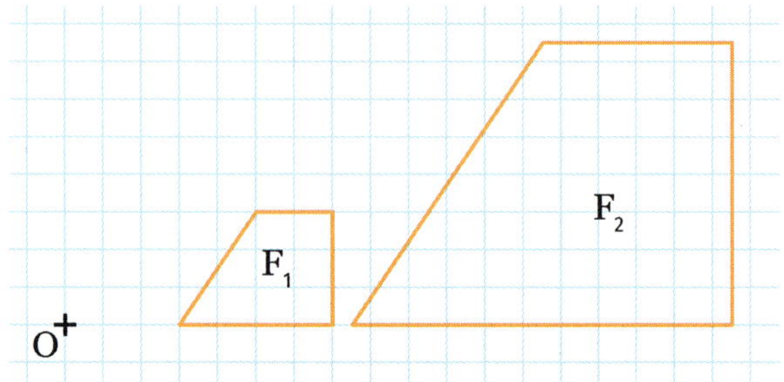

43 [Cal.5 - Rep.5]

Sur la figure suivante, A′B′C′ est l'image du triangle ABC par une homothétie de centre O. Les mesures sont en centimètre.

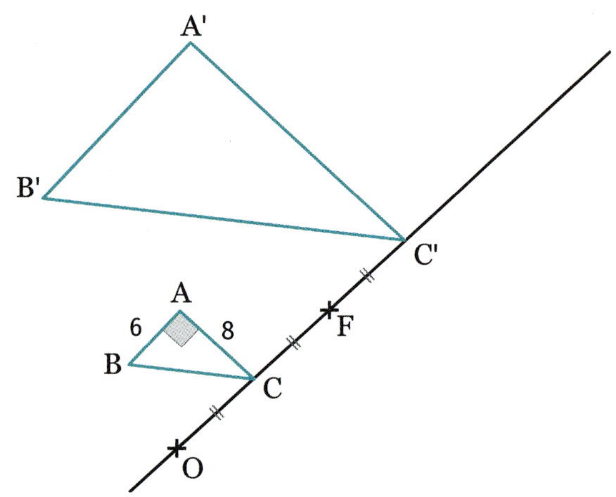

1. À l'aide des indications portées sur la figure, déterminer la valeur du rapport de l'homothétie.

2. Quelle est la nature du triangle A′B′C′ ?

3. **a.** Calculer BC.

b. Calculer l'aire du triangle ABC.

c. Calculer le périmètre du triangle ABC.

4. **a.** En déduire les mesures des côtés du triangle A′B′C′.

b. Calculer de deux façons différentes le périmètre et l'aire du triangle A′B′C′.

44 [Rep.6 - Com.1 - Com.4]

1. Construire, sur papier blanc, un hexagone régulier de côtés mesurant 3 centimètres et placer un point O à l'extérieur de cet hexagone.

2. Construire à la règle et au compas l'image de cet hexagone par l'homothétie de centre O et de rapport $k = 1{,}5$.

3. Mesurer les côtés de l'hexagone image. Pouvait-on prévoir ces valeurs sans les mesurer ?

4. Comment construire simplement l'image de l'hexagone de départ par l'homothétie de centre O et de rapport -1 ?

45 [Rep.4 - Rais.4]

On considère la figure suivante.

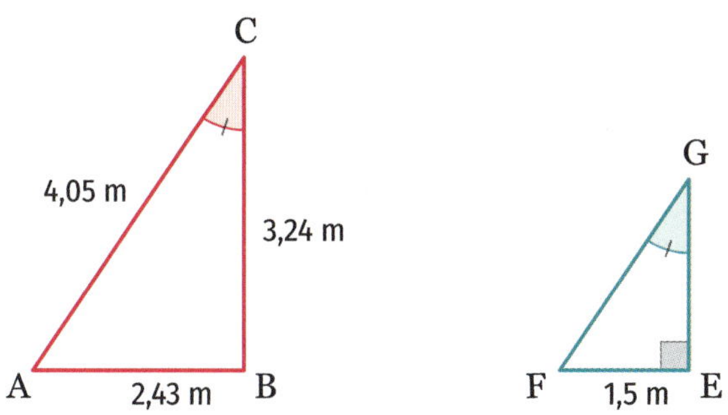

1. Quelle est la nature du triangle ABC ?

2. Montrer que les deux triangles sont semblables.

3. Le triangle EFG est l'image du triangle ABC par une homothétie de rapport k. Déterminer la valeur de k.

46 [Mod.4 - Rais.3] DÉMO

Un rectangle ABCD a pour longueur L et largeur l. On construit son image A′B′C′D′ par l'homothétie de centre O et de rapport k.

1. Combien vaut A_1, l'aire du rectangle ABCD ?

2. Quelles sont les mesures des côtés du rectangle A′B′C′D′ en fonction de celles de ABCD ?

3. Déterminer l'aire A_2 du rectangle A′B′C′D′ en fonction de L, l et k.

4. Démontrer que $A_2 = k^2 \times A_1$.

Environnement et développement durable

47 [Ch.1 - Ch.2 - Rep.5]

Un iceberg naît aux pôles, en Arctique ou en Antarctique, puis vogue ensuite sur les océans.

Le réchauffement climatique accélère la formation et la fonte de ces grands géants. En effet le bloc, en suivant les différents courants marins, est soumis aux vagues, aux vents et surtout à l'augmentation de la température ambiante.

Ainsi, dans une eau à 10 °C, un iceberg de taille moyenne met quelques jours à disparaître.

Sur la figure ci-dessous, l'iceberg au dixième jour est une réduction de l'iceberg initial par une homothétie de centre O.

Déterminer le rapport de cette homothétie à l'aide des indications données sur la figure.

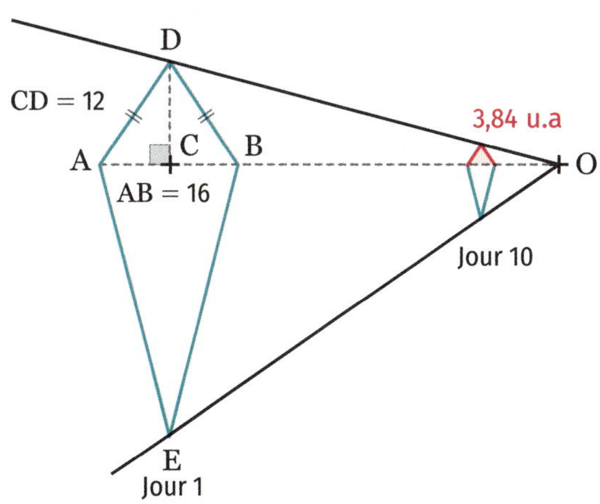

Approfondissement

48 [Mod.4 - Rep.6]

D'après brevet, Amérique du Nord, juin 2004

On considère le quadrillage ci-dessous.

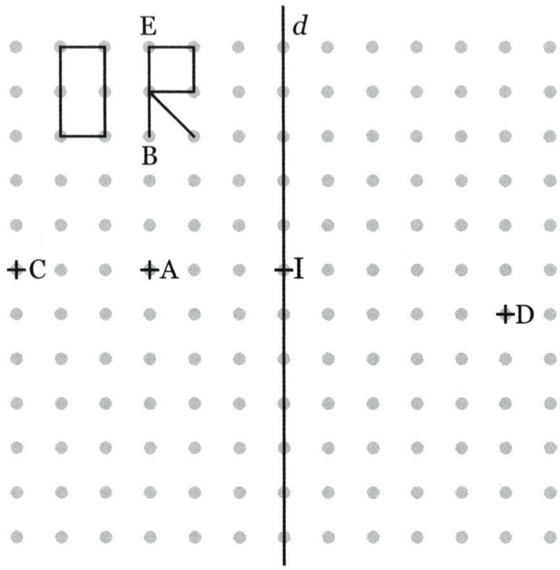

1. Construire l'image du mot « OR » par la symétrie d'axe d.

2. Construire l'image du mot « OR » par la symétrie de centre I.

3. Construire l'image du mot « OR » par la translation qui transforme le point A en D.

4. Construire l'image du mot « OR » par la rotation de centre A qui transforme C en B.

49 [Rais.4 - Rep.6]

1. Construire un carré ABCD et placer un point O à l'extérieur du carré.

2. Construire l'image A′B′C′D′ de ABCD par la rotation de centre O et d'angle 45° dans le sens antihoraire.

3. Construire l'image A″B″C″D″ de ABCD par la rotation de centre O et d'angle 135° dans le sens horaire.

4. Démontrer que A″B″C″D″ est l'image de A′B′C′D′ par une transformation que l'on précisera.

50 [Mod.4]

On considère l'hexagone régulier ABCDEF de centre O.

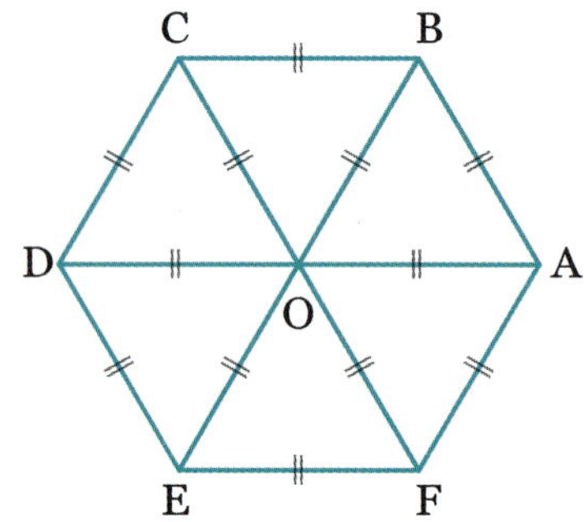

Déterminer l'image du triangle BCO par les transformations suivantes :

1. la symétrie d'axe (BE) ;

2. la symétrie de centre O ;

3. la translation qui transforme B en A ;

4. la rotation de centre O et d'angle 60° dans le sens antihoraire.

51 [Rais.6 - Com.1 - Com.2]

Lola souhaite se faire tatouer le motif ci-dessous qu'elle a dessiné sur une feuille quadrillée.

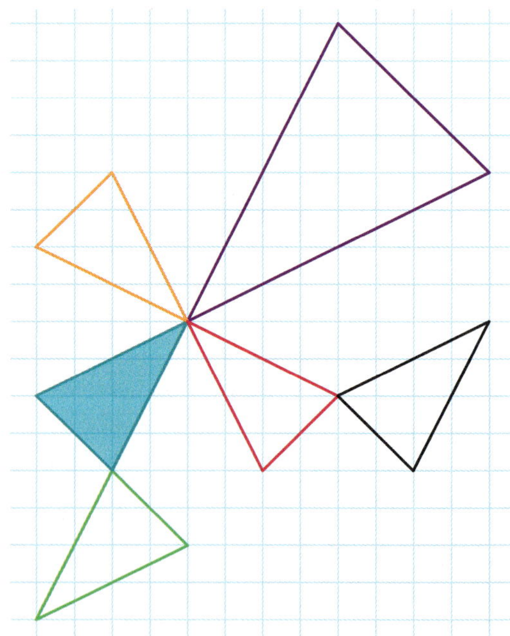

En partant du motif bleu, écrire une notice explicative destinée au tatoueur, en utilisant le vocabulaire des transformations.

52 [Rep.5 - Rais.3 - Com.1 - Com.2]

On considère le pavage suivant formé de 12 motifs superposables.

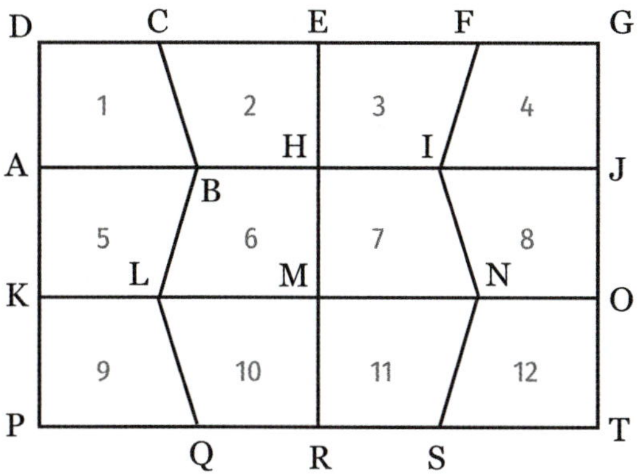

1. a. Par quelle rotation le motif 7 peut-il être l'image du motif 10 ?

b. Par quelles autres transformations peut-on passer du motif 10 au motif 7 ?

2. On passe successivement du motif 9 au motif 5 puis au motif 8.

a. Décrire ces deux transformations successives.

b. Par quelle unique transformation peut-on passer directement du motif 9 au motif 8 ?

53 [Rep.6 - Rais.4]

D'après brevet, Amérique du Nord, juin 2003

1. Tracer un triangle équilatéral MAK tel que AK = 4 cm.

2. a. Construire le point I image de M par la rotation de centre K et d'angle 120° dans le sens inverse des aiguilles d'une montre.

b. Quelle est la nature exacte du triangle AKI ? Justifier.

3. Construire le point S symétrique de M par rapport à K.

4. Construire le point O tel que K soit le milieu de [AO].

5. a. Construire le point N image du point K par la translation qui transforme A en M.

b. Quelle est la nature exacte du quadrilatère AMNK ? Justifier.

6. a. Tracer le polygone MAISON.

b. Quelle est la nature exacte de ce polygone ? On ne demande pas de justifier.

CLUB DE MATHS

54 CASSE-TÊTE

On considère la figure suivante formée de plusieurs « mots » MATHS. La figure originale est celle en bleu en haut à gauche. Tous les autres « mots » peuvent se construire grâce à une transformation de la figure initiale, sauf un, lequel ?

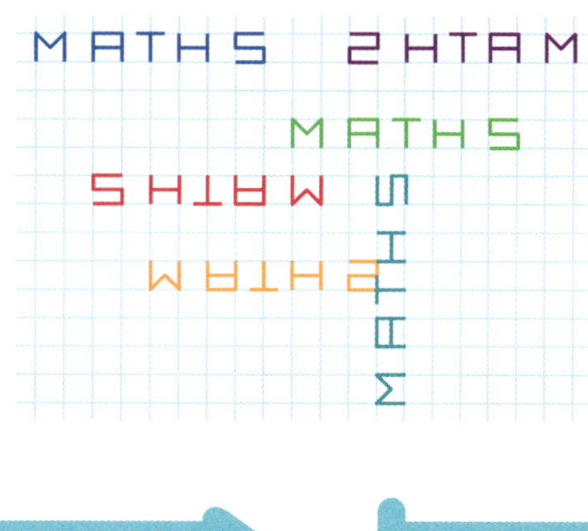

Préparer le brevet

55 [D'après brevet, Amérique du Nord, juin 2019] 20 durée : 20 min

On considère l'hexagone régulier ABCDEF de centre O ci-contre.

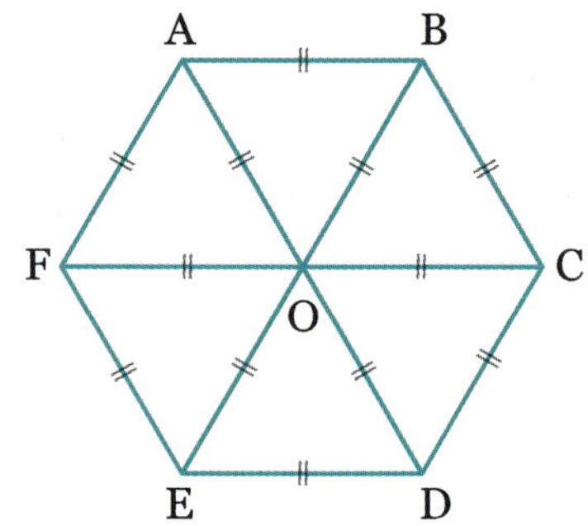

1. Quelle est l'image du quadrilatère CDEO par la symétrie de centre O ?

2. Quelle est l'image du segment [AO] par la symétrie d'axe (CF) ?

3. On considère la rotation de centre O qui transforme le triangle OAB en le triangle OCD. Quelle est l'image du triangle BOC par cette rotation ?

4. Par la rotation de centre O et d'angle 60° dans le sens des aiguilles d'une montre, quelle est l'image du losange ODCB ?

56 [D'après brevet, Asie, juin 2018] 15 durée : 15 min

Avec un logiciel, on a construit la figure A, puis on a appliqué à cette figure des homothéties de centre O et de rapports différents pour obtenir les autres figures.

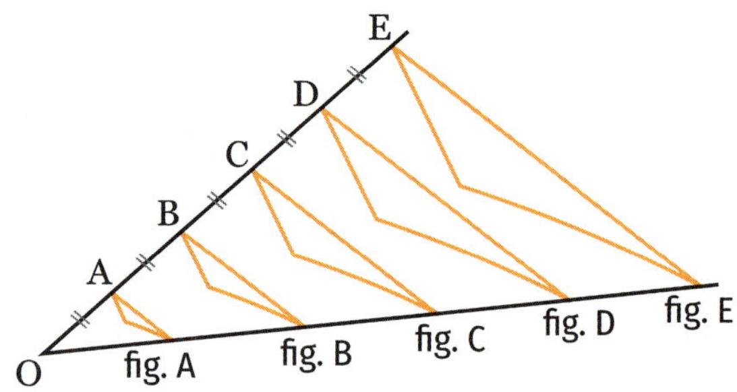

1. Quel est le rapport de l'homothétie de centre O qui permet d'obtenir la figure C à partir de la figure A ?

2. On applique l'homothétie de centre O et de rapport $\frac{3}{5}$ à la figure E. Quelle figure obtient-on ? Justifier.

3. Quelle figure a une aire quatre fois plus grande que celle de la figure A ?

57 [D'après brevet, Amérique du Nord, juin 2005] 15 durée : 15 min

La figure bleue est obtenue après avoir appliqué une transformation du plan à la figure blanche.

Dans chaque cas, indiquer le type de transformation qui permet d'obtenir la figure bleue à partir de la figure blanche.

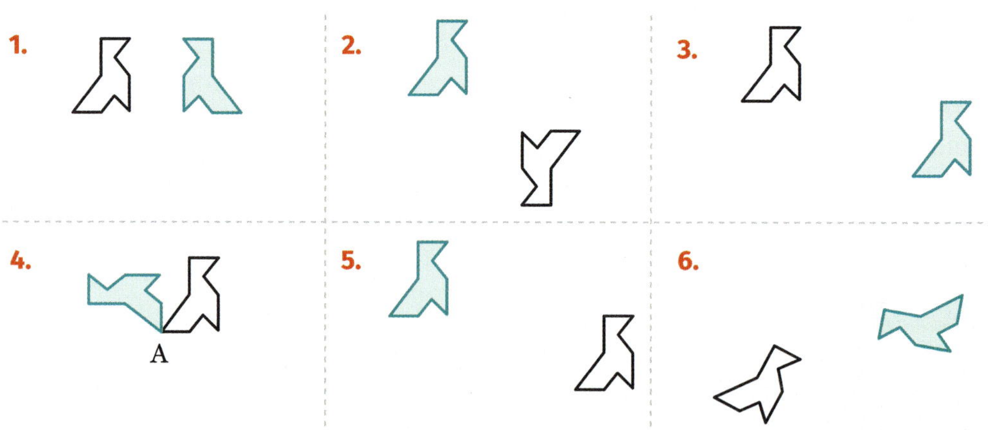

Travailler ensemble

Romain souhaite projeter sur un mur blanc une image qu'il a faite sur un papier calque.
Il pose une source de lumière en O à 5,50 m du mur.
Il accroche son image sur un chevalet qu'il peut bouger entre la source lumineuse et le mur. On considère que l'image occupe entièrement la surface du chevalet.
Il schématise la situation ci-contre.

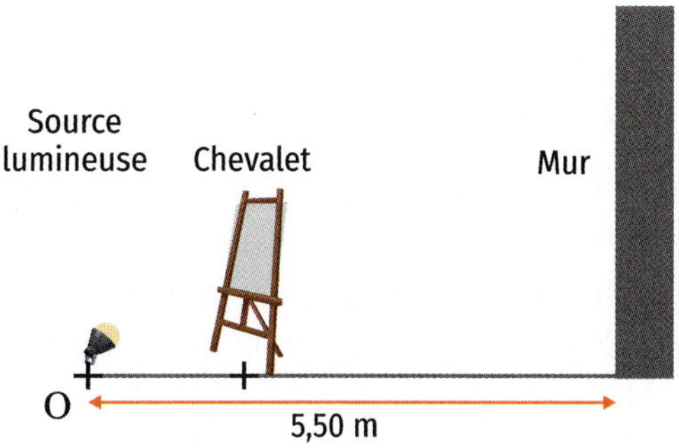

Les parties de cet exercice sont indépendantes et chacune d'entre elles peut être réalisée seul(e) ou en groupe. Les élèves mettent leurs résultats en commun pour résoudre le problème.

★ PARTIE 1 : Résoudre le problème avec des homothéties

1. Le chevalet mesure 1,20 m de haut et est placé à 2 m de O. Il projette l'image sur le mur.

a. Par l'homothétie de centre O, quel sera le rapport permettant d'obtenir l'image ?

b. Quelle sera la taille de l'image sur ce mur ?

2. Romain éloigne le chevalet de la source lumineuse. L'image sur le mur mesure 3 m.

a. Quel est le rapport de l'homothétie de centre O ?

b. À quelle distance de O est placé le chevalet ?

3. Le mur sur lequel Romain veut projeter l'image mesure 2,50 m de haut.

a. Quel est le rapport maximum de l'homothétie que l'on peut obtenir ? Donner la valeur en écriture fractionnaire puis en donner une valeur approchée au dixième près.

b. À quelle distance minimale de la source lumineuse peut-on placer le chevalet ?

★★ PARTIE 2 : Résoudre le problème avec le théorème de Thalès

1. Le chevalet mesure 1,20 m de haut et est placé à 2 m de O. Romain projette l'image sur le mur. Quelle sera la taille de l'image sur ce mur ?

2. Romain éloigne le chevalet de la source lumineuse. L'image sur le mur mesure 3 m, à quelle distance de O est placé le chevalet ?

3. Le mur sur lequel Romain veut projeter l'image mesure 2,50 m de haut. À quelle distance minimale de la source lumineuse peut-on placer le chevalet ?

MISE EN COMMUN

Comparer les deux parties. Quels sont les avantages de l'une et de l'autre en termes de :

1. rapidité de résolution ?

2. facilité de méthode ?

Déjà vu

Rappels

Un pavé droit peut définir un ou plusieurs **repères** de l'espace. Il suffit, par exemple, de choisir l'un de ses sommets comme **origine** et de donner, dans l'ordre choisi, les trois axes définis par la longueur, la largeur et la hauteur du pavé droit.

Dans le repère $(O ; I , J , K)$ ci-contre, le point G a pour **coordonnées** $(4 ; -3 ; 2)$.

- 4 est l'**abscisse** ;
- -3 est l'**ordonnée** ;
- 2 est l'**altitude.**

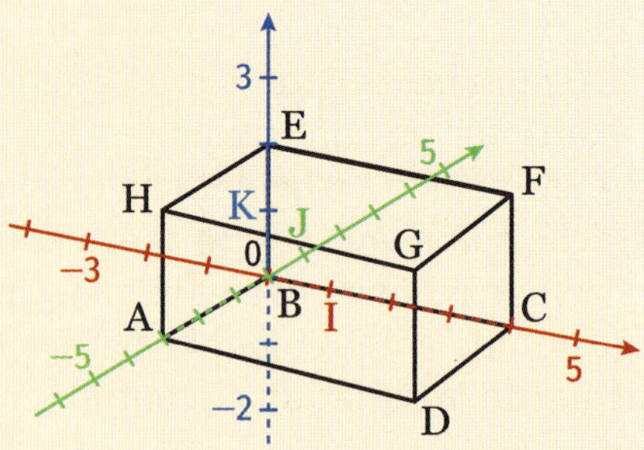

1 Dans la figure du pavé droit ci-dessus, lire graphiquement l'altitude du point D, l'ordonnée du point A et l'abscisse du point H dans le repère $(O ; I , J , K)$.

2 Le patron ci-dessous est-il le patron d'une pyramide, d'un cône de révolution ou d'un pavé droit ?

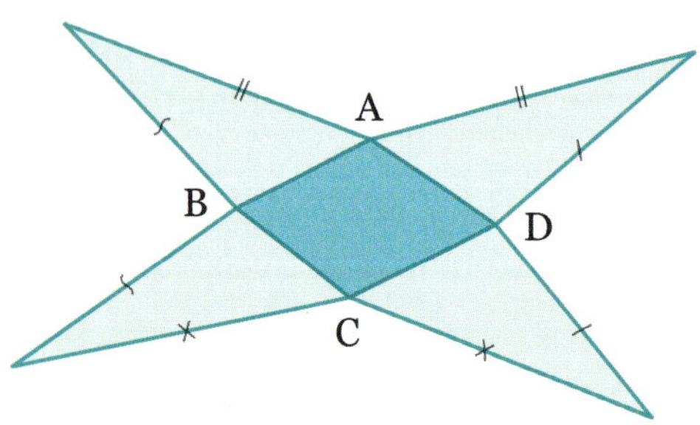

3 Vrai ou faux ? Un pavé droit est un solide dont toutes les faces sont des carrés.

4 Choisir la bonne réponse. En perspective cavalière, tout ce qui est caché :

- est dessiné en rouge ;
- est dessiné en pointillés ;
- n'est pas dessiné.

5 Dessiner en perspective cavalière un pavé droit dont la face de devant a pour dimensions 4 cm par 3 cm.

6 On considère un carton ayant la forme d'un parallélépipède rectangle. Les dimensions sont les suivantes : $L = 40$ cm, $l = 28$ cm et $h = 32$ cm.

Donner son volume en cm³ puis déterminer sa contenance en litre.

7 Le solide représenté ci-contre est-il une pyramide, un prisme droit ou un pavé droit ?

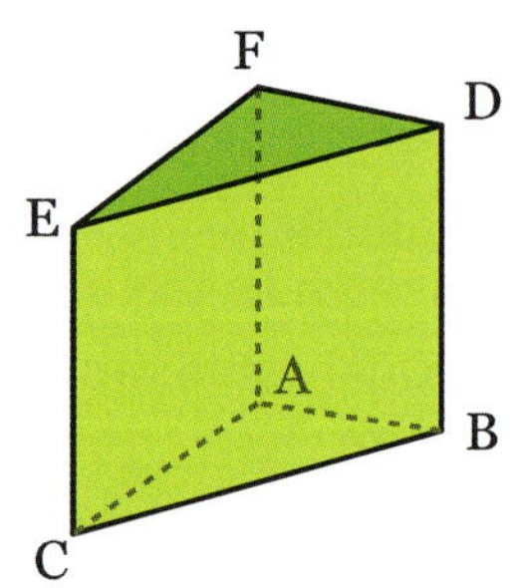

8 Cette représentation d'un cube respecte-t-elle les règles de la perspective cavalière ?

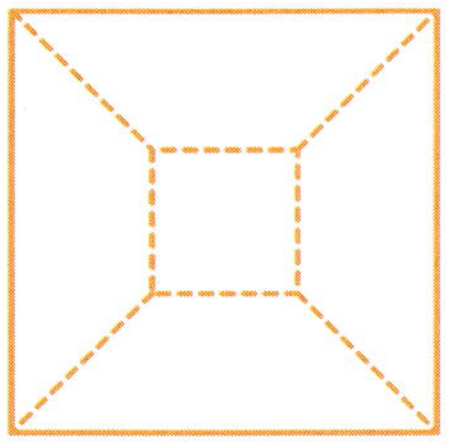

ChronoQuiz

Retrouvez un quiz interactif à réaliser en classe pour vérifier les prérequis de ce chapitre sur LLS.fr/M3Quiz13

Partie 3 : Espace et géométrie

Géométrie dans l'espace

13

Objectifs du chapitre

- Savoir représenter une sphère et certains de ses grands cercles.
- Faire le lien avec les coordonnées géographiques terrestres.
- Connaître et savoir représenter les différentes sections de solides.

La surface de la Terre peut être assimilée à une sphère qui tourne sur elle-même autour d'un axe incliné par rapport à la verticale et qui passe par les deux pôles.

Retrouvez un tableau récapitulatif des compétences utilisées dans les exercices de ce chapitre sur LLS.fr/M3Comp13

Activités

1 Grande et petite section

› Cours 1 B p. 252

Objectif : Représenter la section d'une sphère et d'une boule.

Chaque matin, Mathéo presse une orange pour en extraire le jus. Pour ce faire, il la coupe en deux d'un coup de couteau. On assimile chacune de ces oranges à une boule.

1. Lors de la découpe de l'orange, quelle figure plane semble apparaître là où l'orange a été séparée en deux ? Faire un schéma de la situation.

   La figure plane apparaissant lors de la découpe est appelée **section** de cette boule.

2. **a)** Un matin, Mathéo parvient à couper son orange en deux moitiés parfaitement identiques. Faire un schéma de la situation. Que peut-on dire du rayon de la section de cette orange dans ce cas-là ?

   b) Le lendemain, mal réveillé, Mathéo coupe son orange en deux moitiés inégales. Faire un schéma de la situation. Que peut-on dire du rayon de la section de cette orange dans ce cas-là ?

Bilan : Quelle est la nature d'une section de boule par un plan ? D'une section de sphère par un plan ?

2 Amerrissage à la NASA

› Cours 2 p. 254

Objectif : Repérer un point sur la sphère terrestre.

Pour se repérer sur Terre, on découpe le globe terrestre en deux hémisphères (Nord et Sud) à l'aide de l'**équateur** ; puis en deux hémisphères (Est et Ouest) à l'aide du **méridien de Greenwich**.

On trace ensuite des lignes imaginaires appelées **parallèles** (qui donnent la **latitude**) et **méridiens** (qui donnent la **longitude**) comme sur la figure ci-contre.

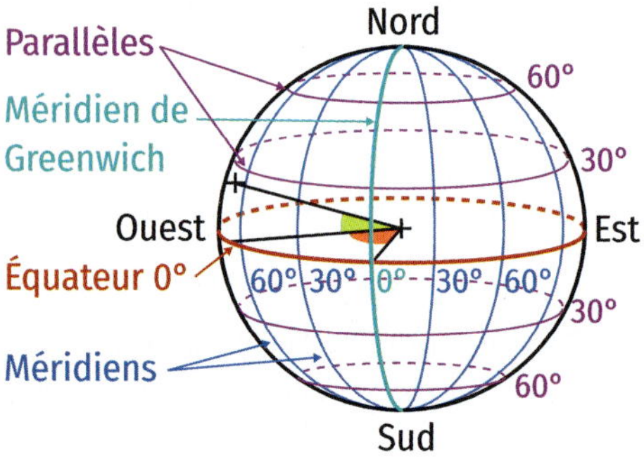

Le film *Les Figures de l'ombre* raconte le destin de trois « calculatrices » afro-américaines employées par la NASA dans les années 60 pour, entre autres, calculer le point d'amerrissage exact de capsules envoyées dans l'espace au moment de leur retour sur Terre. Lors d'une séquence du film, l'une d'elle détermine qu'une capsule va atterrir aux coordonnées $(21°\text{N} ; 71°\text{O})$.

1. **a)** Associer à chacun des deux angles vert et rouge apparaissant sur la figure les valeurs 21° et 71°.

   b) Dans quel quadrant terrestre ce point se trouve-t-il : Nord-Est, Nord-Ouest, Sud-Est ou Sud-Ouest ?

2. Une autre capsule va atterrir aux coordonnées $(70°\text{S} ; 30°\text{E})$. À l'aide d'un schéma similaire à celui ci-dessus, représenter le point d'amerrissage de cette capsule. Dans quel quadrant va-t-elle atterrir ?

Bilan : Comment peut-on précisément repérer un point à la surface du globe terrestre ?

3 Section impossible

› Cours 3 p. 256

Objectif : Connaître la nature des sections d'un pavé droit, d'un cône, d'une pyramide et d'un cylindre par des plans particuliers.

Parmi toutes les propositions ci-dessous, une seule est fausse. Laquelle ?

Pour toutes les affirmations justes, tracer un schéma représentant la situation et justifier la nature de la section trouvée.

a) La section d'un cube de côté 3 cm par un plan peut être un carré de côté 3 cm.

b) La section d'un cylindre par un plan peut être un rectangle.

c) La section d'un cône par un plan peut être un disque.

d) La section d'un pavé droit par un plan peut être un disque.

e) La section d'un cube par un plan peut être un rectangle.

Bilan : Décrire les différentes sections possibles d'un pavé droit, d'un cône, d'une pyramide et d'un cylindre.

4 Être ou ne pas être... à moitié ?

› Cours 3 p. 256

Objectif : Résoudre un problème de section.

On souhaite remplir à mi-hauteur le verre de forme conique représenté ci-contre (le dessin n'est pas à l'échelle). On se demande alors si cela équivaut à le remplir à moitié.
On a $OA = 5{,}4$ cm et $OB = 9$ cm.

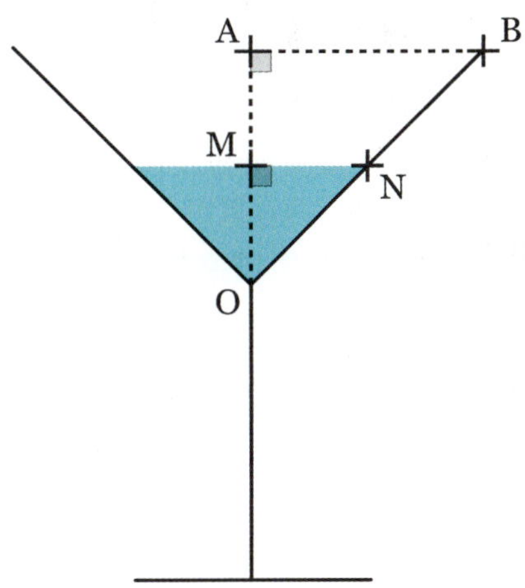

1 **a)** Calculer le rayon AB.

b) En déduire le volume V de liquide maximal pouvant être contenu dans ce verre.

2 **a)** On remplit ce verre à mi-hauteur. Que vaut alors OM ? En déduire le rayon MN.

b) En déduire le volume V′ contenu dans le verre si ce dernier est rempli à mi-hauteur.

Coup de pouce : $V_{\text{cône}} = \dfrac{\pi r^2 h}{3}$

3 Le verre est-il donc à moitié rempli ? Dans le cas contraire, à quelle hauteur le verre doit-il être rempli pour l'être à moitié ?

Bilan : Les théorèmes de la géométrie plane peuvent-ils être utilisés en géométrie dans l'espace ? Si oui, dans quel cas ?

Cours

1 La sphère

A Vocabulaire

Définitions

Soit R un nombre strictement positif.

La **sphère** de centre O et de rayon R est l'ensemble des points M de l'espace tels que $OM = R$.

La **boule** de centre O et de rayon R est l'ensemble des points M de l'espace tels que $OM \leqslant R$.

Remarque : Une boule est pleine et une sphère est creuse.

Définitions

Un cercle de centre O et de rayon égal à celui de la sphère est appelé **grand cercle**.

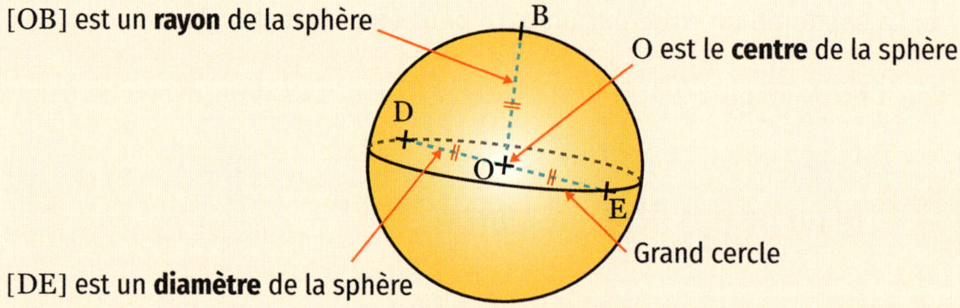

Propriétés

1. L'aire de la surface d'une sphère de rayon R est donnée par $A = 4\pi R^2$.
2. Le volume d'une boule de rayon R est donné par $V = \dfrac{4\pi R^3}{3}$.

B Sections d'une sphère ou d'une boule par un plan

Définition

La **section** d'un solide par un plan est l'ensemble des points de l'espace appartenant à la fois au plan et au solide.

Propriété

La section d'une sphère par un plan est un cercle et celle d'une boule est un disque.

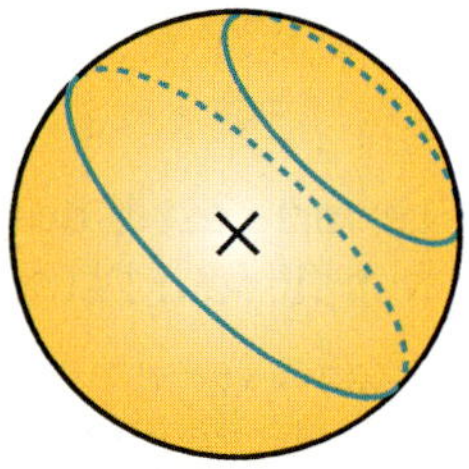

Remarque : Lorsque le rayon du cercle de la section est inférieur à celui de la sphère, la section est alors un petit cercle de la sphère.

Représenter une sphère en perspective cavalière

Énoncé Représenter une sphère de centre O et de rayon 4 cm en perspective cavalière.

Solution

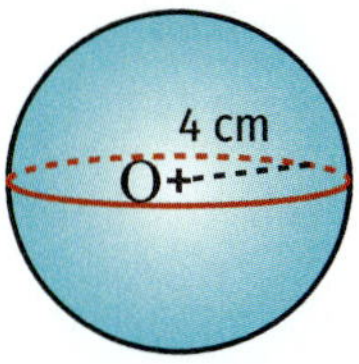

Méthode

On trace un cercle de centre O et de rayon 4 cm. On trace en perspective un grand cercle de la sphère de centre O. Il faut penser à représenter la partie cachée du grand cercle en pointillés.

Pour s'entraîner : exercice **41** p. 262

Repérer des longueurs sur une sphère donnée

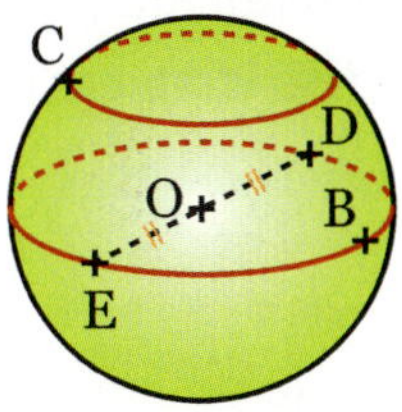

Énoncé Sur la sphère de centre O et de rayon 4 cm représentée ci-contre, donner, si possible, les longueurs OC, DE et DB.

Solution

- [OC] est un rayon de la sphère, donc $OC = 4$ cm.
- [DE] est un diamètre de la sphère, donc $DE = 8$ cm.
- [DB] n'est ni un rayon ni un diamètre de la sphère, on ne peut donc pas directement déterminer sa longueur.

Méthode

On repère si les points concernés appartiennent ou non à la sphère ou s'ils correspondent au centre de la sphère.

Pour s'entraîner : exercices **17**, **19** et **21** p. 260

Représenter une section de sphère en vraie grandeur

Énoncé On réalise la section d'une sphère de centre A et de rayon 5 cm par un plan situé à 3 cm du centre. Dessiner en vraie grandeur la section obtenue. On appellera B son centre.

Solution

ABC est rectangle en B, $AB = 3$ cm et $AC = 5$ cm.

D'après le théorème de Pythagore, $AC^2 = AB^2 + BC^2$

$BC^2 = AC^2 - AB^2 = 5^2 - 3^2 = 16$

donc $BC = \sqrt{16} = 4$.

On trace le cercle de centre B et de rayon 4 cm.

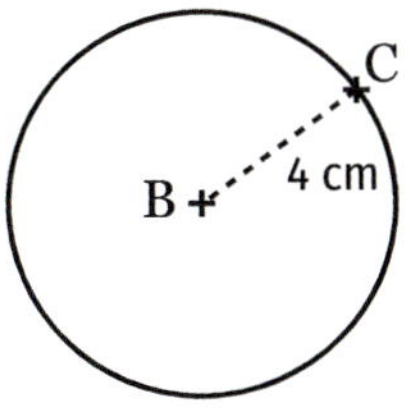

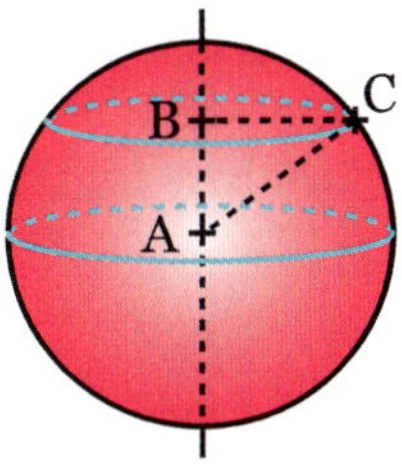

Méthode

La section d'une sphère par un plan est un cercle. On utilise le théorème de Pythagore afin de déterminer le rayon de la section. On trace le cercle.

Pour s'entraîner : exercices **33** et **34** p. 261

2 La sphère terrestre

La surface de la Terre peut être assimilée à une sphère de rayon égal à environ 6 371 km.

On représente le pôle Nord et le pôle Sud par deux points N et S diamétralement opposés.

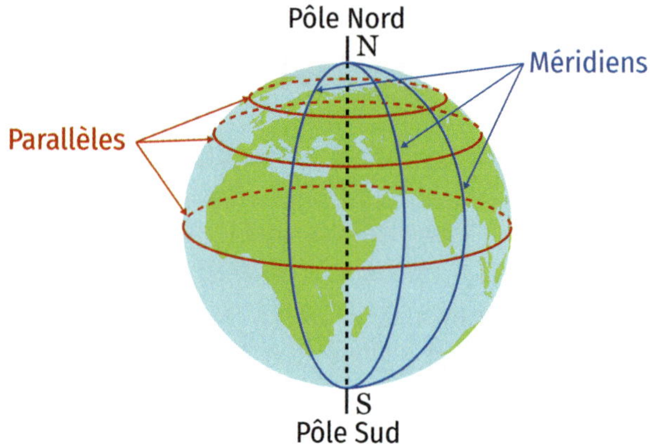

Définitions

La section de la sphère par un plan perpendiculaire à (NS) est un cercle appelé un **parallèle.**
Un **méridien** est un demi-cercle de diamètre [NS].

Définitions

Dans le cas où la Terre est ainsi assimilée à une sphère, on peut repérer un point M de sa surface par deux **coordonnées géographiques** correspondant à des mesures d'angles : sa **latitude** et sa **longitude**.

Le parallèle origine est appelé **équateur** et le méridien origine est le **méridien de Greenwich**.

La **latitude** du point M est la mesure de l'angle, ayant pour sommet le centre de la sphère, compris entre l'équateur et le parallèle sur lequel se trouve le point M.

La **longitude** du point M est la mesure de l'angle, ayant pour sommet le centre de la sphère, compris entre le méridien de Greenwich et le méridien sur lequel se trouve le point M.

Remarques :

- La latitude est comprise entre 0° et 90° Nord ou Sud.
- La longitude est comprise entre 0° et 180° Est ou Ouest.

Exemple :

Le point A se situe sur le 45ᵉ parallèle Nord et le 30ᵉ méridien Est donc les coordonnées géographiques de ce point sont 45° Nord et 30° Est.

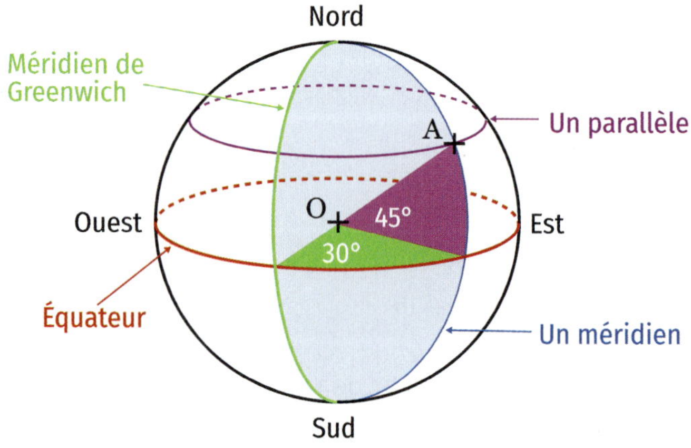

Utiliser les coordonnées sur la sphère terrestre

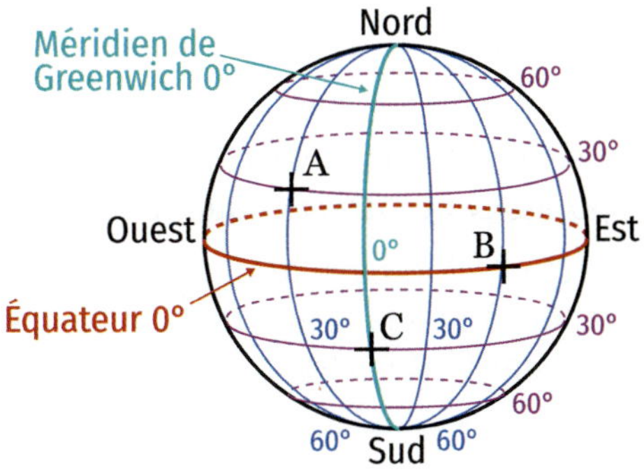

Énoncé **1.** Donner les coordonnées géographiques des points A, B et C ci-contre.

2. Les coordonnées géographiques de la ville de Kaboul sont 35° Nord et 69° Est.

Placer de manière approximative cette ville sur la sphère ci-contre.

Solution

1. Les coordonnées géographiques du point A sont (30°N ; 30°O).

Celles de B sont (0° ; 60°E).

Celles de C sont (30°S ; 0°).

2.

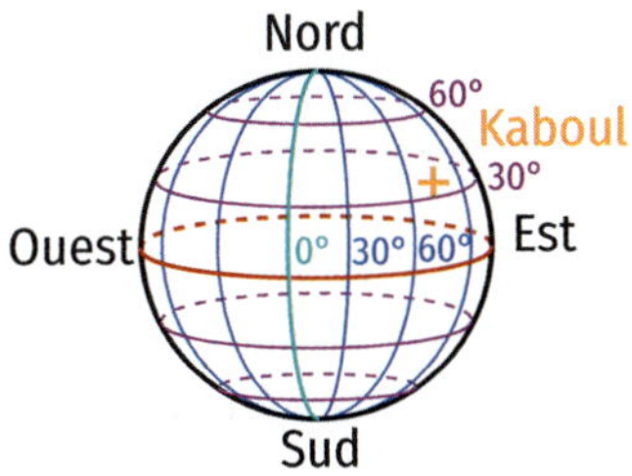

Méthode

1. On détermine la latitude (Nord ou Sud) en lisant la mesure de l'angle, dont le sommet est le centre de la sphère, compris entre l'équateur et le parallèle sur lequel est situé le point.
On détermine la longitude (Est ou Ouest) en lisant la mesure de l'angle, dont le sommet est le centre de la sphère, compris entre le méridien de Greenwich et le méridien sur lequel est situé le point.

2. On repère l'équateur et le méridien de Greenwich pour déterminer le parallèle et le méridien sur lesquels se trouve la ville.

Pour s'entraîner : exercices **22** et **23** p. 260

Calculer le rayon d'un parallèle

Énoncé Calculer le rayon du 42e parallèle Nord.

Solution

On sait que le triangle ABD est rectangle en B avec $AD = 6\,371$ et $\widehat{ADB} = \widehat{DAC}$ (angles alternes-internes).

Or $\cos \widehat{ADB} = \frac{BD}{AD}$ d'où

$BD = AD \times \cos \widehat{ADB}$

$BD = 6\,371 \times \cos 42° \approx 4\,735$.

Donc la longueur du rayon cherché est d'environ 4735 km.

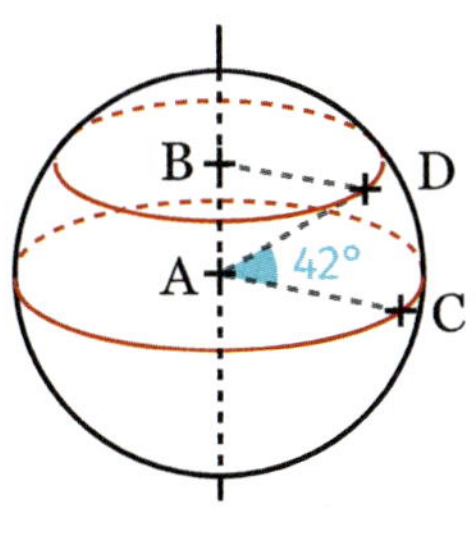

Méthode

- On trace une figure à main levée afin de se représenter la situation.
- On utilise la trigonométrie.

Pour s'entraîner : exercices **25, 26** et **27** p. 260

Cours

3 Sections de solides

Propriétés

La section d'un pavé droit par un plan parallèle à une arête est un rectangle.

La section d'un pavé droit par un plan parallèle à une face est un rectangle de mêmes dimensions que cette face.

Exemple :

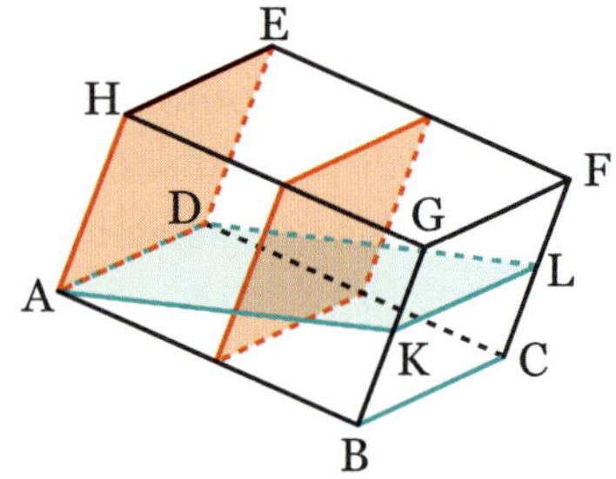

Propriétés

La section d'un cylindre de révolution par un plan perpendiculaire à sa base est un rectangle.

La section d'un cylindre de révolution par un plan parallèle à sa base est un disque.

Exemple :

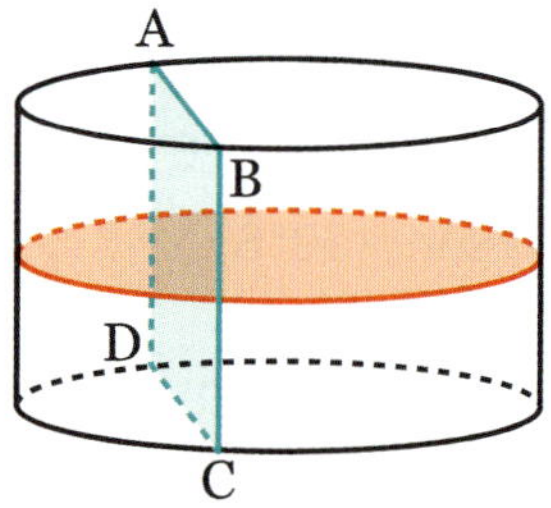

Propriété

La section d'un cône de révolution ou d'une pyramide par un plan parallèle à la base est une figure de même nature que la base.

Exemples :

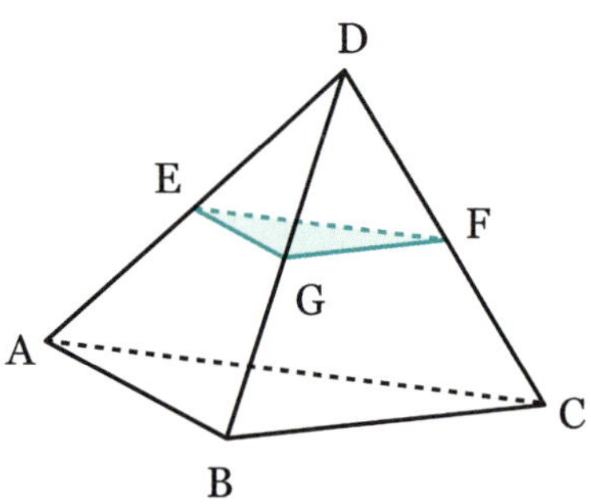

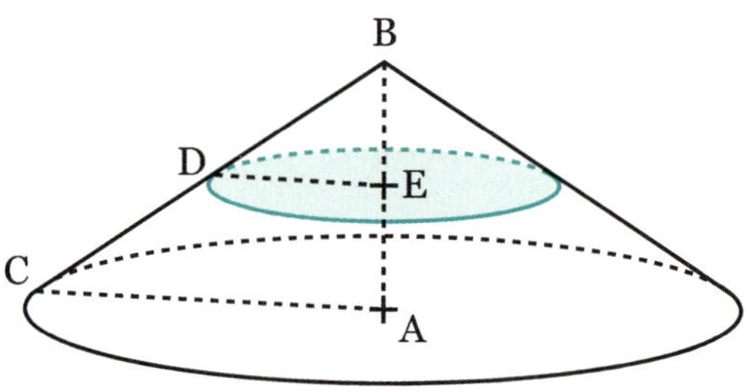

Remarque : La section et la base du solide dans le cas du cône et de la pyramide sont dits « homothétiques », la section est une réduction de la base. On peut donc appliquer le théorème de Thalès pour déterminer les dimensions des sections ainsi que le coefficient de réduction.

Propriété

Lors d'un agrandissement (ou d'une réduction) de rapport k, les longueurs sont multipliées par k, les aires par k^2 et les volumes par k^3.

› Tracer une section en vraie grandeur

Énoncé ABCDEFGH est un pavé droit de dimensions AB = 4 cm, BC = 3 cm et AE = 6 cm. On le coupe par un plan parallèle à la face ABCD. Dessiner en vraie grandeur la section obtenue.

Solution

On représente le pavé droit.

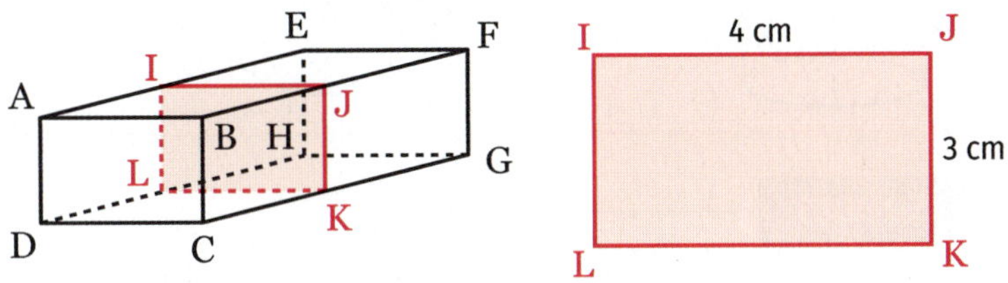

La section est le rectangle IJKL de dimensions 4 cm par 3 cm.

Méthode

- On utilise la propriété du cours : la section d'un pavé droit par un plan parallèle à une face est un rectangle de mêmes dimensions que cette face.
- On trace donc un rectangle en vraie grandeur en utilisant les longueurs données dans l'énoncé.

Pour s'entraîner : exercices **30** et **31** p. 261

› Calculer une longueur de section

Énoncé Sur la pyramide ci-contre de base ABC telle que AB = 3 cm, AC = 4 cm et BC = 5 cm, la section est effectuée à mi-hauteur parallèlement à la base.

Déterminer ses dimensions.

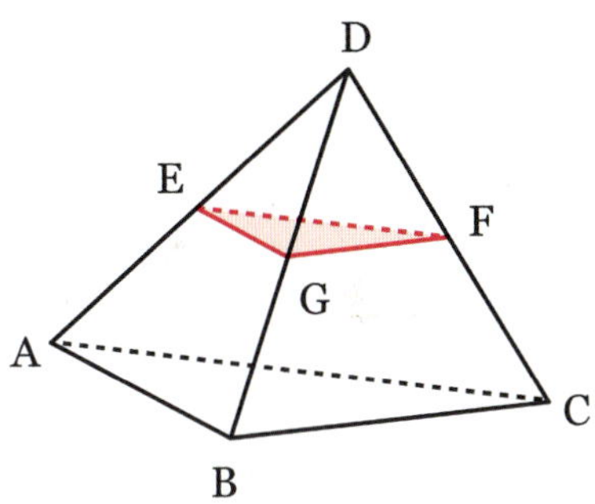

Solution

On sait que la section d'un triangle par un plan parallèle à la base est une figure de même nature que la base. On nomme donc EFG ce triangle.

Ses côtés sont parallèles à ceux de la base et ses longueurs sont proportionnelles à celles de la base. Ainsi, le triangle EFG est une réduction du triangle ABC de rapport k.

La section étant effectuée à mi-hauteur, on a DA = 2DE.

Le coefficient de réduction est donné par : $k = \frac{DE}{DA} = \frac{DE}{2DE} = \frac{1}{2}$.

Ainsi $EF = \frac{1}{2} \times AC = \frac{1}{2} \times 4 = 2$ cm.

De même, on obtient EG = 1,5 cm et GF = 2,5 cm.

Méthode

- On utilise la propriété du cours : la section d'une pyramide par un plan parallèle à la base est une figure de même nature que la base.
- On utilise le coefficient de réduction ou le théorème de Thalès.

Pour s'entraîner : exercices **35, 37** et **38** p. 261

Révision

Genially : Retrouvez une activité interactive pour réviser les notions de ce chapitre sur LLS.fr/M3Genially13

Sections

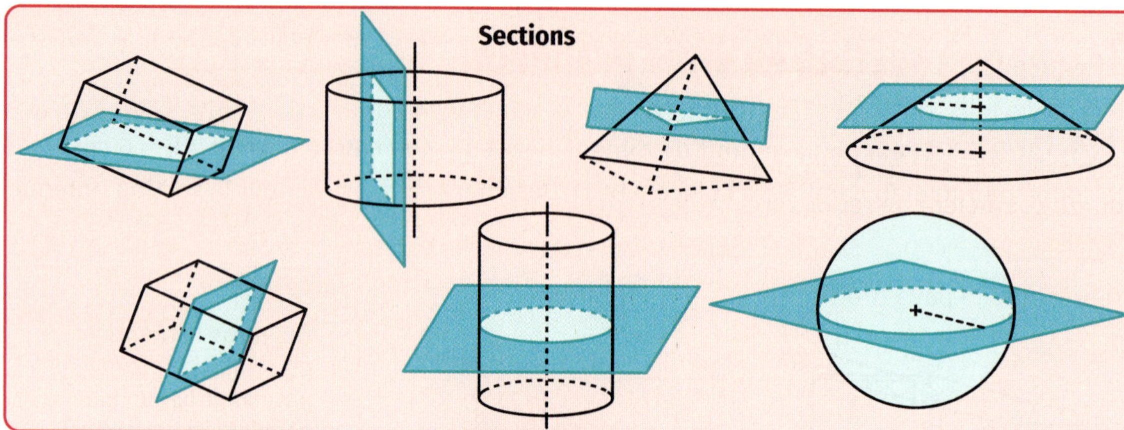

SOLIDES

Sphère et boule

Une sphère est vide. Une boule est pleine.

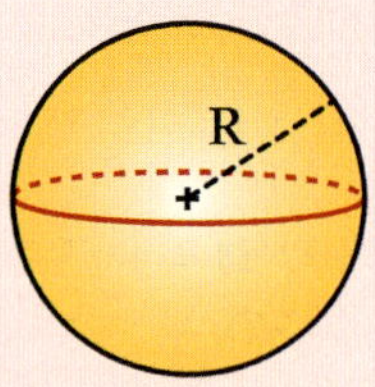

$$A = 4\pi R^2$$

$$V = \frac{4\pi R^3}{3}$$

Sphère terrestre

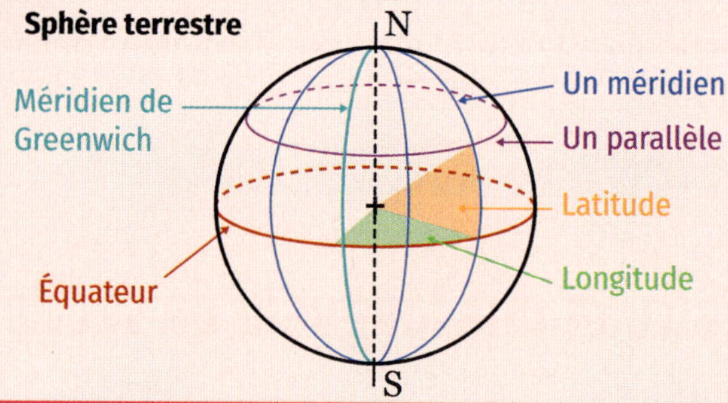

QCU : réponse unique

9 Parmi les réponses proposées, quel point appartient à la sphère dessinée ci-dessous ?

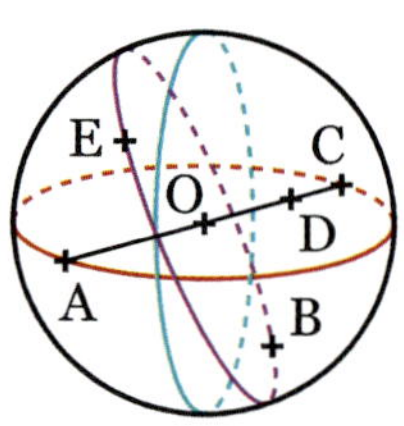

a D
b A
c O
d AC

10 Un point situé sur le méridien de Greenwich a :

a pour longitude 0°. b pour latitude 0°.
c pour longitude 90°. d pour latitude 180°.

QCM : réponses multiples

11 Les coordonnées géographiques de la ville de Paris sont 48° N et 2° E. Ainsi :

a sa latitude est 48° N.
b sa longitude est 48° N.
c son altitude est 48° N.
d elle est située sur le méridien 48° N.

12 La section d'un cône de révolution de rayon de base 5 cm et de hauteur 7 cm par un plan parallèle à la base peut être :

a un rectangle de dimensions 7 cm et 5 cm.
b un cercle de rayon 5 cm.
c un cercle de rayon inférieur à 5 cm.
d un cercle de rayon 7 cm.

› Corrigés p. 302

Outils numériques

13 [Rais.6]

On sectionne une pyramide à base carrée de côté 6 cm par un plan parallèle à sa base. Écrire un programme Scratch qui détermine les dimensions de la section obtenue en fonction du coefficient de réduction.

14 [Rais.6 - Ch.3]

Le pavé droit ci-contre a été coupé par un plan parallèle à l'arête [AD]. On donne EF = 25 cm et HK = 20 cm.

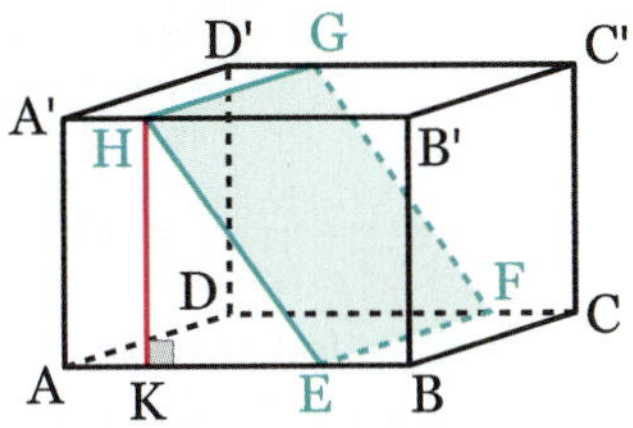

1. Quelle est la nature du quadrilatère EFGH ?

2. On souhaite écrire un programme Scratch permettant de déterminer pour quelle distance KE la section obtenue est un carré. À quelle condition EFGH sera-t-il un carré ?

3. Assembler correctement les briques ci-dessous, remplacer le point d'interrogation par la bonne valeur puis déterminer la valeur de KE.

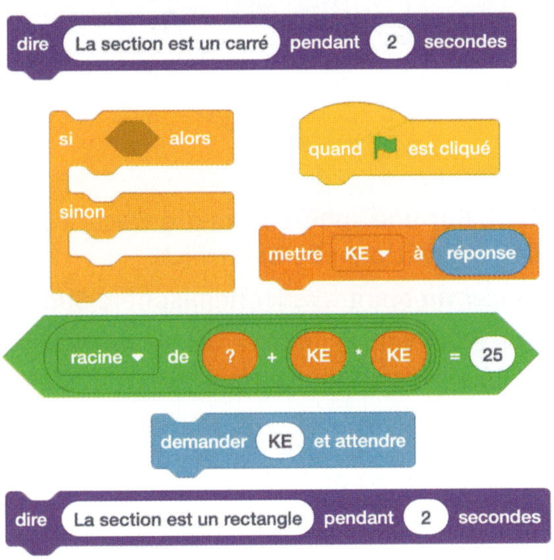

15 [Mod.10]

Un ébéniste souhaite couper des boules de bois de rayon 3 cm pour créer un objet décoratif de sorte que la section obtenue ait un rayon égal à la moitié du rayon de la boule.

On précise que la hauteur de coupe correspond à la distance entre le centre de la boule et le centre de la section.
Pour s'aider dans ses calculs, l'ébéniste ouvre la feuille de calcul suivante.

	A	B
1	**Hauteur de coupe**	**Rayon de la section**
2	0	3
3	0,01	2,999983333
4	0,02	2,999933333
5	0,03	2,999849996
6	0,04	2,999733321

1. Quelle formule doit-on entrer dans la cellule **B2** ?

2. Reproduire la feuille de calcul ci-dessus en entrant les formules correspondantes.

3. En débutant à une hauteur de coupe de 2,51 cm et en utilisant un pas de 0,01, déterminer un intervalle satisfaisant pour l'ébéniste.

16 [Mod.10]

Quand deux villes sont situées sur le même parallèle, la distance qui les sépare est la longueur du plus petit arc de ce parallèle ayant pour extrémités ces deux villes. On souhaite utiliser la feuille de calcul ci-dessous pour déterminer la distance entre Toulouse (44°N ; 1°E) et Toronto (44°N ; 79°O).

	A	B	C	D
1	Latitude en degré	Longueur, en km, du parallèle	Angle, en degré, entre les deux villes	Distance, en km, entre les deux villes
2	44	28795	80	6399

1. Comment la valeur contenue dans la cellule **C2** a-t-elle été obtenue ?

2. On rappelle que la longueur d'un arc de cercle est proportionnelle à la mesure de l'angle au centre. Quelle formule a-t-on entrée dans la cellule **D2** ?

3. On rappelle que le rayon de la Terre est d'environ 6 371 km.

a. Calculer le rayon du parallèle sur lequel sont situées les villes de Toulouse et de Toronto.

b. En déduire la formule entrée dans la cellule **B2**.

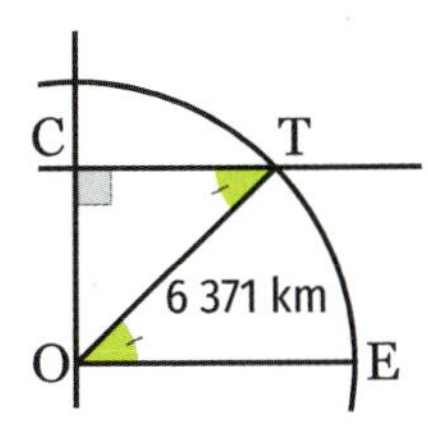

Automatismes

La sphère

17 On considère la sphère ci-contre de centre A et de diamètre [DE]. En utilisant les mots *rayon* et *diamètre*, rédiger une phrase pour chacun des segments proposés.

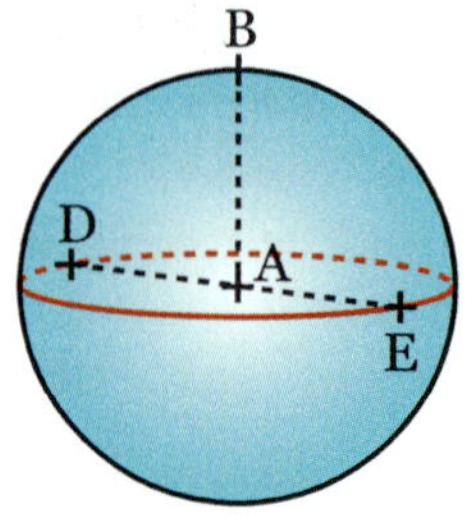

1. [DE] **2.** [AB] **3.** [DA]

18 On considère la sphère ci-contre de centre A et de diamètre [CE].
Le point B appartient à la sphère. Donner la nature de chacun des triangles suivants.

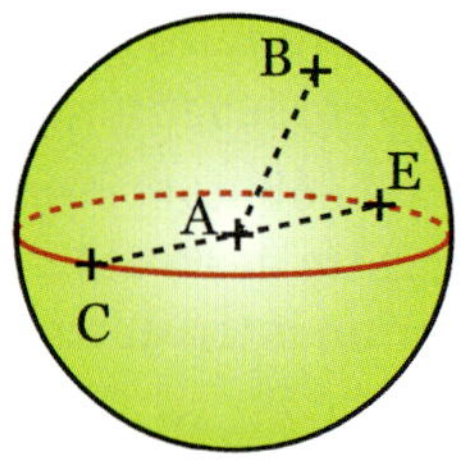

1. ACB **2.** ABE

19 On considère la sphère ci-contre. Donner le nom des points appartenant :

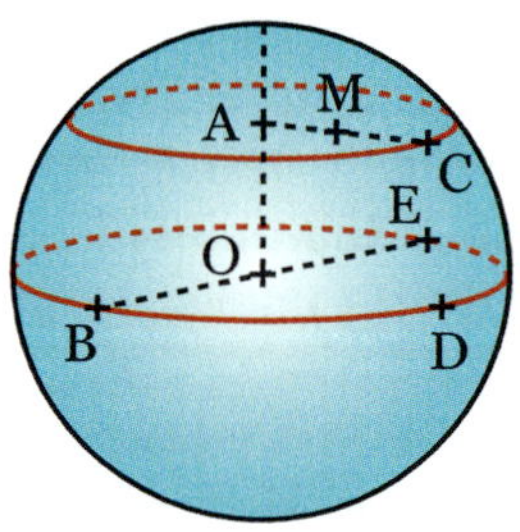

1. à la sphère ;

2. à la boule.

20 On considère une boule de rayon 10 cm.

1. Calculer son volume. Arrondir à l'unité.

2. Calculer l'aire de sa surface. Arrondir à l'unité.

Calcul mental

21 On considère la sphère ci-contre de centre A et de rayon 8 cm. Donner, si possible, la longueur de chacun des segments suivants.

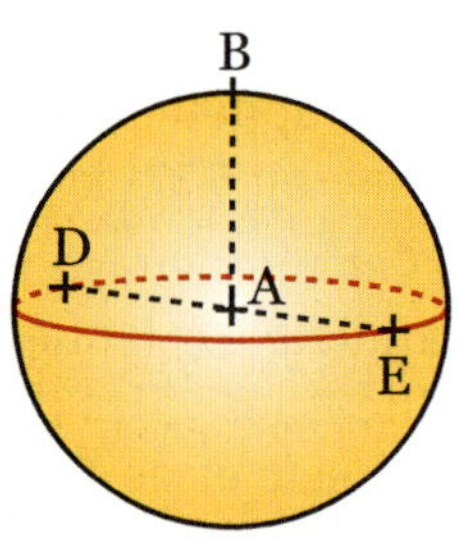

1. [DE] **2.** [AB] **3.** [DA] **4.** [DB]

La sphère terrestre

22 **1.** Quelle est la latitude du point A ?

2. Quelle est la longitude du point A ?

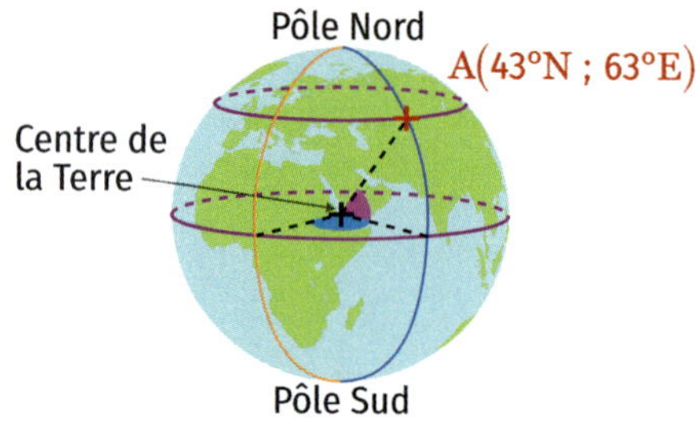

23 **1.** Quelles sont les coordonnées géographiques des points P et F ?

2. Que peut-on dire de ces deux points ?

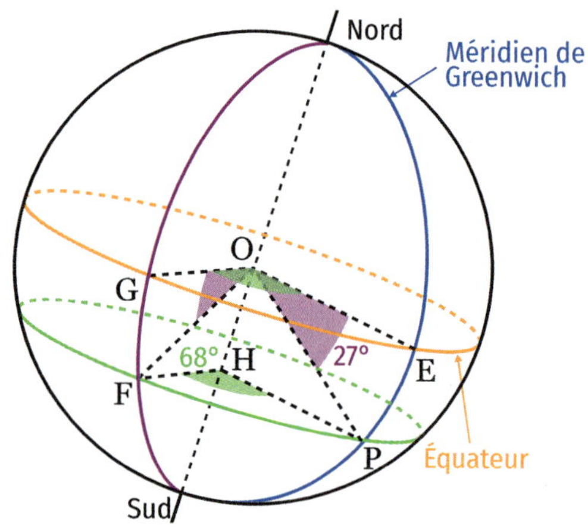

24 **1.** Sur une sphère terrestre tracer l'équateur et le méridien de Greenwich.

2. Placer un point M sur l'hémisphère Sud.

3. Tracer en vert le méridien et en rouge le parallèle passant par ce point M.

25 La surface de la Terre étant assimilée à une sphère de rayon 6 371 km, calculer au kilomètre près :

1. la longueur de l'équateur ;

2. la longueur du méridien de Greenwich.

26 Calculer le rayon du parallèle situé à 20° Nord. Arrondir au kilomètre.

27 Donner le rayon du méridien situé à 13° Est.

Automatismes

28 Relier les coordonnées aux villes correspondantes.

(40°N ; 56°O) •	•	Paris
(48°N ; 2°E) •	•	New York
(36°S ; 174°E) •	•	Pékin
(39°N ; 116°E) •	•	Santiago du Chili
(33°S ; 39°O) •	•	Auckland

Sections de solides

29 On sectionne un cône de révolution de hauteur 8 cm et de base de rayon 6 cm par un plan parallèle à cette base situé à 4 cm de celle-ci.

1. Faire un schéma à main levée.
2. Quelle est la nature de la section obtenue ?

30 On sectionne un pavé droit tel que $l = 3$ cm, $L = 4$ cm et $h = 5$ cm par un plan parallèle à une face dont les dimensions sont 3 cm et 4 cm.

1. Faire un schéma à main levée.
2. Quelle est la nature de la section obtenue ?
3. Tracer cette section en vraie grandeur.

31 On sectionne un cylindre de révolution de hauteur 8 cm et de rayon de base 2 cm par un plan parallèle à cette base et passant à mi-hauteur du cylindre.

1. Faire un schéma à main levée.
2. Quelle est la nature de la section obtenue ?
3. Tracer cette section en vraie grandeur.

Calcul mental

32 On sectionne un cylindre de révolution de hauteur 7,5 cm et de rayon de base 2,5 cm par un plan parallèle à la hauteur et passant par le centre de la base.

1. Quelles sont la nature et les dimensions de la section ?
2. Tracer cette section en vraie grandeur.

Calculer dans les sections

33 On sectionne une sphère de centre O et de rayon 8 cm par un plan, de sorte que le rayon de la section obtenue mesure 5 cm.

1. Dessiner une représentation de la situation.
2. À quelle hauteur du centre de la sphère a-t-on effectué cette section ? Donner une valeur approchée au millimètre.

34 On sectionne une sphère de centre I par un plan situé à 7 cm de I, et de sorte que le rayon de la section obtenue mesure 6 cm.

1. Dessiner une représentation de la situation.
2. Quel est le rayon de la sphère sectionnée ? Donner une valeur approchée au millimètre.

35 On sectionne une pyramide de base carrée de côté 18 cm par un plan parallèle à cette base et située au quart de la hauteur en partant du sommet.

Calculer les dimensions de la section.

36 On sectionne un cône de révolution de hauteur 8 cm et de rayon de base 6 cm par un plan parallèle à cette base situé à 2 cm du sommet.

1. Calculer le volume du cône de révolution. Arrondir à l'unité.
2. Calculer le volume du petit cône obtenu après section. Arrondir à l'unité.

Calcul mental

37 On sectionne un tétraèdre régulier de côté 6 cm par un plan parallèle à sa base et situé à mi-hauteur. Calculer les dimensions de cette section.

38 On sectionne une pyramide de base carrée de côté 6 cm et de hauteur 9 cm par un plan situé à mi-hauteur.

1. Calculer le volume de la pyramide.
2. Calculer le volume de la petite pyramide obtenue après section.

Entraînement

1 La sphère

39 [Rep.3]

Parmi les objets ci-dessous, lesquels peuvent être assimilés à une sphère ? À une boule ?

- Balle de ping pong.
- Balle de tennis.
- Boule de bowling.
- Ballon de football.
- Balle de golf.
- Orange.
- Bille.
- Boule de billard.
- Boule de Noël.
- La Terre.

40 COPIE D'ÉLÈVE [Rep.7]

Représenter en perspective cavalière une sphère de centre O et de rayon 4 cm.
Voici la réponse de Paul.

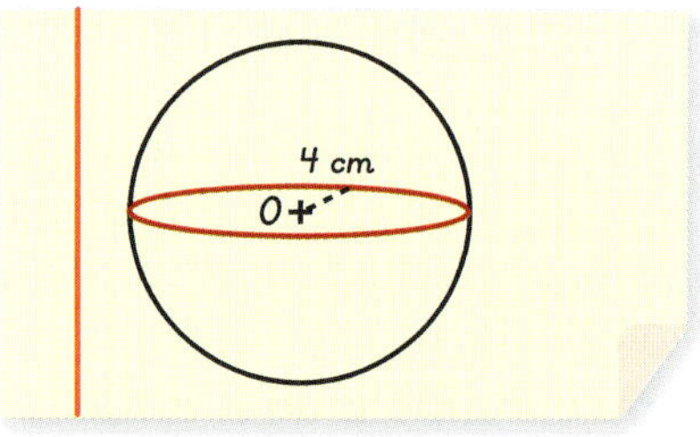

Voici la réponse de Corentin.

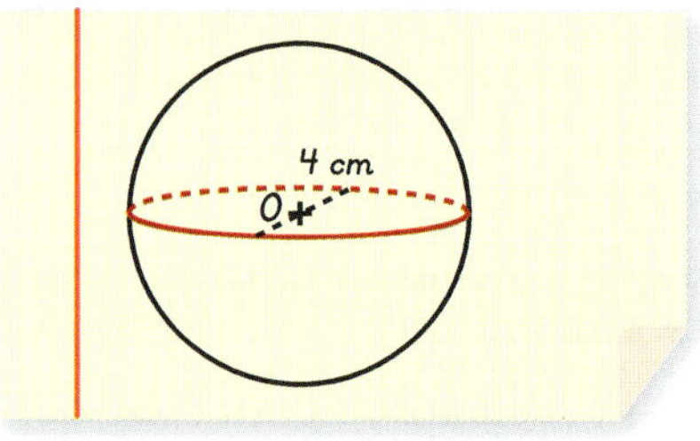

Indiquer les erreurs commises par ces deux élèves puis proposer une correction.

41 [Rep.7]

1. Représenter en perspective cavalière une sphère de centre O et dont le diamètre [AB] mesure 6 cm.
2. Placer un point I sur la sphère.
3. Placer le point J qui lui est diamétralement opposé.
4. Placer un point K qui appartient à la boule de diamètre [AB] mais qui n'appartient pas à la sphère.
5. Comparer les longueurs AB, IJ et IK.

42 [Rep.7]

1. Représenter en perspective cavalière une sphère de centre O et de rayon $OA = 5$ cm.
2. Placer un point H sur la sphère tel que (OH) soit perpendiculaire à (OA).
3. Tracer le triangle OHA en vraie grandeur.

43 [Mod.5 - Cal.5]

On considère une boule de rayon 5 cm. Calculer la valeur exacte puis arrondie à l'unité du volume de cette boule.

44 [Mod.4 - Cal.5]

La surface de la Terre est assimilée à une sphère de rayon 6 371 km.

1. Calculer la surface terrestre. Arrondir à l'unité.
2. Quelle quantité maximale d'eau, en litre, pourrait-on verser dans une sphère ayant les mêmes dimensions que la Terre ?

45 [Rep.7 - Rais.3]

Sarah souhaite construire un bilboquet, un jouet en bois constitué d'une tige reliée par une cordelette à une boule percée. Pour construire ce bilboquet, Sarah a acheté une boule en bois de 7 cm de diamètre, ainsi qu'un cylindre de 10 cm de hauteur et de 1 cm de diamètre, qui servira de tige.
Sarah se demande alors à quelle distance de son centre la boule doit être coupée puis percée, de façon à ce que la tige puisse parfaitement s'imbriquer.

1. Tracer une représentation de la situation.
2. Déterminer la distance, arrondie au centième, entre le centre de la boule et le centre de la section que Sarah doit effectuer.

46 INVERSÉ [Com.1]

Proposer une situation où la réponse attendue sera : « La section obtenue est un cercle de rayon 9 cm. »

47 [Rais.3 - Com.4]

Un fabricant de bougeoirs en céramique désire indiquer dans sa notice d'utilisation le diamètre maximal des bougies à utiliser pour ses créations.

Les bougeoirs créés sont assimilés à des sphères de rayon de 5 cm, coupées par un plan situé à 4 cm du centre de la sphère. Aider le fabricant dans la rédaction de sa notice en justifiant.

48 [Rais.3]

Un parapluie pour enfant a la forme d'une demi sphère de rayon 50 cm. Calculer la surface au sol protégée de la pluie grâce à ce parapluie.

49 [Rep.7 - Rais.3 - Mod.1]

La Géode est une salle de cinéma à Paris permettant de projeter des films à 360°. Cette salle a la forme d'une sphère de 36 m de diamètre sectionnée à la base.

Lorsqu'on se trouve au centre de la Géode, le plafond se situe à 29 m au-dessus du sol.

Calculer la surface au sol de la Géode. Donner la valeur exacte puis une valeur approchée au dixième.

2 La sphère terrestre

50 [Rais.5]

La surface de la Terre peut être assimilée à une sphère de rayon 6 371 km.

1. Donner la latitude du pôle Nord et du pôle Sud.
2. Quelle est la latitude d'une ville située sur l'équateur ?
3. Quelle est la longitude de Greenwich ?

51 COPIE D'ÉLÈVE [Rais.3]

Voici la réponse de Léa à un exercice.

> *Le rayon de la Terre est d'environ 6 400 km.*
>
> $2 \times \pi \times 6\,400 \approx 40\,212$
>
> *Le méridien de Greenwich mesure environ 40 212 km.*

Imaginer l'énoncé de cet exercice et indiquer quelle erreur Léa a commise.

52 [Com.1]

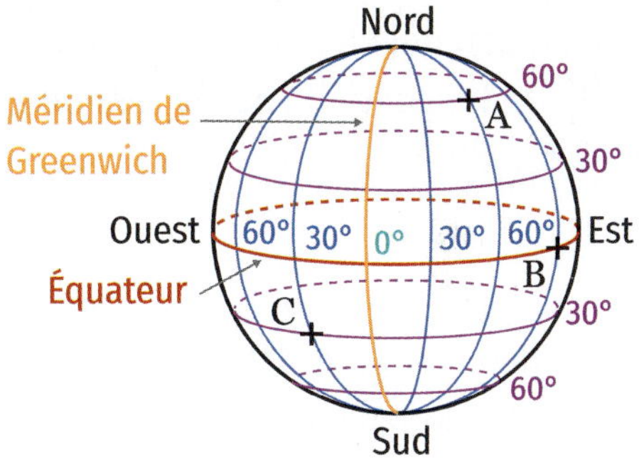

1. Lire la latitude du point A.
2. Lire la longitude du point B.
3. Lire les coordonnées géographiques du point C.

53 [Rep.7]

On considère la sphère terrestre ci-dessous où l'on a représenté en vert le méridien de Greenwich, en rouge l'équateur ainsi que les méridiens et parallèles gradués de 20° en 20°.

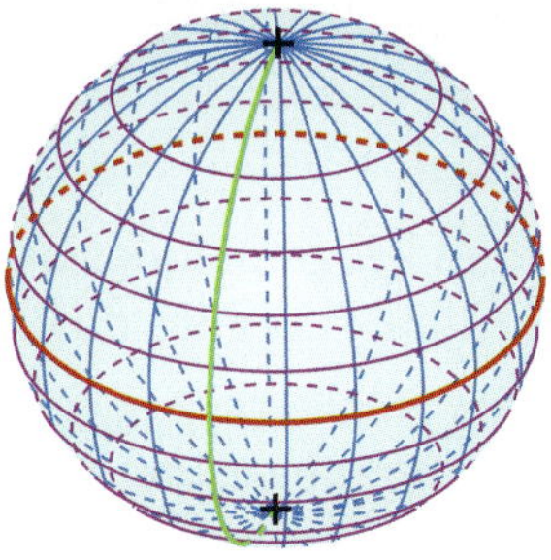

1. Placer un point A de latitude 40° Nord.
2. Placer un point B de longitude 20° Est.
3. Placer le point C de coordonnées géographiques (20°S ; 40°O).

Entraînement

Vérifier que les connaissances de base sont acquises.
Développer les connaissances.
Maîtriser les notions de manière approfondie.

Pour les exercices 54 à 56

On assimile la surface de la Terre à une sphère de rayon 6 371 km.

54 [Mod.4]

1. Représenter la sphère terrestre, l'équateur ainsi qu'un parallèle Nord et un parallèle Sud.
2. Calculer le rayon du 20e parallèle Sud.

55 [Mod.4]

1. Représenter la sphère terrestre, l'équateur ainsi qu'un parallèle Nord et un parallèle Sud.
2. Calculer la longueur du cercle arctique, le 66e parallèle Nord.

56 [Mod.4]

1. Représenter la sphère terrestre, l'équateur et le méridien de Greenwich.
2. Quelle est la longueur du méridien de Greenwich ?
3. Quelle est la longueur du 90e parallèle Nord ?

57 [Rep.7]

Les coordonnées géographiques de Rome sont $R(42°N\,;\,12°E)$ et celles de Chicago $C(42°N\,;\,87°O)$.

1. Que peut-on dire de ces deux villes ?
2. Dessiner une représentation de cette situation.
3. Si on appelle O le centre du 42e parallèle Nord, quelle est la mesure de l'angle $\widehat{COR}$?

58 [Rep.7]

Les coordonnées géographiques de Sarajevo sont $S(44°N\,;\,18°E)$ et celles du Cap $C(34°S\,;\,18°E)$.

1. Que peut-on dire de ces deux villes ?
2. Dessiner une représentation de cette situation.
3. Si on appelle O le centre de la Terre, quelle est la mesure de l'angle $\widehat{SOC}$?

59 [Mod.3 - Mod.4] DÉMO

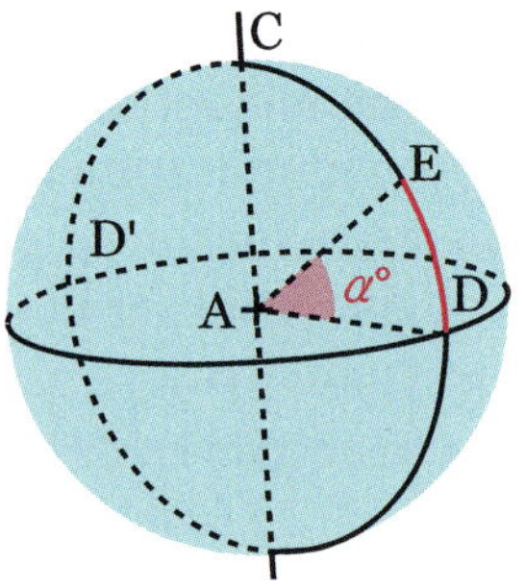

1. Rappeler la nature d'une section de la sphère par un plan contenant son axe de rotation.
2. On pose $AD = R$. Donner, en fonction de R, le périmètre de la section de la sphère ci-contre par le plan passant par les points A, D et C.
3. En déduire la longueur de l'arc $\widehat{ED}$ en fonction de l'angle α et du rayon R.
4. **Application :** Si on assimile la surface de la Terre à une sphère de rayon 6 371 km, à quelle distance de l'équateur se situe un point de latitude 30° Nord ?

3 Sections de solides

60 COPIE D'ÉLÈVE [Rep.7 - Rais.5]

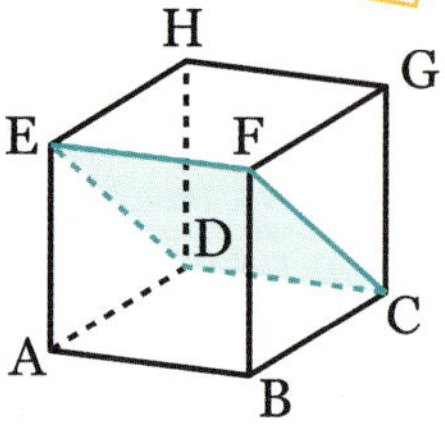

On sectionne un cube de 2 cm d'arête comme sur la figure ci-contre. Quelle est la nature de la section obtenue ? Calculer ses dimensions.

Voici la réponse de Cassandre.

La section obtenue est un carré de côté 2 cm.

Indiquer l'erreur commise par Cassandre et proposer une solution.

61 INVERSÉ [Ch.1 - Mod.4]

Proposer un énoncé d'exercice s'appuyant sur la figure suivante.

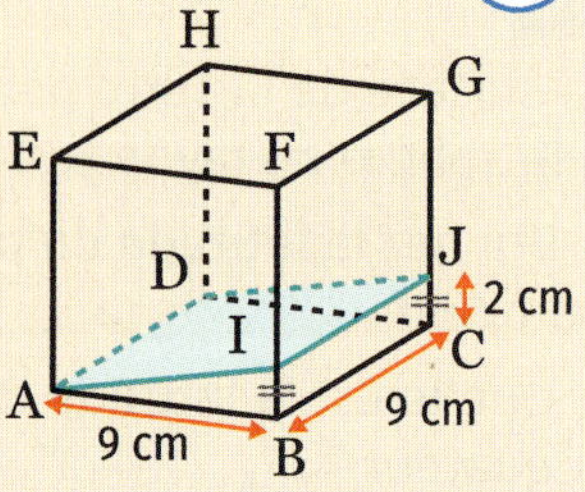

62 [Mod.4]

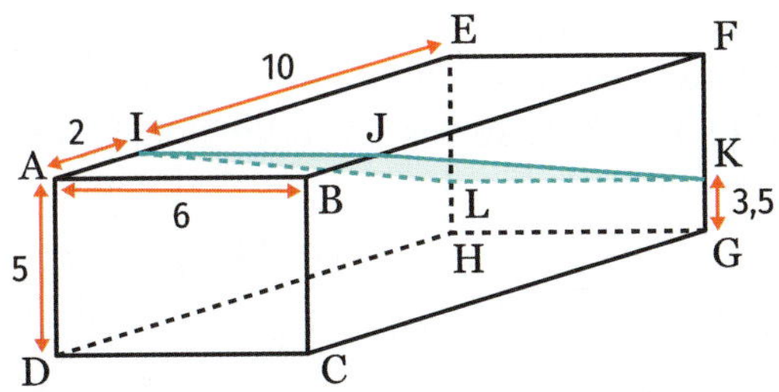

ABCDEFGH est un pavé droit. Le point I appartient à [AE] tel que AI = 2 cm. On sectionne le pavé droit par un plan parallèle à (AB), passant par I, J et K comme indiqué sur la figure ci-dessus et tel que GK = 3,5 cm.

1. Quelle est la nature de la section obtenue ?
2. Calculer ses dimensions.

63 [Ch.4 - Com.3]

On sectionne un pavé droit par un plan parallèle à une arête comme sur le schéma ci-dessous.

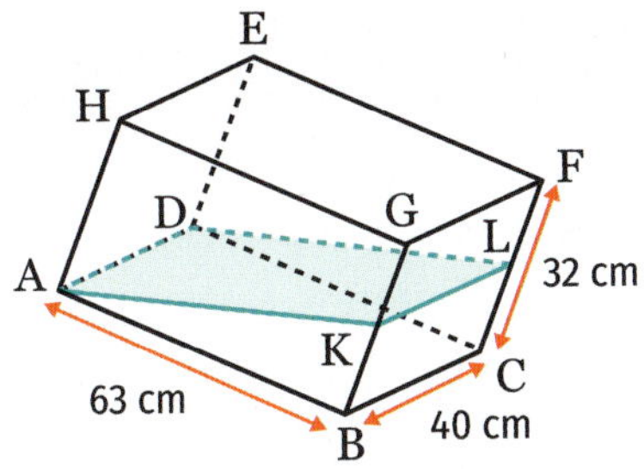

On sait de plus que BK = 16 cm.

1. Quelle est la nature de la section ainsi obtenue ?
2. Calculer son aire.
3. Calculer le volume du prisme ABKDCL.

64 [Com.4 - Rep.6]

Une décoration florale a la forme d'un tétraèdre régulier d'arête 10 cm. On la remplit avec du terreau au $\frac{4}{5}$ de sa hauteur.

1. Faire une figure à main levée.
2. Quelle est la nature de la surface du terreau ?
3. Calculer les dimensions de cette surface.
4. La représenter en vraie grandeur.

65 [Ch.4]

Une lampe torche est constituée d'un cylindre de révolution surmonté d'un cône comme sur le schéma ci-dessous.

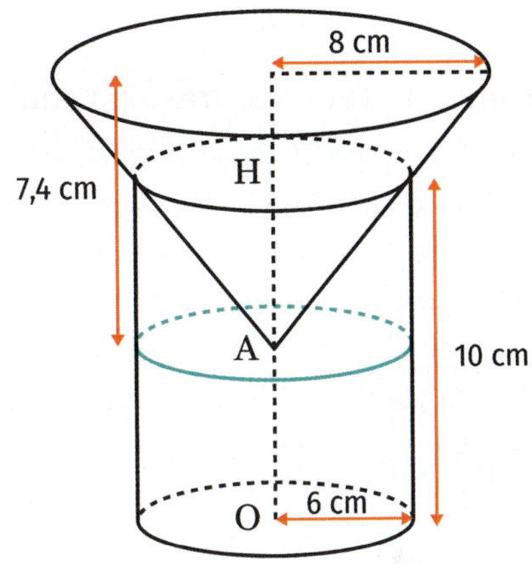

On loge une pile dans la partie du cylindre située sous le cercle bleu. Calculer la hauteur maximale d'une pile.

66 [Ch.4 - Mod.4]

On sectionne un cylindre de révolution de hauteur 15 cm et de rayon de base 8 cm par un plan perpendiculaire à sa base.

1. Quelle est la nature de la section obtenue ?

On sait de plus que la distance entre le centre de la base et le plan est égale à 4 cm.

2. Calculer l'aire de la section obtenue. Donner la valeur exacte.

67 [Ch.1 - Cal.4]

Une boîte de chocolats a la forme d'une pyramide à base carrée de côté 15,6 cm et de hauteur 12,3 cm. Le couvercle est obtenu en coupant la boîte par un plan parallèle à la base et situé aux deux tiers de sa hauteur.

1. Calculer le volume total de la boîte.
2. Calculer le volume du couvercle.
3. En déduire le volume du tronc de pyramide dans lequel seront placés les chocolats.

Approfondissement

68 [Mod.4 - Rep.7 - Com.3]

Le pavillon du Futuroscope est un bâtiment remarquable du parc du même nom.

Il a la forme d'un prisme de verre sur lequel est posée une sphère. Une représentation du pavillon vu de côté est donnée ci-dessous.

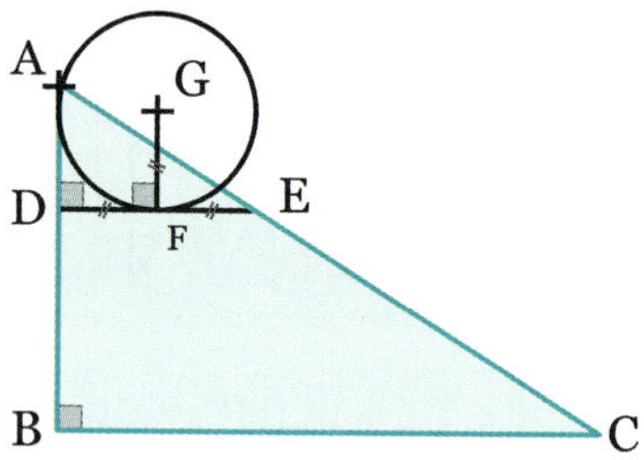

Le triangle ABC est rectangle en B, le triangle ADE en D. On donne les longueurs suivantes : $AD = 18$ m, $BD = 24$ m et $BC = 40{,}14$ m.

1. Justifier que (DE) est parallèle à (BC).
2. En déduire la longueur du segment $[DE]$ puis le rayon de la sphère. Arrondir au centième.
3. Donner le volume de la sphère. Arrondir à l'unité.

On sait que la largeur du bâtiment est égale au double du diamètre de la sphère.

4. Quel serait le volume du prisme si la sphère n'était pas posée dessus ? Arrondir à l'unité.
5. Quelle est la nature de la section de la sphère par le plan incliné du prisme ?

69 [Ch.2 - Rep.7 - Rais.3]

Dans ce problème, on assimilera la surface de la Terre à une sphère de rayon 6 371 km.

Anne prend l'avion au départ de Washington pour se rendre à Lima au Pérou.

Ces deux villes sont situées sur le même méridien ; Washington sur le 39e parallèle Nord et Lima sur le 12e parallèle Sud. L'avion décolle de Washington à 16h30 et vole à une vitesse moyenne de 945 km/h. À quelle heure Anne arrivera-t-elle à destination ?

70 [Ch.1 - Rep.7 - Com.1]

Laëtitia réalise des bûches glacées pour le réveillon de la nouvelle année. Afin de les présenter joliment et pour qu'elles ne roulent pas dans les plats, elle les sectionne comme ci-dessous.

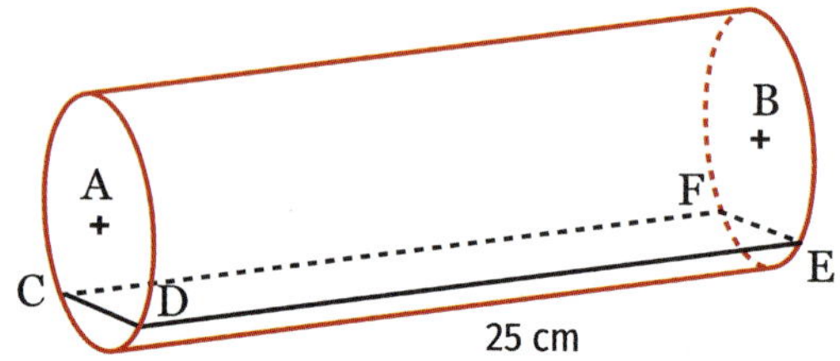

On donne $AC = 5$ cm et la section est située à 4 cm de l'axe du cylindre.

1. Quelle est la nature de la section obtenue ?
2. Calculer les dimensions minimales du plat dans lequel elle pourra disposer ces bûches.

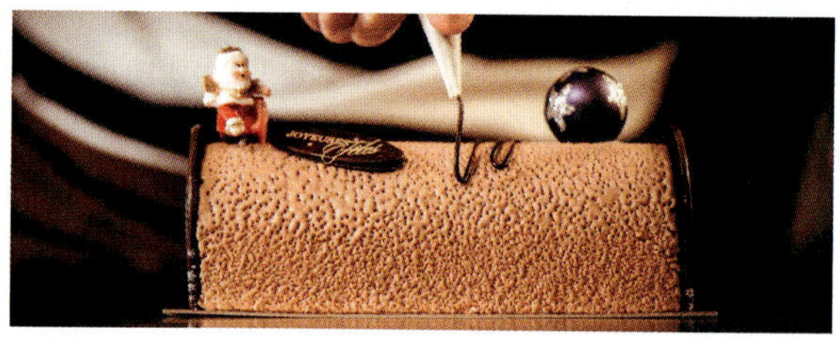

71 [Rep.7 - Mod.3 - Com.3]

Anissa souhaite traiter le socle de son sapin de Noël avec un produit anti-moisissure afin de pouvoir le conserver plusieurs années.
Ce socle a la forme d'un demi-cylindre de hauteur 35 cm et de rayon de base 10 cm.
Anissa souhaite traiter toutes les faces de ce socle. Le traitement choisi a un rendement de 3 m² par litre. L'objectif est de déterminer si, avec une bouteille de 250 mL, Anissa réussira à traiter entièrement son socle de sapin de Noël.

1. Faire une figure à main levée de la situation.
2. Calculer la valeur exacte de l'aire de la surface latérale du demi-cylindre.
3. Montrer que l'aire des bases vaut 100π cm².
4. Quelle est la nature de la face du dessous du socle ?
5. Calculer l'aire de cette face.
6. Conclure.

Environnement et développement durable

72 [Ch.2 - Rep.7 - Rais.3]

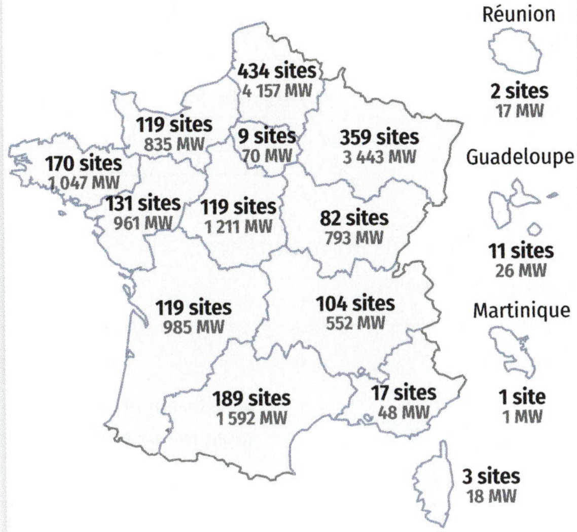

C'est dans la région des Hauts-de-France qu'il y a le plus d'éoliennes implantées.

Le parc de Sainte-Austreberthe, situé à environ 45 km de la côte, compte plusieurs éoliennes s'élevant toutes à 155 m du sol.

Par temps clair, peut-on voir la mer du sommet de ces éoliennes ?

On assimilera la surface de la Terre à une sphère de rayon 6 371 km.

73 [Ch.2 - Mod.4]

D'après brevet, Polynésie, septembre 2008

Un menuisier a fabriqué un objet en bois ayant la forme d'un prisme droit à base triangulaire. Cet objet est représenté par le solide ABCDEF ci-contre tel que : AB = 12 cm, AC = 9 cm, BC = 15 cm et CF = 25 cm.

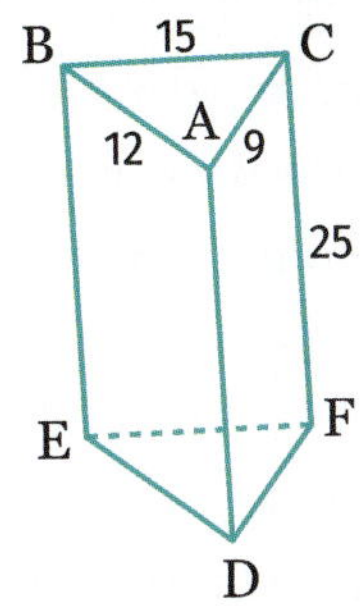

1. Démontrer que le triangle ABC est rectangle en A.
2. Calculer le volume du prisme droit.
3. Le menuisier souhaite tailler cet objet en le sectionnant par un plan parallèle à la face BCFE. L'intersection entre ce plan et sa base ABC est le segment [MN] tel que le point M appartient à [AB], les droites (MN) et (BC) sont parallèles et AM = 10 cm.
Pour faciliter la découpe du bois, le menuisier veut connaître la longueur AN.
Calculer cette longueur.

CLUB DE MATHS

74 ÉNIGME

Quentin, Marco, Lisa et Patrick se trouvent respectivement à Quito, Madrid, Londres et au Pôle Sud.
Sachant qu'ils sont tous immobiles, classer par ordre croissant leur vitesse respective.

75 ÉNIGME

Un explorateur parcourt 1 km vers le sud, 1 km vers l'est puis 1 km vers le nord et se retrouve à son point de départ.
D'où est-il parti ?

Préparer le brevet

76 [D'après brevet, Amérique du Nord, juin 2015] durée : 20 min

La pyramide du Louvre est une œuvre de l'architecte Ieoh Ming Pei. Il s'agit d'une pyramide régulière dont la base est un carré de côté 35,5 m et dont les quatre arêtes qui partent du sommet mesurent toutes 33,14 m.

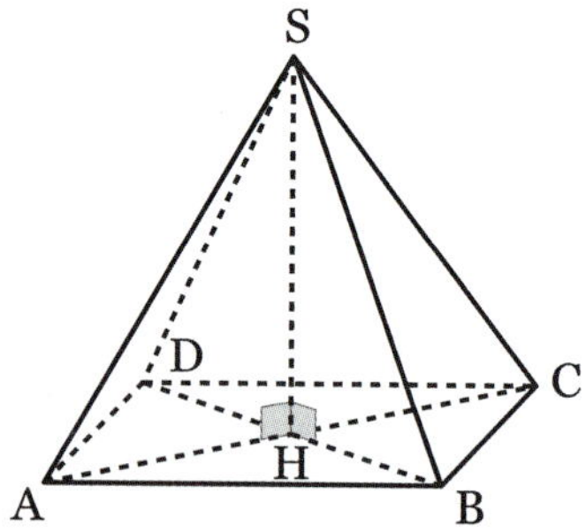

1. La pyramide du Louvre est schématisée ci-contre. Calculer sa hauteur réelle. On arrondira le résultat au centimètre.

2. On veut tracer le patron de cette pyramide à l'échelle $\frac{1}{800}$.
Calculer les dimensions nécessaires de ce patron en les arrondissant au millimètre.

3. Construire le patron en laissant apparents les traits de construction.

77 [D'après brevet, Grèce, juin 2019] durée : 25 min

Lola fabrique des cônes en papier qui lui serviront de barquettes pour pouvoir vendre des frites.
Dans le fond de chaque cône, elle versera soit de la mayonnaise, soit de la sauce tomate.
Elle décide de fabriquer 400 cônes en papier et elle doit estimer le nombre de bouteilles de mayonnaise et de sauce tomate qu'elle doit prévoir.
80 % des acheteurs prennent de la sauce tomate, tous les autres prennent de la mayonnaise.
La bouteille de mayonnaise est assimilée à un cylindre de révolution dont le diamètre de base est 5 cm et la hauteur 15 cm. La bouteille de sauce tomate a une capacité de 500 mL.

Le cône de frites

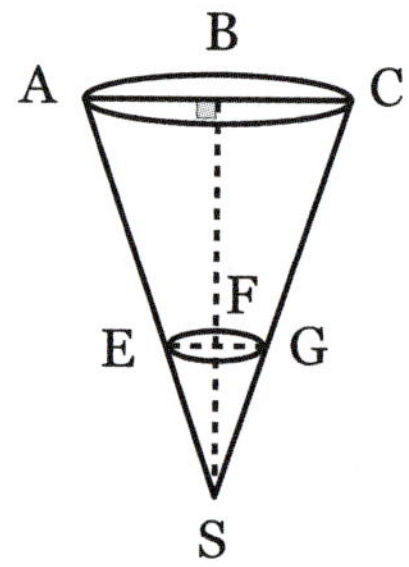

La sauce sera versée dans le fond du cône jusqu'au cercle de diamètre $[EG]$.

Le schéma et les mesures de Lola

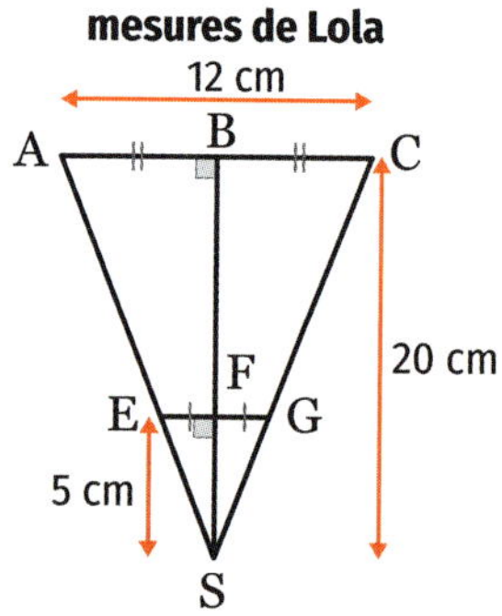

B est le milieu de $[AC]$
F est le milieu de $[EG]$
$BS = 20$ cm ; $FS = 5$ cm ;
$AC = 12$ cm.

1. Montrer que le rayon $[EF]$ du cône de sauce mesure 1,5 cm.

2. Montrer que le volume de sauce pour un cône de frites est d'environ 11,78 cm³.

3. Déterminer le nombre de bouteilles de chaque sauce que Lola devra acheter.

78 durée : 20 min

Lors de ses recherches généalogiques, Arthur qui habite à Lausanne en Suisse, a découvert que l'un de ses cousins éloignés vivait à Saint-Zénon au Canada. Après avoir pris contact, ils ont remarqué que leurs villes de résidence se trouvaient toutes les deux sur le 46ᵉ parallèle Nord. On a représenté ci-contre une vue en coupe de la Terre sur laquelle le point L représente Lausanne.

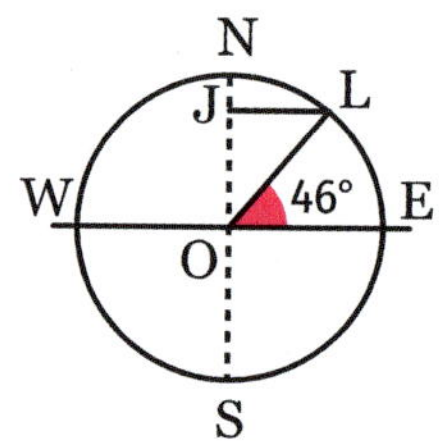

1. a. Déterminer la mesure de l'angle $\widehat{JLO}$.

b. En déduire le rayon du 46ᵉ parallèle Nord puis sa longueur.

2. a. On donne les coordonnées géographiques suivantes : Saint-Zénon $(46°N ; 73°O)$ et Lausanne $(46°N ; 6°E)$. Que peut-on dire de ces deux villes ?

b. Calculer la distance qui sépare Arthur de son cousin en suivant le 46ᵉ parallèle Nord.

Travailler ensemble

On souhaite comparer la flottaison d'un iceberg, qu'il soit plongé dans de l'eau douce ou dans de l'eau de mer. L'iceberg est modélisé comme ci-contre. On donne $A_{ABC} = 450$ m². On considère de plus que la surface de l'eau forme un plan parallèle au plan (ABC), et que $[OD]$ correspond à la hauteur de la partie émergée de l'iceberg.

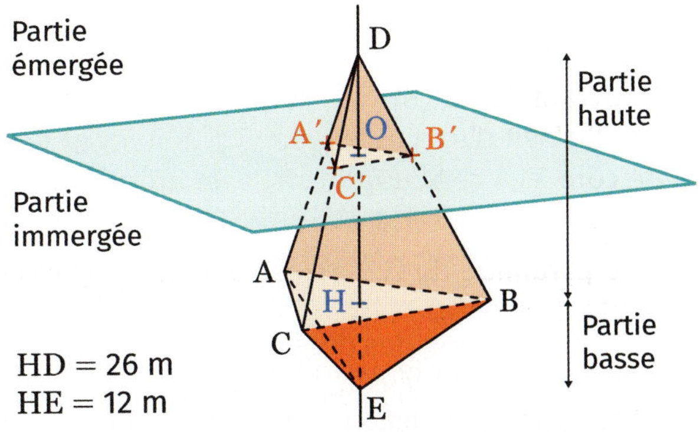

★ PARTIE 1

L'iceberg est plongé dans de l'eau douce. Dans ce cas, la partie haute de l'iceberg émerge à mi-hauteur donc $OD = \frac{HD}{2}$.

1. a. Calculer le volume de la partie haute de l'iceberg ABCD.

b. Calculer le volume de la partie basse ABCE.

c. En déduire le volume total V_t de l'iceberg.

La partie émergée de l'iceberg, correspondant à la pyramide A′B′C′D peut-être considérée comme une réduction de la pyramide ABCD.

2. a. Quel est le coefficient de cette réduction ?

b. En déduire l'aire de la surface A′B′C′.

c. En déduire le volume V_e de la partie émergée de l'iceberg. Arrondir au m³ près.

3. Quelle proportion représente le volume de la partie émergée par rapport au volume total de l'iceberg ? On donnera une réponse en pourcentage, arrondi au dixième.

★★ PARTIE 2

L'iceberg est plongé dans de l'eau salée. Dans ce cas, $A_{A'B'C'} = 131{,}22$ m².

1. a. Calculer le volume de la partie haute de l'iceberg ABCD.

b. Calculer le volume de la partie basse ABCE.

c. En déduire le volume total V_t de l'iceberg.

La partie émergée de l'iceberg, correspondant à la pyramide A′B′C′D peut-être considérée comme une réduction de la pyramide ABCD.

2. a. Quel est le coefficient de cette réduction ?

b. En déduire la hauteur OD.

c. En déduire le volume V_e de la partie émergée de l'iceberg. Arrondir au m³ près.

3. Quelle proportion représente le volume de la partie émergée par rapport au volume total de l'iceberg ? On donnera une réponse en pourcentage, arrondi au dixième.

MISE EN COMMUN

1. La proportion de l'iceberg émergée est-elle plus importante en eau douce ou en eau salée ?

2. La flottaison d'un corps dépend de sa masse volumique et de celle du liquide dans lequel il est immergé. La masse volumique de l'eau douce liquide est égale à 1 000 kg/m³ et celle de l'eau de mer liquide est de 1 030 kg/m³. À l'aide de ces informations, compléter la phrase suivante : « Lorsqu'un objet est immergé dans un liquide, plus la masse volumique du liquide est ... plus le volume de la partie émergée de l'objet est ... . »

Déjà vu

Rappels

1. Tableau de conversion des unités de volume et de contenance :

km³			hm³			dam³			m³			dm³			cm³			mm³		
											kL	hL	daL	L	dL	cL	mL			
											2	5	7	0						

Exemple : 2,570 m³ = 2 570 dm³ = 2 570 L.

2. Conversion des durées :

Attention, les heures décimales sont différentes des heures-minutes.

Exemple : 1,25 h ≠ 1 h 25 min.

En effet, 1,25 h = 1 h 15 min, car $0{,}25 \times 60 = 15$.

heures → (× 60) → minutes → (× 60) → secondes

secondes → (÷ 60) → minutes → (÷ 60) → heures

1 Convertir.

1. 2,5 dam en cm.
2. 0,3 mm en dm.
3. 50 hm en km.
4. 0,09 m en cm.

2 Convertir.

1. 30 hm² en km².
2. 0,05 m² en cm².
3. 1 m² en mm².
4. 0,012 dam² en m².

3 Convertir.

1. 4,06 m³ en dm³.
2. 5 420 mm³ en cm³.
3. 1 dam³ en cm³.
4. 0,5 dm³ en m³.

4 Convertir.

1. 0,75 dm³ en mL.
2. 1 cL en cm³.
3. 4 200 cm³ en cL.
4. 23 hL en m³.
5. 46,5 m³ en L.
6. 250 cL en m³.

5 Convertir.

1. 15 min en heure décimale.
2. 30 s en minute décimale.
3. 45 min en heure décimale.
4. 0,6 h en minutes.
5. 2 h 36 min en minutes.
6. 3 h 24 min en heure décimale.

6 Résoudre les problèmes suivants.

1. Martin part du collège à 17 h 35 et arrive chez lui à 18 h 03. Combien de temps a duré son trajet ?
2. Le bus scolaire de Célia part à 7 h 53 et son trajet dure un quart d'heure. À quelle heure Célia arrive-t-elle à l'école ?

7 Résoudre les problèmes suivants où chaque situation est une situation de proportionnalité.

1. Dans un supermarché, 3 kg de pommes coûtent 5,70 €. Combien coûtent 5 kg de pommes ?
2. Sur une autoroute, une voiture consomme en moyenne 7 L d'essence pour parcourir 100 km. Combien de kilomètres a-t-elle parcourus si elle a consommé 5,25 L d'essence ?
3. Un cycliste de haut niveau peut parcourir 24 km en 45 minutes. Combien de temps mettra-t-il pour parcourir 180 km s'il roule à la même vitesse moyenne ?

ChronoQuiz

Retrouvez un quiz interactif à réaliser en classe pour vérifier les prérequis de ce chapitre sur LLS.fr/M3Quiz14

Mesures et grandeurs

14

Objectifs du chapitre

- Utiliser une formule liant deux grandeurs dans une situation de proportionnalité et exprimer le résultat dans une unité adaptée.
- Effectuer des conversions d'unités sur des grandeurs simples ou composées.
- Utiliser l'échelle d'une carte.

À l'aide de formules mathématiques, les physiciens modélisent et expliquent le monde qui nous entoure, comme l'a fait Isaac Newton, physicien et mathématicien du XVIIe siècle ap. J.-C., avec sa théorie de la gravitation universelle. Ces dernières années, les films de science-fiction hollywoodiens, tentent de tenir compte des avancées scientifiques afin de rendre leur histoire la plus réaliste possible.

Retrouvez un tableau récapitulatif des compétences utilisées dans les exercices de ce chapitre sur LLS.fr/M3Comp14

Cours

1 Grandeurs produits et grandeurs quotients

Définitions

1. Une **grandeur produit** est une grandeur obtenue en multipliant deux grandeurs.
2. Une **grandeur quotient** est une grandeur obtenue en divisant deux grandeurs.

Exemples :

1. L'aire A d'un rectangle de longueur L et de largeur l est une grandeur produit : $A = L \times l$.
2. La masse volumique $\rho = \frac{m}{V}$ est une grandeur quotient, avec m la masse et V le volume.

Exemples :

1. Nathalie a fait le plein en mettant dans son réservoir 60 L de gasoil au tarif de 1,21 €/L. Combien a-t-elle payé ?

Pour mener des calculs avec une grandeur quotient, on peut utiliser un tableau de proportionnalité.
$60 \times 1{,}21 = 72{,}60$, Nathalie a payé 72,60 €.

Prix (en €)	1,21	72,60
Volume (en L)	1	60

2. Un rectangle a une aire de 50 cm^2 et une largeur de 5 cm. Combien mesure sa longueur ?

Pour mener des calculs avec une grandeur produit, on peut utiliser des équations.
On sait que $A = L \times l$, donc $50 = 5 \times L$. En divisant par 5 les deux membres de l'équation, on obtient $10 = L$. La longueur du rectangle est égale à 10 cm.

2 Vitesse moyenne

Propriété

Lorsqu'un mouvement est rectiligne uniforme, la distance parcourue est proportionnelle à la durée du trajet. Le coefficient de proportionnalité est la **vitesse moyenne**.
Ainsi, on a $d = v \times t$, où d est la distance, v la vitesse moyenne et t la durée du trajet.

Remarques :

1. La vitesse moyenne s'exprime généralement en km/h ou en m/s.
2. L'égalité $d = v \times t$ donne aussi les égalités suivantes : $v = \frac{d}{t}$ et $t = \frac{d}{v}$.

Exemple :

La vitesse maximale du train le plus rapide au monde est 603 km/h. Quelle distance parcourt-il en une seconde ?

$d = v \times t = 603 \times \frac{1}{3\,600} = 0{,}1675$

En une seconde, ce train parcourt 0,1675 km soit 167,5 m.

› Convertir une grandeur quotient

Énoncé Convertir 100 km/h en m/s, arrondir au dixième.

Solution

On sait que 100 km = 100 000 m et 1 h = 3 600 s.

$\frac{100\,000}{3\,600} \approx 27{,}8$ donc 100 km/h $\approx$ 27,8 m/s.

Pour s'entraîner : exercices **10** et **11** p. 274

Méthode

- On convertit le numérateur et le dénominateur dans les unités souhaitées.
- On calcule et on conclut.

› Déterminer et utiliser l'échelle d'une carte

Énoncé **1.** La distance réelle entre Lyon et Marseille est de 300 km.
Quelle est la distance entre ces deux villes sur une carte à l'échelle $\frac{1}{1\,000\,000}$?

2. La maquette d'une voiture mesurant réellement 4 m de long a une longueur de 8 cm.
Quelle est l'échelle de réduction ?

Solution

1. On sait que 300 km = 30 000 000 cm.

Distance sur la carte (en cm)	1	
Distance réelle (en cm)	1 000 000	30 000 000

$\frac{30\,000\,000}{1\,000\,000} = 30$. Sur cette carte, la distance entre Lyon et Marseille est de 30 cm.

2. On sait que 4 m = 400 cm. $\frac{8}{400} = 0{,}02 = \frac{1}{50}$.

L'échelle de la maquette est $\frac{1}{50}$.

Pour s'entraîner : exercices **14**, **15** et **17** p. 274

Méthode

1. On écrit les données de l'énoncé dans un tableau de proportionnalité en faisant attention aux unités.
On calcule et on conclut.

2. On calcule le quotient de la taille de la maquette par la taille réelle, en vérifiant que les longueurs sont exprimées dans la même unité.
On conclut.

› Calculer avec la vitesse moyenne

Énoncé Une voiture roule pendant 2 h 30 min et parcourt 200 km. Calculer sa vitesse moyenne.

Solution

On sait que 2 h 30 min = 2,5 h. $v = \frac{d}{t} = \frac{200}{2{,}5} = 80$.

La vitesse moyenne de la voiture est 80 km/h.

Pour s'entraîner : exercices **26** et **27** p. 275

Méthode

- On utilise la formule de la vitesse moyenne en faisant attention aux unités.
- On calcule et on conclut.

Automatismes

Conversions d'unités

8 Convertir.

1. $5{,}17\ dam^3$ en m^3.
2. $16\ 500\ cm^3$ en m^3.
3. 25 cL en dm^3.
4. $2{,}5\ m^3$ en L.

9 Convertir.

1. 24 min en h.
2. 48 s en min.
3. 2 h 45 min en h.
4. 5,6 h en h et min.

10 Convertir. Si nécessaire, arrondir au dixième.

1. 18 km/h en m/s.
2. 10 m/s en km/h.
3. 60 km/h en m/s.
4. 54 m/s en km/h.

11 Convertir. Si nécessaire, arrondir au centième.

1. 72 L/h en dm^3/s.
2. $2\ cm^3/s$ en L/h.
3. 20 L/h en cm^3/s.
4. $10{,}2\ dm^3/s$ en L/h.

Calcul mental

12 Convertir.

1. 3 h 15 min en h.
2. 50 L en cm^3.
3. 5,75 h en h et min.
4. $2\ cm^3$ en mL.

13 Convertir.

1. 36 km/h en m/s.
2. 100 m/s en km/h.
3. 7,2 L/h en cm^3/s.
4. $1\ cm^3/s$ en L/h.

Échelle d'une carte

14 La distance réelle entre la maison de Nathan et son école est de 25 km.
Sur une carte à l'échelle $\frac{1}{100\,000}$, quelle est la distance entre ces deux lieux ?

15 Sur une carte à l'échelle $\frac{1}{50\,000}$, la distance entre la maison de Diane et son club de football est de 45 cm.

Calculer la distance réelle entre sa maison et le club.

16 Ryan regarde une carte à l'échelle $\frac{1}{1\,250\,000}$.

1. La distance réelle entre San Francisco et Los Angeles est de 610 km. Quelle est la distance entre ces deux villes sur la carte de Ryan ?
2. Sur sa carte, la distance entre deux autres villes est de 28 cm. Quelle est la distance réelle entre ces deux villes ?

17 Un avion de 70 m de longueur est représenté par une maquette de longueur 21 cm.

Calculer l'échelle de réduction.

18 Une maquette de la tour Eiffel mesure 30 cm de haut.

1. Sachant que sa hauteur réelle est de 324 m, calculer l'échelle de réduction de la maquette.
2. Sachant que la Statue de la Liberté mesure 93 m de haut et en utilisant la même échelle que pour la tour Eiffel, quelle serait la hauteur d'une maquette de ce monument ? Arrondir au dixième.

Calcul mental

19 1. Sur une carte, la distance entre Le Caire et Alexandrie est de 20 cm. Sachant que la distance réelle entre ces deux villes est de 200 km, calculer l'échelle de la carte.

2. Sur une autre carte ayant la même échelle, la distance entre Rio de Janeiro et São Paulo est de 40 cm. Quelle est la distance réelle entre ces deux villes ?

Grandeurs produits et grandeurs quotients

20 Le trafic aérien se mesure en multipliant le nombre de passagers par la distance parcourue (en km). Son unité est le passager-kilomètre.

1. Le trafic aérien est-il une grandeur produit ou une grandeur quotient ?

2. Calculer le trafic aérien pour un vol de 420 passagers sur une distance de 5 800 km.

3. Sur un vol Paris-Rome de 1 100 km, le trafic est de 343 200 passagers-kilomètres. Combien y a-t-il de passagers sur ce vol ?

21 L'intensité d'un trafic de véhicules à un péage se calcule en divisant le nombre de véhicules qui sont passés au péage par la durée pendant laquelle on les a comptés. Son unité est le véhicule/h.

1. L'intensité d'un trafic est-elle une grandeur produit ou une grandeur quotient ?

2. À un péage, 50 véhicules sont passés en une minute. Calculer l'intensité de ce trafic.

3. Au bout de combien de temps 180 000 véhicules auront-ils franchi ce péage ?

22 En électricité, la loi d'Ohm relie la tension U (en volt) à la résistance R (en ohm) et à l'intensité I (en ampère) via la formule $\mathrm{U} = \mathrm{R} \times \mathrm{I}$.

1. La tension est-elle une grandeur produit ou une grandeur quotient ?

2. Si $\mathrm{R} = 180\ \Omega$ et $\mathrm{I} = 4$ A, calculer la tension.

3. Si $\mathrm{U} = 220$ V et $\mathrm{I} = 2$ A, calculer la résistance.

23 Le débit d d'un liquide est défini par la relation $d = \frac{\mathrm{V}}{t}$, où V est le volume (en L) de liquide écoulé et t est le temps d'écoulement (en h).

1. Le débit est-il une grandeur produit ou une grandeur quotient ?

2. 20 L d'eau se sont écoulés en six minutes. Calculer le débit.

3. Le débit d'une fontaine est de 50 L/h. Combien de litres d'eau s'écoulent en 24 min ?

24 La densité du réseau ferroviaire d'une région (en km/km^2) est égale au quotient de la longueur du réseau de cette région (en km) par la superficie de cette région (en km^2).

1. En France, la longueur du réseau ferroviaire est égale à 29 473 km. La superficie de la France est de 547 030 km^2. Calculer la densité de ce réseau. Arrondir au centième.

2. Aux Pays-Bas, la densité du réseau ferroviaire est égale à 75 m/km^2. La superficie de ce pays est égale à 37 354 km^2. Calculer la longueur du réseau ferroviaire aux Pays-Bas.

Calcul mental

25 L'énergie électrique E (en watt-heure, noté Wh) est le produit de la puissance P (en watt, noté W) par le temps t (en heure).

1. Téo a regardé la télévision pendant 30 min. Celle-ci a besoin d'une puissance de 20 W. Calculer l'énergie consommée en Wh.

2. Lia a mis en charge son portable. Celui-ci a besoin d'une puissance de 2 W et a consommé 1,5 Wh en énergie. Durant combien de temps Lia a-t-elle chargé son portable ?

Vitesse moyenne

26 Un TGV roule à une vitesse moyenne de 320 km/h. Il met 2 h 30 min pour parcourir la distance entre Paris et Marseille. Calculer la distance entre ces deux villes.

27 Une voiture a parcouru 230 km en 2 h 15 min. Calculer sa vitesse moyenne arrondie à l'unité.

Calcul mental

28 Une moto roule à une vitesse de 130 km/h et parcourt 390 km. Calculer le temps mis pour effectuer ce parcours.

Entraînement

Vérifier que les connaissances de base sont acquises.
Développer les connaissances.
Maîtriser les notions de manière approfondie.

1 Grandeurs produits et grandeurs quotients

29 [Mod.5]

Convertir.

1. 9 cm^3 en dm^3.
2. 3,05 dam^3 en m^3.
3. 0,5 L en cm^3.
4. 935 dm^3 en mL.

30 [Mod.5]

Convertir.

1. 25,2 km/h en m/s.
2. 0,9 m/s en km/h.
3. 45 km/h en m/min.
4. 2 100 m/min en km/h.

31 [Mod.5]

Convertir. Arrondir au dixième si nécessaire.

1. 48 600 L/h en m^3/s.
2. 0,5 cm^3/s en mL/h.
3. 10 L/h en cm^3/min.
4. 5 dm^3/min en mL/h.

32 [Mod.3 - Mod.5 - Cal.4]

En mécanique, la loi de la pesanteur relie le poids P (en newton, de symbole N) à la masse m (en kg) et à l'accélération de la pesanteur g (en N/kg) via la formule $P = m \times g$.

1. Sur Terre, on a $g = 9{,}8$ N/kg.
Calculer le poids d'une personne dont la masse est 80 kg.

2. Sur la Lune, on a $g = 1{,}6$ N/kg.
Combien pesait Neil Armstrong, première personne à avoir marché sur la Lune, sachant que son poids sur la Lune était de 112 N ?

33 [Mod.3 - Mod.5 - Cal.4]

En chimie, la masse volumique (en kg/m^3) d'un composé se mesure en divisant sa masse (en kg) par son volume (en m^3).

1. Une barre de fer de 2 dm^3 pèse 15,6 kg.
Calculer la masse volumique du fer.

2. La masse volumique du papier est de 735 kg/m^3.
Combien pèse une ramette de papier A4, sachant que son volume est de 5 dm^3 ?

34 [Mod.3 - Mod.5 - Cal.4]

On veut remplir une piscine mesurant 4 m sur 8 m à l'aide d'un robinet dont le débit est de 3 m^3/h.

1. Convertir le débit du robinet en L/min.
2. Il y a 1,5 m de hauteur d'eau. Calculer le volume d'eau dans cette piscine.
3. Combien de temps faut-il pour remplir cette piscine ?

35 [Mod.3 - Mod.5 - Cal.4]

Les parents d'Ali ont souscrit un abonnement Internet à la fibre optique. Le fournisseur annonce un débit de 125 mégaoctets par seconde (Mo/s).

1. Combien de temps met Ali pour télécharger un film de 2,5 Go ?
2. En réalité, Ali a mis 30 s pour télécharger ce film. Quel était le débit de sa connexion Internet à ce moment-là ?

36 [Mod.3 - Mod.5 - Cal.4]

Les parents de Fatou souhaitent acheter un appartement pour le mettre en location.

1. Le prix moyen à Paris est de 10 500 €/m^2.
Sachant qu'ils disposent d'un budget de 250 000 €, quelle superficie peuvent-ils acheter ? Arrondir à l'unité.

2. Finalement, ils ont acheté à Lyon un appartement de 50 m^2. Quel est le prix moyen au m^2 dans cette ville ?

37 INVERSÉ [Mod.3 - Mod.5 - Com.1]

Matéo a un exercice de mathématiques à faire dont voici l'introduction.

« Au cours d'une journée, une famille a fait fonctionner :

- le lave-vaisselle pendant 45 min, avec une puissance égale à 1 kW ;
- l'ordinateur pendant 1 h 30, avec une puissance égale à 0,1 kW ;
- la télévision pendant 2 h, avec une puissance égale à 0,1 kW ;
- cinq lampes électriques pendant 3 h, avec une puissance de 60 W chacune. »

L'énergie est donnée par $E = P \times t$, où E est l'énergie en watt-heure (Wh), P la puissance en watt (W) et t est le temps en heure (h).

À partir de ces informations et des calculs de Matéo écrits ci-dessous, retrouver les questions de l'exercice posé.

1. 45 min = 0,75 h et 1 h 30 min = 1,5 h.
2. $5 \times 60 \times 3 = 900$
3. $0{,}75 + 1{,}5 \times 0{,}1 + 2 \times 0{,}1 + 0{,}9 = 2$

38 [Mod.5 - Mod.8 - Cal.4] DÉMO

En mécanique, la formule de l'énergie cinétique E (en joule) d'un objet en mouvement est donné par $E = \frac{1}{2} \times m \times v^2$, où m est la masse du corps (en kg) et v sa vitesse (en m/s).

1. Calculer l'énergie cinétique d'un objet pesant 500 kg et se déplaçant à la vitesse de 130 km/h. Arrondir à l'unité.
2. Démontrer que $v = \sqrt{2 \times \frac{E}{m}}$.
3. En déduire la vitesse d'un objet qui pèse 20 kg et dont l'énergie cinétique est de 0,8 J. L'exprimer en m/s puis en km/h.

2 Vitesse moyenne

39 [Mod.3 - Mod.5 - Cal.4]

1. Un avion met 10 h 30 min pour parcourir la distance séparant Paris de l'île de la Réunion, soit 10 000 km. Calculer sa vitesse moyenne.
2. Un cycliste roule à une vitesse de 16 km/h. Il a mis 1 h 15 min pour effectuer son parcours. Quelle distance a-t-il parcourue ?
3. Un bateau de croisière a une vitesse moyenne de 21 km/h. Janet et sa famille font le tour des Caraïbes, soit une distance de 5 000 km. Combien de jours va durer la croisière ?

40 [Mod.3 - Mod.5 - Cal.4]

Les animaux les plus rapides sur Terre sont le guépard, l'autruche et l'antilope.

1. Le guépard peut parcourir 400 m en 13 s. Quelle est sa vitesse moyenne en km/h ?
2. L'autruche peut se déplacer à 90 km/h. Quelle distance parcourt-elle en 2 minutes ?
3. L'antilope peut se déplacer à 84 km/h. Combien de temps met-elle pour parcourir 14 km ? Exprimer ce temps en minute.
4. Lequel de ces trois animaux est le plus rapide ?

41 COPIE D'ÉLÈVE [Mod.5 - Com.2]

Un professeur donne l'exercice suivant.
Manon met 20 minutes à pied pour parcourir les deux kilomètres séparant son domicile de son école. Calculer sa vitesse moyenne en km/h.
Voici des extraits de la copie de deux élèves.

Copie d'Anthony.

> $v = \frac{2}{20} = 0{,}1$.
> *Manon se déplace à 0,1 km/h.*

Copie de Julie.

> *Je convertis d'abord :* $20 \text{ min} = \frac{1}{3}$ *h, puis je calcule :* $v = 2 \times \frac{1}{3} \approx 0{,}67$.
> *Manon se déplace environ à 0,67 km/h.*

Indiquer les erreurs commises par Anthony et Julie, et proposer une correction.

Approfondissement

Environnement et développement durable

42 [Mod.3 - Cal.4 - Rais.4 - Com.3]

Paul a remarqué que lorsque les pneus de sa voiture étaient correctement gonflés, sa voiture consommait en moyenne 6 L aux 100 km. Il décide de s'inscrire à un stage d'éco-conduite afin de diminuer sa consommation de carburant et donc son émission de CO_2. En adoptant les principes de l'éco-conduite, un conducteur peut diminuer sa consommation de carburant d'environ 15 %. Il souhaite, à l'issue du stage, atteindre cet objectif.

1. Quelle sera alors la consommation moyenne de la voiture de Paul ?
2. Sachant qu'il effectue 20 000 km en une année, combien de litres de carburant peut-il espérer économiser ?
3. Sa voiture roule à l'essence sans plomb. Le prix moyen est 1,35 €/L. Quel serait alors le montant de l'économie réalisée sur une année ?
4. Ce stage lui a coûté 200 €. Au bout d'un an, peut-il espérer amortir cette dépense ?

43 [Mod.3 - Cal.4 - Rais.4 - Com.3]

D'après brevet, Centres Étrangers, juin 2017

Pour respecter la norme RT2012 des maisons BBC (Bâtiments Basse Consommation), il faut que la résistance thermique des murs, notée R, soit supérieure ou égale à 4. Pour calculer cette résistance thermique, on utilise la relation $R = \frac{e}{c}$, où e désigne l'épaisseur de l'isolant (en m) et c désigne le coefficient de conductivité thermique de l'isolant. Ce coefficient permet de connaître la performance de l'isolant.

1. Noa a choisi comme isolant la laine de verre dont le coefficient de conductivité thermique est $c = 0{,}035$. Il souhaite mettre 15 cm de laine de verre sur ses murs. Sa maison respecte-t-elle la norme RT2012 des maisons BBC ?
2. Camille souhaite obtenir une résistance thermique de 5. Elle a choisi comme isolant du liège, dont le coefficient de conductivité thermique est $c = 0{,}04$. Quelle épaisseur d'isolant doit-elle mettre sur ses murs ?

44 [Mod.3 - Cal.4 - Rais.4 - Com.3]

D'après brevet, Asie, juin 2017

Pour mesurer les précipitations, Météo France utilise deux sortes de pluviomètre : des pluviomètres à lecture directe et des pluviomètres électroniques. La mesure des précipitations s'exprime en millimètre. On donne ainsi la hauteur d'eau H qui est tombée en utilisant la formule $H = \frac{V}{S}$, où V est le volume d'eau tombée sur une surface S, avec H exprimée en mm, V en mm³ et S en mm².

Ces pluviomètres sont composés d'un cylindre de réception et d'un réservoir conique gradué.

1. Vérifier à l'aide de la formule qu'à 1 mm de pluie tombée correspond 1 L d'eau tombée sur une surface de 1 m².
2. Un pluviomètre indique 10 mm de pluie. La surface qui reçoit la pluie est de 0,01 m². Quel est le volume d'eau dans ce pluviomètre ?

45 [Ch.5 - Cal.4 - Com.3]

L'image satellite donnée ci-dessous représente un terrain de foot de forme rectangulaire.

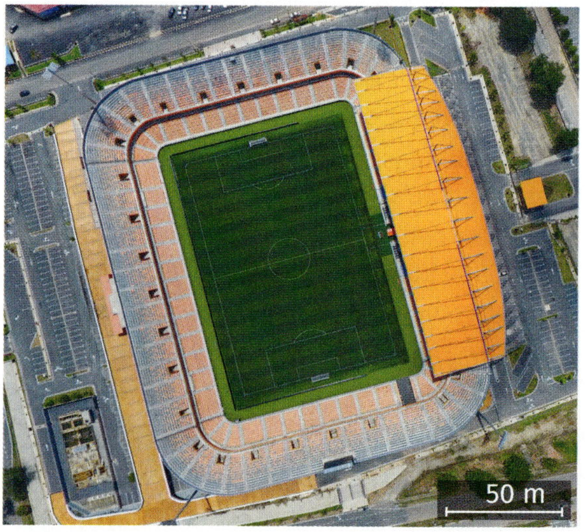

À partir de cette image, estimer la longueur et la largeur en mètre du terrain.

46 [Cal.4 - Mod.3 - Rép.4 - Rais.4]

D'après brevet, Centres Étrangers, juin 2019

Une famille a effectué une randonnée en montagne. Le graphique ci-dessous donne la distance parcourue (en km) en fonction du temps (en h).

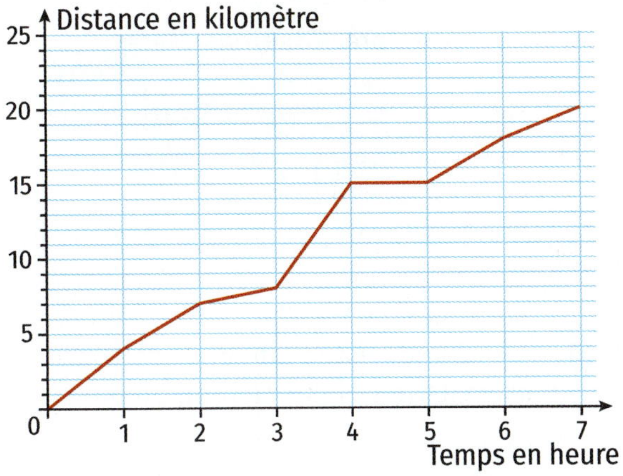

1. Ce graphique traduit-il une situation de proportionnalité ? Justifier la réponse.

2. On utilisera le graphique pour répondre aux questions suivantes. Aucune justification n'est demandée.

a. Quelle est la durée totale de cette randonnée ?

b. Quelle distance cette famille a-t-elle parcourue au total ?

c. Quelle est la distance parcourue au bout de 6 h de marche ?

d. Au bout de combien de temps ont-ils parcouru les huit premiers kilomètres ?

e. Que s'est-il passé entre la quatrième et la cinquième heure de randonnée ?

3. Un randonneur expérimenté marche à une vitesse moyenne de 4 km/h sur toute la randonnée. Cette famille est-elle expérimentée ? Justifier la réponse.

47 [Cal.4 - Mod.3 - Rép.4 - Rais.4]

D'après brevet, Pondichéry, mai 2018

Chris fait une course à vélo tout terrain (VTT). Le graphique ci-dessous représente sa fréquence cardiaque (en battements par minute) en fonction du temps lors de la course.

Fréquence cardiaque de Chris

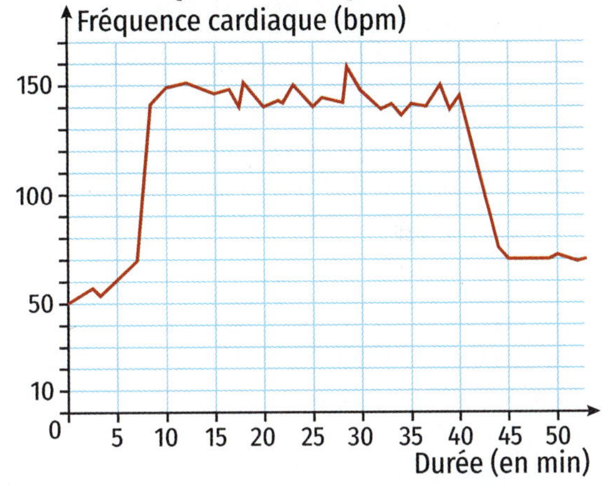

1. Quelle est la fréquence cardiaque de Chris au départ de cette course ?

2. Quelle est la fréquence cardiaque maximale atteinte par Chris au cours de cette course ?

3. Chris est parti à 9 h 33 de la ligne de départ et termine sa course à 10 h 26. Quelle a été la durée, en minute, de sa course ?

4. Chris a parcouru 11 km lors de cette course. Montrer que sa vitesse moyenne est d'environ 12,5 km/h.

CLUB DE MATHS

48 **DÉFI** Sur une piste, Julie effectue une descente à ski à une vitesse constante de 90 km/h en « tout schuss », c'est-à-dire en ligne droite. Elle part d'une altitude de 2 925 m et finit sa descente à une altitude de 1 770 m. Elle passe à côté d'un chalet au bout de 27 s. Sachant qu'elle met 1 min 21 s pour faire sa descente, à quelle altitude se trouve le chalet ?

Scratch

Retrouvez ces exercices et des dizaines d'autres au format interactif sur LLS.fr/M3Scratch

Notion d'algorithme

Un **programme** (également appelé **algorithme**) est un enchaînement fini de différentes étapes qui permet d'accomplir une tâche.

Les différentes étapes élémentaires d'un programme s'appellent des **instructions**.

```
avancer de (100) pas
tourner ↻ de (90) degrés
avancer de (100) pas
tourner ↺ de (90) degrés
avancer de (10) pas
```

1 1. Dans le programme ci-dessous, compléter la ligne 6 afin que cet algorithme permette de tracer un triangle équilatéral.

```
1 stylo en position d'écriture
2 avancer de (100) pas
3 tourner ↻ de (120) degrés
4 avancer de (100) pas
5 tourner ↻ de (120) degrés
6
7 dire (Le triangle est tracé !) pendant (2) secondes
```

2. Modifier ce programme pour que le triangle ait des côtés de longueur 200 pas.

2 Que trace ce programme ?

```
stylo en position d'écriture
avancer de (100) pas
tourner ↻ de (180) degrés
avancer de (50) pas
tourner ↺ de (90) degrés
avancer de (200) pas
```

3 Quelle est la longueur de chacun des deux traits tracés par ce programme ?

```
stylo en position d'écriture
avancer de ((100) - ((10) * (2))) pas
tourner ↻ de (50) degrés
avancer de (((100) - (10)) * (2)) pas
```

4 En utilisant une et une seule fois chacun des blocs suivants, reproduire la figure ci-dessous.

```
avancer de (200) pas
tourner ↻ de (90) degrés
stylo en position d'écriture
avancer de (100) pas
avancer de (50) pas
tourner ↺ de (90) degrés
```

Notion de variables

Dans le programme ci-contre, on a écrit un algorithme qui trace un carré. On indique la longueur du côté par une variable nommée « côté ».

Cette **variable** représente un nombre que l'on peut éventuellement modifier au cours du programme.

Ainsi, l'instruction « mettre côté à 50 » **affecte** la valeur 50 à la variable « côté ». Dès lors, lorsque l'instruction « avancer de côté pas » est exécutée, le programme trace un segment de longueur 50 pas.

Si nous souhaitons tracer un carré de longueur 80 pas, il suffit de modifier la valeur de la variable « côté ».

```
stylo en position d'écriture
mettre côté à 50
avancer de côté pas
tourner ↻ de 90 degrés
avancer de côté pas
tourner ↻ de 90 degrés
avancer de côté pas
tourner ↻ de 90 degrés
avancer de côté pas
```

5 On considère le programme ci-dessous.

```
mettre a à 5
mettre b à 3
mettre c à a
mettre a à b
mettre b à c
dire Bonjour ! pendant a secondes
dire Au revoir ! pendant b secondes
```

1. Combien de variables compte ce programme ?
2. Décrire pas à pas le contenu de chacune des variables à chacune des étapes.
3. Quel est l'intérêt de la variable c dans ce programme ?
4. Recopier ce programme, le tester puis le modifier pour qu'il affiche également la valeur de c. Cette valeur est-elle prévisible ?

6 On considère le programme ci-dessous.

```
mettre a à 15
mettre b à 12
mettre c à 8
mettre d à 19
mettre e à 11
mettre f à (a + b + c + d + e) / 5
```

1. Quelle est la valeur contenue dans la variable f ?
2. À quoi correspond-elle ?

7 On considère la suite de nombres dont les deux premiers sont 0 et 1 et pour laquelle les éléments suivants correspondent à la somme des deux précédents. Ainsi, les premiers éléments de cette suite de nombres sont : 0 ; 1 ; 1 ; 2 ; 3 ; 5 ; 8 ; 13 ; 21 ; 34 ; etc.
Écrire un programme qui permet de calculer les 30 premiers nombres de cette suite de nombres.

Retrouvez ces exercices et des dizaines d'autres au format interactif sur LLS.fr/M3Scratch

Notion de boucles

Ce programme répète quatre fois la séquence d'instructions « avancer de 50 pas » et « tourner de 90 degrés ».

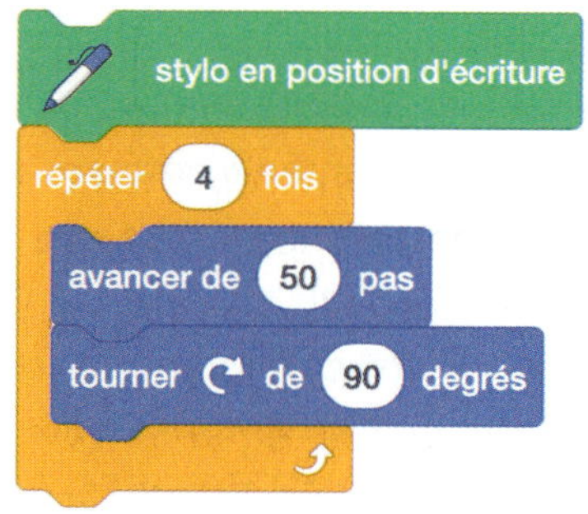

Dans un algorithme, on dit que l'on a une **boucle** quand une même séquence d'instructions est répétée plusieurs fois.

- La boucle « répéter ... fois » permet d'exécuter une séquence d'instructions un nombre de fois fixé et prévu à l'avance.
- La boucle « répéter tant que/jusqu'à.... » permet d'exécuter une séquence d'instructions jusqu'à ce qu'une condition soit réalisée.

8 Combien de fois entend-on « Miaou » en exécutant le programme ci-dessous ?

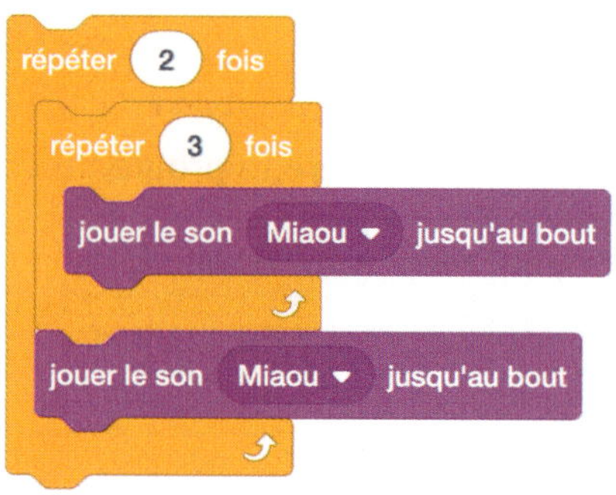

9 Que doit-on écrire dans la case vide du programme ci-dessous pour que, lorsque l'on exécute celui-ci, il joue 14 fois le son « Miaou » ?

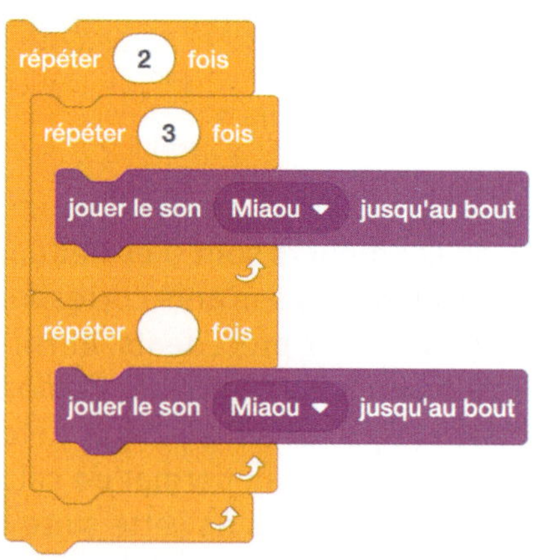

10 En utilisant uniquement les briques ci-dessous, écrire un programme qui dessine un triangle équilatéral.

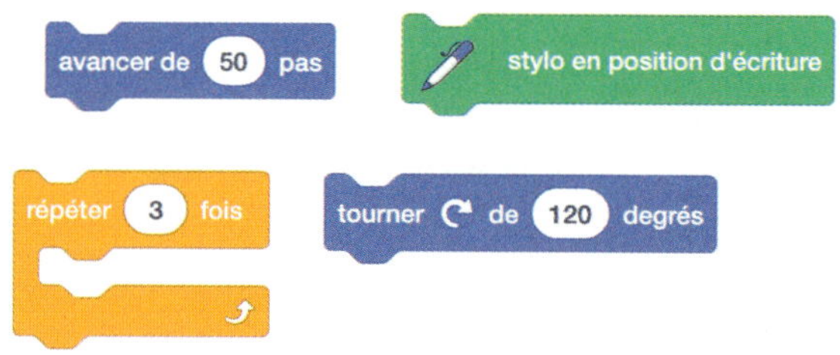

11 **1.** Recopier et tester le programme ci-dessous.

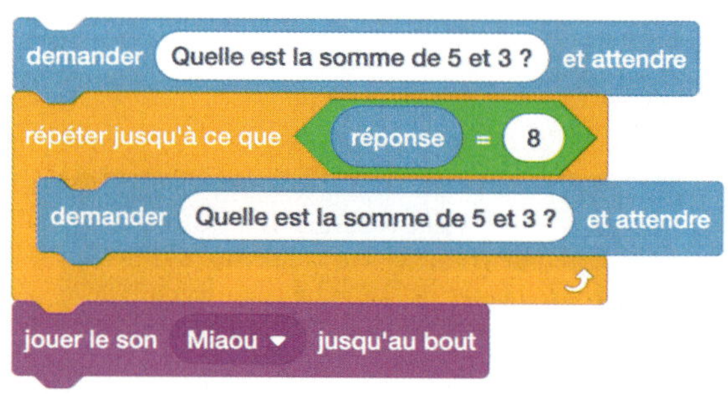

2. Que se passe-t-il quand l'utilisateur donne une mauvaise réponse à la question posée par le programme ?

3. Que se passe-t-il quand l'utilisateur donne une bonne réponse à la question posée par le programme ?

Instructions conditionnelles

Le programme ci-contre demande à l'utilisateur son prénom.

- **Si** l'utilisateur répond « Bob », **alors** le programme lui répond « Bonjour Bob ! ».
- **Sinon**, le programme lui répond « Bonjour, enchanté. ».

On dit que le programme a réalisé **une instruction conditionnelle**. C'est-à-dire qu'il a choisi quelle instruction exécuter en fonction de la condition indiquée dans le bloc vert.

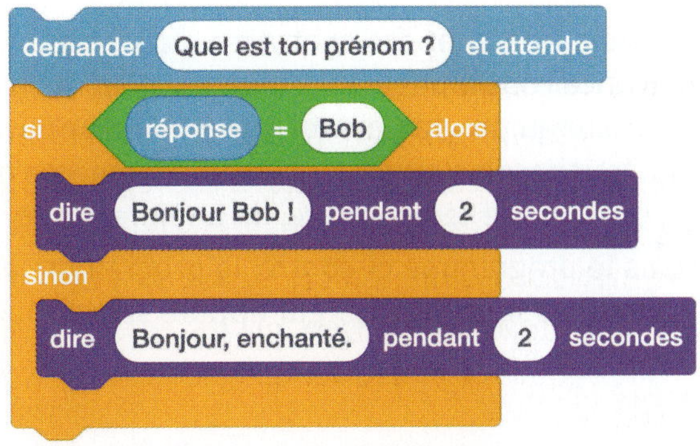

12 Combien de fois l'exécution du programme ci-dessous affiche-t-elle « Bonjour ! » ?

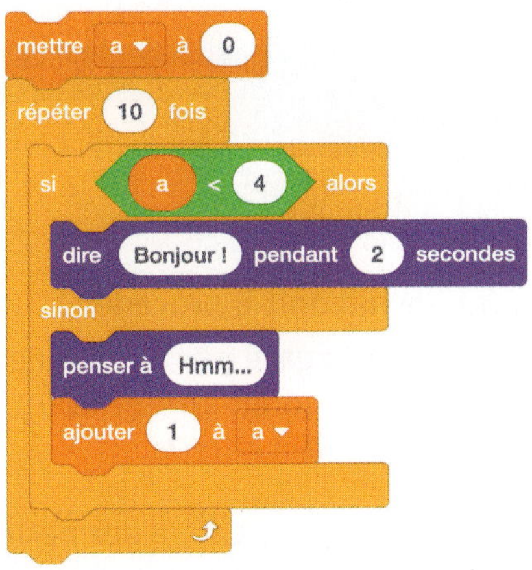

13 Écrire un programme qui demande à un utilisateur son âge et qui affiche « Vous êtes jeune. » si l'utilisateur répond par un nombre strictement inférieur à 15.

14 Décrire ce que fait le programme ci-dessous.

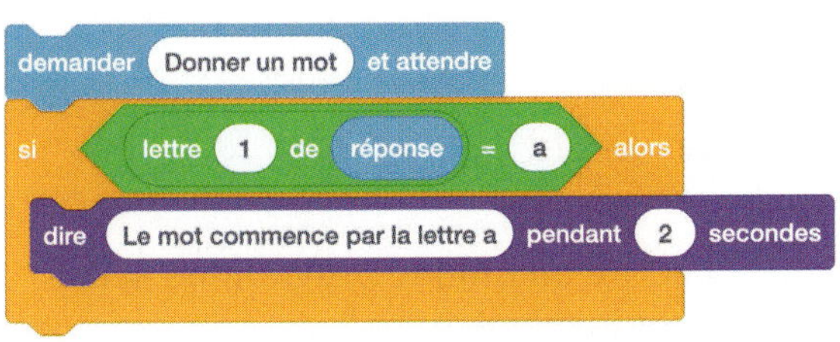

15 Afin de jouer à un jeu de société avec sa petite sœur Joani, Jason écrit ce programme pour simuler le lancer d'un dé à six faces. Si le résultat est supérieur ou égal à 4 Jason gagne, sinon c'est sa petite sœur qui gagne.

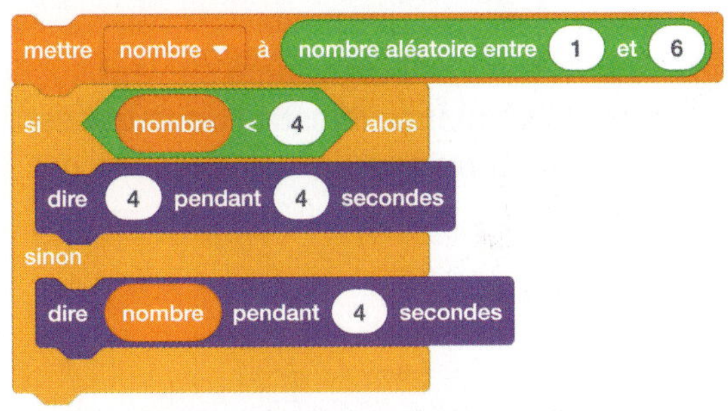

Expliquer pourquoi Jason est un bon programmeur mais un mauvais joueur.

16 À l'aide des blocs ci-dessous, écrire et tester le programme de l'exercice précédent pour qu'il soit conforme à la règle du jeu.

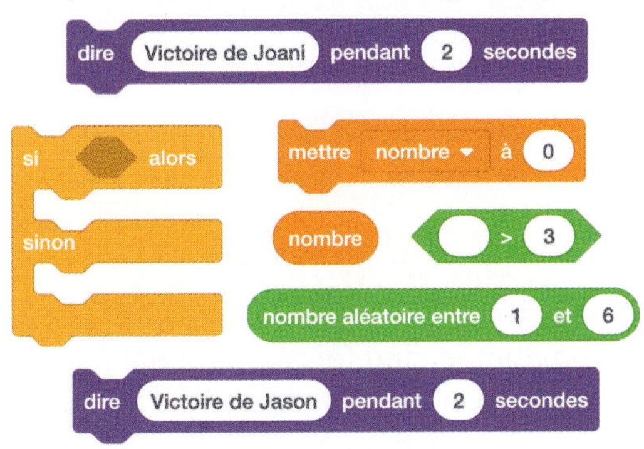

Retrouvez ces exercices et des dizaines d'autres au format interactif sur LLS.fr/M3Scratch

Déclenchement d'action par un événement

Le **déclenchement** de l'exécution d'un programme peut être conditionné à la survenue d'un événement extérieur au programme tel que le fait d'appuyer sur une touche, de cliquer sur la souris ou même d'activer un capteur (de température, de lumière, de son etc.).

Dans le programme ci-contre, le programme est exécuté lorsque l'utilisateur appuie sur la touche g du clavier.

17 Quel événement déclenche l'exécution de ce programme ?

18 **1.** Dans le programme suivant, quelle est la séquence d'instructions qui est exécutée quand on appuie sur la touche a ?

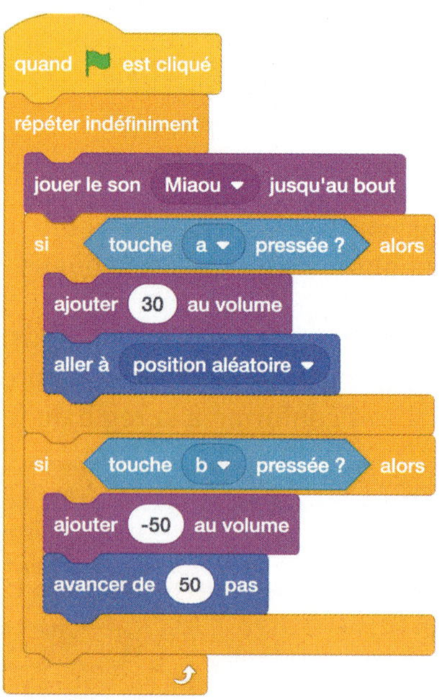

2. Si l'on appuie cinq fois sur la touche a, quelle(s) action(s) permet(tent) de ramener le volume du son à son niveau initial ?

19 La facétieuse petite sœur de Rachid a écrit ce programme et lui a demandé de l'exécuter.

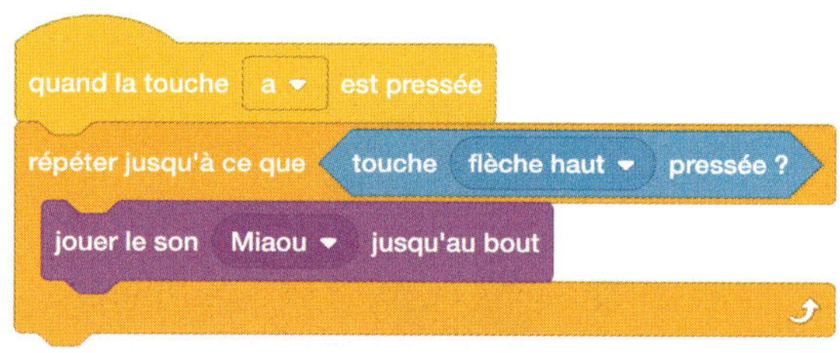

1. Comment Rachid doit-il procéder ?

2. Particulièrement agacé par les miaulements répétitifs, Rachid voudrait arrêter le programme. Que doit-il faire ?

20 Créer un programme permettant de déplacer le chat à l'aide des quatre touches de direction du clavier puis le tester.

21 Voici deux programmes.

Peut-on écrire un unique programme ayant exactement le même effet ?

Séquence d'instructions

Pour écrire un programme, il faut souvent utiliser plusieurs instructions qui s'enchaînent dans un ordre précis.

Dans l'exemple ci-contre, deux instructions conditionnelles sont intégrées dans une boucle « répéter jusqu'à... ». Ces deux instructions conditionnelles sont déclenchées par l'appui sur une touche et entraînent l'ajout de 2 ou 3 au contenu de la variable « x ».

Remarque : Seules les instructions à l'intérieur d'un bloc sont concernées par cette boucle ou cette instruction conditionnelle.

Ici, l'instruction « mettre x à 0 » n'est exécutée qu'une seule fois car elle est avant et à l'extérieur du bloc « répéter tant que ». De même, l'instruction « attendre 0.4 s » est dans la boucle mais en dehors des deux instructions conditionnelles. Ainsi, cette instruction s'exécute à chaque passage dans la boucle, que les touches *a* et *c* aient été pressées ou pas.

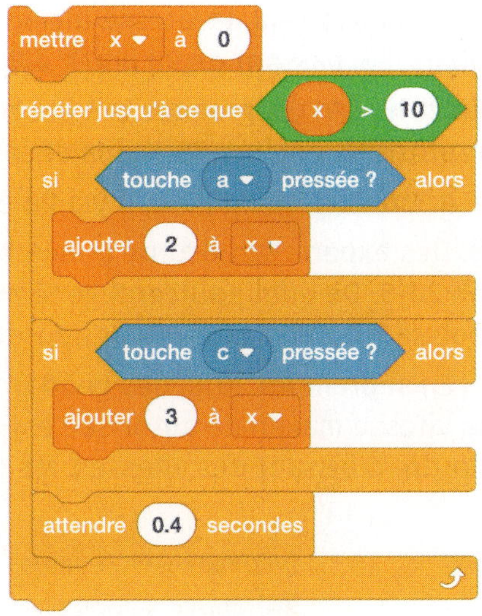

22 Jean exécute le programme de l'exemple ci-dessus puis appuie sur les touches *a* et *c* de manière désordonnée. Parmi les séquences de touches suivantes, lesquelles permettent l'arrêt du programme ?

« *aaaa* », « *aac* », « *cccc* », « *cacc* ».

23 Proposer un enchaînement d'instructions permettant de demander un nombre entier à l'utilisateur et de l'afficher pendant deux secondes s'il est plus petit que 10, et trois secondes s'il est supérieur ou égal à 10. Tester ce programme.

24 Expliquer la différence entre ces trois programmes.

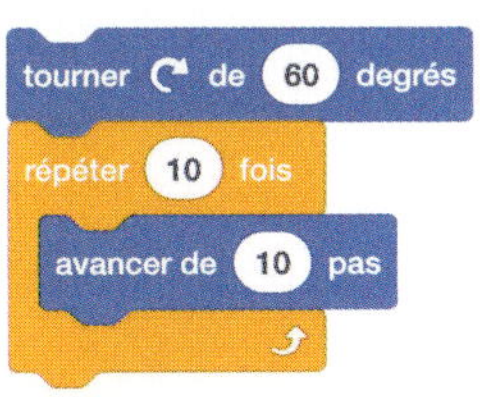

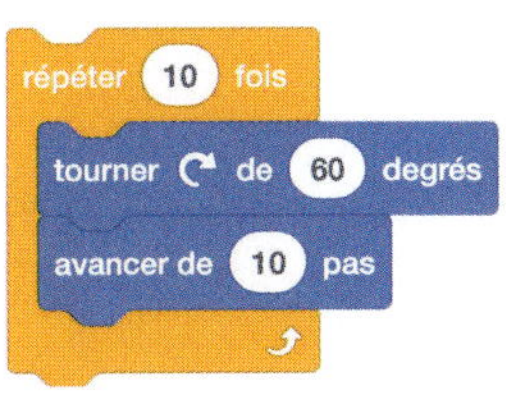

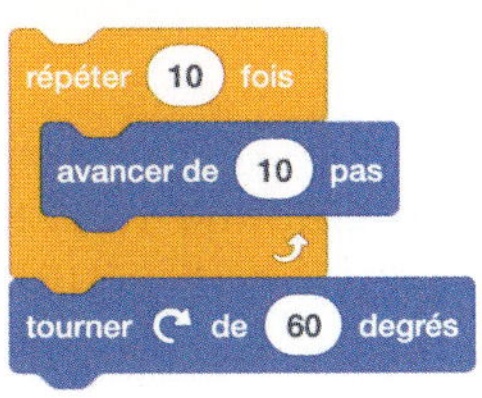

25 Parmi les quatre séquences d'instructions ci-dessous, lesquelles sont équivalentes à :

A

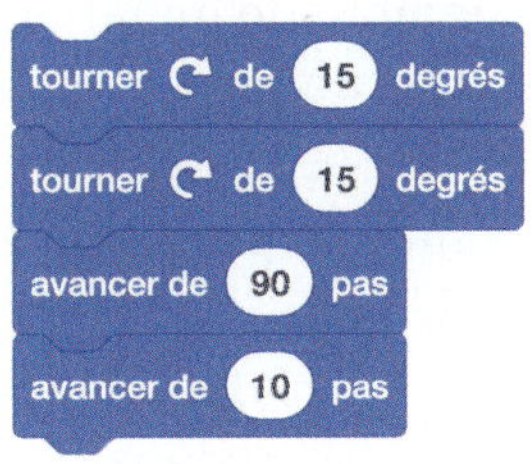

B

C

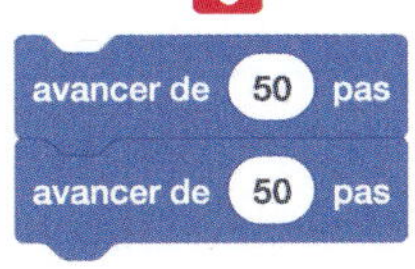

D

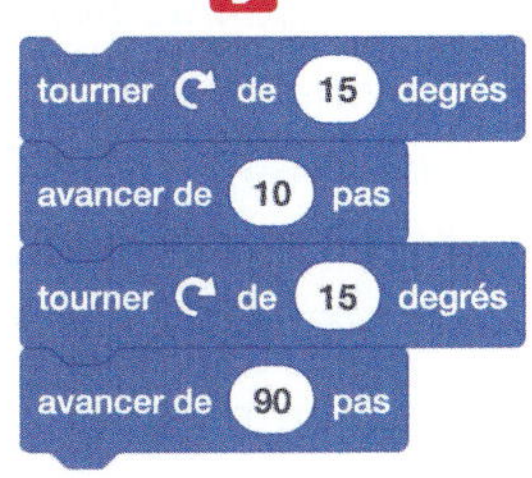

Dossier brevet

1 [D'après brevet, Antilles Guyane, juin 2019] durée : 20 min › Chapitres **7** **8**

Le 1er juillet 2018, la vitesse maximale autorisée sur les routes à double sens de circulation a été abaissée, passant de 90 km/h à 80 km/h.

En 2016, 1 911 personnes ont été tuées sur les routes à double sens de circulation, ce qui représente environ 55 % des décès sur l'ensemble des routes de France.

1. a. Montrer qu'en 2016, il y a eu environ 3 475 décès sur l'ensemble des routes de France.

b. Des experts ont estimé que la baisse de la vitesse à 80 km/h aurait permis de sauver 400 vies en 2016. De quel pourcentage le nombre de morts sur l'ensemble des routes de France aurait-il baissé ? Donner une valeur approchée à 0,1 % près.

2. En septembre 2018, des gendarmes ont effectué une série de contrôles sur une route dont la vitesse maximale autorisée est 80 km/h. Les résultats ont été entrés dans un tableur dans l'ordre croissant des vitesses. Malheureusement, les données de la colonne **B** ont été effacées.

	A	B	C	D	E	F	G	H	I	J	K
1	Vitesse relevée (km/h)		72	77	79	82	86	90	91	97	Total
2	Nombre d'automobilistes		2	10	6	1	7	4	3	6	

a. Calculer la moyenne des vitesses des automobilistes contrôlés qui ont dépassé la vitesse maximale autorisée. Donner une valeur approchée à 0,1 km/h près.

b. Sachant que l'étendue des vitesses relevées est égale à 27 km/h et que la médiane est égale à 82 km/h, quelles sont les données manquantes dans les cellules **B1** et **B2** ?

c. Quelle formule doit-on saisir dans la cellule **K2** pour obtenir le nombre total d'automobilistes contrôlés ?

2 [D'après brevet, Métropole La Réunion, juillet 2019] durée : 20 min › Chapitres **2** **3** **4**

Voici deux programmes de calcul.

Programme 1

Choisir un nombre
Multiplier par 3
Ajouter 1

Programme 2

Choisir un nombre
Soustraire 1 | Ajouter 2
Multiplier les deux nombres obtenus

1. On choisit −5 comme nombre de départ. Calculer, en détaillant votre démarche, les résultats obtenus lorsqu'on applique les deux programmes.

2. On appelle $\mathrm{A}(x)$ le résultat du programme 1 en fonction du nombre x choisi au départ.

La fonction $\mathrm{B} : x \longmapsto (x-1)(x+2)$ donne le résultat du programme 2 en fonction du nombre x choisi au départ.

a. Exprimer $\mathrm{A}(x)$ en fonction de x.

b. Déterminer le nombre que l'on doit choisir au départ pour obtenir 0 avec le programme 1. Détailler le raisonnement.

3. Développer et réduire l'expression $\mathrm{B}(x)=(x-1)(x+2)$.

4. a. Montrer que $\mathrm{B}(x)-\mathrm{A}(x)=(x+1)(x-3)$.

b. Quels nombres doit-on choisir au départ pour que le programme 1 et le programme 2 donnent le même résultat ? Expliquer la démarche.

3 [D'après brevet, Métropole La Réunion, juillet 2019] durée : 10 min › Chapitre 1

Le capitaine d'un navire possède un trésor constitué de 69 perles et 1 150 pièces d'or.

1. Décomposer 69 et 1 150 en un produit de facteurs premiers.

2. Le capitaine partage équitablement le trésor entre les marins. Combien y a-t-il de marins sachant que toutes les pièces et perles ont été distribuées ? Que recevra chaque marin ?

4 [D'après brevet, Grèce, juin 2019] durée : 15 min › Chapitres 10 11

TSR et SPU sont des triangles rectangles respectivement en T et en P tels que TS = 56 cm, SP = 42 cm, RS = 112 cm et $\widehat{SUP} = 30°$.
Les points T, S et P sont alignés.

1. Montrer que la mesure de l'angle $\widehat{TSR}$ est 60°.

2. Démontrer que les triangles SRT et SUP sont semblables.

3. Calculer la longueur SU. Détailler le raisonnement.

4. Proposer une deuxième méthode pour calculer cette longueur SU.

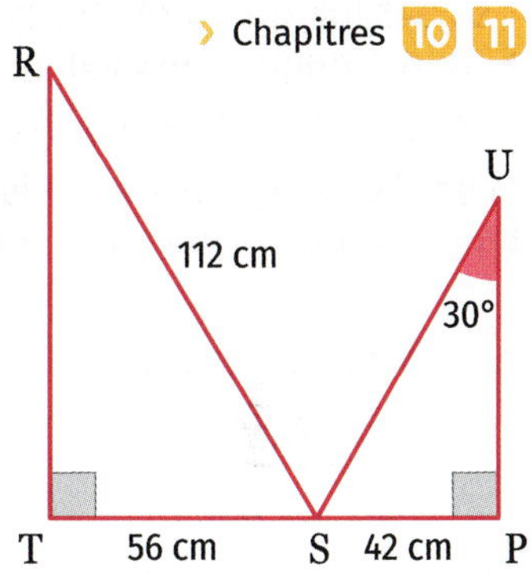

5 [D'après brevet, Nouvelle-Calédonie, mars 2019] durée : 20 min › Chapitres 5 6

1. On considère la fonction g représentée ci-contre.

a. Donner un antécédent de 4 par la fonction g.

b. Quelle est l'image de 3 par la fonction g ?

c. Recopier et compléter le tableau ci-dessous :

x	-2		4	
$g(x)$		8		-2

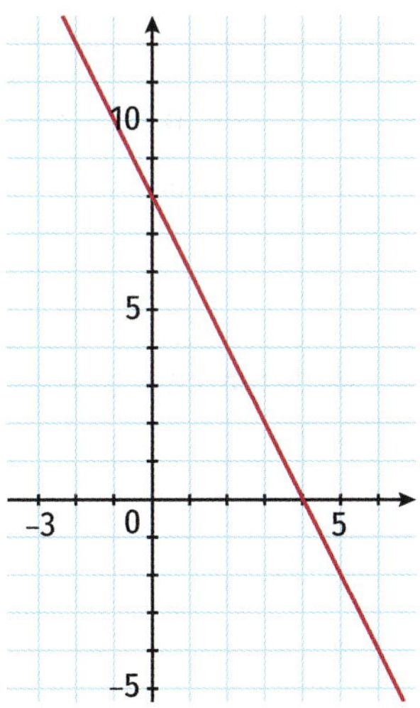

2. La fonction f est définie par $f(x) = 2x$.

a. Quelle est la nature de la fonction f ?

b. Calculer l'image de -2 par la fonction f.

c. Calculer $f(3)$.

d. Déterminer l'antécédent de 10 par la fonction f.

e. Recopier le repère ci-contre (ainsi que la représentation graphique de g) puis tracer la représentation graphique de la fonction f.

3. Déterminer graphiquement l'abscisse du point d'intersection S des deux représentations graphiques. Faire apparaître en pointillés la lecture sur le graphique.

4. On admet que l'expression de la fonction g est $g(x) = -2x + 8$.

a. Quelle est la nature de la fonction g ? Justifier.

b. Résoudre l'équation $2x = -2x + 8$.

c. Que représente graphiquement le résultat précédent ?

Dossier brevet

6 [D'après brevet, Métropole, juillet 2019] durée : 20 min

› Chapitres 10 12

Olivia s'est acheté un tableau pour décorer le mur de son salon. Ce tableau, représenté ci-contre, est constitué de quatre rectangles identiques nommés 1, 2, 3 et 4 dessinés à l'intérieur d'un grand rectangle ABCD dont l'aire est égale à 1,215 m².

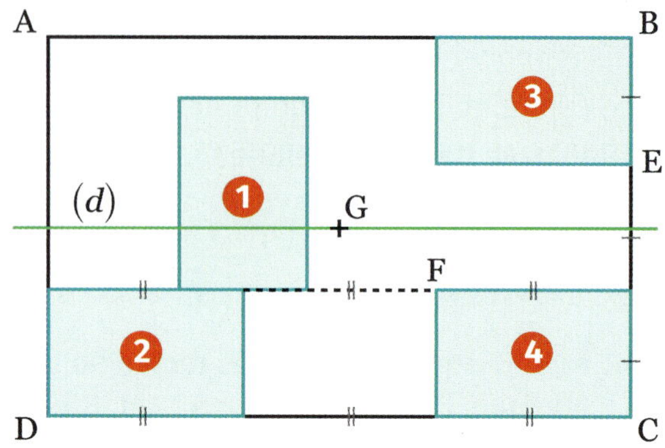

1. Recopier et compléter les phrases suivantes.

a. Le rectangle ... est l'image du rectangle ... par la translation qui transforme C en E.

b. Le rectangle 3 est l'image du rectangle ... par la rotation de centre F et d'angle 90° dans le sens des aiguilles d'une montre.

c. Le rectangle ABCD est l'image du rectangle ... par l'homothétie de centre ... et de rapport 3. (Il y a plusieurs réponses possibles, une seule est demandée.)

d. Le rectangle ... est l'image du rectangle 3 par la symétrie de centre G (le centre du rectangle).

e. Soit (d) la droite parallèle à la droite (CD) passant par le milieu du segment $[BC]$.
Le rectangle 3 est l'image du rectangle ... par la symétrie d'axe (d).

2. Quelle est l'aire du petit rectangle 2 ? Justifier.

7 [D'après brevet, Centres Étrangers, juin 2018] durée : 10 min

› Chapitres 13 14

La fleur de sel est la mince couche de cristaux blancs qui se forme et affleure la surface des marais salants. Chaque soir, Jean cueille la fleur de sel à la surface des carreaux.
Pour transporter sa récolte, il utilise une brouette comme sur le schéma ci-dessous.

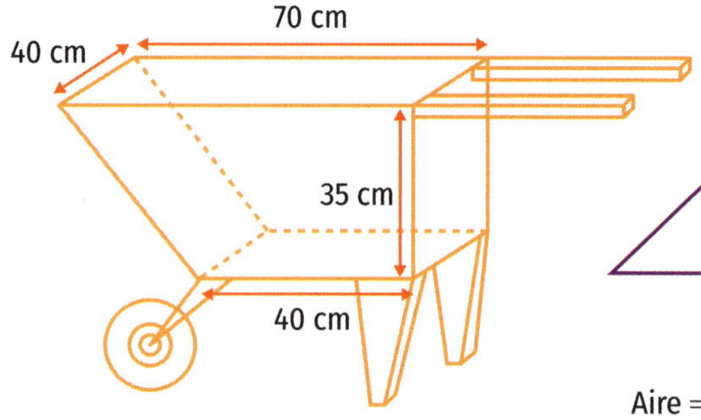

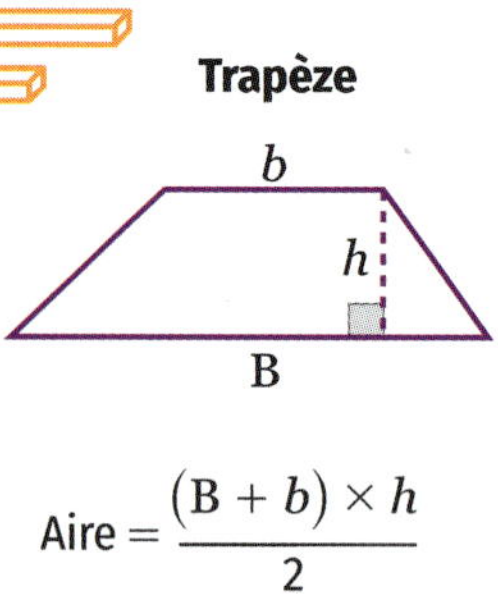

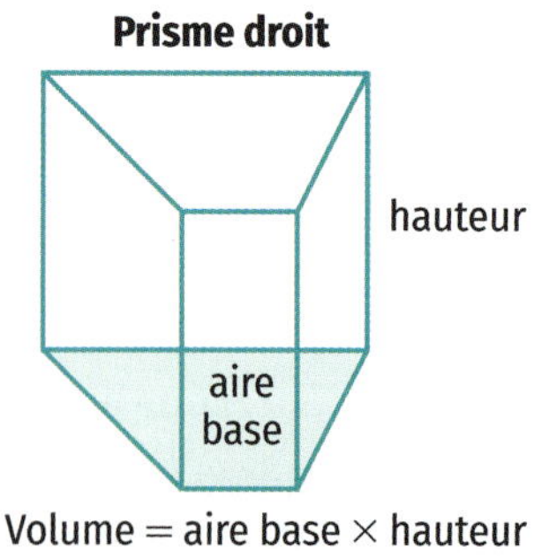

1. Montrer que cette brouette a un volume de 77 litres.

2. Sachant qu'un litre de fleur de sel pèse 900 grammes, calculer la masse, en kilogramme, du contenu d'une brouette remplie de fleur de sel.

8 [D'après brevet, Nouvelle-Calédonie, décembre 2019] durée : 10 min › Chapitres 2 3 14

Dans ce questionnaire à choix multiple, plusieurs réponses sont proposées pour chaque question, mais une seule est exacte. Aucune justification n'est attendue.

Questions posées	Réponse A	Réponse B	Réponse C
1. Une page de roman se lit en moyenne en 1 minute 15 secondes. Quel temps de lecture faudrait-il pour un roman de 290 pages ?	Environ 5 heures	Environ 6 heures	Environ 7 heures
2. La masse de la planète Neptune est de l'ordre de :	10^{-15} kg	10^{4} kg	10^{26} kg
3. $(2x-3)(2x+3)=$	$2x^2-9$	$2x^2-12x+9$	$4x^2-9$

9 [D'après brevet, Centres Étrangers, juin 2019] durée : 15 min › Chapitre 10

Dans l'exercice suivant, les figures ne sont pas à l'échelle.

Un décorateur a dessiné une vue de côté d'un meuble de rangement composé d'une structure métallique et de plateaux en bois d'épaisseur 2 cm, illustré par la figure ci-dessous.
Les étages de la structure métallique de ce meuble de rangement sont tous identiques et la figure 2 représente l'un d'entre eux.

Figure 1

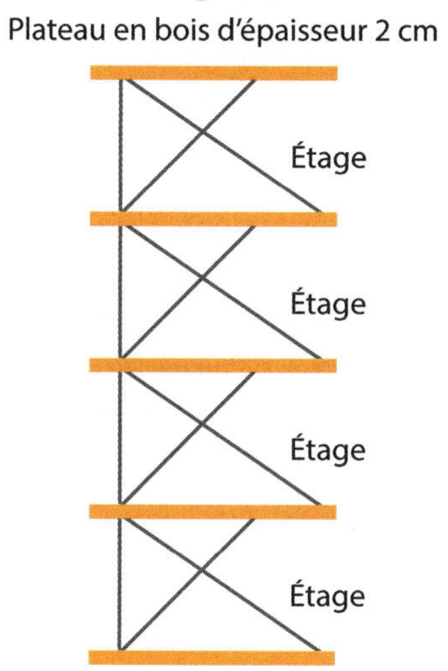

Figure 2

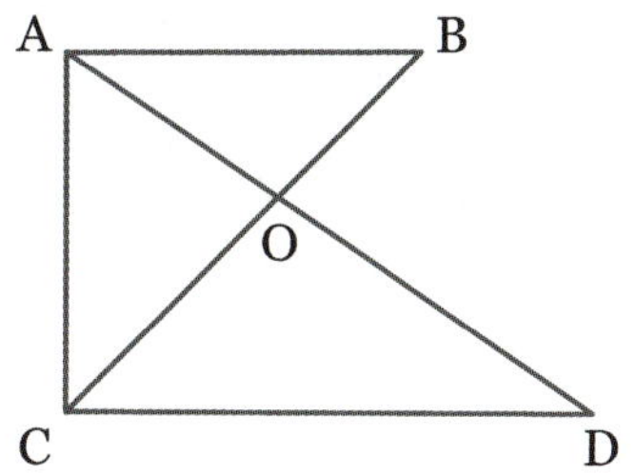

On donne :

- $OC = 48$ cm ; $OD = 64$ cm ; $OB = 27$ cm ; $OA = 36$ cm et $CD = 80$ cm ;
- les droites (AC) et (CD) sont perpendiculaires.

1. Démontrer que les droites (AB) et (CD) sont parallèles.

2. Montrer par le calcul que $AB = 45$ cm.

3. Calculer la hauteur totale du meuble de rangement.

Dossier brevet

10 [D'après brevet, Métropole, septembre 2019] durée : 25 min

› Chapitre 9

Deux amis Armelle et Basile jouent aux dés en utilisant des dés bien équilibrés mais dont les faces ont été modifiées. Armelle joue avec le dé A et Basile joue avec le dé B. Lors d'un duel, chaque joueur lance son dé et celui qui obtient le plus grand nombre gagne un point.

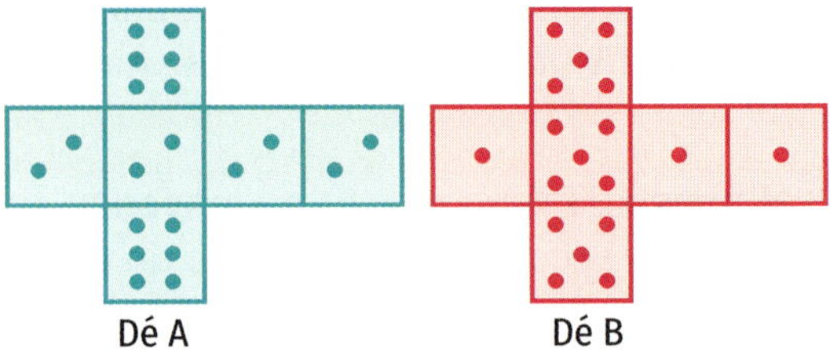

1. Un duel peut-il aboutir à un match nul ?

2. a. Si le résultat obtenu avec le dé A est 2, quelle est la probabilité que Basile gagne un point ?

b. Si le résultat obtenu avec le dé B est 1, quelle est la probabilité qu'Armelle gagne un point ?

3. Les joueurs souhaitent comparer leur chance de gagner. Ils décident de simuler un match de soixante mille duels à l'aide d'un programme informatique. Voici une partie du programme réalisé.

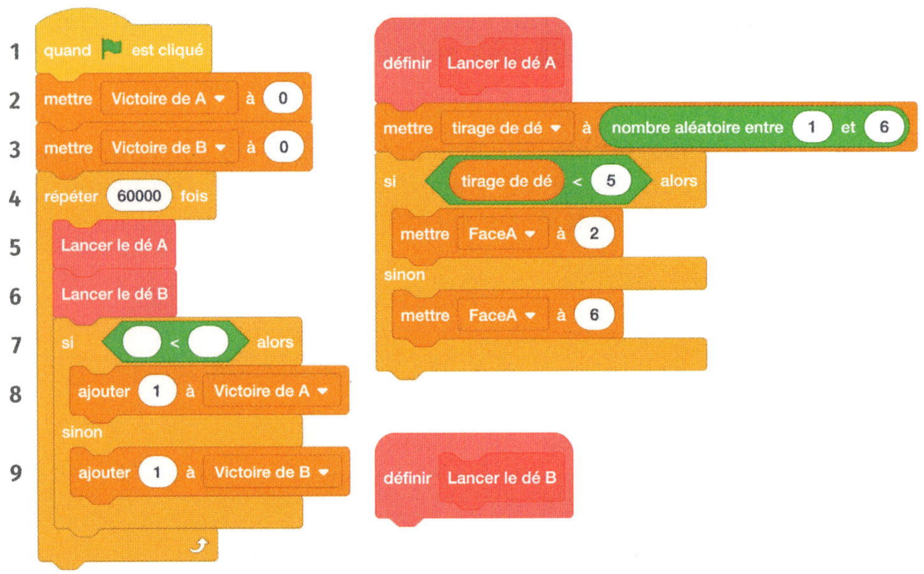

On précise que l'expression « nombre aléatoire entre 1 et 6 » renvoie de manière équiprobable un nombre pouvant être 1, 2, 3, 4, 5 ou 6. Les variables « FaceA » et « FaceB » enregistrent les résultats des dés A et B. Par exemple, la variable « FaceA » peut prendre soit la valeur 2 soit la valeur 6, puisque ce sont les seuls nombres présents sur le dé A.

Les variables « Victoire de A » et « Victoire de B » comptent les victoires des joueurs.

a. Lorsqu'on exécute le sous-programme « Lancer le dé A », quelle est la probabilité que la variable « FaceA » prenne la valeur 2 ?

b. Recopier la ligne 7 du programme principal et la compléter.

c. Rédiger un sous-programme « Lancer le dé B » qui simule le lancer du dé B et enregistre le nombre obtenu dans la variable « FaceB ».

4. Après une exécution du programme principal, on obtient les résultats suivants :

Victoire de A = 39 901 Victoire de B = 20 099

a. Calculer la fréquence de gain du joueur A, exprimée en pourcentage arrondi à l'unité.

b. Conjecturer la probabilité que Armelle gagne contre Basile.

11 [D'après brevet, Polynésie, septembre 2020] 15 durée : 15 min › Chapitre 9

Jean possède 365 albums de BD. Afin de trier les albums de sa collection, il les range par série et classe les séries en trois catégories : franco-belges, comics et mangas comme ci-dessous.

Séries franco-belges	Séries de comics	Séries de mangas
23 albums « Astérix » 22 albums « Tintin » 45 albums « Lucky-Luke »	35 albums « Batman » 90 albums « Spider-Man »	85 albums «One-Piece » 65 albums «Naruto »

Il choisit au hasard un album de bandes dessinées parmi tous ceux de sa collection.

1. a. Quelle est la probabilité que l'album choisi soit un album « Lucky-Luke » ?

b. Quelle est la probabilité que l'album choisi soit un comics ?

c. Quelle est la probabilité que l'album choisi ne soit pas un manga ?

2. Tous les albums de chaque série sont numérotés dans l'ordre de sortie en librairie et chacune des séries est complète du numéro 1 au dernier numéro.

a. Quelle est la probabilité que l'album choisi porte le numéro 1 ?

b. Quelle est la probabilité que l'album choisi porte le numéro 40 ?

12 [D'après brevet, Antilles Guyane, septembre 2020] 25 durée : 25 min › Chapitre 7 8 14

Voici la série des temps, exprimés en seconde, réalisés par des nageuses lors de la finale du 100 mètres nage libre féminin lors des championnats d'Europe de natation de 2018.

53,23	54,04	53,61	54,52	53,35	52,93	54,56	54,07

1. Quelle est la vitesse moyenne, exprimée en m/s, de la nageuse ayant parcouru les 100 mètres en 52,93 secondes ? Arrondir au dixième près.

2. Calculer la moyenne de cette série. Arrondir au dixième près.

3. Déterminer la médiane de cette série en détaillant le raisonnement.

Sur la feuille de calcul ci-contre, on a reporté le classement des sept premiers pays selon le nombre de médailles d'or lors de ces championnats d'Europe de natation, toutes disciplines confondues.

	A	B	C	D	E	F
1	Rang	Nation	Or	Argent	Bronze	Total
2	1	Russie	23	15	9	47
3	2	Grande-B	13	12	9	34
4	3	Italie	8	12	19	39
5	4	Hongrie	6	4	2	12
6	5	Ukraine	5	6	2	13
7	6	Pays-Bas	5	5	2	12
8	7	France	4	2	6	12

4. Est-il vrai que plus de 35 % des médailles remportées par la France sont des médailles d'or ?

5. Quelle formule a-t-on pu saisir dans la cellule **F2** de cette feuille de calcul, avant qu'elle soit étirée vers le bas jusqu'à la cellule **F8** ?

Rappels

Calcul littéral

› Une **expression littérale** est une expression dans laquelle des lettres représentent des nombres dont on ne connaît pas la valeur.	Exemples. $3y + 8$ et $4a(2-b)$ sont des expressions littérales.
› Il n'est pas nécessaire d'écrire le signe × lorsqu'il est situé avant une lettre ou avant une parenthèse.	Exemples. $3 \times a \times b = 3ab$ $(2-x) \times 4 = 4 \times (2-x) = 4(2-x)$ $(1 - 2 \times x) \times (x-5) = (1-2x)(x-5)$
› On peut **calculer les différentes valeurs d'une expression littérale** en remplaçant la lettre par un nombre choisi.	Exemple. Si $x = 2$ alors l'expression $3x + 8$ vaut $3 \times 2 + 8 = 6 + 8 = 14$.
› On peut **simplifier** l'écriture d'une expression littérale en modifiant l'ordre des facteurs dans un produit.	Exemples. $3x \times 2 = 2 \times 3x = 6x$ $4x \times 2x = 4 \times 2 \times x \times x = 8x^2$ $(2x)^2 = (2x) \times (2x) = 2 \times 2 \times x \times x = 4x^2$
› On peut **réduire** l'écriture d'une expression littérale en regroupant les termes de même nature.	Exemple. $3x - 2 + 4x^2 - 5x + 7 = 4x^2 + 3x - 5x - 2 + 7$ $= 4x^2 - 2x + 5$
› **Développer** c'est transformer un produit en somme. › **Factoriser** c'est transformer une somme en produit.	Exemple. $8x - 4x^2$ est la forme développée de $4x(2-x)$ qui est une forme factorisée.
› Propriété de la **simple distributivité** : Quels que soient les nombres k, a et b, on a : $k(a+b) = ka + kb$ et $k(a-b) = ka - kb$.	Exemples. $3 \times (-2 + x) = 3 \times (-2) + 3 \times x = -6 + 3x$ $4x(2-x) = 4x \times 2 - 4x \times x = 8x - 4x^2$
› Pour **développer et réduire** une expression littérale, on commence par développer en utilisant la simple distributivité, puis on simplifie les produits pour enfin réduire la somme obtenue.	Exemple. $3x - 2x(5x-1) = 3x - 2x \times 5x - 2x \times (-1)$ $= 3x - 10x^2 + 2x$ $= 5x - 10x^2$
› Pour **factoriser** une expression littérale, on peut identifier un **facteur commun** puis utiliser la simple distributivité : $ka + kb = k(a+b)$ ou $ka - kb = k(a-b)$.	Exemples. $6 + 3x = 3 \times 2 + 3 \times x = 3(2+x)$ $5x - 10x^2 = 5x \times 1 - 2x \times 5x = 5x(1-2x)$
› Une **équation** est une égalité dans laquelle figurent une ou plusieurs inconnues. › Les **solutions** d'une équation sont toutes les valeurs de l'inconnue pour lesquelles l'égalité est vérifiée.	Exemple. Une solution de l'équation $3x - 1 = 5$ est $x = 2$ car $3 \times 2 - 1 = 5$.

Rappels

Proportionnalité

› Deux grandeurs sont **proportionnelles** si l'on obtient les valeurs de l'une en multipliant les valeurs de l'autre par un même nombre, appelé le **coefficient de proportionnalité**.

Exemple. Dans une boucherie, le prix à payer pour l'achat de merguez est proportionnel à la masse de merguez achetée.

› On représente les situations de proportionnalité dans un **tableau de proportionnalité** en y ajoutant le coefficient de proportionnalité.

Exemple. En reprenant l'exemple ci-dessus :

Masse (en kg)	1	1,5
Prix (en €)	8	12

$\times 8$

› Grâce au coefficient de proportionnalité, on peut déterminer des valeurs inconnues dans un tableau de proportionnalité.

Exemple. Dans l'exemple ci-dessus, 3,5 kg de merguez coûtent $3{,}5 \times 8 = 28$ €.

› On peut aussi déterminer des valeurs inconnues en multipliant les valeurs des colonnes par un même nombre ou en ajoutant les valeurs de colonnes.

Exemples. 4,5 kg coûtent $12 \times 3 = 36$ €.

6 kg coûtent $12 + 36 = 48$ €.

$\times 3$

Masse (en kg)	1,5	4,5
Prix (en €)	12	36

› L'égalité des **produits en croix** peut être utilisée pour déterminer une valeur inconnue dans un tableau de proportionnalité.

Exemple. On a $3 \times x = 24 \times 7$

donc $x = \dfrac{24 \times 7}{3} = \dfrac{168}{3} = 56$

3	7
24	x

Statistiques

› On peut regrouper les valeurs identiques d'une série en dressant un **tableau des effectifs**. Les effectifs indiquent le nombre de fois où apparaît la valeur dans la série.

Exemple. On peut représenter la série -1 ; 2 ; -1 ; 2 ; 0 ; 2 par le tableau ci-dessous.

Valeurs	-1	0	2
Effectifs	2	1	3

› La **fréquence** d'une valeur se calcule avec la formule : $\textbf{fréquence} = \dfrac{\textbf{effectif de la valeur}}{\textbf{effectif total}}$.

La somme de toutes les fréquences est égale à 1.

Exemple. Dans le tableau ci-dessus, l'effectif total vaut $2 + 1 + 3 = 6$ donc la fréquence de la valeur 2 est $\dfrac{3}{6} = 0{,}5$.

› On exprime souvent les fréquences en **pourcentage**, c'est-à-dire une fraction dont le dénominateur est 100.

Exemple. La fréquence ci-dessus vaut $0{,}5 = \dfrac{50}{100}$. Il y a 50 % de 2 dans la série.

Rappels

Théorème de Pythagore

› Dans un triangle rectangle, on peut appliquer le **théorème de Pythagore** : le carré de la longueur de l'**hypoténuse** est égal à la somme des carrés des longueurs des deux autres côtés.

Exemple. Dans le triangle ABC rectangle en A, on applique le théorème de Pythagore :
$BC^2 = AB^2 + AC^2$.

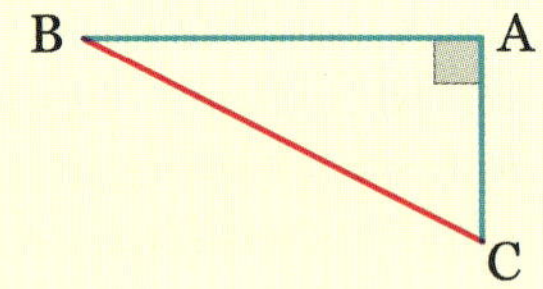

› Dans un triangle rectangle, on peut **calculer une longueur inconnue** si on connaît les deux autres longueurs. Il suffit de remplacer, dans les membres de l'égalité, les longueurs par celles qui sont connues. **On cherche ci-contre la longueur de l'hypoténuse** (le côté opposé à l'angle droit).

Exemple.
$BC^2 = AB^2 + AC^2$
$BC^2 = 3^2 + 2^2 = 13$
Donc $BC = \sqrt{13}$.

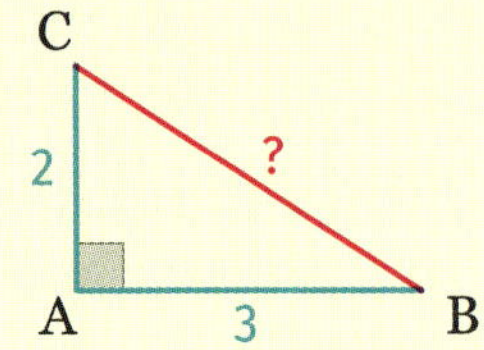

› **On cherche ci-contre la longueur d'un des côtés de l'angle droit.** Si on souhaite donner une valeur approchée, on peut utiliser la touche $\sqrt{\square}$ de la calculatrice.

Exemple.
$BC^2 = AB^2 + AC^2$
$4^2 = 3^2 + AC^2$
$16 = 9 + AC^2$
ainsi $AC^2 = 16 - 9 = 7$
donc $AC = \sqrt{7} \approx 2{,}6$.

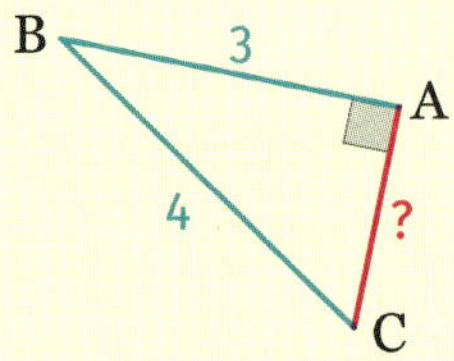

› **On peut déterminer si un triangle est rectangle ou non** quand on connaît les longueurs de ses trois côtés. Pour cela, on vérifie si l'égalité de Pythagore est vraie.

- D'une part, on calcule le carré de la longueur du plus grand côté.
- D'autre part, on calcule la somme des carrés des longueurs des deux autres côtés.
- Si les résultats sont égaux, alors l'égalité de Pythagore est vérifiée donc le triangle est rectangle (on peut préciser en quel sommet).
  Si les résultats ne sont pas égaux, alors l'égalité de Pythagore n'est pas vérifiée donc le triangle n'est pas rectangle.

Exemples.

1. [GE] est le plus grand côté. D'une part, $GE^2 = 5^2 = 25$.

D'autre part,
$GF^2 + FE^2 = 3^2 + 4^2 = 25$.

Comme $GE^2 = GF^2 + FE^2$, alors l'égalité de Pythagore est vérifiée. Le triangle GFE est donc rectangle en F.

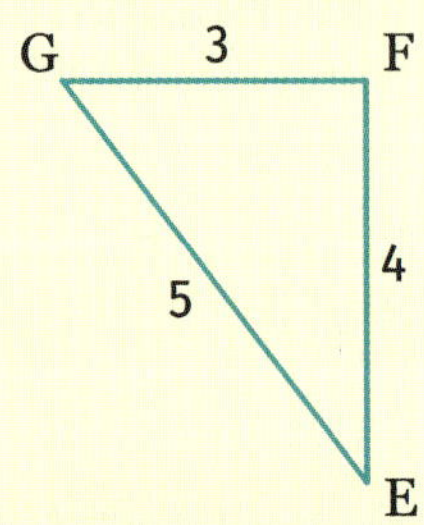

2. [BC] est le plus grand côté.

$BC^2 = 4^2 = 16$.

$AB^2 + AC^2 = 2^2 + 3^2 = 13$.

Comme $BC^2 \neq AB^2 + AC^2$, alors l'égalité de Pythagore n'est pas vérifiée. Le triangle ABC n'est donc pas rectangle.

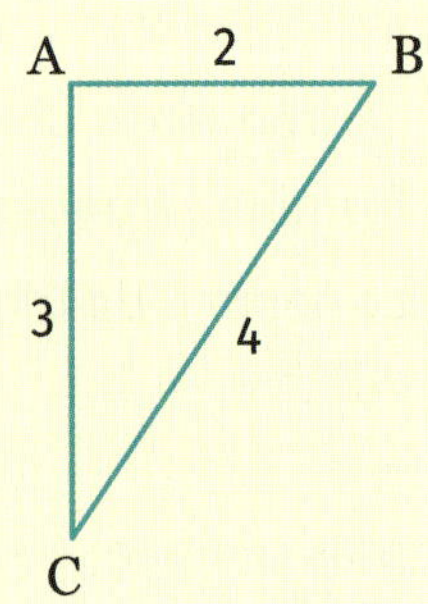

Calculer une aire ou un volume

› **L'aire d'un triangle** dont on connaît la longueur c d'un côté et celle de sa hauteur relative h vaut :

$A_{\text{triangle}} = \dfrac{c \times h}{2}$.

Exemple. L'aire du triangle ABC ci-contre est :

$A = \dfrac{11 \times 4}{2}$

$A = 22$ cm².

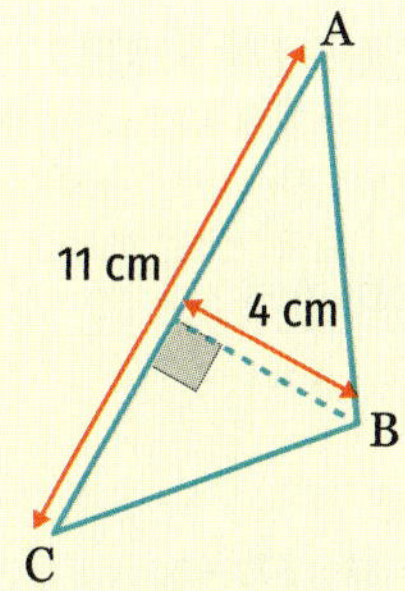

› **Le périmètre d'un cercle** de rayon r vaut :

$P_{\text{cercle}} = 2\pi r$.

Exemple. Le périmètre d'un cercle de rayon 5 cm vaut $P = 2 \times \pi \times 5 \approx 31{,}4$ cm.

› **L'aire d'un disque** de rayon r vaut :

$A_{\text{disque}} = \pi r^2$.

Exemple. L'aire d'un disque de diamètre 8 cm vaut $A = \pi \times 4^2 \approx 50{,}3$ cm².

› **Le volume d'un cylindre** de rayon r et de hauteur h vaut :

$V_{\text{cylindre}} = A_{\text{base}} \times h$

$V_{\text{cylindre}} = \pi r^2 \times h$.

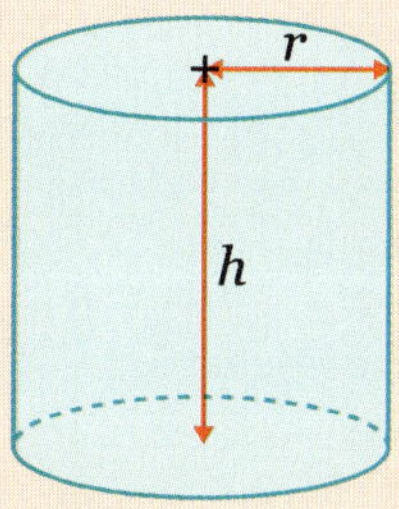

Exemple. Le volume du cylindre ci-contre est :

$V = \pi \times 5^2 \times 6$

$V \approx 471$ cm³.

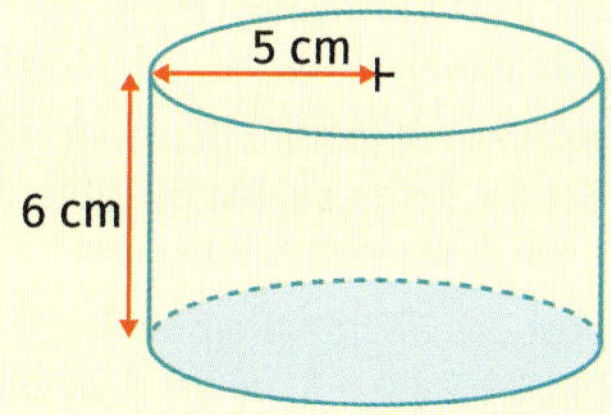

› **Le volume d'un cône** de rayon r et de hauteur h vaut :

$V_{\text{cône}} = \dfrac{A_{\text{base}} \times h}{3}$

$V_{\text{cône}} = \dfrac{\pi r^2 \times h}{3}$.

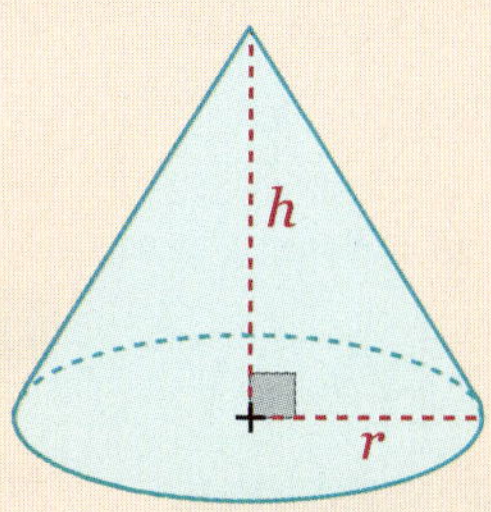

Exemple. Le volume d'un cône de rayon 4 cm et de hauteur 9 cm est :

$V = \dfrac{\pi \times 4^2 \times 9}{3}$

$V \approx 151$ cm³.

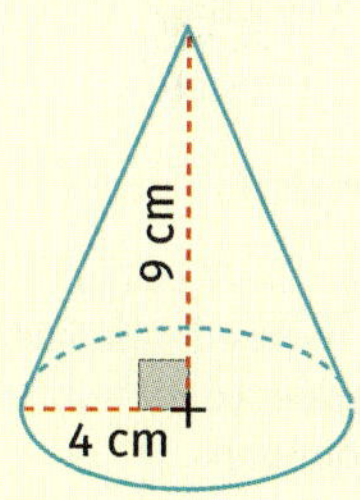

› **Le volume d'une pyramide** de hauteur h dont on connaît l'aire de la base vaut :

$V_{\text{pyramide}} = \dfrac{A_{\text{base}} \times h}{3}$.

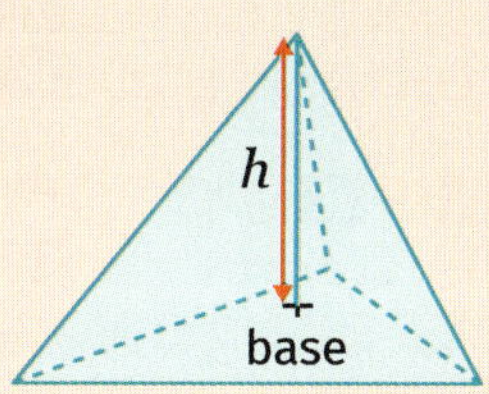

Exemple. Le volume de la pyramide à base rectangulaire ci-contre vaut :

$V = \dfrac{A_{\text{rectangle}} \times h}{3}$

$V = \dfrac{5 \times 4 \times 7}{3}$

$V \approx 46{,}7$ cm³.

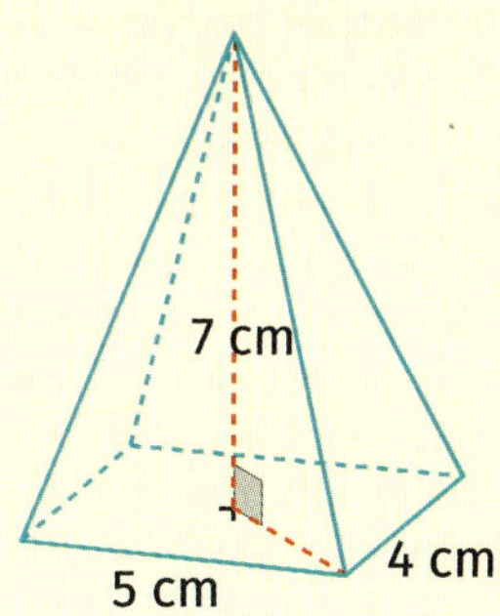

Corrigés

Chapitre 1

Auto-évaluation

7 a **8** a **9** c **10** d
11 a c d **12** a c d **13** a c
14 a c

Automatismes

22 1.

$$\begin{array}{r|l} 8\,741 & 13 \\ -8\,736 & 672 \\ 5 & \end{array}$$

2. $8\,741 = 13 \times 672 + 5$

3. À la calculatrice, on vérifie bien que $13 \times 672 + 5 = 8\,741$.

38 625 n'est pas premier car son chiffre d'unité est un 5, il est donc divisible par 5.

144 n'est pas premier car son chiffre des unités est un 4, il est donc divisible par 2.

39 n'est pas un nombre premier. En effet $3+9=12$ qui est divisible par 3, donc 39 est divisible par 3.

222 n'est pas un nombre premier. En effet $2+2+2=6$ qui est divisible par 3, donc 222 est divisible par 3.

51 1. $\frac{99}{72} = \frac{9 \times 11}{9 \times 8} = \frac{11}{8}$

2. $\frac{63}{54} = \frac{9 \times 7}{9 \times 6} = \frac{7}{6}$

Entraînement

56 1. $135 = 5 \times 27$ et $210 = 5 \times 42$. Ainsi si le confiseur fait 5 paquets, chaque paquet contiendra 27 chocolats et 42 bonbons.

2. Puisque 135 n'est pas divisible par 2, si le confiseur forme deux paquets, il lui restera forcément des chocolats.

3. 135 et 210 ayant pour chiffre des unités un 5 et un 0, ces deux nombres sont divisibles par 5. De plus, $1+3+5=9$ et $2+1+0=3$, qui sont tous les deux divisibles par 3, donc 135 et 210 sont divisibles par 3. Puisque 135 et 210 sont divisibles par 3 et par 5, ils sont divisibles par $3 \times 5 = 15$.

4. $135 = 15 \times 9$ et $210 = 15 \times 14$. Ainsi, si le confiseur fait 15 paquets, chaque paquet contiendra 9 chocolats et 14 bonbons.

60 1. **a.** Le chiffre des unités de 72 est 2, donc 72 est divisible par 2.

b. On a $7+2=9$ qui est divisible par 3, donc 72 est divisible par 3.

c. 72 est divisible par 2 et par 3, il est donc divisible par $2 \times 3 = 6$.

2. **a.** On a $7+2=9$ qui est divisible par 9, donc 72 est divisible par 9.

b. Puisque 72 est divisible par 9 et par 2, il est aussi divisible par $9 \times 2 = 18$.

3. Les douze diviseurs de 72 sont : 1 ; 2 ; 3 ; 4 ; 6 ; 8 ; 9 ; 12 ; 18 ; 24 ; 36 et 72.

4. On en conclut que l'affirmation « Le nombre 72 a exactement cinq diviseurs. » est fausse, puisque ce nombre en possède douze.

72 1. $1024 = 2 \times 512 = 2^2 \times 256$
$= 2^3 \times 128 = 2^4 \times 64 = 2^5 \times 32 = 2^6 \times 16$
$= 2^7 \times 8 = 2^8 \times 4 = 2^9 \times 2 = 2^{10}$

2. $728 = 2 \times 364 = 2^2 \times 182$
$= 2^3 \times 91 = 2^3 \times 7 \times 13$

3. $\frac{728}{1\,024} = \frac{2^3 \times 7 \times 13}{2^{10}} = \frac{7 \times 13}{2^7} = \frac{91}{128}$

4. On obtient bien le même résultat à la calculatrice.

76 1. $\mathrm{A} = \frac{7}{9} - \frac{5}{6} = \frac{7 \times 2}{9 \times 2} - \frac{5 \times 3}{6 \times 3}$
$= \frac{14-15}{18} = -\frac{1}{18}$

2. $\mathrm{B} = \frac{13}{7} \times 14 \times \frac{5}{26} = \frac{13 \times 14}{7} \times \frac{5}{26}$
$= (13 \times 2) \times \frac{5}{26} = 26 \times \frac{5}{26} = 5$

3. $\mathrm{C} = \dfrac{\frac{3}{7} \times 2}{\frac{5}{3} - 1} = \dfrac{\frac{6}{7}}{\frac{2}{3}} = \frac{6}{7} \times \frac{3}{2} = \frac{9}{7}$

Chapitre 2

Auto-évaluation

11 a **12** b **13** b **14** a **15** c d
16 a d **17** a c d

Automatismes

27 1. $\mathrm{E} = \frac{3}{7} - \frac{5}{7} = -\frac{2}{7}$

2. $\mathrm{F} = \frac{2}{5} - \frac{7}{10} = \frac{2 \times 2}{5 \times 2} - \frac{7}{10}$
$= \frac{4-7}{10} = -\frac{3}{10}$

3. $\mathrm{G} = \frac{1}{6} - \frac{1}{5} = \frac{1 \times 5}{6 \times 5} - \frac{1 \times 6}{5 \times 6}$
$= \frac{5-6}{30} = -\frac{1}{30}$

4. $\mathrm{H} = \frac{5}{12} - \frac{7}{16} = \frac{5 \times 4}{12 \times 4} - \frac{7 \times 3}{16 \times 3}$
$= \frac{20-21}{48} = -\frac{1}{48}$

37 1. $\mathrm{M} = 13^1 \times 13^5 = 13^{1+5} = 13^6$

2. $\mathrm{N} = \frac{13^6}{13^2} = 13^{6-2} = 13^4$

3. $\mathrm{O} = (13^2)^4 = 13^{2 \times 4} = 13^8$

4. $\mathrm{P} = \frac{13^{-4}}{13^{-7}} = 13^{-4-(-7)} = 13^3$

45 1. $\mathrm{E} = 5{,}4 \times 10^2$

2. $\mathrm{F} = 1{,}25 \times 10^{-2}$

3. $\mathrm{G} = 9{,}87 \times 10^5$

4. $\mathrm{H} = 7{,}8 \times 10^{-1}$

Entraînement

59 1. $\mathrm{A} = -\frac{2 \times 8}{2 \times 13} + \frac{7}{26} = -\frac{9}{26}$

2. $\mathrm{B} = \frac{26 \times 25}{26 \times 11} + \frac{11 \times 25}{11 \times 26} = \frac{925}{286}$

3. $\mathrm{C} = \frac{8}{20} - \frac{35}{20} + \frac{10}{3} = -\frac{27}{20} + \frac{10}{3}$
$= -\frac{81}{60} + \frac{200}{30} = \frac{119}{30}$

4. $\mathrm{D} = \frac{3}{4} + \frac{8}{4} - \frac{2}{3} = \frac{11}{4} - \frac{2}{3} = \frac{33}{12} - \frac{8}{12} = \frac{25}{12}$

75 1. $1 \text{ nm} = 10^{-9}$ m

2. $12{,}4\ \mu\text{m} = 12{,}4 \times 10^{-6}$ m

3. $59 \text{ Mm} = 59 \times 10^6$ m

4. $54{,}8 \text{ km} = 54{,}8 \times 10^3$ m

78 1. $\mathrm{E} = 3{,}56 \times 10^2 \times 10^4 = 3{,}56 \times 10^6$

2. $\mathrm{F} = 4{,}5 \times 10^{-2} \times 10^{-3} = 4{,}5 \times 10^{-5}$

3. $\mathrm{G} = 7{,}8 \times 10^1 \times 10^{-5} = 7{,}8 \times 10^{-4}$

4. $\mathrm{H} = 1{,}25 \times 10^{-4} \times 10^7 = 1{,}25 \times 10^3$

Chapitre 3

Auto-évaluation

7 b **8** c **9** a **10** d **11** a d
12 a **13** a b c **14** b c

Automatismes

21 1. $\mathrm{A} = 4x - 4x^2$

2. $\mathrm{B} = 9x^2 - 16x + 18$

3. $\mathrm{C} = -15x^2$

4. $\mathrm{D} = 56x^2$

5. $\mathrm{E} = -2x^2 + 9x$

6. $\mathrm{F} = 9x^2$

24 **1.** $A = 5x - 4$

2. $B = -3x - 8$

3. $C = -10x + 14$

4. $D = 7x + 11$

26 **1.** $A = 3x \times 4x + 3x \times 8 + 3 \times 4x + 3 \times 8$

$= 12x^2 + 36x + 24$

2. $B = x \times 2x + x \times 4 - 5 \times 2x - 5 \times 4$

$= 2x^2 - 6x - 20$

3.

$C = 4x \times 3x + 4x \times (-7) - 6 \times 3x - 6 \times (-7)$

$= 12x^2 - 46x + 42$

4.

$D = -2x \times x - 2x \times (-6) + 4 \times x + 4 \times (-6)$

$= -2x^2 + 16x - 24$

31 **1.** $A = 3(x + 3)$

2. $B = 6(4 - x)$

3. $C = x(-7x + 5)$

4. $D = 4(x - 1)$

Entraînement

50 **1. a.** L'aire du rectangle ABCD vaut $(2 \times 10 + 4) \times (2 \times 10 - 4) = 384$ cm².

b. L'aire du triangle IJK vaut $\frac{4 \times (2 \times 10^2 - 8)}{2} = 384$ cm².

2. a. L'aire du rectangle ABCD vaut $(2x + 4) \times (2x - 4)$.

b. L'aire du triangle IJK vaut $\frac{4 \times (2x^2 - 8)}{2} = 2(2x^2 - 8) = 4x^2 - 16$.

3. Pour tout $x \geqslant 8$,
$(2x + 4) \times (2x - 4) = 4x^2 - 16$.
Les aires de ces deux figures sont donc toujours égales.

55 **1. a.** $A = 1 + 2 + 3 = 6$

b. $B = 28 + 29 + 30 = 87$

c. $C = 105 + 106 + 107 = 318$

2. a. $D = 26 + 27 + 28 = 81$ et $E = 3 + 4 + 5 = 12$.

b. On peut conjecturer que la somme de trois nombres entiers positifs successifs est toujours divisible par 3.

3. Soit n un nombre entier.
n, $n+1$ et $n+2$ sont trois nombres entiers successifs. On a alors
$n + (n+1) + (n+2) = 3n + 3 = 3(n+1)$.
On en déduit que la somme de trois nombres entiers positifs successifs est toujours divisible par 3.

4. Soient n, $n+1$, $n+2$, $n+3$ et $n+4$ cinq entiers positifs consécutifs. On a alors
$n + (n+1) + (n+2) + (n+3) + (n+4)$
$= 5n + 10 = 5(n+2)$. La somme de cinq entiers positifs consécutifs est donc toujours divisible par 5.

61 **1.** Cette expression est une somme.

2. a. Le facteur commun est $(x + 2)$.

b. Dans l'expression A on a $a = (3x + 4)$ et $b = (6x + 7)$.

3. $A = (x+2)(3x+4) + (x+2)(6x+7)$
$= (x+2)((3x+4) + (6x+7))$
$= (x+2)(9x+11)$

63 **1. a.** En prenant 4 comme nombre de départ, le programme 1 et le programme 2 donnent 9 en sortie.

b. En prenant −6 comme nombre de départ, le programme 1 et le programme 2 donnent 49 en sortie.

2. a. Si on prend x comme nombre de départ, le programme 1 donne le nombre $(x - 1)^2$ en sortie.

b. Si on prend x comme nombre de départ, le programme 2 donne le nombre $x^2 - 2x + 1$ en sortie.

3. Pour tout x, on a
$(x - 1)^2 = (x - 1)(x - 1) = x^2 - 2x + 1$.
Ces deux programmes donnent donc toujours le même résultat pour un même nombre de départ.

Chapitre 4

Auto-évaluation

7 b **8** b **9** a **10** c **11** b c
12 a c **13** a c d

Automatismes

19 **1.** $5x + 7 = 4x - 10 \Leftrightarrow x = -17$

2. $-10x + 5 = -11x - 4 \Leftrightarrow x = -9$

3. $3t - 2 = 2t + 7{,}5 \Leftrightarrow t = 9{,}5$

4. $4h + 11 = 5h - 8 \Leftrightarrow h = 19$

24 **1.** $(2x + 5)(x + 9) = 0 \Leftrightarrow 2x + 5 = 0$ ou $x + 9 = 0$ soit $x = -\frac{5}{2}$ ou $x = -9$.

2. On a $11x - 13 = 0$ ou $4x + 8 = 0$ soit $x = \frac{13}{11}$ ou $x = -2$.

3. On a $8x - 7 = 0$ ou $-2x + 5 = 0$ soit $x = \frac{7}{8}$ ou $x = \frac{5}{2}$.

4. On a $-x - 9 = 0$ ou $-4x - 5 = 0$ soit $x = -9$ ou $x = -\frac{5}{4}$.

30 **1.** $x^2 = 121 \Leftrightarrow x = \sqrt{121}$ ou $x = -\sqrt{121}$ c'est-à-dire $x = 11$ ou $x = -11$.

2. $x^2 = 225 \Leftrightarrow x = 15$ ou $x = -15$.

3. $2x^2 = 98 \Leftrightarrow x^2 = 49 \Leftrightarrow x = 7$ ou $x = -7$.

4. $-3x^2 = -48 \Leftrightarrow x^2 = 16 \Leftrightarrow x = 4$ ou $x = -4$.

33 **1.** Puisque Paul est deux fois plus âgé que Loan, l'âge de Paul s'exprime en fonction de x par $2x$.

2. Dans cinq ans, Loan aura $x + 5$ ans. Paul aura $2x + 5$ ans.

3. On peut traduire cette affirmation par l'égalité mathématique suivante : $(x + 5) + (2x + 5) = 40$.

4. $x + 5 + 2x + 5 = 40 \Leftrightarrow 3x = 30 \Leftrightarrow x = 10$

5. On en déduit que Loan a 10 ans.

Entraînement

42 **1.** $3(x + 5) - 3 = 2(x + 7) + 4x - 9$
$\Leftrightarrow 3x + 15 - 3 = 2x + 14 + 4x - 9$
$\Leftrightarrow 7 = 3x \Leftrightarrow x = \frac{7}{3}$

2. $-4(3x + 7) + 15 = 7(2x + 3) - 21$
$\Leftrightarrow -12x - 13 = 14x \Leftrightarrow 26x = -13$
$\Leftrightarrow x = -\frac{1}{2}$

52 **1.** $8x^2 + 3x = 0 \Leftrightarrow x(8x + 3) = 0$
$\Leftrightarrow x = 0$ ou $8x + 3 = 0$.
D'où $x = 0$ ou $x = -\frac{3}{8}$.

2. $15x^2 + 5x = 0 \Leftrightarrow x(15x + 5) = 0$
$\Leftrightarrow x = 0$ ou $15x + 5 = 0$.
D'où $x = 0$ ou $x = -\frac{1}{3}$.

57 **1.** $x(x - 3) = -3x + 25$
$\Leftrightarrow x^2 - 3x = -3x + 25$
$\Leftrightarrow x^2 = 25$
$\Leftrightarrow x = 5$ ou $x = -5$.

2. $2x^2 - 31 + 2x = 5x + x^2 + 5 - 3x$
$\Leftrightarrow 2x^2 - 31 = x^2 + 5$
$\Leftrightarrow x^2 = 36$
$\Leftrightarrow x = 6$ ou $x = -6$.

3. $2x(x + 7) = 14x + 98$
$\Leftrightarrow 2x^2 + 14x = 14x + 98$
$\Leftrightarrow x^2 = 49$
$\Leftrightarrow x = 7$ ou $x = -7$.

Corrigés

63 Posons x la note obtenue par Anne lors du quatrième contrôle.
On peut alors traduire l'énoncé par l'égalité mathématique suivante :
$\frac{14+15+19+x}{4} = 17$
$\Leftrightarrow 14+15+19+x = 68 \Leftrightarrow x = 20$.
Anne doit donc avoir un 20 si elle souhaite avoir 17 de moyenne.

Chapitre 5

Auto-évaluation

6 c **7** b **8** a **9** d
10 a c d **11** b c

Automatismes

17

L'image de 2 par la fonction f est 3.	$f(2)=3$	$f : 2 \mapsto 3$
L'image de 7 par la fonction g est −5.	$g(7)=-5$	$g : 7 \mapsto -5$
L'image de 4 par la fonction h est 0.	$h(4)=0$	$h : 4 \mapsto 0$
L'image de 0 par la fonction k est 6.	$k(0)=6$	$k : 0 \mapsto 6$

28 **1.** L'image de −3 par la fonction g est 4,5.

2. Un antécédent de 2 par la fonction g est, par exemple, 2.

3. $g : 0 \mapsto 0$

4. −1 n'admet aucun antécédent par g.

30 **1.** L'image de 2 par la fonction f est 3.

2. Un antécédent de 7 par la fonction f est 0.

3. $f : 3 \mapsto 1$

Entraînement

42 **1.** $d(1) = 5\times1-8 = 5-8 = -3$

2. $d(-7) = 5\times(-7)-8 = -35-8 = -43$

3. $d(3) = 5\times3-8 = 7$ donc un antécédent de 7 par d est bien 3.

4. Soit x un antécédent de −6 par la fonction d. On doit alors avoir $d(x) = -6$ soit $5x-8 = -6$ c'est-à-dire $5x = 2$ et donc $x = \frac{2}{5}$. Ainsi, un antécédent de −6 par d est $\frac{2}{5}$.

48 **1. a.** $f(x) = 4\times 2x = 8x$

b. $g(x) = 2x\times 2x = 4x^2$

2. Lorsque $x = 2$, le périmètre du carré ABCD vaut $4\times4 = 16$, et son aire vaut $4\times4 = 16$.

3. $f(4) = 8\times4 = 32$ et $g(4) = 4\times4^2 = 64$. Ainsi, si $x = 4$, le périmètre de ABCD vaut 32 et l'aire de ABCD vaut 64.

4. Soit x un antécédent de 8 par f. On a alors $f(x) = 8$ d'où $8x = 8$ et donc $x = 1$. Ainsi, un antécédent de 8 par f est 1. Autrement dit, si $x = 1$, le carré ABCD a pour périmètre 8.

5. $g(1) = 4\times1^2 = 4$, un antécédent de 4 par g est donc bien 1. Autrement dit, si $x = 1$, le carré ABCD a pour aire 4.

53 **1.** L'image de 1 par la fonction f est environ égale à 1,8.

2. Un antécédent de 1 par f est 0.

3. $f : 12 \mapsto 5$

4. $f(4) = 3$

56 **1.** L'image de −2 par la fonction h est 5.

2. Un antécédent de −1 par la fonction h est 1.

3. $h : 3 \mapsto -2$

Chapitre 6

Auto-évaluation

9 d **10** b **11** c **12** a b d
13 a d

Automatismes

20 **1.** $f(-7) = 6\times(-7) = -42$, $f(5) = 6\times5 = 30$ et $f(1{,}9) = 6\times1{,}9 = 11{,}4$.

2. Soit x l'antécédent de 72 par f. Alors $f(x) = 72$ donc $6x = 72$ et donc $x = 12$. Ainsi l'antécédent de 72 par f est 12.

3. Soit x l'antécédent de 9 par f. Alors $f(x) = 9$ donc $6x = 9$ et donc $x = \frac{3}{2}$.

27 La courbe C_4 n'étant pas une droite, elle n'est pas la courbe représentative d'une fonction linéaire.
La courbe C_2 est la courbe représentative d'une fonction linéaire de coefficient 3. La courbe C_3 est celle d'une fonction linéaire de coefficient −2.
Et la courbe C_1 est celle d'une fonction linéaire de coefficient $\frac{1}{3}$.

30 **1.** $f(5) = \frac{2}{5}\times5-\frac{1}{3} = \frac{5}{3}$, $f(-15) = \frac{2}{5}\times(-15)-\frac{1}{3} = -\frac{19}{3}$ et $f\left(\frac{5}{4}\right) = \frac{2}{5}\times\frac{5}{4}-\frac{1}{3} = \frac{1}{6}$.

2. Soit x l'antécédent de $\frac{2}{3}$ par f.
Alors $f(x) = \frac{2}{3}$ donc $\frac{2}{5}x-\frac{1}{3} = \frac{2}{3}$ d'où $\frac{2}{5}x = 1$ et donc $x = \frac{5}{2}$.
Ainsi l'antécédent de $\frac{2}{3}$ par f est $\frac{5}{2}$.

3. Soit x l'antécédent de 0 par f.
Alors $f(x) = 0$ donc $\frac{2}{5}x-\frac{1}{3} = 0$ d'où $\frac{2}{5}x = \frac{1}{3}$ et donc $x = \frac{5}{6}$.
Ainsi l'antécédent de 0 par f est $\frac{5}{6}$.

Entraînement

43 L'expression de la fonction f est $f(x) = -7x$. D'où les résultats suivants.

1. $f(3{,}4) = -23{,}8 \neq 23{,}8$ donc l'affirmation est fausse.

2. $f(6) = -42$ donc l'affirmation est vraie.

3. $f(-12{,}3) = 86{,}1$ donc l'affirmation est vraie.

4. $f(\pi) = -7\pi \neq -21{,}98$ donc l'affirmation est fausse.

48 **1.** On obtient la courbe ci-dessous.

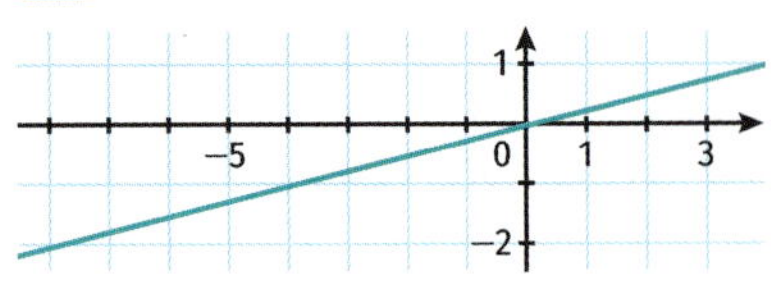

2. a. On a $f(-8) = \frac{1}{4}\times(-8) = -2 \neq -4$ donc $A(-8\,;-4)$ n'appartient pas à la courbe représentative de f.

b. On a $f(3) = \frac{1}{4}\times3 = \frac{3}{4} \neq 1$ donc $B(3\,;1)$ n'appartient pas à la courbe représentative de f.

c. On a $f\left(\frac{4}{3}\right) = \frac{1}{4}\times\frac{4}{3} = \frac{1}{3}$ donc $C\left(\frac{4}{3}\,;\frac{1}{3}\right)$ appartient à la courbe représentative de f.

54 1. Puisque, par exemple, $f(0) = 6$ et $f(4) = 5$, on sait que la courbe représentative de la fonction f est la droite passant par les points $A(0 ; 6)$ et $B(4 ; 5)$.

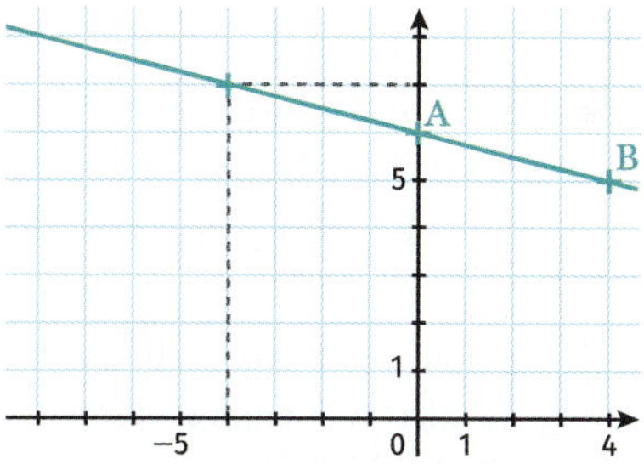

2. Par lecture graphique, l'antécédent de 7 par f semble être −4.

3. $-0{,}25x + 6 = 7$ équivaut à écrire que $-0{,}25x = 1$ et donc à écrire que $x = -4$. On retrouve le résultat de la question précédente.

60 1. Pour quatre mois, Julien paiera $49 + 4 \times 29{,}95 = 168{,}80$ €. Pour un an, Julien paiera $49 + 12 \times 29{,}95 = 408{,}40$ €.

2. a. $f(x) = 29{,}95x + 49$.

b. On résout l'équation $29{,}95x + 49 = 258{,}65$ et on obtient $x = 7$. Ainsi, si Julien paye 258,65 €, c'est qu'il s'est abonné 7 mois dans cette salle de sport.

Chapitre 7

Auto-évaluation

10 b **11** c **12** d **13** b **14** a c **15** a b **16** c **17** c

Automatismes

25 1. Ce ratio est de 6 : 600 : 6 : 450.

2. On peut simplifier ce ratio en l'écrivant 1 : 100 : 1 : 75.

3. Ce ratio peut se réécrire 9 : 900 : 9 : 675. Ainsi, pour 9 personnes, il faudra 900 g de farine, 9 œufs et 675 mL de lait.

29 1. On complète le tableau comme suit.

Grandeur 1	3	37,5
Total	8	100

2. On en déduit que la grandeur 1 correspond à 37,5 % du total.

3. On en déduit que la grandeur 2 correspond à 62,5 % du total.

31 Puisque les grandeurs sont dans un ratio 8 : 12, la grandeur 1 correspond à $\frac{8}{8+12} = \frac{8}{20} = \frac{40}{100}$ soit 40 % du total. On en déduit que la grandeur 2 correspond à 60 % du total.

44 Soit x le prix d'origine. On a donc $1{,}20 \times x = 150$, d'où $x = 125$. Ainsi cet article coûtait originellement 125 €.

Entraînement

49 1. Il s'agit d'un ratio 300 : 500.

2. Ce ratio correspond au ratio 3 : 5.

3. Lubin obtient $\frac{3}{3+5} = \frac{3}{8}$ de ces 8 000 € soit $\frac{3}{8} \times 8\,000 = 3\,000$ €. Léonie obtient le reste, soit $8\,000 - 3\,000 = 5\,000$ €.

55 1. Le ratio ciment : eau est 2 : 1.

2. La proportion que représente le ciment par rapport au volume total est de $\frac{2}{2+1} = \frac{2}{3}$.

3. Pour obtenir 60 L de béton on doit utiliser $\frac{2}{3} \times 60 = 40$ L de ciment et $60 - 40 = 20$ L d'eau.

60 1. $\frac{6}{6+5} = \frac{6}{11}$ donc $\frac{6}{11} \times 165 = 90$ des prises ont été réussies durant ce tournage.

2. On a $165 - 80 = 85$ donc le ratio de prises gardées au montage par rapport à l'ensemble des prises effectuées est de 80 : 85 soit de 16 : 17.

68 Au bout d'une année cette voiture vaudra $0{,}7 \times 12\,000 = 8\,400$ €.

79 1. À l'aide du code promo, le téléphone passe à $0{,}90 \times 380 = 342$€. Puis, à l'aide du code cumulable, il passe à $0{,}95 \times 342 = 324{,}90$ €.

2. Le taux de réduction entre le prix initial et le prix final vaut $\frac{324{,}9}{380} = 0{,}855$ soit une réduction de 14,5 %. On peut aussi obtenir ce résultat en effectuant le calcul suivant : $0{,}90 \times 0{,}95 = 0{,}855$, ce qui nous donne aussi une réduction de 14,5 %.

Chapitre 8

Auto-évaluation

5 c **6** d **7** b **8** a c **9** a **10** c **11** b c

Automatismes

17 Inès a obtenu 25 notes au total. Ainsi, les fréquences des notes 14, 16 et 17 sont égales et valent $\frac{2}{25} = 0{,}08$. De même, la fréquence de la note 18 est $\frac{4}{25} = 0{,}16$, celle de la note 19 est $\frac{3}{25} = 0{,}12$ et celle de la note 20 est $\frac{12}{25} = 0{,}48$.

23 Pablo a gagné en moyenne $((-6{,}72) + (-25{,}27) + (-16{,}07) + (-11{,}92) + (-6{,}83) + (-2{,}09)) \div 6 \approx -11{,}48$ secondes.

27 $(6 \times (-25) + 6 \times 25 + 6 \times 0 + 3 \times (-3) + 3 \times 100 + 3 \times (-1) + 3 \times 12) \div 30 = 10{,}8$

34 On commence par ranger cette série dans l'ordre croissant : −12,28 ; −8,39 ; −5,94 ; −5,75 ; −4,3 ; −4,23 ; −4,14 ; −3,32 ; −1,9 ; −1,51 ; −0,57 ; 0,4 ; 0,62 ; 1,12 ; 1,33 ; 1,83 ; 2,51 ; 2,68 ; 2,84 ; 4,47 ; 5,01 ; 8,39. On peut alors séparer cette série de 22 éléments en deux séries de 11. Une médiane de la série statistique est donc $\frac{-0{,}57 + 0{,}4}{2} = -0{,}085$.

Entraînement

50 1. Le nombre moyen de chansons produites par le rappeur Jul chaque année est d'environ $\frac{55 + 56 + 73 + 43 + 62 + 51 + 30}{7} \approx 55$ chansons.

2. Un album de Jul contient en moyenne $\frac{55 + 56 + 73 + 43 + 62 + 51 + 48}{3 + 3 + 3 + 2 + 2 + 2 + 2} = \frac{388}{17} \approx 23$ chansons.

56 1. On commence par classer ces valeurs par ordre croissant.

Hauteur (en m)	2,11	2,16	2,21	2,25
Effectif	2	6	10	9

L'effectif total de cette série est de 27.

Corrigés

Sa médiane correspond donc à la 14e valeur de la série. Ainsi la médiane de cette série vaut 2,21.

2. On en déduit que, lors de ces qualifications, la moitié des sauts ont été effectués à une hauteur inférieure à 2,21 m, et la moitié de ces sauts à une hauteur supérieure à 2,21 m.

69

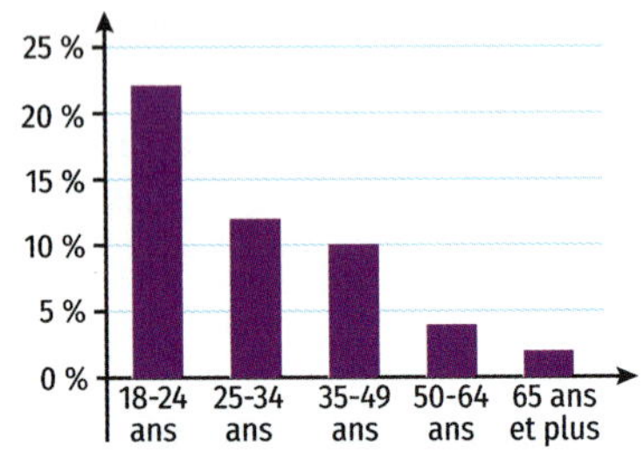

Chapitre 9

Auto-évaluation

9 b **10** b **11** a **12** b c
13 b c

Automatismes

19 Les issues sont :
$(7 ; 1) ; (7 ; 2) ; (7 ; 3) ; (7 ; 4) ; (7 ; 5) ; (7 ; 6) ; (7 ; 7) ; (7 ; 8) ; (7 ; 9) ; (7 ; 10)$.

25 **1. a.** « Obtenir un 12 de pique. »

b. « Obtenir une carte de cœur, de carreau, de pique ou de trêfle. »

c. « Obtenir le roi de trêfle. »

d. « Obtenir un 7 de trêfle ou un 10 de cœur. »

2. « Obtenir l'as de pique. » et « Ne pas obtenir l'as de pique. »

35 **1.** Les issues sont : Vert ; Rose ; Noir.

2. Ces trois issues ne sont pas équiprobables : on a plus de chances de tirer un foulard vert qu'un foulard rose, et plus de chances de tirer un foulard rose qu'un foulard noir.

3. $P(\text{Vert}) = \frac{7}{12}$

4. $P(\text{Noir}) = \frac{2}{12} = \frac{1}{6}$

Entraînement

39 **1.** Les issues sont : Jaune ; Orange ; Bleu ; Vert ; Rouge ; Violet ; Noir ; Blanc.

Un événement impossible est, par exemple, « Obtenir une boule rose. ». Un événement certain est, par exemple, « Obtenir une boule blanche, noire ou colorée. ». Un événement élémentaire est, par exemple, « Obtenir une boule blanche. ».

2. Les issues sont : 0 ; 1 ; 2 ; 3 ; 4 ; 5 ; 6 ; 7 ; 8 ; 9 ; 10 ; 11 ; 12 ; 13 ; 14 ; 15.
Un événement impossible est, par exemple, « Obtenir une boule de valeur 16. ». Un événement certain est, par exemple, « Obtenir une boule de valeur comprise entre 1 et 15 inclus. ». Un événement élémentaire est, par exemple, « Obtenir une boule de valeur 2. ».

46 **1.** $P(\text{pizzeria}) = \frac{2}{6} = \frac{1}{3}$

2. $P(\text{restaurant japonais}) = \frac{1}{6}$

3. a. $\overline{B}$ est l'événement « Ils ne se rendent pas dans un bistrot lyonnais. » et a pour probabilité $P(\overline{B}) = 1 - \frac{2}{6} = \frac{2}{3}$.

b. B ou J est l'événement « Ils se rendent dans un bistrot lyonnais ou dans un restaurant japonais. » et a pour probabilité $\frac{2}{6} + \frac{1}{6} = \frac{3}{6} = \frac{1}{2}$.

49 **1.** La probabilité de gagner une peluche est de $\frac{3}{9} = \frac{1}{3}$.

2. La probabilité de gagner une part de gâteau est de $\frac{2}{9}$.

3. La probabilité de ne rien gagner est de $\frac{4}{9}$. On peut aussi déterminer cette probabilité en effectuant le calcul suivant : $1 - \frac{1}{3} - \frac{2}{9} = \frac{4}{9}$.

Chapitre 10

Auto-évaluation

6 a **7** c **8** a c **9** a d

Automatismes

16 Les points N, A et C et les points M, A, B sont alignés dans le même ordre. De plus, les droites (MN) et (BC) sont parallèles.
D'après le théorème de Thalès, on a donc $\frac{AN}{AC} = \frac{AM}{AB}$ d'où
$AN = AC \times \frac{AM}{AB} = 5 \times \frac{1{,}6}{4} = 2$.

De même, on a $\frac{MN}{BC} = \frac{AM}{AB}$ d'où
$MN = BC \times \frac{AM}{AB} = 6 \times \frac{1{,}6}{4} = 2{,}4$.

20 Les points A, M, I et les points A, N, J sont alignés dans cet ordre.
De plus, d'une part, $\frac{AM}{AI} = \frac{4{,}5}{7} = \frac{9}{14}$
et, d'autre part, $\frac{AN}{AJ} = \frac{6}{9} = \frac{2}{3}$.
Ainsi $\frac{AM}{AI} \neq \frac{AN}{AJ}$ et l'égalité de Thalès n'est pas vérifiée donc les droites (MN) et (IJ) ne sont pas parallèles.

26 Si les longueurs sont multipliées par $\frac{2}{3}$, les aires sont multipliées par $\left(\frac{2}{3}\right)^2 = \frac{2^2}{3^2} = \frac{4}{9}$.

33 **1.** Puisque la somme des mesures des angles d'un triangle est égale à 180°, on a $\widehat{ACB} = 105°$ et $\widehat{EGF} = 43°$.

2. On a $\widehat{BAC} = \widehat{EFG}$, $\widehat{ABC} = \widehat{EGF}$ et $\widehat{ACB} = \widehat{FEG}$ donc ces deux triangles sont bien semblables.

Entraînement

38 **1.** Les points A, F et C et les points A, E et B sont alignés dans cet ordre. De plus, les droites (EF) et (BC) sont parallèles. Ainsi, d'après le théorème de Thalès, on a $\frac{AE}{AB} = \frac{AF}{AC} = \frac{EF}{BC}$.

2. Puisque $\frac{AE}{AB} = \frac{EF}{BC}$, on a
$BC = EF \times \frac{AB}{AE} = 4 \times \frac{3+5}{3} = \frac{32}{3}$ cm.
Et puisque $\frac{AF}{AC} = \frac{EF}{BC}$, on a
$AC = AF \times \frac{AB}{AE} = 2 \times \frac{3+5}{3} = \frac{16}{3}$ cm.

44 Les points C, E et B et les points D, E et A sont alignés dans cet ordre.
De plus, on a, d'une part,
$\frac{CE}{EB} = \frac{1{,}5}{3{,}25} = \frac{6}{13}$ et, d'autre part,
$\frac{DE}{EA} = \frac{1{,}2}{2{,}6} = \frac{6}{13}$.
D'où $\frac{CE}{EB} = \frac{DE}{EA}$. Donc, d'après la réciproque du théorème de Thalès, (AB) et (CD) sont parallèles.

49 On a $\frac{NP}{EK} = \frac{7}{4{,}2} = \frac{5}{3}$, $\frac{MP}{EF} = \frac{5}{3}$ et $\frac{MN}{FK} = \frac{3}{1{,}8} = \frac{5}{3}$ donc les triangles MNP et EFK sont semblables, et le coefficient d'agrandissement permettant de passer de EFK à MNP vaut $\frac{5}{3}$.

Corrigés

Chapitre 11

Auto-évaluation

11 c **12** b **13** b **14** b **15** a d
16 a b **17** a b **18** c d

Automatismes

24 1. Le côté adjacent à l'angle $\widehat{ABC}$ est $[AB]$.

2. Le côté opposé à l'angle $\widehat{ABC}$ est $[AC]$.

3. L'hypoténuse de ce triangle est $[BC]$.

32 Dans le triangle ABC rectangle en B, on a $\cos(\widehat{ACB}) = \frac{BC}{AC}$. D'où

$AC = \frac{BC}{\cos(\widehat{ACB})} = \frac{4}{\cos(37°)} \approx 5$ cm.

33 Dans le triangle ABC rectangle en B, on a $\sin(\widehat{ACB}) = \frac{AB}{AC}$. D'où

$AB = AC \times \sin(\widehat{ACB}) = 8 \times \sin(64°)$ $\approx 7{,}2$ cm.

42 Dans le triangle ABC rectangle en B, on a $\cos(\widehat{BAC}) = \frac{BA}{AC} = \frac{7}{8}$.
À l'aide de la calculatrice, on obtient alors que $\widehat{BAC} \approx 29°$.

Entraînement

52 Dans le triangle DEF rectangle en D, on a $\cos(\widehat{DFE}) = \frac{DF}{FE} = \frac{1{,}2}{1{,}5} = 0{,}8$,

$\sin(\widehat{DFE}) = \frac{DE}{FE} = \frac{0{,}9}{1{,}5} = 0{,}6$ et

$\tan(\widehat{DFE}) = \frac{DE}{FD} = \frac{0{,}9}{1{,}2} = 0{,}75$.

61 1.

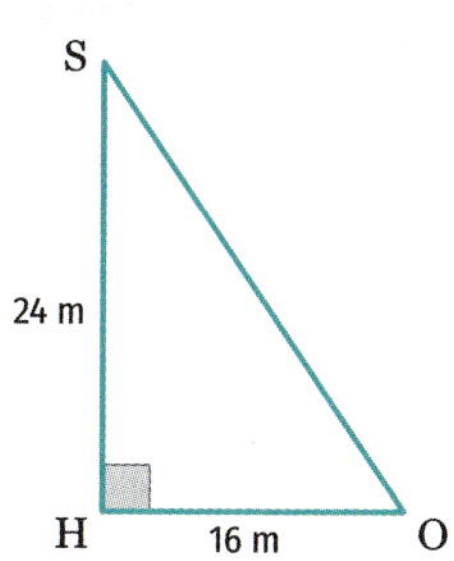

2. Dans le triangle HOS rectangle en H, on a $\tan(\widehat{HOS}) = \frac{SH}{HO} = \frac{24}{16} = 1{,}5$.
À l'aide de la calculatrice, on obtient alors que $\widehat{HOS} \approx 56°$.

67 On peut représenter la situation par le schéma suivant.

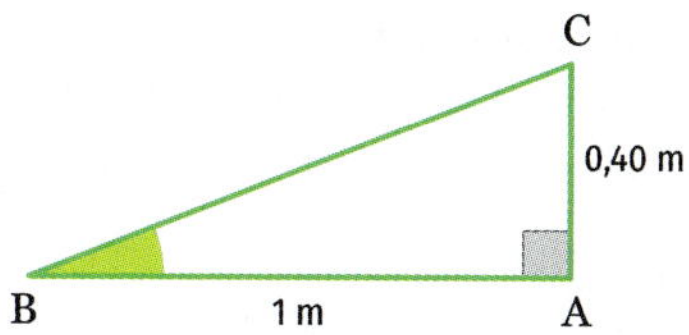

La question revient alors à déterminer la mesure de l'angle $\widehat{ABC}$.

Dans le triangle ABC rectangle en A, on a $\tan(\widehat{ABC}) = \frac{AC}{AB} = 0{,}40$. On en déduit, grâce à la calculatrice, que $\widehat{ABC} \approx 22°$.

Chapitre 12

Auto-évaluation

5 b **6** b **7** c **8** a b c d
9 a c **10** a d **11** b c d

Automatismes

15 1. L'image du point B est D.

2. L'image du triangle OAB est OCD.

3. L'image du losange OAFE est OABC.

18

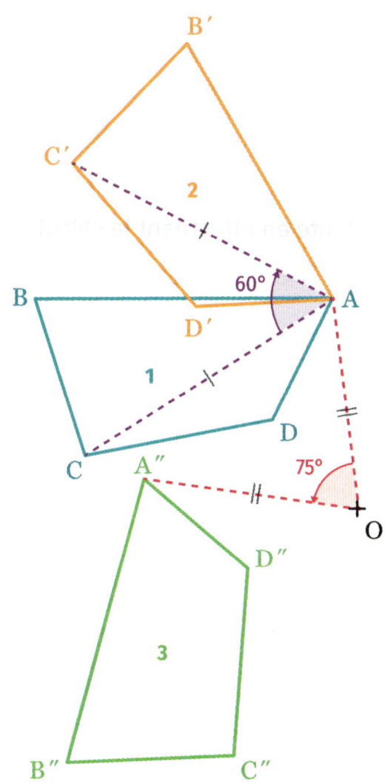

23 1. $k = \frac{OM'}{OM} = \frac{12}{4} = 3$. Il s'agit d'un agrandissement.

2. $k = \frac{OM'}{OM} = \frac{2}{6} = \frac{1}{3}$. Il s'agit d'une réduction.

3. $k = -\frac{OM'}{OM} = -\frac{6}{3} = -2$. Il s'agit d'un agrandissement.

4. $k = -\frac{OM'}{OM} = -\frac{2}{4} = -\frac{1}{2}$. Il s'agit d'une réduction.

28

1.

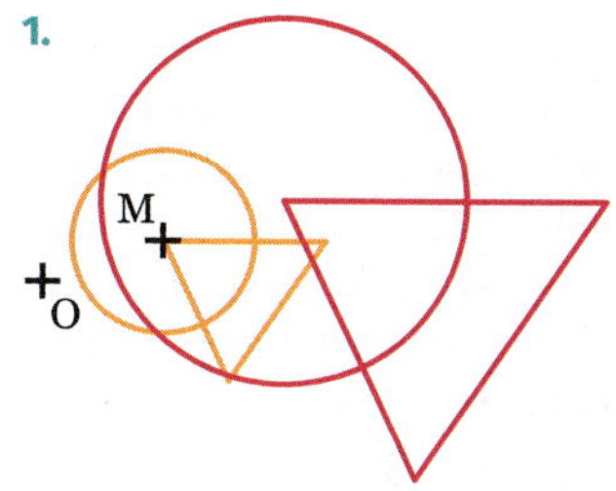

2.

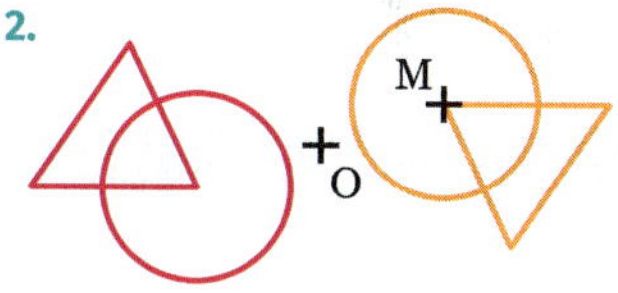

Entraînement

34 1. $\widehat{AOB} = \frac{360}{8} = 45°$

2. a. L'image du point B par la symétrie de centre O est F.

b. L'image du point B par la symétrie d'axe (CG) est D.

c. L'image du point B par la translation qui transforme E en F est A.

d. L'image du point B par la rotation de centre O qui transforme G en A est D.

e. L'image du point B par la rotation de centre O et d'angle 135° dans le sens inverse des aiguilles d'une montre est E.

3. L'image du triangle ABO par la rotation de centre O et d'angle 225° dans le sens des aiguilles d'une montre est OED.

4. a. OAB est un triangle isocèle en O car ABCDEFGH est un octogone régulier. Donc $\widehat{OBA} = \widehat{OAB}$ et donc, comme la somme des mesures des angles d'un triangle est égale à 180°, $\widehat{AOB} + 2\widehat{OBA} = 180°$ d'où $\widehat{OBA} = 67{,}5°$.

b. L'image du point A par la rotation de centre B et d'angle 135° dans le sens des aiguilles d'une montre est C.

Corrigés

40 L'aire du rectangle initial vaut $\frac{72}{2^2} = 18$ u.a.

45 **1.** On a, d'une part, $AC^2 = 4{,}05^2 = 16{,}4025$ et, d'autre part, $AB^2 + BC^2 = 2{,}43^2 + 3{,}24^2 = 16{,}4025$ donc, d'après la réciproque du théorème de Pythagore, le triangle ABC est rectangle en B.

2. On a $\widehat{ABC} = \widehat{FEG} = 90°$ d'après la question précédente. De plus, $\widehat{BCA} = \widehat{EGF}$ d'après l'énoncé. Enfin, puisque la somme des mesures des angles d'un triangle est égale à 180°, $\widehat{BAC} = \widehat{FEG}$.

Ainsi, les angles de ces triangles sont égaux deux à deux, ces deux triangles sont donc semblables.

3. On a $FE = k \times AB$ c'est-à-dire $1{,}5 = k \times 2{,}43$ d'où $k = \frac{1{,}5}{2{,}43} = \frac{50}{81}$.

Chapitre 13

Auto-évaluation

9 b **10** a **11** a **12** b c

Automatismes

19 **1.** Les points appartenant à la sphère sont B, C, D et E.

2. Les points appartenant à la boule sont A, B, C, D, E, O et M.

23 **1.** P(27°S ; 0°) et F(27°S ; 68°O).

2. Les points P et F ont la même latitude.

33 **1.**

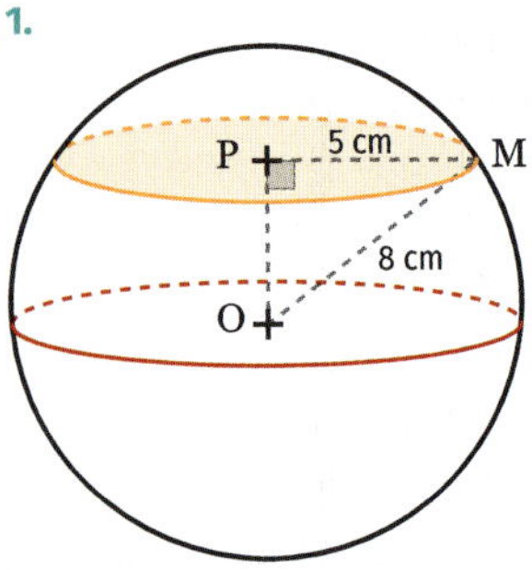

2. Le triangle OPM est rectangle en P, donc, d'après le théorème de Pythagore, $OM^2 = OP^2 + PM^2$ et donc $OP^2 = OM^2 - PM^2 = 8^2 - 5^2 = 39$.
On en déduit que $OP = \sqrt{39}$ donc que cette section a été effectué à $\sqrt{39} \approx 6{,}2$ cm du centre de la sphère.

Entraînement

52 **1.** Le point A a une latitude de 60° N.

2. Le point B a une longitude de 60° E.

3. Les coordonnées géographiques de C sont (30° S ; 30° O).

54 **1.**

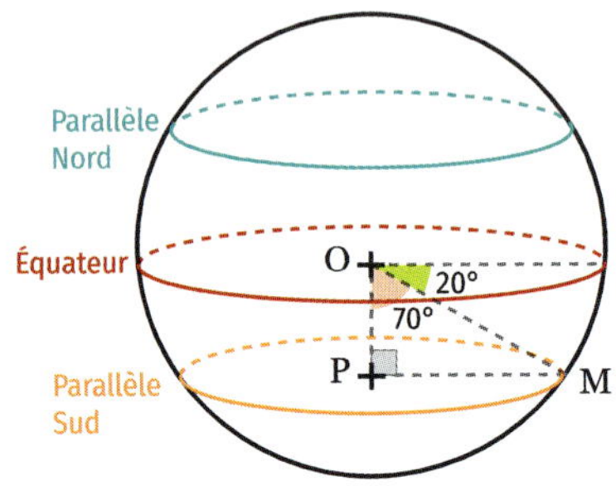

2. Dans le triangle OPM rectangle en P, on a $\sin(\widehat{POM}) = \frac{PM}{OM}$ d'où $PM = OM \times \sin(\widehat{POM})$
$= 6\,371 \times \sin(70°) \approx 5\,987$ km.

58 **1.** Sarajevo et Le Cap ont la même longitude, elles se trouvent sur le même méridien.

2.

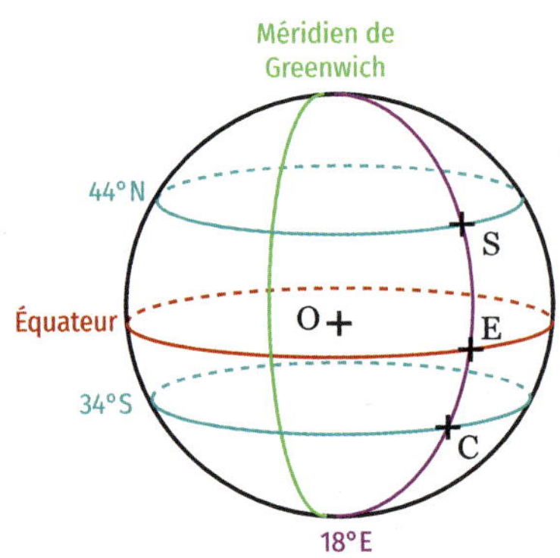

3. Puisque S et C ont la même longitude, l'angle $\widehat{SOC}$ correspond à l'écart entre les latitudes de ces deux villes. Ainsi :
$\widehat{SOC} = \widehat{SOE} + \widehat{EOC} = 44 + 34 = 78°$.

62 **1.** La section obtenue est un rectangle.

2. Tout d'abord, $KF = GF - KG = 5 - 3{,}5 = 1{,}5$ cm. De plus, comme le plan est parallèle à (AB) alors (IJ) est parallèle à (AB) et donc $IE = JF = 10$ cm. Le triangle JKF est rectangle en F donc, d'après le théorème de Pythagore,
$JK^2 = FK^2 + FG^2 = 1{,}5^2 + 10^2 = 102{,}25$
d'où $JK = \frac{\sqrt{409}}{2}$ cm.
Ainsi, le rectangle IJKL a une largeur de 6 cm et une longueur de $\frac{\sqrt{409}}{2}$ cm.

Chapitre 14

Automatismes

10 **1.** 18 km/h = 5 m/s

2. 10 m/s = 36 km/h

3. 60 km/h ≈ 16,7 m/s

4. 54 m/s = 194,4 km/h

16 **1.** Sur la carte de Ryan, la distance entre ces deux villes est de $\frac{610}{1\,250\,000} = 0{,}000\,488$ km soit 48,8 cm.

2. La distance réelle entre ces deux villes est de $28 \times 1\,250\,000 = 35\,000\,000$ cm soit 350 km.

26 Tout d'abord, 2 h 30 correspond à 2,5 h. De plus, $v = \frac{d}{t}$ donc $d = v \times t = 320 \times 2{,}5 = 800$ km. Paris et Marseille sont donc séparées de 800 km.

Entraînement

32 **1.** $P = m \times g = 80 \times 9{,}8 = 784$ N

2. $P = m \times g$ donc $m = \frac{P}{g} = \frac{112}{1{,}6} = 70$ kg.

39 **1.** Comme 10 h 30 = 10,5 h, cet avion a une vitesse moyenne de $v = \frac{d}{t} = \frac{10\,000}{10{,}5} \approx 952{,}4$ km/h.

2. Tout d'abord, 1 h 15 min = 1,25 h.
De plus, $v = \frac{d}{t}$ donc $d = v \times t$.
Ainsi, ce cycliste a parcouru une distance de $16 \times 1{,}25 = 20$ km.

3. Puisque $v = \frac{d}{t}$, on a $t = \frac{d}{v}$.
On en déduit que la croisière va durer $\frac{5\,000}{21} \approx 238{,}09$ h soit un peu moins de 10 jours.

Index

Crédits

Couverture : Sergey Burbona/Shutterstock, Lianys/Shutterstock, ChiccoDodiFC/Shutterstock, Fedor Selivanov/Shutterstock, Richard Semik/Shutterstock, Hit1912/Shutterstock, Lisa Strachan/Shutterstock, Gary C. Tognoni/Shutterstock, Kertu/Shutterstock

Début du manuel : 6 Vivida Photo PC/Shutterstock, Hit1912/Shutterstock, **7** zhengzaishuru/Shutterstock, Andrey Armyagov/Alamy

Chapitre 1 : 11 Vivida Photo PC/Shutterstock, **12** Milleflore Images/Shutterstock, Impact Photography/Shutterstock, **13** dean bertoncelj/Shutterstock, **22** robert_s/Shutterstock, **23** Hercules Milas/Alamy, **24** Lightspring/Shutterstock, **26** Lillac/Shutterstock, **27** DRGill/Shutterstock, **28** unoL/Shutterstock

Chapitre 2 : 31 Helen Sessions/Alamy, **33** Szczebrzeszynski/Wikimedia, **41** aphotostory/Shutterstock, **44** Tatiana Zorina/Shutterstock, **45** Eaum M/Shutterstock

Chapitre 3 : 51 Leonid Andronov/Alamy, **52** Pressmaster/Shutterstock

Chapitre 4 : 69 taka1022/Shutterstock, **80** elenabsl/Shutterstock, **83** Billion Photos/Shutterstock

Chapitre 5 : 89 Kertu/Shutterstock, **90** Dukesn/Shutterstock, **91** Image Professionals GmbH/Alamy, Coupek Martin/Shutterstock, **106** Igor Kardasov/Shutterstock **107** powell'sPoint/Shutterstock

Chapitre 6 : 109 ClaraMD/Pixabay, **111** Pincasso/Shutterstock, **123** Alican Akcol/Shutterstock, **124** Anna Om/Shutterstock

Chapitre 7 : 128 ShengGeng Lin/Unsplash, Monika Grabkowska/Unsplash, **129** imageBROKER/Alamy, **130** AmyLv/Shutterstock, **139** LookerStudio/Shutterstock, **141** Gerain0812/Shutterstock, **142** milangudaba/Shutterstock, **143** incamerastock/Alamy, **144** Lucian Bolca/Shutterstock, Whitevector/Shutterstock

Chapitre 8 : 149 Andre Gie/Shutterstock, **150** Stephen Mcsweeny/Shutterstock, **158** Boxyray/Shutterstock, **166** Min C. Chiu/Shutterstock, **167** agefotostock/Alamy

Chapitre 9 : 169 Hit1912/Shutterstock, **170** urbanbuzz/Shutterstock, **171** Evanherk/Wikimedia, **175** Francesco Abrignani/Shutterstock, **177** Conmongt/Pixabay, **178** Gabriel Barathieu Gabriel Barathieu/Flickr/Kurzon/Wikimedia, **180** 32 pixels/Shutterstock, **183** Galina Kovalenko/Shutterstock, **184** klenger/Shutterstock, **185** BoxerX/Shutterstock

Chapitre 10 : 189 givaga/Shutterstock, **200** Luboslav Tiles/Shutterstock, **203** Koala/Unsplash, **204** Elizaveta Galitckaia/Shutterstock

Chapitre 11 : 209 zhengzaishuru/Shutterstock, **221** Taurus106/Shutterstock, **222** ArchMan/Shutterstock, **223** AlinaMD/Shutterstock, oneinchpunch/Shutterstock, **224** phil_berry/Shutterstock

Chapitre 12 : 229 Prettyawesome/Alamy, **240** PHILIPIMAGE/Shutterstock, **243** Romolo Tavani/Shutterstock

Chapitre 13 : 249 Billion Photos/Shutterstock, **250** Alliance Images/Shutterstock, **262** Leo Fernandes/Shutterstock, **263** Litvinenko Anastasia/Shutterstock, Christian Mueller/Shutterstock, **266** sylv1rob1/Shutterstock, FreeProd33/Shutterstock

Chapitre 14 : 271 Andrey Armyagov/Alamy, **274** Ryan Fletcher/Shutterstock, **275** CIS/Shutterstock, **276** asharkyu/Shutterstock, **278** Jaggat Rashidi/Shutterstock

Autre : Freepik

Direction éditoriale : Virgile Lahu.

Assistant éditorial : Guillaume Côte.

Maquette : Alejandra Adeikalam, Joëlle Dutreilly et Julie Meister.

Mise en page : Julie Meister avec la participation de Claire Fey.

Infographies : Julie Meister.

Iconographie : Mélina Boyer.

Couverture : Alejandra Adeikalam et Joëlle Dutreilly.

Retouches photo : Anaëlle Dos Santos.

Relecture : Adeline Hartmann et Stéphanie Hourcade.

Avec la participation de : Émilie Blanchard, Juliane Pérès, Agathe Beaugrand, Raphaël Taïeb et Joachim Estevez.

Remerciements : Clément Teyssier, Jonathan Banon, Mellie Chapatte, Julien Seznec, Laura Dinin, Vincent Bourgeois, Thomas Schell, Arnaud Cetoute, Jean-Sébastien Baklouti, Maximilien Derrier, Li Wang et Maxime Pech pour leur travail sur la version numérique.

Dépôt légal : mai 2021.

ISBN : 978-2-37760-921-5.

Impression : mai 2023.
Imprimé en France par BLG.

Lelivrescolaire.fr Éditions
14 rue Rhin et Danube
69009 Lyon
contact@lelivrescolaire.fr